U0129079

海上貨物索賠之理論與實務

邱錦添・王肖卿著

國立編譯館主編
文史哲出版社印行

國家圖書館出版品預行編目資料

海上貨物索賠之理論與實務 / 邱錦添, 王肖
卿著.-- 初版.-- 臺北市：文史哲, 民 94
面： 公分.
參考書目
ISBN 957-549-590-X (平裝)

1.海商法

587.6   94000593

海上貨物索賠之理論與實務

著　　者：邱　錦　添 - 王　肖　卿
主 編 者：國　立　編　譯　館
著作財產權人：國　立　編　譯　館
出 版 者：文　史　哲　出　版　社
http://www.lapen.com.tw
登記證字號：行政院新聞局版臺業字五三三七號
發 行 人：彭　　　正　　　雄
發 行 所：文　史　哲　出　版　社
印 刷 者：文　史　哲　出　版　社
　　　　　臺北市羅斯福路一段七十二巷四號
　　　　　郵政劃撥帳號：一六一八○一七五
　　　　　電話886-2-23511028 · 傳真886-2-23965656

實價新臺幣六五○元
中華民國九十四年（2005）元月初版

城　序

　　新世紀全球化的結果，各地物流的必要與其頻繁，已非囊昔所可比擬；而於海上大量貨物運送之際所發生諸種法律關係，因事涉內國法及國際間諸法之交叉適用，狀況千變萬化，案例複雜程度絕非單純仰賴學理通說即可處理解決，其中尚須佐以廣泛豐富的國內、國外實務經驗，方能精準達成當事人所意欲消弭事端之鵠的。

　　邱律師錦添兄為余多年摯友，畢業於台灣大學法律系，中國文化大學法學碩士，美國林肯大學博士班研究。錦添兄曾服務於中國產物保險公司及中央信託局產物保險處，承辦許多重大海事索賠案件，如散裝貨短少、開明輪失火案等，深獲保險航運界之讚譽與肯定。其後執業律師，受委任案件亦以海商相關事件為主，對於海商法、海運實務、國際貿易及國際公約等均有深入且廣泛的涉獵。

　　錦添教授也在淡江大學、市立師範學院等校任教，講授海商及保險法課程二十餘年，教學活潑認真，學子愛戴有加，如沐春風；其亦致力研究，出版著作及發表論文，所著「海商法」、「兩岸海商法載貨證券之比較」、「散裝貨物海上運送人責任之研究」、「海上貨物運送失火免責」等大作，均獲學界好評。近年來，因兩岸貿易額的迅速增加，其更將心力專注於兩岸海事保險案例的分析研究。

　　邱律師在實務與研究方面均有相當傑出的成就外，其為人誠懇踏實，熱心公益；曾高票當選台北市第五、六屆市議員，為市民喉舌，解決民瘼，造福鄉里，貢獻良多。同時，也致力各種社會服務工作，積極參與律師公會會務，尤其對於協助律師同道解決各類問題，更是不遺餘力，曾被推選為中華民國律師公會全國聯合會副理

事長，現任基隆律師公會理事長，在律師界中素孚眾望，聲譽崇榮。

　　錦添理事長在業務繁忙之餘，將其多年來累積之海商及保險理論與實務經驗，與王教授肖卿共同撰述「海上貨物索賠之理論與實務」乙書，二位教授均是大專院校講授海商法及保險法多年之名師，且亦曾在保險界與航運界服務，可謂學養深純，理論與實務兼具，本書之出版，必能嘉惠大專學子、航運界、保險從業人員及司法實務工作者，作為進修、研究及工作之參考書籍。今大作行將付梓之際，邱律師特專程造訪司法院，親示原稿，囑余為之序；彼此多年深厚情誼，並感佩其熱心公益及執著於研究海商事件，拜讀之後，深感本書價值連城，允當推薦於相關社會各界卓參，乃樂於用綴數語，俾為之序。

　　　　　　　　司法院副院長　城仲模　謹識

　　　　　　　　　　　　2004 年 12 月 8 日

楊 序

處於國際貿易發達的今日，地球上的貨物四處流通，交換有無。因此貨物的運送，也藉由各種交易模式與運輸方式，充斥於各式各樣的交通工具以及各地的倉儲場所，不絕於途。然無可諱言的是，貨物只要涉及運送，難免會有風險存在，而在運送過程中各階段之關係人，其彼此間所存在之權責與法律關係，錯綜複雜，非一般貿易當事人，運送人，及貨物保險人所能熟悉而適當處理。

隨著高科技產品的日益發展，許多貨品的複雜性與靈敏度已大幅提升，貨物的單位價格亦水漲船高，貨物一旦發生損害，財物損失必然嚴重。有時因為市場或廠家個別特殊因素，不正當的賠款也層出不窮，徒增理賠困難與困擾。

一般而言，貨物運輸損失固可透過運輸保險加以轉嫁，然保險亦有保障範圍之限制。無論是保險或非保險理賠，其間當事人所要面臨的關鍵要素如；適當包裝，良品交貨，適航運具，保險範圍與期間，運送契約，保險代位求償與運送人責任限額，受貨人貨損證據保全，貨損鑑定等等，皆必須依賴專業的理論基礎與豐富的實務經驗，才能使工作任務順利完成。

台灣四面環海，本就屬於航運及海洋企業發達之國家，也擁有世界知名之船隊及船東，但是兼具理論與實務的海事律師專家卻是鳳毛麟角。邱錦添律師早年任職中央信託局產險處（後與中國產物保險合併），具有扎實的保險實務歷練。於擔任律師期間，由於其產物保險背景，與國內產物保險公司合作受任辦理保險代位求償案件，屢以『初生之犢』與當時海事出名律師徐傑、甘其綬諸先進相抗衡，且每有佳績。近年，邱律師更往來兩岸之間，對於促進兩岸

律師界之學術及實務之交流，不遺餘力，且收穫豐碩。

　　邱律師曾任教淡江大學與中國海專等校，講授海商法及保險法二十餘年，著作甚豐，平時涉獵中國海商法及其判決（例）之餘，充分體認台灣有關海事實務工作者，在工作上甚少有相關書籍及資料供作參考，初入門人士更是倍感艱難。有鑑於此，乃匯聚其多年實務經驗及鑽研理論之心得，著手撰寫「海上貨物索賠－理論與實務」一書，並索序於余。余見其內容確實是「小題目，大著作」，全書內容綱舉目張，條例縷析，實務與理論並重，實為海事實務界值得推薦之好書，乃樂為之序。

台灣產物保險公司　總經理　楊鴻彬　謹　識

2004 年初冬

黃　序

　　王肖卿女士是本公司的資深退休員工，她於民國五十七年進入公司、民國八十六年從公司退休，其中十年從事定期船的攬貨、簽約、配艙，以及不定期船租船業務的攬載及簽訂契約業務，另外十餘年則負責航運保險及理賠的業務，升成主管之後，更是統籌經管這兩個業務部門的主要業務，航運經營與管理的經驗可謂非常豐富。

　　王女是在本公司服務期間，由於當時的實際需要；海洋大學缺乏兼具實務經驗、又配合理論基礎的師資，所以當她在公司服務甫滿三年、升任課長之際，即配合當時政府的產、學合作計畫，應母校海洋大學之邀請，每週抽空三小時兼任教席，這是她與學術界結緣的開始。因為教書的緣故，所以下班之後，即不停歇的寫書，把她的工作經驗與研究心得用書本傳承下來，她所編寫的「協會船體險保單條款的比較與研究」一書，目前已經是各大保險公司從事水險的新進人員入行的必讀教本。她的另一份著作「載貨證券」，目前也是台北市承攬運送公會會員受訓、取得「國際承攬公會合格證書」"FIATA Certificate"的參考文獻之一。

　　欣聞她又與邱錦添教授共同出版「海上貨物索賠之理論與實務」一書，結合理論與實務，航運與保險之寶貴經驗，相信必能使讀者受益良多，身為台航公司大家長的我，在此樂於為她作序。

台灣航業公司　董事長　黃仁弘　謹　識

2004 年 12 月 9 日

序

　　余等擔任大專教職講授海事法規、保險法等二十餘年，並曾擔任保險界及航運界索賠實務工作多年，深感學生對海上貨物索賠理論與實務學習甚為困難，尤其是海商法上運送人應負責任與免責部分及保險人於賠付被保險人後，如何代位向運送人求償之法律關係與舉證責任原則有關問題，不僅初學海商保險者難以了解，即就航運保險實務界或海事律師亦難洞察其深奧，而在法院進行訴訟時，雙方當事人如何主張及舉證，亦深感困惑，有鑑於此，余等綜合在大專多年之教學心得以及過去在保險界、航運界服務之經驗，兼顧理論與實務，希望提供學子、航運界、保險界及海事律師與法官，作為解決海上運送人與託運人或保險人之索賠參考，編寫此書參考之著作，國外部分有加拿大教授 William Tetley 所著海上貨損索賠（Marine Cargo Claim）三版大作之舉證原則理論等，而國內部分之海商學者有：林群弼教授、柯澤東教授、劉宗榮教授、張新平教授、施智謀教授、尹章華教授、楊仁壽大法官；保險法學者則有江朝國等教授之大作，另於實務方面則參酌財團法人保險事業中心之「海上保險」、最高法院海商裁判彙編（張新平著）、海商法保險法判決彙編（林光、尹章華）及海商法實務問題專論（張特生）等著作。

　　余等才疏學淺，且匆促付梓，內容錯誤在所難免，深盼各界及讀者多加指教，以期再版時有所補充與改進。

邱錦添　王肖卿　謹識

九十三年十二月

海上貨物索賠之理論與實務

目　錄

第八章　索賠人可提供之反證事項

第九章　雙方均可提出之事證及主張（攻擊防禦方法）

貳、實務篇

第十章　保險理賠之基本概念與貨物索賠原則

壹、理論篇

第一章　海上貨物保險與賠償代位權

第一節　海上保險之意義及功能

(一)海上保險之意義

　　依一九〇六年英國海上保險法第一條規定：「海上保險契約係保險人依約定之方式與幅度，對於海上損失，亦即關連於海上冒險之損失，負擔補償被保險人之契約。」而依我國保險法第八十三條規定：「海上保險人對於保險標的物，除契約另有規定外，因海上一切事變及災害所生之毀損、滅失及費用，負賠償之責。」故海上保險乃為財產保險之一種，保險標的物則包括船舶或貨物，所謂契約另有約定，係指當事人在保險契約內就保險人承保範圍另有約定，如約定加保至陸上、內河、湖泊之危險等。至於有關旅客海員之傷害保險，則屬人身保險之範疇，在此不加以討論。（註1）

　　其次，根據海商法第一百二十六條規定：「關於海上保險，本章無規定者，適用保險法之規定。」保險法第八十四條規定：「關於海上保險，適用海商法海上保險章之規定。」由此可見，海商法海上保險章為保險法之特別法，海上保險乃為一種保險型態。

註1：林群弼，海商法論，頁669。

(二)海上保險之功能

海上保險所承擔的是海上冒險或運送的損失，而海上風險動盪不可測，為免運送人或船舶所有人於經營航海事業時畏懼龐大的損失發生而躊躇不前，於是透過海上保險制度分散危險、平均負擔，運送人或貨物所有人得支出小額的保險費以避免事故發生時鉅額損害的賠償。因此海上保險對於海上運送事業之發展，至為重要。

第二節　海上保險人之理賠責任

(一)賠償責任之原則

依海商法第一百二十九條規定：「保險人對於保險標的物，除契約另有規定外，因海上一切事變及災害所生之毀損滅失及費用，負賠償責任。」又依海商法第一百三十條規定：「保險事故發生時，要保人或被保險人應採取必要行為，以避免或減輕保險標的之損失，保險人對於要保人或被保險人未履行此項義務而擴大之損失，不負賠償責任。保險人對於要保人或被保險人，為履行前項義務所生之費用，負償還之責，其償還數額與賠償金額合計雖超過保險標的價值，仍應償還之。保險人對於前項費用之償還，以保險金額為限。但保險金額不及保險標的物之價值時，則以保險金額對於保險標的之價值比例定之。」由此可知，保險人對於保險標的物之毀損滅失、費用負賠償責任，就減免損失之費用負償還責任。

(二)賠償責任之例外

保險人例外於以下情形，不負賠償責任：

1.依海商法第一百三十一條規定：「因要保人或被保險人或其

代理人之故意或重大過失所致之損失，保險人不負賠償責任。」

2. 依海商法第依百三十二條規定：「未確定裝運船舶之貨物保險，要保人或被保險人於知其已裝載於船舶時，應將該船舶之名稱、裝船日期、所裝貨物及其價值，立即通知於保險人。不為通知者，保險人對未為通知所生之損害，不負賠償責任。」

3. 依海商法第一百三十三條規定：「要保人或被保險人於保險人破產時，得終止契約。故終止後所生之損害保險人亦無須賠償。」

第三節　賠償代位權

第一項　賠償代位之意義

保險契約之目的在於填補被保險人所受之損害，而不是提供被保險人額外的利益。若被保險人因第三人之行為而受到損害時，被保險人對第三人享有民法上之損害賠償請求權，亦對保險人享有保險金給付請求權，被保險人即可享有雙重賠償，嚴重違反了保險法上禁止不當得利原則，故而設有保險人代位權之制度。

根據代位權之制度，保險人在給付保險金後，得代位行使被保險人對第三人之損害賠償請求權，一方面可維持私法上損害賠償制度，使第三人不因被保險人獲有保險金而免其責任，同時，保險人亦不因被保險人可向第三人請求賠償而免除其給付義務。而依學說及實務之看法認為，被保險人對第三人之損害賠償請求權，於保險人給付保險金後，即當然法定移轉於保險人，代位權之本質乃為債權之法定移轉，保險人得以自己之名義行使對第三人之損害賠償請求權。

第二項　賠償代位之範圍

財產保險均屬於損害保險，故於保險事故發生時，其所應得之保險賠償，則限於保險標的因此所受之損害額，而此亦可以金錢加以估計，為避免被保險人不當得利，有保險人代位權之適用。

保險法第五十三條第一項後段規定：「保險人代位求償權之數額，以不逾賠償金額為限。」若保險人給付之賠償金額大於第三人對被保險人應負之損失賠償範圍者，保險人所得代位求償之範圍僅限於該第三人負賠償責任之範圍內；反之，保險人給付之賠償金額少於第三人應賠償之金額時，保險人僅得於其保險賠償範圍內向第三人行使代位求償權，剩餘之權利仍屬被保險人所享有。

最高法院六十五年台上字第二九○八號判例：「損害賠償祇應填補被害人實際損害，保險人代位被害人請求損害賠償時，依保險法第五十三條第一項規定，如其損害額超過或等於保險人已給付之賠償金額，固得就其賠償之範圍，代位請求賠償，如其損害額小於保險人已給付之賠償金額，則保險人所得代位請求者，應祇以該損害額為限。」亦同此旨。

第三項　賠償代位行使之要件

依保險法第五十三條之規定可知，保險人代位求償權成立之要件有三：

1. 保險人需已向被保險人給付賠償金額

保險之目的在填補被保險人保險標的所受之損害，並防止被保險人因保險事故發生而獲不當得利，因此被保險人若因保險人給付保險賠償金而填補損害，其向第三人之損失賠償請求權即應移轉予保險人，反之，保險人需已向被保險人給付保險賠償金額後始取得被保險人向第三人行使損失賠償請求權之地位。

2.需被保險人對第三人有損失賠償請求權

保險事故發生後，保險人給付賠償金額予被保險人係依保險契約之約定，而保險人代位求償權之取得乃法定之繼受取得，因此必須被保險人對第三人有損失賠償請求權，保險人始能取得代位求償之權利。

3.該第三人非為被保險人之家屬或受僱人

保險法第五十三條第二項規定：「前項第三人為被保險人之家屬或受僱人時，保險人無代位請求權；但損失係由其故意所致者，不在此限。」因此等人與被保險人有共同生活之關係，利害一致，若被保險人因其家屬或受僱人之過失而造成保險事故發生，保險人於理賠後仍許向被保險人之家屬或受僱人請求償還者，無異是向左手給予，向右手索還，有失保險之旨，惟若損失之發生係由此等人之故意行為所致者，保險人仍可取得代位求償權，否則無異鼓勵被保險人之家屬或受僱人為惡，於理不容。又所謂「家屬」，依民法第一千一百二十三條第二、三項之規定：「同家之人，除家長外，均為家屬。雖非親屬而以永久共同生活為目的同居一家者，視為家屬。」有學者認為應從廣義解釋，凡配偶及親等較近之血親或姻親而同財共居者及非同居而有法定扶養義務者亦屬之。

第四項　賠償代位行使方法及對象

保險人行使代位求償權以其代位求償權已成立為前提，需被保險人因保險事故之發生而對第三人有損失賠償請求權，且該第三人非被保險人之家屬或受僱人，在保險人向被保險人給付賠償金額後，始取得代位求償之權利。而保險人代位求償權行使之對象不以侵權行為之第三人為限，凡第三人對保險標的之毀損滅失負有損失賠償責任者皆為保險人行使代位求償權之對象。最高法院七十六年度台上字第一四九三號判決：「保險法第五十三條第一項規定之保

險人代位權，其行使之對象，不以侵權行為之第三人為限，苟被保險人因保險應負保險責任之損失發生，而對第三人有損失賠償請求權者，保險人即得於給付賠償金額後，代位行使被保險人對於第三人之請求權。原審謂前項代位權行使之對象，限於侵權行為之第三人，即需保險事故之發生限於第三人之故意或過失，被保險人對之得基於侵權行為請求賠償時，保險人始得代位行使此項損害賠償請求權，顯有違誤」即採此見解。

又依保險法第五十三條第二項之規定：「保險人對被保險人之家屬或受僱人原則上並無代位求償權，但損失係因其故意所致者，保險人仍可對之行使代位求償權。」

第五項　保險人之代位權與民法代位權之區別

依民法第二百一十八條之一第一項規定：「關於物或權利之喪失或損害，負賠償責任之人，得向損害賠償請求權人，請求讓與基於其物之所有權或基於其權利對於第三人之請求權。」此乃民法為避免賠償請求權人不當得利而設之規定，與保險法上保險人之代位權有以下幾點不同。

1.保險人之代位權係依法律規定之債權移轉，無須被保險人之移轉行為；民法第二百一十八條之一則需損害賠償請求權人之實際移轉行為。

2.保險人代位權以保險金之給付為成立要件；民法之讓與請求權則和損害賠償請求權人之損害請求權同時發生，依民法第二百十八條之一第二項，雙方當事人得以此為同時履行抗辯。

3.保險法之代位權僅限於被保險人對第三人之賠償請求權；民法則亦包括基於物之所有權對於第三人之請求權。（註2）

註2：江朝國，保險法論文集三，頁76。

第二章　海上貨物運送
國際公約

第一節　海牙規則與海牙威士比規則

一、海牙規則

海上運輸的歷史到底起自何時目前已無人知曉，但在一九二四年之前，運輸責任可以說完全是運送人自由訂定的，而當時的運送人幾乎都是船東，所以所謂「契約自由」的理論，不過是由船東在自己印製的載貨證券上訂入一些幾乎可以完全不負責任的條款而已，甚至還有因船東本身實際過失或疏忽所致的貨損也可以不負責（註1）的條款。美國一八九三年的「哈特法（Hatar Act）」是第一個黑暗時代的初期規範，但也只有美、加地區有這樣的規範，其他地區則仍為由船東一手遮天的時代。直到一九二一年規則在輿論的壓力下擬定完成之後，經過全世界各國陸陸續續批准與適用，海運貨物運輸才有一個依憑的根據。所以所謂國際貨物運輸公約其實就是抑制「契約自由」不致逾越，或說運送人責任不致逾越的公約了。

國際上與貨物運輸有關，已經生效的國際公約有三個。一個是一九二四年的海牙規則，於一九三一年生效；一個是一九六八年的

註1："COGSA amendments fail to clear out the Augean stables" by RS co-oper, 2004 Lloyd's List International, Lloyd's List, Section: Law, page 6.

海牙威士比規則，由「國際海事委員會（Committee Maritime International；CMI）」於一九六三年在瑞典首都斯德哥耳摩提出建議案，於瑞典的老港口「威士比（Visby）」簽字，所以也有人稱為「威士比修正案（Visby Amendments）」，該修正案最後於一九六八年在比利時布魯塞爾的外交會議後通過訂定之後，於一九七七年生效，一九七九年再於布魯塞爾修正賠償單立，賠償單位由海牙規則的「朋加雷金法（Poincare Francs）」改為國際貨幣基金的「特別提款權單位（Special Drawing Right；SDR）」，所以也叫做一九七九年「特別提款權議定書（SDR Protocol）」（註2），這一個階段在一九八四年生效。兩個修正案、再加上海牙規則，構成如今所謂的海牙威士比規則。

第三個就是一九七八年的漢堡規則，漢堡規則的生效是晚近的一九九三年十一月一日。雖然之後又有一個聯合國於一九八〇年訂定的多式運送公約，卻一直沒有能夠獲得法定的三十個國家簽字（註3），而未能生效。

三個已經生效的國際公約之中，海牙規則及海牙威士比規則的簽約及批准的國家大多屬於海運先進國，現在如美國、歐洲各國、英國、台灣及中國大陸，於九〇年代新修的、與海上貨物運送相關的法規，大多數內容仍多是引用海牙與海牙威士比規則。這兩個公約內容相當，所以多被合併稱呼為海牙系列規則。提出漢堡規則的國家因為多是第三世界國家，之後的批准國家亦大是第三世界國家，目前有些國家新修正的海上貨物運送法也有部分融入漢堡規則觀念的，如大陸海商法的部分內容及觀念就是採用漢堡規則，甚至

註2：黃裕凱，海上貨物運送單位責任限制──兼評我國海商法第 70 條，中華海運研究協會編印，編號 817 於 2000.5.18，817-1 頁。

註3：該公約的生效規定較為寬鬆，只要三十個國家簽字即可，無須寄存批准文件。

還有未生效的、一九八〇年多式運送公約的觀念。

　　海牙威士比規則由於介於海牙規則與漢堡規則之間，立場比較中庸，已經成為多數國家，包括英國及歐陸各國、日本、美國、中國大陸、及我國於九〇年代以後，所修正的海上貨物運送相關法規所主要依循之主軸。現在就把海牙系列規則與貨損理賠相關的特點，在這裡作一個平舖直述的介紹。

　　海牙系列規則與貨損理賠相關的部分，主要就在於運送人的責任，此外，適用的範圍：包括適用的航程、適用的貨物種類也與貨損理賠的處理有關係，在運送人的責任方面：包括責任的範圍、責任的內容、責任的限制及免責等，也都是貨損理賠重要的根據，論述如下：

一、適用的航程

　　海牙系列規則對於公約的適用不似漢堡規則的強勢，在

㈠「貨物運送（Carriage of Goods）」的定義上

　　公約主要規範從「裝上船」到「卸下船」"covers the period from the time when the goods are loaded on to the time they are discharged from the ship"，也就是海上責任，或說「鉤」到「鉤」責任的部分，可以適用海牙系列規則。

　　但公約也不排除如運送人、託運人間可以協議，訂定裝船前、卸船後的其他約定（註4）。所以海牙系列其實在一九七九年的議定書裡，早已論及多式運送的適用規範。

註4：參看海牙威士比規則的第Ⅶ條。

㈡適用公約的活動

依據公約第Ⅱ條，海上運送人所簽訂的契約裡，有關「裝貨（Loading）」、「操作（Handling）」、「堆放（Stowage）」、「運送（Carriage）」、「管理（Custody）」、「照料（Care）」、「卸貨（Discharge）」等活動，只要是與運送人的權利義務有關，都可以適用公約的規定。

㈢適用於公約的文件

雖然都與貨物運送有關，但海牙系列與漢堡的一個重要的分野，在於海牙系列只針對「載貨證券（Bill of Lading）」作規定，但看海牙規則的全名"International Convention for the Unification of Certain Rules of Law relating to Bills of Lading, Brussels, *25 August 1924*"、及海牙威士比規則的全名"Protocol to Amend the International Convention for the Unification of Certain Rules of Law Relating to Bills of Lading, *Brussels, 23 February 1968*"就知道了，在「運送契約（Contract of Carriage）」的定義上，海牙系列都強調「只適用於由『載貨證券或其類似物權文件（Bills of Lading or similar document of title）』所擔保的契約」，只要「該『載貨證券或其類似物權文件』約定貨物之海上運送」的、以及「依據租船契約所簽發之『載貨證券或其類似物權文件』自約定運送人與持有人之間的關係開始」，亦為公約所適用的文件，雖然該系列公約於第Ⅳ、第Ⅶ條亦容許簽訂非商業用途之契約、或裝船前、卸船後的契約，但公約主要針對的文件是「載貨證券」，這一點是毋庸置疑的。漢堡公約及一九八〇年多式公約適用的文件種類就越來越多元化了。

㈣適用的國家

海牙系列規則適用的範圍也不像漢堡規則那麼強勢，訂定適用的文件僅不同國家間屬於運送相關的「載貨證券」，包括：

1. 簽約國簽發之「載貨證券」。
2. 從簽約國港口出發運送之「載貨證券」。
3. 「載貨證券」所代表的契約規定可以適用公約。

但是以上的三項還要簽約國授權適用公約，才能適用公約，與本章第二節的漢堡規則比較，在公約的適用性上是比較沒有那麼強勢的。

二、可以適用公約的關係人

海牙系列規則的「運送人（Carrier）」只有一個，一切的責任、義務都以「運送人」為主，其餘公約提到的輔助人則包含「船長（Master）」、「代理人（Agent）」，另外在免責條款中提到「受僱人（Servant）」一詞（註5），其實「船長」就是一種「受僱人」，所以屬於運送方，可以適用公約免責及責任限制的人就是只有「運送人」、其「受僱人」及其「代理人」三位，甚至不包括亦屬於輔助運送有關的「獨立訂約人」，如裝卸公司、簽訂租船契約提供運送工具的船東、提供貨櫃集散及儲存的倉儲經營人等（註6）。這與漢堡規則增列「實際運送人（Actual Carrier）」一詞以後，範圍大到包含所有的履行輔助人，非常不同。其相對的貨方主要就是

註5：「受僱人（Servant）」一詞係轉用喜馬拉雅條款的擴大適用範圍。
註6：海牙威士比後增列的 Article IV bis 2 If such an action is brought against a servant or agent of the carrier (such servant or agent not being an independent contractor), such servant or agent shall be entitled to avail himself of the defences and limits of liability which the carrier is entitled to invoke under these Rules."

「託運人（Shipper）」，由於不像漢堡規則般，貨方也有比較系統性的義務，其他與貨方關係密切的如「受貨人（Consignee）」、「運輸文件持有人（Holder）」等名稱並未在公約中論列。

三、適用的貨物種類

海牙系列規則與漢堡規則另一個不同的地方，就是一九六八年及一九七九年早已是貨櫃船萌芽以致於風行的年代，但即使到了一九七九年，特別提款權議定書仍把甲板貨排除在貨物種類之外，其第 I 條「貨物（Goods）」的定義為指「包含物、具、商品，以及除了活動物及依運送契約載明裝在甲板上、且真正裝在甲板上之物件」。使甲板裝載必須使用公約訂定之前「契約自由」的做法，由船、貨雙方，自行訂定權利、義務，也使甲板裝載之事實，不敢註記於提單，以致於一九九三年信用狀統一慣例只好創造一個銀行同意的「可能裝甲板（May be Carried on Deck）」的說辭。以免運送人因載貨證券註記「裝甲板（On Deck）」，而致無法適用公約的情形（註7）。

四、運送人的責任

海牙系列規則中屬於運送方的關係人主要的只有一個「運送人」，已如前述，其定義為「與託運人簽運送契約之人」，包括「船東」或「租船人」，所以簽發載貨證券的人為主要可適用公約相關權利義務的關係人。而可能簽發載貨證券的人，依據當時公約的考慮，僅包含「船東」或「租船人」兩者而已，由於在運送人的

註7：海運慣例上有「甲板貨由託運人負責（On Deck, Shippers' Risk）」的說法，所以載貨證券有「甲板貨（On Deck）」的記載，運送人很可能不必負責甲板貨的毀損、滅失。詳細內容參考王肖卿、《載貨證券》五南圖書出版股份有限公司，頁22。

責任的負擔上，船東與論時租船的租船人總是共同分攤運送人的責任，所以如果依據海牙系列規則的規定，由運送人承擔運送責任，則運送人必然同時需要是「船東」，也是「租船人」，否則就與規則第Ⅲ條第 8 項的規定相牴觸了[註8]。這與後來根據實務必要、而發展出來的所謂「無船公共運送人」，可以說並未提及，因此「無船公共運送人」只能就載貨證券的簽發者的角度來解釋其是否為「運送人」[註9]。但是由於承攬運送人所簽發之載貨證券中的「喜馬拉雅條款（Himalaya Clause）」並沒有將「船東」包含保障在內[註10]，而船東的載貨證券卻可以涵括承攬運送人，對於貨損的索賠者而言，進行契約訴訟時，以哪一份契約作為舉證標的就非常重要了。

㈠責任的範圍

運送人責任的範圍就是「裝上船」到「卸下船」的這一段航程。除非與貨方協議裝船前及卸船後的協定。但是所謂協定，必須在載貨證券或類似文件中有紀錄的才可以，例如像載貨證券本身就是「多式運送載貨證券（Multi-Modal Transport Bill of Lading）」的情形才可以，因為海牙規則本身只規範載貨證券，或者與載貨證券相類似的文件。

註8：參看 Canastrand Industrious Ltd. v. The lara S, 1993 2 F.C.553, 60 F.T.R. 1 (1993) (Fed. Ct. Can. Tr. Div.), aff'd 176 N.R. 31 (1994) (Fed. Ct. App.).

註9："Carrier or Agent?" by R. G. Edmonson, Commonwealth Business Media, Journal of Commerce, March 15, 2004, page 15.

註10：一般承攬運送人所簽發之載貨證券中的該類內容，以國際承攬運送公會的載貨證券為例：包括「依據本公會標準條款，承攬運送人應對其受僱人、代理人在其僱用範圍內的行為、疏失負責，一如其本人的行為、疏失」。

(二)責任的內容

　　貨物因「毀損（Damage）」、「滅失（Loss）」所造成的損失，是海牙系列規則規定運送人負責的主要項目，保險理論上「短少（Shortage）」、「偷竊（Theft）」、「未交貨（Non-Delivery）」、「誤交貨（Mis-Delivery）」等，都屬於「滅失」的範圍，但在運送的理論上，則尚有疑義（註11）。

(三)責任的限制

　　一九七八年海牙或海牙威士比規則的運送人賠償責任限制所採用的國際貨幣基金特別提款權單位，以每一件 666.67 特別提款權的賠付標準。現在已經是九〇年代以後，全世界修正海上貨物運送法的標準，其每公斤的賠償選擇也是創舉，後來通過的漢堡規則及一九八〇年的聯合國多式運送公約、二〇〇四年的新公約也都持續使用這個標準，責任金額雖有提高，但兩個賠償選擇方案則是源自海牙威士比規則的。

　　特別提款權換算標準及賠償根據的計算也是源於海牙威士比規則，在海牙威士比規則第IV條之。

　　5(b)款訂定貨物之賠償以卸船地、卸船時實際價值為準。並訂有交易價標準、無交易價時依市價、無交易價無市價時，應參考同種類、同品質貨物的正常價值，作為賠償標準的規定。

　　在 5(c)款訂定以貨櫃、墊板或類似運輸物件作為併裝貨物的工具時，記載於載貨證券內、裝在這些運輸物件內之件數或單位數應

註 11：參考 Jones v. The Flying Clipper, 116F. Supp. 386, 1954 AMC 25,261 (S.D.N.Y 1955)，以及 Italia Di Navigazione, S. P. A. M.V. Hermes I, 724 F.2d 21, 22, 1984 AMC 1676, 1678 (2d cir. 1983).

視為賠償標準件數或單位數，否則就由外觀的貨觀、墊板數作為賠償標準的件數。

在 5(d)款就說明特別提款權單位換算成國貨幣的日期，以承審法院決定的換算日期作為決定換算匯率的標準。

以上這些標準都是在海牙系列時期決定的原則，後來的公約也都繼續沿用。

㈣免責的規定

運送人有法定免責像是起源於海牙規則，由於漢堡規則將其全數取消，才更引起舉世對於法定免責的注意。除法定免責之外，海牙系列規則還有其他如託運人虛報貨物的性質及價值時，運送人對於其毀損、滅失也是不於負責的（註12）。在法定的免責方面，很直截了當的前提只有「運送人或船舶以下原因造成的毀損、滅失」，由於二〇〇四年新版公約字斟句酌的考量法定免責的前提、並訂定三個方案討論來比較，海牙規則時代的運送人免責在比較之下，就顯得直接且強勢。現在先就我國海商法所適用的法定之免責項目來比較海牙威士比規則法定免責所列出來的內容：

1.船長、海員、引水人或運送人之受僱人，於航行或管理船舶之行為而有過失。這也是我國海商法上的規定，但其原文在海牙規則中更多，包括「行為」本身、「疏忽」本身或「過失」本身等，不僅限於因「行為而有過失」，因為不行為亦有過失之可能。

2.海上或航路上之危險、災難或意外故事。以上也是我國海商法上的規定，海牙規則中則還有：「或其他『可航行水域上（Navi-gable Waters）』。」

3.非由於運送人本人之故意或過失所生之火災。

註 12：參看海牙威士比規則Ⅳ條 5(h)款。

4.天災。

5.戰爭行為。

6.暴動。

7.公共敵人之行為。原文是"Public Enemy"，應該指的是「海上劫掠」或「海盜」。

8.有權力者之拘捕、限制或依司法程序之扣押。原文是"Arrest or Restraint or Princes, Rulers or People, or Seizure Under Legal Process"、"Arrest or Restraint"及"Seizure"應該分別是我國法律上的「扣留、限制、扣押與假扣押」（註13）。

9.檢疫限制。

10.罷工或其他勞動事故。原文中還有「無論任何原因（From Whatever Cause）」，以及「無論部分或全面性的（Whether Partial General）」，所以海牙規則的內容更廣。

11.救助或意圖救助海上人命或財產。

12.包裝不固。海牙原文為「包裝不足（Insufficiency of Packing）」。

13.標誌不足或不符。海牙原文「不符」為「不當（Inadequacy）」。

14.因貨物之固有瑕疵、品質或特性所致之耗損或其他毀損滅失。這句話與原文的免責原因相較，不如海牙規則細緻之處，如「散裝貨之耗損、其他重量的耗損（Wastage in Bulk or Weight）」均未譯出，且「潛在瑕疵（Inherent Defect）」與「固有瑕疵」之間，就字面看也有距離。

15.貨物所有人、託運人或其他理人、代表人之行為或不行為。

註13：張特生，「海商法實務問題專論」，頁6，五南圖書出版有限公司，民國87年2月出版二刷。

16.船舶雖經注意仍不能發現之隱瑕疵。

17.其他非因運送人或船舶所有人本人之故意或過失及非因其代理人、受僱人之過失所致者。在海牙規則原文中，對於「過失」乙節，特別強調是「實際過失（Actual Fault）」，而且特別說明有運送人個人原因的因素在內，如文是"Privity"，且隱含如本款之主張免責，應由獲益的一方、可免責的一方，即「運送人」來舉證，如原文之"the Burden of Proof Shall be on the Person Claiming the Benefit of This Exception to Show……"。

至於其他的法定免責，就沒有說明應該由哪一方去舉證，留下的質疑，到了漢堡規則之「火災」一項由貨方舉證的說法，並在漢堡規則後附之「共同了解文件（Common Understanding）」中註明「茲共同了解並同意，依據本公約，運送人是在假設有過失及疏忽的原則下負責。也就是說舉證責任由運送人負擔」。（註14）產生了似乎有海牙時代的舉證責任完全應該由貨方承擔的疑慮。

除了法定免責之外，對於甲板貨的裝載海牙及海牙威士比規則都還有以下免責的規定：

1.偏航的免責

海牙系列規則都有「為救助或意圖救助海上人命、財產，或因其他正當理由偏航者，不得認為違反運送契約，其因而發生毀損或滅失時，船舶所有人或運送人不負賠償責任（Any deviation in saving or attempting to save life or property at sea or any reasonable deviation

---

註14：其原文文字如下"Common understanding adopted by the United Nations Conference on the Carriage of Goods by Sea" "It is the common understanding that the liability of the carrier under this Convention is based on the principle of presumed fault or neglect. This means that as a rule, the burden of proof rests on the carrier but with respect to certain cases, the provisions of the Convention modify this rule."

shall not be deemed to be an infringement or breach of these Rules or of the contract of carriage, and the carrier shall not be liable for any loss or damage resulting therefrom）」，但漢堡規則時就已經不再提「偏航」，只要為設法救助海上生命、財產，造成貨物毀損、滅失或遲延交付，船舶所有人或運送人不負賠償責任⁽註15⁾。

2.貨物申報不實的免責

關於貨物內容之申報屬於託運人的義務，在海牙規則第Ⅲ條第5項有關載貨證券的法定記載事項中，便有「依照託運人書面通知之貨物名稱、件數或重量，或其包裝之種類、個數及標誌」之記載。因此海牙規則基本上有三大項申報義務，以使託運人去配合，如託運人未申報者，運送人即可免責：

(1)知悉為違禁物未申報之免責

這是根據公約第Ⅳ條第6項的規定。該規定中違禁物及危險品不論是否是先申報，運送人均有權於該違禁物及危險品發生影響人員、貨物健康、安全有關之狀況時，予以處置、使其無害，而不必對託運人負什麼責任。但是事前申報與否的差別在於託運人無須負擔棄置之費用。

(2)易燃性、易爆性、危險性的貨物未申報之處分及免責

本項免責在海牙系列規則中均與以上違禁物並列，運送人的免則規定亦相同。

(3)託運人故意虛報貨物性質或價值的免責

這是公約第Ⅳ條第5項(h)款的規定，載或證券中貨物的性質、價值如託運人為「明知而誤報（Knowingly Misstated）」，與毀損、滅失相關的責任，運送人與船舶都不用負責了。

註15：漢堡規則第5條第6項。且「遲延交付」的責任是漢堡規則才有的。

(五)責任的解除

談到運送人的責任何時可以解除，鑒於「鉤」對「鉤」責任的範圍，海牙系列規則有以下有幾個解除責任的時間關鍵點：

1. 貨物卸下船時。

2. 貨損情況未在規定期限內通知時。

3. 訴訟未在有效期間內提起時。

對於以上 1、2 項的責任，只能說當海船卸貨後、未見貨損之通知，或未要求作貨損之公證檢定，初步確定為運送人已經依據載貨證券交貨的表面證據(註16)。託運人未於公約訂定的交貨、或者應交貨後的一年內提起訴訟，運送人及船舶方能解除其責任(註17)。

第二節　漢堡規則

從海牙系列規則針對載貨證券作訂定以來，由於多式運送之發展，運輸文件已逐漸多元化了，「聯合國貿易法委員會（United Nations Commission on International Trade Law；UNCITL）」所擬定的漢堡規則，就不再使用與「與載貨證券有關」 "……relating to Bills of Lading"的名稱，而逕行使用「海上貨物運送之聯合國公約（United Nations Convention on the Carriage of Goods by Sea）」。由於最

註16：參看海牙系列規則的第Ⅲ條第 6 項。該項中說明"......such removal shall be prima facie evidence of the delivery by the carrier of the goods as described in the bill of lading."

註17：同上。該項中說明"......The carrier and the ship shall in any event be discharged fro all liability whatsover in respect of the goods, unless suit is brought within one year........."

後一次的聯合國海上運送會議於一九七八年三月在漢堡開會,而且由德國聯邦政府主持的關係,所以這個公約也簡稱「漢堡規則(the Hamburg Rules)」,該次會議有七十八個國家與會,公約規定於完成二十個國家批准、接受後的次一年下個月一號生效,嗣後十三年間簽字、批准、接受的國家包括:巴貝多、波札那共和國、布吉納法索、智利、埃及、蓋亞那、匈牙利、肯亞、黎巴嫩、賴索托、馬拉威、摩洛哥、奈及利亞、羅馬尼亞、塞內加爾、獅子山國、坦桑尼亞、突尼西亞、烏干達、尚比亞等二十國,別列出這些國家的原因,是因為其中多數是非洲國家,甚至內陸鎖國。到目前為止,陸續加入的、還包括奧地利、喀麥隆、捷克共和國、喬治亞、甘比亞、約旦、聖文森及格瑞那達等,所以到二〇〇四　,一共是二十七個國家及地區參與這個公約。漢堡規則的擬定及生效有以下幾個意義。

一、漢堡規則代表貨主國的覺醒

貨主國的覺醒代表海運市場新秩序的調整及建立,這是當時的趨勢,在漢堡會議皆通過的「了解文件(Common Understanding adopted by the United Nations Conference)」中,就說明「依據本公約,運送人責任應基於假設有過失即疏忽的前提上(......the liability of the carrier under this Convention is based on the principle of presumed fault or neglect)」,其意義即指「運送人應負舉證責任(means...... the burden of proof rests on the carrier......)」,根據這個「了解文件」,就可以了解這是一件一面倒向託運方的公約,所以規則於一九七八年完稿時,不論是海運主權國、各國的海運學者,都斷然地說,這樣顛覆前兩公約的公約能夠生效,恐怕將遙遙無期,但才歷時十三年,漢堡規則已經於一九九一年十月成二十個法定國家的簽字批准手續,而於一九九二年十一月一日於簽約國間生效了,由於

漢堡規則代表的是運送人與貨主間權利義務關係的一百八十度大轉變；即傳統的海牙及海牙威士比規則過度保護運送人的情形轉為託運人之比較受到保障，因此本公約的迅速生效，代表託運人方面的覺醒，意義非常重大。

二、藉漢堡規則比較海牙系列，可以了解運送人責任在其間的變化

自漢堡規則生效以前的海運伊始、海牙規則擬定，依循模式相似的海牙威士比規則以迄，其間歷時數個世紀，在各國海商法均已熟習這種一面倒的運送人享特權的模式之後，漢堡規則會忽然有一時令人無法適應的感覺。

漢堡規則中有許多創新性條款，是海牙時代所沒有的，兩規則中對照相同的條款，在內容上有截然不同的改變，在介紹漢堡規則的同時，也把與前兩者一起拿來比較，對於增進瞭解確實很有必要。

三、漢堡規則的適用範圍與影響較大

漢堡規則中有許多強制適用的規定，是海牙時代所沒有的，這使得漢堡規則的適用範圍較廣，以運輸文件只針對「載貨證券」迄漢堡規則的適用於「不同國家間的所有海運運送契約（All Contracts of Carriage by Sea Between Two Different States）」，其所謂不同國家，包括如「裝貨港」、「卸貨港」、「選擇的卸貨港」、「運輸文件簽發地」、以及「運輸文件註明使用本公約」等國家，使公約雖僅在某些特定的第三世界國家間生效，影響所及，卻已使許多未批准的國家受到影響，貿易兩國間，如果有一個國家是漢堡規則的簽字國，且交易量又大的話，勢必修改載貨證券條款，以適用漢堡規則，而且由於簽字國大多是生產國，也使這種情形非常普遍，對

於漢堡規則的瞭解，更是刻不容緩的事情。茲析論如下：

(一)適用的航程及運送範圍

1.漢堡規則適用之航程

依據漢堡規則第 2 條，漢堡規則可以適用於以下兩國間之運送契約：

海運運送契約的裝貨港是簽約國。

海運運送契約的卸貨港是簽約國。

海運運送契約的嗣後選擇的卸貨港之一即實際卸貨港在簽約國內。

載貨證券或其他代表運送契約的運輸文件係在簽約國簽發。

運送契約規定適用漢堡規則、或因該國家法律同意適用漢堡規則。

以上的規定有一個關鍵處，就漢堡規則並不單單以載貨證券或其他代表運送契約的運輸文件為主要適用的標準，所包括的所有因海運運送契約，以及載貨證券或其他代表運送契約的運輸文件，因此適用範圍更廣。而且又可以因為適用上的需要，而以個別航程之實際卸貨港在簽約國內作為適用之理由，假定裝貨港與卸貨港恰在兩個適用不同公約的國家：如裝貨港在英國，適用海牙威士比規則；卸貨港在埃及，適用漢堡規則，這種情形則有賴於運送契約、載貨證券的記載或該提起司法審判地作決定，在英國提起訴訟，應適用海牙威士比規則，若在埃及提起訴訟，當然應適用漢堡規則。海牙威士比的「特別提款權議定書」裡文字雖類似，但因只適用於「載貨證券」或類似文件，因此適用的場合就沒有那麼普遍。

2.漢堡規則有關司法管轄之規定

漢堡規則給予貨方原告許多選擇權，可以在下述任何地點進行訴訟（註18）：

運送人的主要營業處所、或習慣性的居住所。

運送契約簽發之地點，該地點為被告營業地點、或設有分公司、或代理行，運送契約係在該地簽訂。

裝貨港或卸貨港。

運送契約上訂明可進行訴訟的地點。

此外，凡本船或同一公司船隊有可能在簽約國之一被扣押的原告也可以在該國（地）提起訴訟。

以上規定並不得妨礙原告自行對於訴訟地點的選擇。

因此漢堡規則確實給予原告，通常是貨方許多的訴訟地點選擇權。

除此之外，漢堡規則也訂定原告有意願進行仲裁時，類似地點之選擇權，而且也可在糾紛發生時，臨時訂定仲裁地點的選擇。

由於海牙系列規則未見關於仲裁的規定，加上載貨證券背面也少見有仲裁條款的訂定。而縱使載貨證券之仲裁條款已有仲裁地點之規定，原告仍可依漢堡規則適用航程之規定去申請在簽約國進行仲裁（註19）。漢堡規則也有意確認，即使在非簽約國提起訴訟的漢堡規則的條文也可適用；在漢堡規則第 23 條第 1 項及第 3 項中規定，凡依漢堡規則訂定的運送契約，均須在契約中載明「本契約依據漢堡規則，凡任何相反之內容，有減損託運人、或受貨人依本契約所得享受利益之規定均無效」，以及依第 23 條第 4 項「索賠人因本條規定為無效之條款所受之損害、或因載貨證券如以上疏忽未註明所受之損害，運送人應依公約有關毀損、滅失遲延之規定，支付賠償金。……」，當公約如此要求載貨證券有這樣一條說明時，即使在可適用海牙或海牙威士比規則的國家也會適用漢堡規則了，

註 18：漢堡規則第 21 條。
註 19：漢堡規則第 22 條。

因為在海牙及海牙威士比規則的第5條有一個比較自由的約定，允許運送人主動放棄或主動增加義務，且契約文件中如無以23條1項及第3項之附註，依照漢堡規則第23條第1項，運送人因疏忽而未列入上項陳述，須補償貨方須在非批准國提起訴訟損失之權利——即遭致之損失。

3.漢堡規則所適用之契約

　　海牙及海牙威士比規則主要適用於載貨證券、類似文件及其他至上條款適用海牙威士比規則的文件，漢堡規則之適用範圍則更大，適用於已簽發之任何形式的海上運送契約及未予書面化的契約，只要該文件能證明收貨、交運的事實就可以了，所以幾乎是任何形式與海上運送相關的運送契約都可以適用。惟一的例外，是租船契約，這一點與海牙及海牙威士比規則是相同的。

㈡漢堡規則可適用的貨物種類

　　漢堡規則明文可適用於甲板貨及活動物的運送，這兩種貨物在海牙及海牙威士比規則也是明文排除在外的。

　　漢堡規則第9條規定，運送人可因託運人同意、貿易習慣或法律規定，而將貨物裝載於甲板上，如運送人與託運人間已同意將貨物裝載於甲板時，應將「甲板裝載」或者「可能裝載甲板」的事實載於載貨證券，違反以上兩項——包括「未經同意裝甲板」及「未在載貨證券上記載『裝甲板』、或者『可能裝載甲板』的事實時」，運送人應負責舉證確實有「甲板裝載」的協議，但是這種協議也不能對抗善意取得載或證券的第三者，甚至包括受貨人在內。

　　否則純粹因裝甲板所致毀損、滅失、或遲延之損失，運送人甚至失去漢堡規則賦予之舉證「已採取措施避免事故及其後果之發生」的權利，而逕行負責。甚至視個案情節，可能還會喪失責任限制之保障。此外，如有協議，明文貨物不得載於甲板上而仍予裝載

於甲板上時,則運送人將被視為有故意造成毀損、滅失或遲延之行為或疏忽,而不再享有免責或責任限制的利益。而這種情形在實際上卻是常常發生的,運送人因商業考量,配合託運人的要求將託運人訂艙時註明「甲板下(Under Deck)」的要求,註記於實際上裝在甲板上貨物的提單,導致運送人喪失責任限制之利益。所以漢堡規則雖然明文包含「甲板貨」的規定,其實運送人受到的壓力並不比海牙系列時期將「甲板貨」明文除外,由雙方另訂協議解決責任的責任時為輕。

至於活動物的運送,運送人不必負責因活動物特殊的性質所致的毀損、滅失或遲延;依據漢堡規則第5條第4項,只要運送人能證明已按託運人的指示進行運送,縱因運送人疏忽或錯誤所致之損害,以及沒有「運送人、其受僱人及代理人」有疏忽或錯誤的反證,運送人即可免責。所以「活動物」列入漢堡規則,運送人的責任是因此比較容易免責的。

(三)其他漢堡規則特殊不同之處

一九七八年的漢堡規則完全不同於一九六八年的海牙威士比規則,海牙威士比規則嚴格說來,只是對於一九二四年的海牙規則作了非原則的修正,例如像貨損理賠的時效方面,海牙威士比規則加了「經雙方同意,可以延長」,而事實上海牙規則的一年理賠時效,本來就可以在雙方同意下延長,因此漢堡規則的貨損理賠時效一下子就由一年變為二年,諸此巨幅的改變,在漢堡規則中還有許多,以下就針對這些重要的變化予以說明:

1.責任期間

依據漢堡規則第 4 條、運送人對貨方之責任已延伸自裝貨港「接管貨物(In Charge)」時起、包含「運送過程(During the Carriage)」迄到「卸貨港」為止之全部期間。對於「接管貨物」一

詞，漢堡規則有以下幾個特定的解釋，以下情形可以被視為已經「接管貨物」：

(1)自以下人等「收到（Take Over）」貨物：

託運人或代表託運人之人。

有關機關或依據裝貨港的法律或規定，貨物應由其交付運送的第三者。

(2)迄以下情形之交貨時為止：

交給受貨人。

受貨人未自運送人處接受貨物時，將貨物置於依據契約、法律貨些貨港特殊之狀況，將貨物交予受貨人可以處置之地點。

或者將貨物交給有關機關或依據卸貨港的法律或規定，貨物應交付的第三者。

所以依據漢堡規則，運送人的責任期間應該是「接管貨物」、「運送過程」迄到依「卸貨港」規定、交貨為止之全部期間。

2. 責任之基礎

漢堡規則中運送人是在「推定有過失」的基礎上負其責任，除非運送人能證明其本人、僱佣人、或代理人已盡合理之努力，以避免損害之發生，否則運送人即應負責，這一規定幾乎完全與海牙威士比規則完全相反，特別是包括航行疏忽在內的免責早已不得作為運送人免責的理由，但此「推定有過失」的基礎也有例外，即火災的責任；如貨物毀損、滅失、或遲延是因火災引起的，應由貨方原告來舉證，能證明該火災或因火災引起的毀損、滅失或遲延是因運送人的錯誤所致，運送人才應負責（註20）。在這一個應負責的基礎上，運送人還有義務去證明，發生火災之後，其受僱人、代理人已採取一切有利措施，以撲滅火災並避免減輕後果損失之蔓延。同時

註20：漢堡規則第 5 條第 4 項(a)款(i)項。

特別規定發生在「船上的火災（Fire on Board the Ship）」因應船、貨雙方要求，應該做火災原因及狀況之鑑定[註21]。以上這些都是漢堡規則對於「火災」之特殊規定。美國新修的海上貨物運輸法草案則把「船上的火災」直接列為免責項目之一。

3.責任之限制

運送人可就以下數額較高者負其責任[註22]：

每件或每一海運單位以特別提款權 835 單位為準。835 單位目前約合約美金 1,142.74 元。

按毀損或滅失貨物毛重每公斤特別提款權 2.5 單位計算。這項責任限制範圍約比海牙威士比規則提高了百分之廿五。

此外，依據漢堡規則第 8 條，運送人如有行為、疏忽、故意造成毀損、滅失、或遲延、或運送人雖為無意，卻明知可能造成毀損、滅失、或遲延時，其責任限制的權利就喪失了。[註23]

4.關於遲延的責任

漢堡規則第 5 條 2 項，對於「交貨遲延」一點，定義非常明確：

未於海上運送契約所明定的時間內送達。

未能於一負責之運送人正常可能之合理時間內送達。

此外，以上兩種構成遲延狀況的屆滿六十個連續日未送達者，貨物即可視為已經滅失。[註24]

遲延的賠償責任為遲延貨物運費的兩倍半，但以整批貨物運送契約的總運費為限[註25]，以較低者為準，此外，漢堡規則第 6 條

註 21：漢堡規則第 5 條第 4 項(b)款特別說明船上火災鑑定是依海海運慣例。

註 22：漢堡規則第 6 條。

註 23：漢堡規則第 8 條第 1 項。

註 24：漢堡規則第 5 條第 2 項。

註 25：漢堡規則第 6 條第 1 項(b)款。

1 項(c)款規定，運送人對於毀損，滅失、遲延的賠償責任總和不得超過滅失的總賠償額。

5. 運送人的身分

不論依據漢堡規則、海牙或海牙威士比規則，只要以本人、或以本人名義與託運人訂立運送契約之人，即為運送人，為利於分辨，國外概以「訂約運送人（Contractual Carrier）」稱之，與公約另一定義的「實際運送人（Actual Carrier）」有所區別，漢堡規則在第 1 條第 2 項中定義「實際運送人為受運送人委託，實際為全部或部分運送之履行，或其他受委託履行的人」（註26），由於其第一部分的「受委託」係指受簽約運送人委託，但第二部分「其他受委託履行的人」，就沒有指定是何人委託了，解釋起來，「實際運送人」的範圍可能大大超過海牙威士比時代，因喜馬拉雅條款，而擴大解釋的「代理人」及「受僱人」的範疇。甚至一般載貨證券可能有的「租與條款（Demise Clause）」（註27），表彰論時租船中，船東對載貨證券，應永遠負責的條款，都不再需要訂定了。因為在論時租船情形下，租船人採船東抬頭的載貨證券，其下為船長之簽字，因船長係代表船東（註28），此時實際運送人——船東，立刻成為負責人，固是如此。如載貨證券係租船人的抬頭，而簽字又是船長的話，則船長亦應以實際運送人的身分負責。因為在漢堡規則裡，實際運送人亦應負責貨物之毀損、滅失及遲延，同時也受免責

註 26：原文為 "Actual carrier means any person to whom the performance of carriage of the goods or of part of the carriage has been entrusted by the carrier and includes any other person to whom such performance has been entrusted"。

註 27：本條係指「若船舶非空船租賃而來，原則原船東須對本載貨證券負責」內容類似。

註 28：依漢堡規則第 14 條第 2 項。

註 29：漢堡規則第 10 條。

及責任限制之保障（註29）。

　　在論時租船契約裡雖然船東與租船人共同分攤運送的責任，但純就漢堡規則規範的載貨運送文件而言，簽約「運送人」對於運送責任是要全權負責的，甚至對於「實際運送人」本人、其受僱人、代理人的行為、疏失也要負責（註30）。但兩者同時都要負責時，就應該負共同連帶責任，既稱共同連帶，運送人仍應負總責任。這種擴大「運送人」解釋的規定與其說是對運送人有利，不如說對於貨方告訴無門時，更容易掌握對其該負責的人，所以應該是對貨方較有利。

6. 載貨證券之內容

　　託運人有權要求簽發載貨證券，依據漢堡規則第 15 條，託運人有權要求如下之記載：

　　貨物性質、必要之主標誌、危險之敘述、包件數量、重量、及託運人提供的其他特徵。

　　貨物之表面情狀。

　　運送人名稱及主要營業所。

　　託運人名稱。

　　託運人指名之受貨人。

　　裝貨港及運送人之收貨日期。

　　卸貨港。

　　正本載貨證券之份數。

　　載貨證券之簽發地點。

　　運送人或其代表人之簽字。

　　受貨人應付之運費金額，或其他指示運費付款事項。

　　註明「凡任何不利託運人或受貨人依本公約所得享受利益的約

註30：漢堡規則第 10 條第 1 項。

定一律無效」之記載。

有關貨物可能裝載甲板之記載。

如雙方同意，可註明卸貨港交貨之日期或期間。

如雙方同意，可載明願提高責任限制金額之內容。

與海牙及海牙威士比規則比較，法定記載事項是多得多了，海牙規則及海牙威士比規則只規定應記載本 15 條第 1 項，包括主標誌、包件數量及表面情狀三者，但如「運送人名稱及主營業處所」的記載是為了因應前述之司法管轄規定，「註明『凡任何不利託運人或受貨人依本公約所得享受利益的約定一律無效』之記載」亦係因應適用上的方便，均有利於本公約規則之適用，「交貨日期加註」，則是創新之規定，有利於課運送人「遲延」責任之成立。

7. 貨物理賠之索賠時效

漢堡規則之貨損索賠時效已自海牙及海牙威士比規則的一年直接延長為二年，自交貨日貨應交貨之日起算，其他的規定也比海牙威士比時期詳盡。包括「起算應交貨之最後一日的本身並不計算在二年的期間內」、「訴訟有效期間可以藉由書面向原告索賠者宣布」而延伸，「書面宣布可以一個接一個」而不斷延伸訴效期。此外，該負責的人如果嗣後需要追償損害時，司法送達賠償通知或逕行賠償後的九十天內可以提起追償訴訟。這個延伸訴訟期限及追償訴訟的規定，海牙威士比規則裡也有，但延伸訴訟期限的「延伸」如雙方同意，可以在訴訟提起之後，藉雙方同意「延伸」，表達的方式如何，漢堡規則說明是「書面宣布」，海牙威士比規則則未在公約中說明。至於「追償訴訟」，海牙威士比規則規定的天數是在三個月內，起算方式也與漢堡規則相同。

8. 運送人之責任限制、免責等規定可適用於契約訴訟、侵權訴訟

本條延伸運送人免責及責任限制之適用範圍，而且包含其代理人、受僱人、運送人、實際運送人在內之總責任額，將不超過本規

則之總責任額（註31）。

由於增列實際運送人，而且實際運送人意義亦有十分擴大的關係，以及加上實際運送人的代理人、受僱人，使這個總責任額的限制所擴大的解釋的意義將更寬廣。對貨損索賠的影響意義也增大了。

9.轉船運送

漢堡規則特別增列了「轉船運送（Through Carriage）」的規定，其內容為「雖然運送人依本第 10 條第 1 項規定、應承擔實際運送人的行為及疏忽，依然可以對於運送的特定部份交由指定的第三者來履行，並規定運送人不負責該段航程的毀損、滅失、或交貨遲延」，但是損害發生於該段航程的舉證責任，仍須由運送人負責，而且司法不得對該實際運送人執行時，還是由運送人負責全程（註32）。

一九六〇年代國際上早已是貨櫃運輸的年代，貨櫃運輸所帶動的複式運送使「轉運」成為無可避免，漢堡規則與後期的海牙威士比年代相差不遠，海牙威士比的特別提款權議定書甚至時間更後於漢堡規則，但對於運送裝船前、卸船後的責任只具體而微的提到「不排除可以另訂契約」而已（註33），漢堡規則全文沒有指出「多式運送」，運送人責任方面，卻已經有了較為清楚的說明。

10.貨損擔保書的身分釐清

貨損擔保書的歷史應該溯自有載貨證券開始，但是理論上，卻一直否認有貨損擔保書的存在，甚至還有因舉證有貨損擔保書的存在，使運送人無法自圓其何以又同時簽發清潔載貨證券，而須冤枉

註31：漢堡規則第 10 條第 5 項。

註32：漢堡規則第 11 條。

註33：參看本章第一節一之㈠之說明。

賠償受貨人之案例，而又因貨損擔保書無法律效力，無法向託運人取償的情形。

漢堡規則徹底改變了這一個現象，不但在第 17 條承認有貨損擔保書的存在，而且不論載貨證券轉讓與否，託運人都需因簽發貨損擔保書之事項，向運送人負責。當然對於託運人以外的第三者、善意取得清潔載貨證券的人是不生效力的。以上原就是海運的慣例，只是漢堡規則將其行諸文字，使貨損擔保書產生法律效力。但簽訂貨損擔保書當時，必須沒有共同詐欺的意圖，否則運送人不僅對於第三者或受貨人，甚至對於託運人也無法取償（註 34）。

11.載貨證券記載運費不予保留，表示裝貨港沒有延滯費或運費

載貨證券有關運費之記載，如果沒有註明，或沒有特別註明運費將由受貨人負擔，或沒有提到裝貨港有延滯費時，表示構成受貨人不必負擔運費或延滯費的表件證據。這一段以前對於運費一直沒有特別提及的文字，特別強調載貨證券記載的證據力（註 35）。

12.貨損通知時限的延長

貨損通知的延長，由海牙及海牙威士比規則的當日貨損情況不明確的三天內，修改為交貨之後一個工作日及交貨後的十五日內，否則視為已交清貨物。此外，因為海牙及海牙威士比規則都沒有運送人應負遲延交貨的責任，另外增加了遲延交付的六十天內給付書面通知的規定。另外還比海牙威士比增加「因為託運人之疏忽、過失，造成運送人有滅失、毀損的損失時，應於公約規定的交貨後九十天內，由運送人給託運人通知，作為運送人有滅失、毀損的表件證據」（註 36），否則視為運送人沒有因託運人過失遭致滅失或毀

註 34：漢堡規則第 17 條第 2 項及 3 項。

註 35：漢堡規則第 16 條。

註 36：漢堡規則第 19 條。

損。

四、結　語

　　總之，漢堡規則的生效，代表傳統保障運送人的市場結構變為保障託運人，接著受影響的，包括船方的責任加重，導致運費與責任保險費的提高，市場的消長循環原是一種自然的現象，只是長久享受船航運國優勢的傳統運送人，有暫時無法適應的感覺罷了。

第三節　最新國際運輸法規之趨勢

　　國際運輸由於海、陸、空及內水運輸之多式運輸發展之日益密切，經營多式運輸之運送人所承擔的責任也因此更為沉重，不僅需熟悉國際公約，並需熟悉各國法律對於海、陸、空運輸及內水運輸的各個不同規定，尤其發生貨物損害之索賠案件，更需證實損害發生的階段，該階段契約的約定及該階段應該適用之公約或法律，以承擔應負的責任。因此國際公約整合的需求與聲音也日趨積極。一九九六年聯合國貿易法委員會首先呼應了這個需求，指定由貿易法委員會授權 (註 37) 國際海事委員會（CMI）蒐集資料並予以整合，於二〇〇一年五月三十一日正式在網站上公告了運輸公約草約，這份草約的內容不但融合了國際運輸界許多代表性的團體與個別業界

註 37：一九九六年六月，第二九屆聯合國國際貿易法委員會（UNCI-TRAL）會期中，首度提到現存公約、法律對於電子資料　交換未有規定、運輸文件影響買、賣雙方權利義務關係及運送契約關係人之法律立場等議題，為此聯合國國際貿易法委員秘書處在該次會議中被授權收集資料，研議進行本次的修法。相關資料見 CMI 網站之 CMI Year Book 2000，標題" Report of the First Meeting of the International Sub-Committee on Issues of Transport Law。

的意見，也充分的表達了未來國際運輸公約的走向；除多式運送法規之統一化、單純化、責任明確化之外，運送人身分之簡單化、船東身分檯面化等問題，均經周詳的文字予以描述，事實上這些問題本來都是多式運輸亟待解決的問題。此外，因應運輸文件無紙化、國際傳輸電腦化及電子商務的需求，訂定電子商務的規定，許多默示保證及航運慣例之明文化等，也都是國際公約本次修訂的重點。

草案自擬定迄初步定案的時間約五年，二〇〇一年的草案公布之後，聯合國貿易法委員會卻已經將名稱更改了好幾次，由當初的"Draft Instrument on Transport Law"改為"Preliminary Draft Instrument on the Carriage of Googs by Sea"，隨後又改為"Draft Instrument on the Carriage of Goods (by sea)"，以迄最後一版的"Draft Instrument on the Carriage of Goods (wholly or partly) (by sea)"，由這些名稱的更替，我們可以了解新的國際貨物運輸公約到底要不要以統合性多式運送或以海運為主的統合性運送為方向，讓聯合國大傷腦筋。本次公約國際的參與相當積極，而且參與單位很多，各單位也都有相當的代表性，加上因為共識不少，尤其是一向對於國際公約採取不理睬態度的美國，亦參與了所有重要的討論，將來新公約能獲得國際認同，應該不會困難，公約的定稿與生效，應該是可以預期的快。本文試著從草約的文字去預測未來運輸法規的走向，讓運輸的參與者、託運人、運送人及其的周邊企業如保險業等，都能有個了解。

國際運輸因為多式運輸的發展而使運輸過程經常包含海運、內陸水運、路運及空運，然而現行有效的運輸法規則仍多為個別適用國際海運、空運之公約及各區域適用的鐵、公路公約及因應涉及內陸水運之國際公約及內國法律。

網狀的多式運送對於貨方本來就有許多不利之處，包括：對於封條完好的貨櫃來說，到底在哪一個階段造成貨損，難以辨識。貨損有可能是經過歷次累積的摔跌、擠壓、而不是一次造成的，貨方

到底要找哪一個運送者負責，是有困難的。何況，不同的運送人根據不同的運輸公約還可能承擔不同程度的責任，甚至相關規定有該負責任及不該負責任的區分。對貨方來講，會造成不公平。適用不同運輸公約的時候，還會有間隙，也就是說，在運送的責任上，會有三不管的法律空隙。不同運輸公約中的運送人責任須仰賴多式運送人去與其他的輔助運送人、或稱履行運送人洽商，貨方無法自主，洽商的不利條件卻又要由貨方來承擔。這些理由也使貨方亦有意促成新公約的研訂。

　　在多式運送中，海運於所佔運輸過程的比例較重，運輸文件多是使用傳統海運所使用的載貨證券或類似文件，也由於使用海運的多式運送運輸文件的關係，所以在許多多式運送情形下，海運運送人的責任便經常須涵蓋全程運輸，而逐漸形成國際運輸由海運公約統合的趨勢。

　　漢堡規則於一九九二年生效以來，由於完全顛覆傳統的船、貨關係，造成船、貨關係緊張，但亦刺激各國於八、九○年代紛紛修改的國內法律，至少已經將運送人責任提高到一九六八年海牙威士比規則的標準，現實一點說，為本國船隊的發展，一般國家多重視海權，無法接受漢堡規則對於運送人責任的嚴苛要求。而時間剛好碰到美國國內有意替換其一九三六年海上貨物運送法（Carriage of Goods by Sea Act, 1936）──美國新的海上貨物運送法（Carriage of Goods by Sea Act）草案自一九九九年九月二十四日第六次定稿以來，由於司法管轄權強制管轄的關係，引起國內、國外兩極化的批判不斷，而聯合國於一九八○年五月二十四日在日內瓦定稿的國際多式運送公約（United Nations Convention on International Multimodal Transport of Goods of 1980），迄今仍只有智利、馬拉威、墨西哥、摩洛哥、挪威、賽內加爾、委內瑞拉等七國批准及接受，而遲遲未能生效。該公約雖然針對「多式運送」，但對於運送人的責任要求

甚至比漢堡規則還高。這些理由可能都成為要求儘快另行制定統一國際運輸法規的催化劑，因而由原來擬定漢堡規則的聯合國國際貿易法委員會與原來擬定海牙、海牙威士比規則及一九七九年特別提款權議定書的國際海事委員會合作主導，草擬新的國際運輸法，以有效統合目前各行其事的不同國際法規及國內法。以下便是經過多方意見不斷修正及整合過的二〇〇三年公佈的運輸法草案，名稱暫譯為「修正文件（Draft Instrument on the Carriage of Goods (wholly or partly) (by sea)）」，以下簡稱本文件。

一、修正文件之背景

　　新的國際運輸法雖然由聯合國國際貿易法委員會及國際海事委員會合作主導，透過國際工作小組（International Working Groups；IWG）、聯合國之次級委員會（International Sub-Committees）運作，但其他如國際經濟合作組織（OECD）之科學、技術及企業理事會（Directorate for Science, Technology and Industry）、歐洲委員會（European Commission）亦均參與運送責任制度的意見，試圖將運送責任的觀點予以集中，而終於有了目前國際海事委員會及聯合國國際貿易法委員會之初稿。

　　新的國際運輸法規因應趨勢其要求，雖然也涵蓋單是運送，但主要偏重在多式運送法規的整合，所以當初考慮的觀點亦著重於以下五大項：

　　㈠海運與其他運輸方式的關聯性。

　　㈡運輸文件於買、賣雙方、船、貨雙方的關聯性。

　　㈢運輸文件在銀行之流通性。

　　㈣運輸法規與貿易法規之相容。

　　㈤輔助契約包括承攬運送契約與運送契約之關係。

　　經過之後無數次會議的討論（註38），業已加強了其他方面的內

容，這些內容包括：

㈠多式運送人有關海運責任的強制性、其他聯運責任的有限的強制性。同時也定義所謂多式運送是指包含海運在內的聯運。

㈡運輸責任的一致性，即貨物損害不論發生在哪個階段，都適用一個單一的標準，這個議題達到最多的共識，但內陸運輸如果遇到有強制性的國內法，還是應該予以尊重。

㈢運送人的自由條款，尤其是代表託運人洽訂契約的條款，應該予以抑制。

㈣新的運輸公約型態把運送人的責任與託運人的責任視為零和，也就是說，不是運送人的責任，就是託運人的責任。反過來說，不是託運人的責任，就是運送人的責任。

㈤運送人的責任採嚴格責任制，雖然已有過失為基礎、但過失是列舉規定、而且當貨方原告舉證有過失時，再由運送人舉證無過失，這種舉證方式已經又回到海牙系列規則的時代，違反了討論標題所謂的「嚴格責任制」，更何況又回到海牙系列規則的有關運送人再度獲得免責的保障。

㈥喜馬拉雅的免責適用範圍儘量擴大，但履行運送人的範圍則應儘量縮小或取消。

㈦遲延責任如果非貨方式先特定要求列入載貨文件，運送人不該負責，而且漢堡規則中規定的，遲延六十天視為滅失的規定太重了，已經予已取消。

註38：正式與非正式會議較知名的包括一九九七年的安特衛普會議、一九九九年的CMI年度會議、二〇〇〇年的紐約會議、二〇〇一年一月OECD之下海運委員會 Maritime Transport Committee（此為屬於聯合國的正式組織）召開的巴黎會議（此次會議對運輸責任部分作出正式報告）及歐盟參與之「不同類型運輸工具責任（Inter-modal Liability）」意見等，以上資料均公佈於相關網站。

㈧受僱人或代理人的過失，不應該因此使運送人喪失權利或責任限制的保障。

㈨託運人不該與運送人一樣有責任限制的保險，但應給予與運送人相同的時效權利。

㈩運輸文件包括載貨證券、海運單等，由於電子商務的發展，其轉讓權、財產權，及因轉讓產生的權利義務關係、單證於交貨時該不該繳回等問題的確認。

這些問題在文件概要中，大部分已經得到了解決的方案。

二、修正文件的型態

修正文件究竟應以國際運輸公約的型態或標準條規方式的型態，是二〇〇一年二月十二日至十六日國際海事委員會在新加坡開第三十七屆代表大會討論的重點，經多數與會代表的同意（註39），決定以公約型態呈現。

新的國際公約草案除小部分項目仍以括弧方式呈現，表示仍有

註39：該次會議在國際海事委員會54個會員國中有44個國家與會，諮詢成員包括國際海事組織（Inaternational Maritime Organization；IMO）、國際油污賠償基金（Inaternational Oil Pollution Compensation Fund；IOPCF）、波羅地海國際海事委員會（Baltic and Inaternational Maritime Council；BIMCO）、國際商會（Inaternational Chamber of Commerce；ICC）、國際海運會（Inaternational Chamber of Shipping；ICS）、國際海運承攬公會（Inaternational Federation of Freight Forwarders' Association；FIATA）、責任險國際集團（Inaternational Group of P&I Clubs）、國際海事保險聯合會（Inaternational Union of Marine Insurance；IUMI）、以及以觀察員分份出席的國際經濟合作委員會（United Nations, Conference on Trade and Development；OECD）、國際海事局（Inaternational Maritime Bureau；IMB）等，與會代表約共353人，由於成員包括國際經濟、貿易、運輸、海事保險及學術界的代表，所以頗具代表性。

討論空間外，大部分的條款多已經多數同意而初步定案，共分 17 個章節，包括「定義（Definitions）」、「電子商務（E-Commerce）」、「適用範圍（Scope of Application）」、「責任期間（Period of Responsibility）」、「運送人的義務（Obligations of the Carrier）」、「運送人的責任（Liability of the Carrier）」、「託運人的義務（Obligations of the Shipper）」、「運輸文件（Transport Documents）」、「運費（Freight）」、「交貨予受貨人（Delivery to the Consignee）」、「控制權（Right of Control）」、「在可轉讓運輸文件下權利之轉讓（Transfer of Rights under Negotiable Transport Documents）」、「訴訟權（Rights of Suit）」、「訴訟期間（Time for Suit）」、「共同海損（General Average）」、「其他公約（Other Conventions）」及「契約自由的限制（Limits of Contractual Freedom）」。除了比漢堡規則新增「電子商務」章及其他章節名稱略有不同外、在「定義」、「運送人義務及責任」及「運送」方面亦均有不同的解釋，分別說明如下：

(一)回復海牙及海牙威士比時期「運送人」只有一個的情形

在第一章「定義」中很明顯的又把漢堡規則增列的「實際運送人」一詞取消，回復海牙及海牙威士比時期「運送人」只有一個的情形，以免使人誤以為只有「運送人（Carrier）」才能從事「履行運送（Performing of Carriage）」。

從喜馬拉雅案（註40）發生、迄漢堡規則新增「實際運送人」定義以來，各國新修海上貨物運送法都有因受利益團體壓力不斷擴大

註40：王肖卿，《載貨證券》（臺北：五南書局出版，2001 年 11 月），頁 48-49。

解釋運送人定義的情形，不但使因簽發多式運送文件而必須代表擴大解釋後的運送人全權負責，對於貨主的索賠權益，亦可能造成損害。

但「實際運送人」一詞取消之後，本次新公約並非與新的一九九九年美國海上貨物運送法草案一樣，更名如「履行運送人」，而是徹底只留下「運送人」一個名詞而已，對於因「履行（Perform）」，有關於貨物「運送（Carriage）」、「操作（Handling）」、「管理（Custody）」及「堆存（storage）」等作業之履行輔助人，而是從新定義為「履行者（Performing Party）」(註41)。

並在定義中排除與「託運人或受貨人直接有關係的人（Retained by a Shipper or a Consignee）」，或者是這些人的職員、受雇人、代理人、訂契約或次契約的人(註42)。這項排除與美國一九九九年海上貨物運送法草案的內容相似，根據國際知名海商法律學者加拿大 William Tetley 教授的說法，這是有意排除代簽船東名義載貨證券的承攬運送人，即美國一九九八年海運修正法中之"Freight Forwarder"(註43)。

在「履行者」的定義上，雖則主要在運送契約的履行，其履行限定於為貨物之「運送」、「操作」、「管理」及「堆存」四者，甚至「管理」一詞，尚保留在括弧狀態，即留待日後再討論，也就是日後可能會徹底予以刪除的意思。因為加入了「管理」一詞，就有可能包括如裝、卸貨物文件、報關單等繕製的公司、貨櫃集散站

註41：Revised Draft Outline Instrument 之 1「定義」。

註42：同前註。

註43：美國 1998 年海運法規將國際上所稱之 Freight Forwarder 分類爲無船公共運送人 NVOCC——簽發自己名義的提單及 Freight Forwarder——簽發船公司抬頭的提單兩種。後者在全世界僅存約百分之五。而兩種分類在國際上均稱爲 Freight Forwarder。

的保全公司，甚至修船廠都包括在內，因為修船廠可是為了本次航行維持適航能力的公司，裝、卸文件、報關單等繕製公司亦可解釋為「參與」航行，因此亦解釋為「管理」船舶的「履行者」，這樣一來，範圍可就更大了。

在「履行者」的責任上，本文件的第 6 條除了與漢堡規則「實際運送人」的規定一樣，在約定與履行運送部分，與運送人盡同樣的義務與責任，亦享同樣的權利與免責外，如果（契約）運送人在契約訂定上，同意負擔超過本文件所規定的責任或限制責任，除非「履行者」明文同意或有默示意思表示，否則「履行者」不須受該契約之制約，只需要負本文件的責任即可。這項規定就明顯的減輕了漢堡規則「實際運送人」的責任，而不只是名稱不同而已。

此外，本文件亦強調訂契約的運送人應對於「履行者」的本人、其受雇人、次契約人、其代理人在（訂契約的）運送人直接或間接之要求、監督及控制下、為履行契約的行為及疏忽負責。當訴訟對運送人以外，包括「履行者」提出時，包括「履行者」及運送人以外的人，均得享運送人免責與責任限制的權利，這一個規定其實是第 37 次國際海事委員會新加坡會議的一個共識；在定義上縮小了「履行者」的適用範圍，在責任上則因應喜馬拉雅條款，使廣義輔助運送行為的業者；如果前述的「運送」、「操作」、「管理」及「堆存」四者均予以列入，那麼不但前述的製作運輸文件的公司、貨櫃集散站的保全公司、或修船塢，其直接及間接的受雇人、次契約人、其代理人，只要其行為在訂契約的運送人直接或間接之要求、監督及控制下都可以接受運送人免責及責任限制的保障了。

(二)船東無法自外於運送契約

本文件的對於貨方最有利的地方，應該就是讓船東在運送契約

上無法缺席的規定了，漢堡規則增列的「實際運送人」，雖然在本文件中消失，履行者亦無法將其定義在內，但本文件中尚有「未能辨識之運送人（Failure to Identify the Carrier）」的規定，其內容是「當運送契約無法辨識運送人，而其上有裝船船名時，其登記的船東就是運送人。除非該船東證明係光船出租，且該租船人接受契約責任」。這個規定的意義及背景，說明如下：

1.「未能辨識之運送人」的情形通常發生於簽發短式載貨證券（Short Form Bill of Lading）的情形。

2.短式載貨證券的運輸責任最常與租船契約運輸責任混淆不清的情形為論程傭船（Voyage Charter）。當然論時租船（Time Charter）的情形也可能有。而光船租賃（Bareboat Charter）的情形雖然較少，但也不是沒有。

3.光船租賃本身在實務上就是很少見的，少到幾乎佔租船作業的百分之三以下，論時租船則是最常見的一種經營方式。

4.由於任何一種租傭船，合約上都有允許「再租船（Sub-charter）」的規定，所以查考原始租船契約，才能尋找出應對船東負全部責任的原始租傭船人，這是貨方最困擾的地方。

本文件則綜合以上結論，訂定「船東不論以哪一種租船方式經營船舶，仍須對運送負責」。這對於船東來說有些許不公平，因為論時租船比自行經營運送收入要少得多，卻必須與自行經營運送負一樣多的責任。但這個不公平對於貨方來說，則無疑仍是一個好消息。

至於條款語焉不詳的部分則是「船東舉證光船租船人接受契約責任」。究竟在光船契約上接受或發生糾紛時實際上接受？如果是在光船契約上接受運送責任，貨方非光船租船的契約當事人，應如何使光船租船人負責？此時船東是否因契約上有交代便可置身事外？這些問題都應該由本文件作進一部的解釋。

　　此外，在有關「運輸文件的簽章」中，也特別規定「運輸文件如果由裝貨船舶的船長簽章或代表船長簽章，視為代登記所有權人簽章或代空船租船人簽章」，這一段文字雖然目前尚有括弧、表示尚待討論，但是不讓船東隱身幕後的意圖已經非常明顯。

(三)新增「控制權」與「控制權人」兩個名詞

　　本文件新增的「控制權（Right of Control）」與「控制權人（Controlling Party）」兩個名詞其實是指運輸文件移轉與不移轉時權利主張人的身分，具體一點說，因為運輸文件、傳統上仍是指載貨證券，以往所表彰的是貨物所有權，其託運人、持有人、受貨人都各個階段的貨物所有權的主張人，本文件改稱為「控制權」與「控制權人」，兩個名詞。並於訂定中說明，「控制權人」是可以更改所有權的，這就是本文件中「控制權」－「控制財產－物權」的意義了，載貨證券移轉原始所表章的是「物權」－載貨證券本身即「物」之權，如今以「控制權」代之，其隱含的意義，與物權本身，已經有了區分，一者本身代表物權，另一者為控制物權的移轉，因此，交貨時應否繳回載貨證券，已經經由「控制權」的規定而有所默示。

　　因為「控制權」及「控制權人」兩個名稱雖來自鐵、公路公約的名詞及空運公約的觀念，但值得注意的是，前兩種公約中的文件於交貨時都是不用繳回的，而海運文件在傳統上、國際及國內規定裡，都必須繳回，即具有繳回性。對於海運公約來說，這是新增的規定，也是新增的觀念——僅代表控制「物」權，而非「物權」本身。所以特別將其訂於本文件相關的內容摘要說明如下：

　　「控制權」指依據運輸契約給予運送人指示的權利，這些權利包括：

　　不違背運輸契約的指示。

到目的地前交貨的指示。

更改受貨人（包括控制權人）的指示。

違反運輸契約的指示。

以上就是「控制權」的意義。

以下則說明何謂「控制權人」：

在未簽發可轉讓運輸文件下，託運人就是「控制權人」，除非託運人與受貨人商議，並通知運送人，以第三人為「控制權人」，託運人也可以與受貨人協議以與受貨人作為「控制權人」。

「控制權人」有權移轉貨物「控制權」給第三者，移轉人與受移轉人都應將該移轉情形通知運送人。

當「控制權人」執行「控制權」時，應使運送人得以辨識受移轉人。

在簽發可轉讓運輸文件下

持有人就是「控制權人」。

持有人可以轉讓方式，移轉「控制權」。

為移轉「控制權」，持有人應再製一份運輸文件。正本若不只一份，應製全套。

持有人執行 11.1 之(ii)(iii)(iv)之控制權時，應在文件上說明。

「控制權人」移轉「控制權」，即卸下本文件之義務。

配合以上的說明，兩個新名詞不過是要把傳統航運的默示保證一即慣例予以明文化而已，但繳回單證的做法可能因此日後有所改變。

(四)新增「電子商務」章

有關電子提單或電子資料交換的文字雖然早已出現在九〇年代的相關立法（註44）或國際公約中（註45），但實際以比較具體的條文文字來說明的，則僅見於本文件而已。

　　本文件的文字實際上也是從聯合國貿易法委員會於一九九六年制定的「聯合國貿易法委員會電子商務標準法（UNCITRAL Model Law on Electronic Commerce, 1996）」及「聯合國貿易法委員會電子商務簽章法（UNCITRAL Model Law on Electronic Signatures）」的文字，由於「聯合國貿易法委員會電子商務簽章法」為聯合國貿易法委員一份文件的附錄（註 46），尚在初擬階段，所以本章有關「電子商務」的部分說明將來恐怕也要修正。

　　因為是新文字，所以我特別把全文都翻譯下來：

　　(i)「無論明文或默示的可參考資訊，如果無法以電子、光學或類似方式移轉、活用或儲存，則必須作成書面。」

　　(ii)「用於文件的電子簽章，應視為可靠及適當的，為因應此一情況，雙方亦可以協定方式承認之。」

　　以上文字在(i)的部份就納入「或默示（or by Implication）」的字眼，因為所有「通知」、「陳述」或「議題」都有「作成書面」的隱含意義，而本件試圖以公約訂定方式來加強電子簽章之有效性，但在目前各國律上是針對書面文件功能作訂定之際，不可能要求所有的司法對於書面載貨證券與電子資料均同等對待，因此本文件也只能企圖就電子契約與電子資料在移轉的有效性方面做努力而已。

　　本文件有關「託運人需負責貨物品質、數量、情狀向運送人聲報時的正確性及完整」，在有關「貨物控制權」、及有關「指示載

註44：英一九九二年載貨證券法或美國二○○二年載貨證券法，都提到可以承認電子資料交換 Electronic data exchange。我國之「電子簽章法」亦已於二○○一年十一月十四日公佈，生效日期尚待行政院決定。
註45：如一九七八年漢堡規則。
註46：見聯合國貿易法委員會之網站 www.uncitral 點選 document A/CN. 9/483。

貨證券之移轉權」方面也配合本章電子資料移轉的有效性方面作規定。

㈤刪除了「裝貨港」及「卸貨港」兩個責任交接點的文字

為了配合戶到戶（door to door）的多式運送方式（註47），在本文件「適用範圍」的標題上刪除了「裝貨港」及「卸貨港」兩個責任交接點的文字，雖然原則上是使用漢堡規則第 2 條的內容，但將「裝貨港」及「卸貨港」換成了「收貨地點」及「交貨地點」，也就是說只要「收貨地點」及「交貨地點」在簽約國內，本文件就可以適用。

而刪除「裝貨港」及「卸貨港」兩個傳統海牙規則及海牙威士比規則裡所謂「鉤」及「鉤」責任基礎的圖騰，到底在適用上有什麼影響，國際運輸委員會波羅地海國際海事委員會（BIMCO）均認為這樣子就比漢堡規則的適用範圍窄化了（註48），理由是摒除「裝貨港」及「卸貨港」兩個地點的適用即排除不定期散裝貨的適用，或因為「收貨地點」及「交貨地點」可能不在簽約國內，而使本文件無法適用。但筆者以為，一者本文件既不像聯合國多式運送公約（United Nations Convention on International Multimodal Transport of Goods, 1980）在標題上就強調「多式運送」，所以散裝貨的運送，也就是所謂單式運送，一樣可以適用本公約，因為「收貨地點」在散裝貨時，就是「裝貨港」，而「交貨地點」就是「卸貨港」，所以在適用上還是沒有問題，也就是依然責任範圍侷限於「港」對

註47：多式運送其實與戶到戶運送上有距離，筆者經實際訪查發現，需求戶到戶運送服務的客戶並不多，原因是運送人所收戶到戶運送費比當地託運人逕與拖車公司簽訂長期合約不划算。

註48：兩者意見目前均公佈於國際海事委員會之網站。

「港」，但對於本文件所訴求的運送人單一責任制，這個「收貨地點」及「交貨地點」的規定就有意義了。

且「收貨地點」及「交貨地點」本來也包含「裝貨港」及「卸貨港」，二者因為批准漢堡規則的國家（註49）多的是內陸鎖國，也幾乎都是原料輸出國，這些地點因為沒有港口，所以反而是十足的收貨地點，所以適用範圍窄化的說法好像實際上並非如此。

(六)恢復運送人之「聯運」責任

「聯運」一詞係就"Through"一字翻譯而來，而台灣對"Through"一字的翻譯不止一種，有譯成「轉船」，如早期的「轉船提單」就是指的"Through Bill of Lading"的意譯，有譯成「聯運」，所以「轉船提單」也有翻譯為「聯運提單」的，由於多式運送的關係，「聯運」與「轉船」兩個詞在意義上已經有區別，但英文原文就只"Through Bill of Lading"而已，自一九八三年信用狀統一慣例以較明確的"Combined Transport"取代"Through"，藉以用文字釐清"through"的意義之後，"Through"一詞便已經幾乎在國際上絕跡了，而在一九七三年至一九八三年 Through Bill of Lading 與 Combined Transport Bill of Lading 並存的時期，實務上；亦以運送人的多元責任與一元責任來分辨"Through Bill of Lading"及"Combined Through Bill of Lading"兩種載貨證券（註50）。

另據美國一九九八年海運修正法的第三條第(23)項，有"Through Rate"一詞，拙譯為「一貫運費」，因為其內容是以一個運費涵蓋全

註49：王肖卿，《載貨證券》（臺北：五南書局出版，2001年11月），110頁。另據國際運輸委員會CMI網站資料，目前公佈的批准國家已增加了奧地利、捷克共和國、喀麥隆、喬治亞共和國、干比亞等五等等共為25個國家。

註50：同前註，頁10-11。

程運送，而第⒁項的"Through Transportation"一詞，則譯為「聯運運送」，其意義則是指美國內陸或港口間與外國內陸或港口間含兩個以上公共運送人收一個運費涵蓋全程的運送（註51）。這兩個翻譯正足以說明"through"這個字的真義。

一九七八年之漢堡規則第 11 條有「轉船運送（Through Carriage）」的規定，等於為實務上「聯運」或「轉船」的認知作了一個具體且明文的解釋，其規定是「海上運送契約明文規定整個運程中的部分運程交由運送人之外的實際運送人履行時，運送契約可以規定運送人不負責實際運送人管理的運程內所遭受之毀損、滅失及遲延」，且這個運送人不負責任的規定，必須「由運送人舉證係發生於實際運送人管理之下所發生」，而且「如無法對實際運送人進行司法起訴時，運送契約這個規定是無效的」。所以在漢堡規則內，雖然已有具體「聯運運送」的設計，但「契約必須明示（分割）責任」，而且保障貨方能夠對於「實際運送人進行司法起訴」才有效，更何況依據漢堡規則，運送人「應對全程運送負責（The Carrier Nevertheless Remains Responsible for the Entire Carriage According to the Provisions of this Convention.）」是漢堡規則運送人責任的前提。

一九八〇年聯合國多式運送公約中就不再出現「聯運運送」的文字，迄一九九一年聯合國貿易發展委員會國際商會多式運送文件規則（UNCTAD/ICC Rules on Multimodal Transport Documents）替代了一九七五年國際商會複合運送文件規則（ICC Rules on a Combined Transport Document）之後，連「合運送（Combined Transport）」這個名詞也一起走入歷史。

註51：王肖卿譯，《美國一九九九年海運修正法》，（臺北：中華海運研究協會出版，1999 年 3 月），頁 47，叢書編號 8801。

　　本文件在二〇〇〇年二月份的第 37 屆國際海事委員會上，作出決定再回復聯運運送責任的結論，是否是因為美國的海運運送協會（Maritime Law Association of the United States）亦參加了本次的修法所致，則不得而知。

　　聯運運送責任的好處是網狀責任範圍，即責任延伸了，但個別運送人的責任卻因責任分割的緣故，反而縮小了。本文件的規定正是要表達這個意涵。相關的規定是：訂約雙方可以在運送契約中作如下規定：

　　(a)依據運送人的責任期間，裝貨、堆裝、卸貨或臨時儲存可以由託運人、受貨人自己進行或由運送人代表託運人、受貨人進行。

　　(b)運送人以託運人代理人身分代表託運人進行時，可以將特定批數與第三者訂約，並因此縮小原運送契約的範圍。

　　如簽有可轉讓運送文件，該文件正面應反映依據本條所定的協定。

　　就以上作業所定的協定的內容要求，包括：

　　(a)就該種作業一般適用的契約或強制適用的契約。

　　(b)該契約主體應是託運人與該第三者，原來的受貨人則為該契約中的次一運送人或受貨人。

　　(c)選擇第三者時，應儘量合理注意，因應當地情況代託運人選擇。

　　(d)提供第三者相關之資訊及指示，以利作業之進行，包括……，以便順利交予次一運送人或受貨人。

　　(e)依要求提供託運人、控制權人及受貨人第三者之相關資訊，包括第三者之名稱、預定及實際交付轉運予第三者的時間、地點，並應儘快通知。

　　(f)為了受貨的方便，應提供第三者之相關資訊及文件給受貨人。

(g)除另有協議外,應支付運費予第三者。

以上規定很顯然就是將多式運送責任的環節分割出來,尤其(g)部分的代繳清運費更可證明雖然收取一貫運費,但在代繳清履行輔助人運費時,原運送人仍是代理人的身分。

㈦運送人對於適航性的保證延長至航行完成止

傳統的「運送人義務」對於適航性的保證只有「發航前及發航時(Before or at the Beginning of the Voyage)」,本文件則將其延長至航行完成為止,這一點在本文件不但明文化規定「依據運送契約將貨物運送至目的地交貨予受貨人」外,甚至將傳統海牙及海牙威士比國際公約中「適航性」規定上加入「維持(Keep)」字眼,全文是「運送人應有義務於開航前『及航程中』,盡義務以

(a)使船舶具有及『維持』適航性」"The Carrier shall be bound, before 'and during the voyage', to exercise due diligence to (a)make 'and keep' the ship sheaworthy;......",而傳統的海牙系列及漢堡規則則僅有「運送人應有義務於開航前及開航時,盡義務以(a)使船舶具有適航性」"The Carrier shall be bound, before and at the beginning of the voyage, to exercise due diligence to (a)make the ship seaworthy;......"。對照本文件「運送人的責任」規定,該規定中已刪除傳統「運送人受雇人及代理人之航行及管理航舶疏忽免責」來看,運送人對於適航性的保證責任顯然是加重了。而倫敦保險人協會(Institute of London Underwriters;ILU)於一九九五年所推出的航體保險單(Institute Time Clause;ITC)迄今仍無法獲得國際上船東被保險人的認同,理由之一就是其中將適航性的維繫責任由「開航前」、「開航時」的規定延長到整個航程為止,看來運輸公約的新要求也正可以幫倫敦保險人協會定時保險單的使用解套了。

㈧共同海損行爲及拋棄危險品是運送人的義務

目前為止尚沒有公約將共同海損行為如此明文認可過，因為共同海損行為一直是一種海上習慣（註52），雖然漢堡規則第 24 條談到「共同海損」，但主要在闡述：「公約不反對契約或法律規定有關共同海損的理算」及「公約對於運送人有關貨物毀損滅失的責任，足可使受貨人於拒絕分攤共同海損時作為拒絕分攤的理由」，所以本文件所規定「在運送人所盡義務上，運送人可以於『意外（Extraordinary）』、『合理（Reasonably）』情況下，為共同安全及財產保存作出犧牲貨物的行為」，這一段文字也是一九九四年約克安特為普規則（註53）中文字規則A的文字，「共同海損行為」這種海上習慣因為保險保障的關係，航運界檢討予以廢棄的說法不斷，因此此次成為公約要求運送人的義務，理由為何，則無法知悉。

至於危險品的拒裝及投棄，則係海牙及海牙威士比規則的舊文字，但海牙及海牙威士比規則僅有「當對船、貨有危險之虞時」，而本文件則增加了「當對人員、財產或環境有實際危險之虞時」的說明，至於「危險（Danger）」及「實際危險（Actual Danger）」的區別恐怕仍有賴於船長的判斷（註54）了。

㈨運送人一般免責的項目又恢復了

首先要說明運送人恢復免責項目的前提，是因為在新加坡所召

註 52：Dictionary of Marine Insurance Terms by Robert H. Brown, 4th edition, 14th August, 1973, published by Witherby & Co., Ltd. Page 160-161。
註 53：約克安特為普規則為共同海損的理算規則。
註 54：見一九九四年約克安特衛普規則之文字規則，為一九九四年規則所增列。

開第 37 屆國際海事委員會上，以「過失」為基礎的運送人責任幾
乎是在一致決定的情形下，修改了漢堡規則較嚴格的「推定有過
失」責任，本文件中首先以「除運送人舉證非其過失亦非其履行輔
助人之過失，否則應負責……」之規定，這個「舉證非其過失」與
漢堡規則「舉證已盡一切合理努力以避免其發生」（註55）的對運送
人要求，正是為免責項目的恢復開了一扇窗子。但在本段文字上，
主辦修法之團體也另外設計了一套語意上筆者認為較為嚴格的「除
運送人舉證事件發生的原因乃一勤勉運送人所無法避免或其後果乃
一勤勉運送人所無法預防……」的文字來供將來的討論（註56），及
另一套在前述「除運送人舉證非其過失亦非其履行輔助人之過失，
否則應負責……」之外，再加上「為證明無過失，運送人應提證
據，證明依運輸特質及環境之需求，已盡合理之努力，……」，指
的是傳統所謂船舶適航性的努力，如果最後同意的是這一個較前述
責任更為嚴格責任的選項，當然運送人責任的第一個前提是要證明
在適航性上無瑕疵，當與漢堡規則的責任相當，但應仍比漢堡規則
的「舉證已盡一切合理努力以避免其發生」的規定責任來得輕，因
為還設定了舉證方向的前提。

接著在無過失的舉證責任上除了以具體證據證明已採合理方法
符合規定外，另一個舉證就是「符合以下免責項目」的舉證了。

(i)託運人、受貨人、載貨證券持有人的行為或疏忽。

(ii)包裝及標誌的不足或瑕疵。

(iii)散裝重量之耗損或其他因貨物潛在瑕疵、品質、缺陷造成
的毀損、滅失。

註55：漢堡規則第 5 條第 1 項。
註56：2000 年 10 月布達佩斯內河水運貨物公約（Budapest Convention on
the Contract for the Carriage of Goods by Inland Waterway）來設計的，參見
該公約第 16 條第 1 項"Liability for loss" Article 16.1。

(iv)由託運人、控制權人、受貨人所為或代表託運人、控制權人、受貨人所為之操作、裝貨、堆貨、卸貨作業所致損害。

(v)當運送人、履行輔助人於貨物對於人員、財產、環境造成實際危險之後，為避免貨物變成實際危險，所採措施之行為、疏忽或過失。

(vi)火災。

(vii)政府機關造成之干預及障礙。

(viii)海盜、恐怖份子、暴動及民動。

(ix)罷工、封鎖、停工、勞工之禁制。

(x)救助或企圖救助海上之人命或財產。

(xi)海上或可航行水面之危險及意外。

以上免責項目是「舉證無過失（Exoneration from Liability）」的前提，而「無過失」的舉證，則源於「布達佩斯內水公約（Budpest Convention on the Contract for the Carriage of Goods by Inland Waterway, 2000）」的舉證，所以即使若干項目與海牙規則及海牙威士比規則是相同的，但在意義上卻是不同的，因為在海牙規則及海牙威士比規則，只要舉證屬於負責項目，運送人就可以完全不負毀損滅失的責任，而本規則則只能證明「無過失」而已，與「無責任」還有距離。

因為只是「舉證無過失」，所以本來就不屬於運送人過失的「天災」、「戰爭」、「公共敵人的行為」等都沒有列入，雖然這些理由造成的貨損，也需要運送人來舉證責任的歸屬。

㈩遲到責任意義的改變

遲到是漢堡規則新增的運送人責任，當時對於遲到的意義是「未能在契約訂定的時間、於約定的卸貨港交貨」或「如無約定時，依據情況，未能於對一勤勉運送人所能要求的合理時間內交

貨」，對於前一定義，既然英文原文是"Delay in Delivery"，則在定義上解"Delivery"為「交貨」，那就不應該說是"Port of Discharge"「卸貨港」，因為就邏輯而言，多式運送的交貨地點不一定是「卸貨港」，所以在翻譯上雖說"Delay in Delivery"是「遲延交付」，解釋上仍只是我國民法所謂的「遲到」而已，我國八十八年修改的海商法，在運送人責任上新增「遲到」一詞，與漢堡規則「遲延交付」的定義類似。

本文件對於遲到的定義改變了，原文是"Delay in delivery occurs when the goods are not delivered at the place of destination provided for in the contract of carriage within the time expressly agreed upon"，也就是說，除了把「卸貨港（Port of Discharge）」改成「目的地（Place of Destination）」之外，其他文字並沒有改，這樣在邏輯上解釋「遲延交付」，就與「遲延交付」的「交付」一詞可以匹配了，因為不論單式或多式運送，「交付」地點本來就是在目的地，而不一定僅是卸貨港。

至於第二個定義，在原文上增加了「依據運輸性質及航程情況（Having Regard to the Characteristics of the Transport and the Circum-Stances of the Voyage）」取代原來的「依據情況（Having Regard to the Circumstances of the Case）」，更清楚的定義「如無約定時」的情形，但在本文件中，「如無約定時」的整句話都用括弧包了起來，表示如無約定還要課以「遲到」責任，與會代表認為太苛刻了，主張要刪除的意見很多（註57），文字尚留待斟酌。

此外，「遲到」責任的賠償，「遲到」造成的損害與經濟損失都像漢堡規則的規定一樣，以運費的倍數來處罰，固無異議，但運費的幾倍則尚無結論，因此在「運費（Freight）」一字前面是留空

註57：漢堡規則第 5 條第 3 項（Article 5.3）。

白的「……」，但也因為商業行為的關係，既然能以契約訂定要求的交貨時間，為何不能訂定罰責？所以有留待雙方自行於契約中訂定的說法，但仍應以運費作基礎。至於漢堡規則「六十天不到就以滅失處理」的規定，本文件尚未提及。

㈪甲板裝貨櫃已視同一般貨物

甲板貨（Deck Cargo）是到一九七八年漢堡規則之後才被國際公約承認為貨物的，之前的海牙及海牙威士比規則都是排除在貨物定義之外的。但漢堡規則之承認為貨物，其規定是稍嫌嚴苛的，以如前節所述。

本文件則以，「貨物依據以下情形可能裝於甲板」，以下情形包括：

(i)依據法律或行政命令。

(ii)裝於貨櫃，該貨並適宜裝貨櫃。

(iii)以上兩種情形外，依據運送契約、配合貿易習慣或該航約的特殊情形。

依據以上(ii)的情形將貨櫃貨裝甲板，運送人對於甲板貨的滅失、毀損或遲延交付都要負責，也就是將裝載到甲板上的貨櫃當作一般貨物來看待了，至於依據以上(i)的情形是完全都可以不用負責的，但依據(iii)雖然一樣可以不用負責，卻必須以將事實記載於運輸文件作為前提，若不記載，則必須舉證有貿易習慣這樣的事實。

㈫運送人之賠償責任限制

對於運送人之賠償責任限制本文件尚未訂定標準，是以括弧「……」來表示，自海牙威士比規則以降，從國際貨幣基金 666.67 特別提款權單位（Unit of Special Drawing Right）、漢堡規則的 835 特別提款權單位迄國際多式運送公約的 920 特別提款權單位來看，

運送人之賠償責任限制是逐步在上升的。

本文件允許運送人與託運人提高賠償責任限制的條件有兩個情形，一「託運人宣布貨物的性質及價值，並記入運輸文件」。這種情形又回復到海牙威士比規則第IV條第5項(a)款的規定，而第二種與漢堡規則第6條第4項規定相同，即「運送人與託運人之間可以約定一個高於賠償責任限制」的情形，還尚待進一步協商中。

至於賠償項目，本來漢堡規則對於貨櫃，不論實櫃或空櫃，只要櫃皮「不是運送人擁有或提供」的，都可以計為一個運送單位來賠償，我國海商法於八十八年修正第七十條第三項，將「不是運送人擁有或提供」句子，逕改為其使用之貨櫃係由「託運人提供者」，這種二分法忽略了貨櫃之來源不只一端，「不是運送人擁有或提供」並不一定等於「託運人提供者」，曾引起國內海商學者的批評（註58），本文件則在賠償責任的規定上，略去海牙威士比規則或漢堡規則將櫃皮視為一件的說明，僅保留原漢堡規則「以運輸文件的件數作為賠償責任之單位計算數標準，運輸文件無件數記載時，以貨櫃數作為船運單位」，但本文件早在「定義」的「貨物」項裡，將貨物解釋為「運送人或履行者接受交運的任何物品，包括不由運送人或代表運送人或履行者提供之包件、機具及貨櫃」，因此貨櫃櫃皮之賠償，是否需要像海牙威士比規則或漢堡規則一樣，在賠償原則裡明文將「櫃皮視為一件」作說明，以列入作為賠償責任的計算單位，可能就沒有必要了。由於「櫃皮亦可計為一件」的

註58：我國八十八年修改海商法，在這一項訂定上，逕將「不是運送人擁有或提供」的字句於第七十條第三項改為「其使用之貨櫃係由託運人提供者」，曾引起國內海商學者抗議，因貨櫃之來源不只一端，「不是運送人擁有或提供」並不一定就是「其使用之貨櫃係由託運人提供者」。見黃裕凱，《海上貨物運送單位責任限制——兼評我國海商法第七十條，船舶與海運》，（臺北：中華海運研究協會，2000.5.29）編號818。

規定，實施以來，已有二十年歷史，且各國海商法亦已將櫃皮作為一件的規定列入，所以本文件對於不是運送人擁有或提供的櫃皮受損，應該與前述兩個公約的規定是相同的。

　　至於「遲延交付」造成經濟損失及「甲板貨」責任的賠償，已如前述，以運費作為賠償責任的標準，但其賠償限額，則仍以不超過總滅失額為原則，這一點仍遵循漢堡規則的原則。

　　由於這一個公約將來也要適用到包括內水運送的多式運送，所以一九八〇年的聯合國多式運送公約在賠償責任限制上，引用了一個國際一九七八年公路公約的賠償責任限制規定，這項引用，同樣也擬定於國際承攬運送公會的標準條款（註59）及一九九一年的國際碼頭營運人賠償責任限制規定，將責任限制訂為貨物毛重每公斤8.33 個特別提款權單位。這個標準其實比二〇〇〇年布達佩斯內水公約（Budapest Convention on the Contract for the Carriage of Goods by Inland Waterway, 2000）的規定來得高，因為內水公約第 20 條 1 項也已經比照海牙威士比規則的規定，以每件 666.67 個國際貨幣基金的特別提款權單位或貨物毛重每公斤 2 個特別提款權單位來計算。本文件因此沒有此項例外之訂定。即內水運輸亦適用國際運輸之標準。

(三)毀損滅失及遲延交付的通知

　　本文件對於貨物毀損滅失及遲延交付的通知，其要求的通知時限回到海牙威士比規則的水準。至於通知的效力，規定如貨方未給予通知，推定為「已經按照運輸單證記載交付以及貨物狀況良好」

註 59：國際承攬運送公會多式運送載貨證券（FIATA Bill of Lading, FBL）背面的標準條款第 8.5 條。

的初步證據（註60），所以將毀損滅失及遲延交付情形即時通知運送
人，自然非常重要。

漢堡規則將這項通知的期間自海牙威士比規則的「置於有權提
貨人管轄範圍之前或當時」"......before or at the time of the removal of
the goods into the custody of the person entitled to delivery"（註61）改為
「不遲於將貨物交給受貨人之次一工作日內」"......not later than the
working day after the day when the goods were handed over to the con-
signee"（註62），本文件則將此一受貨人的通知時間再度改成「交貨
之前或當時」"......before or at the time of the delivery"，多少程度已
經回復了海牙威士比規則的標準。另對於貨物毀損滅失情形不顯著
的通知，則本文件也還原了海牙威士比規則的「交貨後三個工作天
內」，這個「工作天」的規定，源於空運的一九五五年華沙公約
（The Convention of Warsaw of 1929 as amended by the Hague Protocol
of 1955），「工作天」指應扣除非週休的星期六及星期日、再加上
假日，與海牙、海牙威士比規則的「連續自然日」的不必扣除任何
假日，兩者之間，尚有區別，但15天改回成3天，對運送人來說，
仍是很有利的。

各國為因應漢堡規則，如大陸海商法已有當天、非貨櫃貨的七
天及貨櫃貨的十五天的訂定，從這種小地方已不難看出船主國極力
欲恢復海牙威士比規則的苦心了。

對於遲延交付經濟損失的通知，本文件規定受貨人須於交貨後
的 21 天（連續自然日）內提出，否則不予賠償，這個規定也是源

註60：台灣舊海商法一百條，如無通知則「視為依照載貨證券之記載，交
清貨物」。但新海商法第五十條已改為「推定運送人已依照載貨證券之記
載，交清貨物」，程度上已開闢抗辯之空間。

註61：海牙及海牙威士比規則的第Ⅲ條第6項（Article Ⅲ.6）。

註62：漢堡規則第 19 條第 1 項（Article 19.1）。

於空運的一九五五年華沙公約，比漢堡規則或一九八〇年聯合國多式運送公約的「交貨後的 60 天（連續自然日）內」提出的規定，顯然嚴格多了。

(圭)託運人的義務更加嚴格

對於託運人的責任，在海牙及海牙威士比規則的時代較為人所熟知的包括：

㈠對於申報貨物內容、標誌、件數、數量、重量正確性之保證義務，並負因通知不正確時，運送人損失之補償責任（註63）。

㈡貨損的通知義務（註64）。

㈢貨物危險性質之通知義務，並負因未通知時，船舶直接間接受損及費用之賠償責任（註65）等。

其他並包括了默示的運費支付義務。

到了漢堡規則時代，託運人義務較為具體地明定於第Ⅲ部分「託運人的義務（Liability of the Shipper）」，其中有兩個條文，除第 13 條係有關危險品的申報及標明義務、並須負因未標明及未通知造成損害之賠償責任外，在第 12 條也很具體的要求託運人以「過失（Fault）」責任為基礎，對運送人及實際運送人負毀損滅失的責任。

本文件則對於託運人的義務有更嚴格的要求，包括：

㈠對於依運輸契約的運送作業，含裝貨、操作、堆裝、繫固、

註63：海牙規則的第 3 條第(5)項（Article 3 (5)）。海牙威士比規則的第Ⅲ條第 5 項（Article Ⅲ.5）。

註 64：參考海牙規則的第 3 條(6)項（Article 3 (6)）。海牙威士比規則的第Ⅲ條第 6 項（Article Ⅲ.6）。

註65：海牙規則的第 4 條第(6)項（Article 4 (6)）。海牙威士比規則的第Ⅳ條第 6 項（Article Ⅳ.6）。

穩定及卸貨之堅持義務，並負責造成損害及人員受傷的責任。

㈡如為整裝貨櫃，託運人應負責拖車及貨櫃內之堆裝、繫固、穩定，以保證拖車及貨櫃裝貨、操作及卸貨之安全，並負責造成貨物損害及人員受傷的責任。

㈢託運人應提供運送人相關資訊、指示、文件，包括：

(a)貨物之操作、搬運方法及預防措施，運送人已知或應知者除外，

(b)運送應配合之攻府當局的規定及要求，包括如何報備、如何申請、如何獲得許可證件等。

(c)運輸文件上的相關內容：包括貨物內容、標誌、件數、數量、重量及託運人名稱、受貨人名稱或待指示之註記等。

託運人對於運送人、控制權人、受貨人因依賴以上所有之通知造成損失及損害，應負賠償責任。

㈣除非證明無法避免、無法預防，託運人對於運送人因貨物造成的損失、損害及人員受傷負責。

對於第㈣項責任，運送人對於託運人造成的損失、損害尚屬於選項、責任未定中，託運人責任則已如此嚴格訂定，看來公約走回頭路的趨勢非常明顯。

㈤託運人並應對參與運輸履行人之行為疏忽負責，包括次契約人、受雇人、代理人在契約、僱用契約、代理契約之內的行為，無論直接間接行為均包括在內。亦即託運人與運送人一樣，是整個運輸過程中代表貨方負全部責任的人。

㈥在運費的支付方面，託運人不僅像以往的國際公約一樣，不論明示默示都需要承擔運費及其他費用的支付外，本文件更明確的將如 CENTROCON、GENCON 租傭船契約中，有關運送人責任的「終止條款（Cesser Clause）」（註66）的內容引進來，使託運人不得要求訂定類似像「終止條款」那樣，可以對於運費支付義務，訂

定一個什麼情形下可以「終止」的條款,讓託運人無法在契約中做出轉移或終止其支付責任的規定。

㈦明文規定託運人應承擔受領貨物之義務。

受貨權原屬於受貨人;在簽發轉讓運輸文件的情形下,運輸文件的持有人就是受貨人。在非簽發轉讓運輸文件的情形下,則由託運人或控制權人指定受貨人。在第一種情形,如果轉讓運輸文件的持有人不提貨,託運人或控制權人應給運送人其他交貨之指示,這個規定配合控制權行使的規定,向運送人提出控制權主張或交貨指示時,必須提交全套的運輸文件正本,這類交貨指示當然也包含不在目的港提貨的要求。而第二種情形,如果非轉讓運輸文件的託運人或控制權人指定的人不提貨,則託運人或控制權人應負責提貨,這種情形就使提貨的義務更明確,對運送人而言,因無人前來提領貨物造成的困擾也可以比較單純的去解決了。

綜合以上情形,當受貨人不提貨或拒絕提貨時,不論是給予新指示或負責提貨都是託運人的責任,以往這項責任未見諸明文,但經參考案例,亦應都屬於託運人的默示責任。

同時本文件亦特別註明,所謂「託運人」是指運輸文件中之託運人。

除了以上特別正面訂定的託運人義務外,特別要提醒的是在本文件免責條款中把託運人的行為、疏忽、包裝或標誌不足或瑕疵、貨物潛在瑕疵造成之耗損、代表託運人之裝卸;包括操作、堆裝、裝、卸,甚至連運送人因避免貨物實際危險或環境傷害之後續動作造成的貨物損害都可以免責,所以即使以上相關責任並無須託運人去負擔額外的費用或責任,託運人所屬貨物有損失,也是無法獲得

註66:內容多為「貨裝上船之後,租方的責任及終止……」"Charterers' liability under this charter to cease on steamer being loaded......"及本文件之規定。

賠償的，尤其運送人因為避免環境傷害之動作，包括這些動作的行為、疏忽及過失造成的貨物損害也要託運人來承擔。

不過在本文件有關「運輸文件的內容」裡，僅要求應「表明運送人」，卻未要求亦應「表明託運人」，其實由於運輸文件是由運送人印刷及開立的，留下這一個缺口留待實務上去解決，也可以說是一種聰明的做法。

綜合以上對於託運人嚴格義務的要求，符合本文所說的零和原則，但就另一方面來看，雖然託運人與運送人一樣，都是整個運輸過程中代表一方，負全部責任的人，明文賦予相關責任，於理似無不合，但就運送人提供運送服務，託運人繳付運費，享受服務一節來看，實際上託運人卻是客戶。要客戶承受對等責任——例如託運人與運送人一樣，相對索償時限都是一年，甚至更嚴格之責任。例如託運人對於所負責任，沒有訂定責任限制，運送人則訂有責任限制等。真的很不公平。

㈍運輸文件的內容更為精簡

海牙威士比規則有關運輸文件的內容較簡單，計有三項，漢堡規則則太複雜化了，共有十四項，而且既然「內容缺了一項至多項，亦不影響運輸文件的法律性質」，列上許多實務上根本不常列入的項目，也沒有什麼意義，本文件則修正得較為合理，對於運輸文件的內容僅列名五項，除了原海牙、海牙威士比規則規定的三項內容：「貨物的主要標誌」、「件數、數量及重量」，以及「表面情狀」外，增列了「日期」——包括「收貨日期」、「裝船日期」、以及「運輸文件之簽發日期」、「運送人」部分則包含「運送人名稱」及「運送人簽字」等共五個大項，雖然與漢堡規則類似，也有「缺了一項至多項或一項至多項有不精確之處，亦不影響運輸文件的法律性質」的規定，但這五個項目在實務上倒是運輸文

件必不可少的項目，比漢堡規則來得實際。

這五個項目的記載方法與類分也各有不同的說明，如所謂「表面情狀」的意義係基於「貨物外表的狀況」或「運送人在簽運輸文件前實際進行的查驗」，而「表面情狀未說明即代表表面情狀良好」。「運送人簽字」應由「運送人或其授權之人簽字」，而「船長簽字則係代表登記船東或空船租船人簽字」等規定，都具體的解釋了相關傳統文字的意義，尤其「船長簽字則係代表登記船東或空船租船人簽字」一節，對於託運人遇到載貨證券沒有運送人名稱抬頭的情形，是最有利的規定。

在傳統運送公約－包括海牙威士比規則，以及漢堡規則無法解決的運輸文件記載，如非貨櫃貨「託運人提供的貨物數量無法查證」指的是「實際上無法查證」及「商務上無法查證」，這個「商務上無法查證」應該包括如查驗費太貴等情形。在貨櫃貨方面，則除了進行開櫃查驗，否則應按照託運人通知的貨物主標誌、件數、數量及重量記載。尤其有一個取法美國一九九九年海上貨物運送法草案的規定，對於運送人責任的確認，則是一個非常好的訊息，其規定是「貨櫃貨到達目的地時，貨櫃密封且未受損，且沒有運送人或履行者收貨後曾開封之證明」時，視其運輸文件之記載為有效。但是這一段文字目前仍保持括弧狀態，也就是還有議者認為，「如果密封但內部受損」的諸多考慮，所以仍留待討論。

㈥運輸文件繳回以交換提貨權的意義已經面臨挑戰

海運作業提貨應提交正本運輸文件的做法，早在海運單（Sea Waybill）出現之後就已經面臨考驗，海運單是比照空運單（Air Waybill）來設計的，空運由於速度快，縱使空運文件多數不像海運文件一樣，還多要在銀行押匯支款，耽誤時間的理由外，運貨目的地，空運文件尚未送達的情形仍常發生。在多式運送逐漸流行之

後，海運單也應運而生，雖然大陸國家除美國外已經海運單很流行，倒是除英國一九九一年在海上貨物運送法、實際上就是載貨證券法中提到海運單之外，其他各國法規中均未具體提到海運單這個名稱，本文件本欲將海運單的名稱列入，最後仍比照美國二〇〇〇年載貨證券法，只有「不可轉讓之載貨證券（Non-negotiable Bill of Lading）」，也就是說只承認以「載貨證券（Bill of Lading）」為名的文件，而不能以海運單為名。

雖然如此，使用「轉讓載貨證券（Negotiable Bill of Lading）」提貨應提交正本運輸文件的做法業已在本文件中遭到破壞。在本文件中規定「如果轉讓載貨證券未繳回，運送人即已交貨，轉讓載貨證券持有人，在運送人已交貨予依據運輸契約以外之其他契約或協議的受貨人之後持有載貨證券，只有在依據運輸契約以外之其他契約或協議交貨之前所作之有效轉讓，始能主張持有人的權利」。除非持有人設法舉證，否則「持有人根本不知道或不可能知道該項交貨」，這個規定其實主要在解決越來越蔓延的論時租約中「無正本提單放貨條款」的問題，雖然「無正本提單放貨條款」是船東因應航運市場不景氣不得不接受的條款，船東也明知該條款背負了極大的後續潛在風險，因放貨不以正本載貨證券作憑據，僅以租船人出具之擔保書作憑據，雖然擔保書上說明租船人予若干時間內繳回正本單證一載貨證券，租船人也擔保使運送人免除一切賠償，但實際上若是租船人事後置若罔聞，運送人根本就束手無策，實務上這種情形也是前車可鑑，這個規定雖是善意為船東或運送人解決問題，但這個規定卻也讓運輸文件不論表件證據、最終證據的效果都大打折扣，定案前應再三思。

㈥將運費予以定義

自有國際運輸公約以來，本文件是第一次看到將「運費」一詞

列入定義，雖然運送人提供運輸服務、貨方託運人支付運費乃一種默示義務。本文件將運費傳統上、慣例上支付運費之權利義務關係全部以明文條列清楚，應該可以減少海運後發展國家的許多訟爭。

慣例上「運費」的意義包括：

㈠包括「空艙運費」（註67）。

㈡以交貨為「賺得（Earned）」（註68）。

㈢可以以運輸契約約定的方式，提前「賺得」。

㈣運費之負擔應由託運人全權負責。

㈤「運費預付」應由託運人付款。

㈥「運費到付」可能須由受貨人付款。

㈦運送人就未收到之運費，對於貨物有留置權及拍賣權。

㈧轉讓運輸文件持有人的訴訟權

這一個有關持有人權益的規定應該受英國一九九二年海上貨物運送法（載貨證券法）的影響很大，在該法中，只有載貨證券持有人可以主張權益，其他人受有損害均需透過載貨證券持有人進行訴訟，因此使運送人每次只須面對一個請求權人，讓訴訟問題簡單化了，自然很受運送人的歡迎，但有一個缺點，就是如果持有人未受有損害時，索賠的動物自然不會那麼積極，可能因此而傷害到真正受害者的權益（註69），本文件則以考量到貨方這方面的權益，所以

註67：本文件第9條第1項，「空艙運費（Dead Freight）」指的是當貨物未達合約數量時，貨方給船方之賠償，金額為合約數量與實際數量的差額，但應扣除少裝貨不必支出之費用，即差額部分的淨運費。

註68：本文件第9條第2項(a)款。「賺得」為指若運費已收取，但未交貨時，應予退還，因此而合約中有「縱使貨物滅失，亦不退還（Freight is not Returnable Whether Cargo Lost or not Lost）」的條款。

註69：王肖卿，《載貨證券》，頁127-128。

比英國一九九二年海上貨物運送法的設計還要來得好。

本文件在訴訟權的規定裡，首先說明不論可轉讓與不可轉讓的運輸文件中，能對運送方提起訴訟的人包括：

(一)託運人，或

(二)受貨人，或

(三)因違反運送契約造成託運人或受貨人受有損害，已獲得轉讓權利的第三者，或

(四)依據國內法律，合法取得代位求償權的第三者。

但是如果是轉讓運輸文件的持有人，不必證明因違反運送契約受有損害，就可以直接向運送方：包括運送人或履行者進行訴訟，如果本身未受有損害，也可以代表受損害的一方，向運送方進行訴訟。

為了遇有前述持有人因無損害，訴訟動作不積極的情形，本文件比英國一九九二年海上貨物運送法增訂了一項，當原告是託運人、受貨人或前述(三)或(四)兩項的第三者而為受害者時，可以以舉證證明轉讓運輸文件的持有人無損害，而本身有損害情形下，主張本身有訴訟權。

這個新規定相當程度的解決了公正主張訴訟權的問題。

(九)理賠之訴訟及仲裁時效又回復為一年

漢堡規則將原來國際公約的一年訴訟時效延長為兩年，此外，漢堡規則所增列的仲裁解決爭議的方案，亦與訴訟時效並列，給予兩年的時效。本文件則將漢堡規則所爭取的兩年時效又回復為一年。甚至託運人應負責的部分、需要賠償的時效，亦規定為一年。雖然本文件對於時效的規定，採用了漢堡規則及海牙威士比規則的相同規定，即在時效屆滿前，准許被告以書面同意原告的方式宣布，予以延長，而且延長的次數可以不只一次，也沒有限定最長的

時效年限。

　　追償時效是漢堡規則及一九七九年海牙威士比規則於特別提款權公約（SDR Convention, 1979）時所追加的時效規定，也是一個比較新的觀念及規定，是指理賠應負責之人、通常是運送人，於賠償之後向第三者索償的時效，雖然國際公約都明白規定應給於前段賠償定案之後，至少三個月的時效，但是像大陸海商法引用此一規定時，都規定追償須於 90 天內進行，也就是說，至多 90 天（註70）。本文件亦以相同文字列入。

　　總之，向運送人索償的訴訟及仲裁時效回復為一年，以及向託運人的索償時效亦對等規定為一年，兩者都是本文件的新規定。而在賦予託運人種種責任之後，一年的索賠時效是二○○一年新加坡會議向託運人示惠的共識。

㈪活動物再次予以特別規範

　　在海牙與海牙威士比規則裡，甲板貨與活動物都是排除在貨物定義之外的項目，而所謂排除在外，主要是運送人之責任不適用於兩種貨物的運送而已，漢堡規則將兩種貨物納入貨物定義之內，因為活動物的照料除一般貨物的照料外，包括餵食、清潔及處理排泄物等均是運送人額外的工作，且及另一切均已按照託運人之要求從事，仍無法保證活動物的安全送達，因此本文件的二○○一年版是將活動物再次排除在外的。這次定稿的本文件既已將甲板上裝貨櫃視為正常裝載，考慮活動物的排除亦不過是因為運送人之責任不適用一個理由而已，所以就在「契約自由的限制（Limits of Contractual Freedom）」裡規定，雖然「契約自由不允許運送人、履行者與託運人的契約訂定有違當事人應盡義務的規定」，但「貨物為活動

註70：參考中華人民共和國一九九二年海商法第 257 條。

物」時，則允許以契約條款排除運送人、履行者對於貨物毀損、滅失的責任。

三、結　論

　　根據不同運輸工具訂定的國際運輸公約種類繁多，屬於空運的華沙系列公約、一九九九年的蒙特利爾公約（註71）、屬於海運貨物的海牙系列規則、以及迄至目前雖已符合生效條件，但自一九九三年生效以來，目前僅有二十七個國家認可的漢堡規則、屬於海運旅客及行李運送的雅典公約，屬於內水運輸的布達佩斯公約，其他還有以地區為主的歐洲鐵路公約、國際公路公約、日本鐵路法等，而複式運輸的發展又一日千里，一九八〇年國際多式運輸公約因承襲

註71：華沙系列公約包括一九二九年的華沙公約（Convention for the Unification of Certain Rules relating to International Carriage by Air signed at Warsaw on 12/10/1929）、一九五五年的海牙議定書（Protocol to Amend the Convention for the Unification of Certain Rules relating to International Carriage by Air signed at at Warsaw on 12th October, 1929, As Amended by the Protocol done at Hague on 28/9/1955）、及一九六一年九月十八日在瓜地馬拉簽署之 Convention, Supplementary to the Warsaw Convention ,Performed by a Person other than the Contracting Carrier、一九七五年九月二十五日在蒙特利爾簽署之三份包括 Additional Protocol No.1, No.2, to Amend Warsaw Convention 1929、及 Montreal Protocol No.4 to Amend Warsaw Convention 1955 等。其餘未生效的尚有一九七一年三月八日在瓜地馬拉簽署之 Protocol to Amend the Convention for the Unification of Certain Rules relating to International Carriage by Air signed at Warsaw on 12th October, 1929, As Amended by the Protocol done at Hague on 28th September, 1955、一九七五　溯壺(五日為修正瓜地馬拉議定書的第 3 號議定書 Additional Protocol No.3 to Amend the Convention for the Unification of Certain Rules relating to International Carriage by Air signed at Warsaw on 12th October, 1929, Amended by the Protocol done a Hague on 28th September, 1955 and at Guatemala City on 8 March 1971 等。統稱為海牙系列規則。

漢堡規則的地方太多，根本乏人認同，本文件即在這種情形下因運而生，由於整合的認同及急迫性很高，本文件由開始討論以迄定稿，前後不過數年的時間，加以參與的團體很多，又是由之前訂定海運公約的國際海事委員會，及聯合國國際貿易法委員會主導，經驗及認同性均高，可能是能如此快速整合的理由。

多式運輸的整合，為何經常試圖從海運下手，個人考慮當然一則海運到底是目前國際運輸的主要選擇，國際運輸以貨物運輸為主，貨物運輸中又以海運所佔比例最高，在兼有其他運輸工具配合下的多式運輸又以簽發海運運輸文件為其大宗，加上海運歷史最悠久，法規亦最周合。空運在試圖統一華沙系列公約的蒙特利爾公約裡，除了在適用性上強調係「航空運輸期間不包括機場履行任何陸路、海上或任何內水運輸過程」之外，雖然也聲明「運輸是在履行航空運輸契約為了裝載、交付或者轉運而辦理的」及「運送人未經託運人同意，以其他運輸方式代替當事人各方在契約中約定採用航空運輸方式的全部或部分運輸的」這種「以其他方式運輸所發生的任何損失推定為在航空運輸期間的事件造成的損失」。但空運運輸文件究竟與海運運輸文件不同，因為海運運輸文件都以多式運輸的方式製作，即在運輸文件標頭上標明上「多式運輸文件（Multi-modal Transport Document）」數個字，既以「多式運輸（Multi-modal Transport）」作為文件的標頭，其簽發者應負「多式運輸」的責任也是毋庸置疑的了。

但是在追求整合運輸法規及統一多式運輸法規的前提下，海運先進國有藉著整合的前提讓海牙系列規則起死回生的意義，因為漢堡規則到底是貨主國所提案的公約，漢堡規則讓代表船方的運送人喪失了許多既得利益，本文件所闡述幾個特點包括「『運送人』恢復一個」、「船東無法自外於運送契約」、「恢復運送人之『聯運』責任」、「運送人一般免責的項目又恢復了」、「毀損滅失及

遲延交付的通知」、「運輸文件的內容更為精簡」、「理賠之訴訟及仲裁時效又回復為一年」及「活動物再次予以特別規範」等規定都不能算是更新，而是復舊，都只是修正海牙系列規則的文字，賦予新觀念而已。其他如「控制權」的規定，也取材自鐵、公路公約及空運公約，所以所謂「新趨勢」其實是在回復舊制度。但本文件仍有許多值得肯定的地方；包括：

一、運送人責任及分際更清晰。

二、履行者採狹義定義、廣義適用喜馬拉雅的規定。

三、以分割責任制度減輕了複式運送人責任的負擔。

四、凸顯轉讓文件持有人的權利。

五、活動物雖未在貨物定義內予以排除，責任制度與一般貨物不同。

六、甲板貨視為一般貨物，符合海運現況。

七、新增電子商務及貨物控制權兩個規定，以因應海運發展及定義貨方權利。

八、在分割責任制度的設定上，保留了當遇到運送人與第三者訂定的次契約有強制適用的公約；如國際鐵路公約或公路公約，或強制適用的國內法；如加拿大或美國、荷蘭的公路法，本文件仍規定：當求償案件確認發生於該運數陸段、求償者向其當事的履行者提起時，應優先適用該強制適用的公約或法律。

以上第八項這個活絡的分割責任規定，讓類似美國這樣以國內法強制國際貿易適用的強勢國家，可以多少制衡其強勢態勢，而達成國際一至少對歐洲等海運先進國而言的國際公平。

這尤其在以「全部或部分使用海運的契約」來定義「運送契約」的規定，應該能解決目前多式運送法規不一的情形，是本文件最值得期待的地方。

遺憾的是將託運方與船方定於對等地位，規範雙方的權利義務，對海運發展中國家極不公平，這是撰者站在開發中國家的立場來看問題的結果，運送市場權利重分配的結果，會不會引起貨主國家新一波的反彈則是本文件將接受的挑戰了。

第四節　大陸海商法之立法過程與特色

壹、大陸海商法自一九五三年起，由交通部開始起草工作，因歷史之種種因素，歷經有關部門多次修訂，及全國人代會審議，始於一九九二年十一月七日經人代會第二十八次會議審議通過，並於同日公佈，自一九九三年七月一日施行，前後歷經四十餘年。大陸海商法共十二章二百七十八條，是一部耗時最長、條文最多之法律，吸收借鏡國際公約（海牙規則、威士比規則、漢堡規則）及聯合國國際複合運送公約、國際慣例，對已加入之國際公約，幾乎全部納入海商法之規範，對保留之條款及尚未加入之公約，亦參照國際方式處理。

貳、茲就大陸海商法之幾個主要特色色予以介紹，期能他山之石可以攻錯，作為台灣日後立法及執法之參考。

一、時效專章之進步立法。

二、涉外法律適用之特殊規定。

三、責任限制之國際化立法。

四、間接碰撞之規定。

五、船舶油污損耗賠償特別規定。

六、海商法第四章「海上貨物運輸合同」不適用於中華人民共和國港口之間之海上貨物運輸。

七、將海商法第四章「海上貨物運輸合同」之第一節第四十二條第一項定義之第五款「貨物」包括「活動物」。

八、將「運送人」分為「承運人」及「實際承運人」（第四十二條）及訂定複合運送專章節，設有多式聯運經營人之名（第八節第一百零二條至第一百零六條）。

九、將多式租船、傭船及件貨運送分設專章節予以規定，即航次租船合同（第四章第七節第九十二條至一百零一條）、定期租船合同（第六章第二節第一百二十九條至第一百四十三條）與光船租賃合同（第六章第三節第一百四十四條至第一百五十三條）。

十、第四章第二節「承運人之責任」第四十六條，將承運人之責任期間分為兩種，一為集裝箱（貨櫃）貨物，其責任期間為自「裝貨港接收貨物時起」至「卸貨港交付貨物時止」；另一為非集裝箱貨物，其責任期間為「自貨物裝上船時至卸下船時止」。

十一、把侵權行為之訴訟列入海商法之責任賠償範圍內。

十二、就載貨證券設專章節共十個條文（第四章第四節第七十一條至八十條），從定義、簽發、內容、種類、性質與作用、當事人權利義務關係到轉讓等方面，無不一一系統規定，有利於業者遵守與執行。其中特別明定載貨證券之功能（第七十一條）、簽發人（第七十二條）、分類（第七十九條，但記名提單不得轉讓），以及承運人簽發提單以外之單證可以作為海上貨物運輸合同和承運人接收單證所列貨物之初步證據，但不得轉讓（第八十條）。

第五節　台灣海商法之修法過程與重點

臺灣海商法係民國十八年十二月三十日公布，二十年一月一日

施行，五十一年七月二十五日修正，因已逾三十一年未曾修正，基於國際海運興革及海洋法律思潮之變遷，如一九二四年海牙規則（The Hague Rules, 1924）前後受到一九六八年布魯塞爾議定書（Brussels Protocol, 1968）、海牙威士比規則（The Hague-Visibly Rules）及一九七九年特別提款權議定書（S.D.R. Protocol, 1979）修正，美國一九一六年海運法（The Shipping Act, 1916）於一九八四年完成總修訂，以及國際共同海損理算規則一九五〇年約克安特衛普規則（The York-Antwerp Rules, 1950）亦於一九七四年、一九九〇年兩次修正等，舊海商法已不合時宜，不足因應實際需要。為因應時代之變遷與海運經營型態之更迭，並配合社會環境整體之需要，乃研修海商法，於八十八年六月二十二日立法院三讀修正通過，七月十四日經總統公布施行。

海商法除原第三章「船長」及原第四章「海員」已合併另訂「船員法」外，其餘七章修正要點分述如後：

壹、關於第一章通則部分

一、第一條將「及」修正為「或」，採廣義之船舶，而與船舶法第一條第一項之意義相符。

二、修正對於船舶之假扣押及假處分等保全程序之強制執行，於船舶發航準備完成時起，以迄「航行至次一停泊港」時止，不得為之，以保護航海事業之發展，同時亦予銀行授信資金融通安全之保障。（修正後修文第四條）

貳、關於第二章船舶部分

一、將「船舶經理人」修正為「共有船舶經理人」，以資明確。（修正後條文第十七條至第二十條）

二、自一九二四年及一九五七年海船所有人責任限制國際公約

至一九七六年海事求償責任限制國際公約，其對船舶所有人責任限制制度具有三項特徵，一為責任限制項目之逐次減縮，二為責任限制之例外擴增，三為責任限制賠償額之確定與增加。為符合國際趨勢，特將船舶所有人之責任限制修正為兼採船價制與金額。亦即船舶所有人之責任限制賠償數額原則以船價制為限，但如其數額低於該船舶登記總噸位每一總噸位國際貨幣基金特別提款權一六二計算單位（每一總噸位財物損害之賠償以五四計算單位計算；人身傷亡之賠償以一〇八計算單位計算。以民國八十二年十二月二十九九日匯率計算，每一特別提款權計算單位約合一・三八美元）計得之數額時，船舶所有人應予以補足。同時復規定，對於人身傷亡之賠償數額除應優先以不得低於船舶登記總噸位每噸位一〇八計算單位計得之數額內賠償外，如此數額不足以全部清償時，其不足額應再與財物之損害共同在現存之責任限制數額內比例分配之。（修正後條文第二十一條）

三、增訂船舶所有人責任限制之規定，對於有救助報酬及共同海損分擔額、因船舶運送毒性化學物質或油污所生損害的賠償、船舶運送核子物質或廢料發生核子事故所生損害之賠償及核能動力船舶所造成核子損害之賠償等情形不適用之，蓋其金額及影響範圍皆鉅，並因應國際採取嚴格責任（危險）主義，而不採過失責任原則之趨勢。（修正後條文第二十二條）

四、依據一九六七年統一海事優先權及抵押權國際公約規定，將「優先權」正名為「海事優先權」，亦即為對船舶之海事優先權。並將「抵押權」正名為「船舶抵押權」。（修正後條文第二十四條、第二十九條至第三十二條）

五、增訂留置權之位次，在海事優先權之後，船舶抵押權之前。（修正後條文第二十五條）

六、依據一九六七年統一海事優先權及抵押權國際公約規定，增訂由核能動力船舶之輻射物品、或與毒性、爆炸性或其他危險性物質結合成之輻射物品等所生之核子損害賠償請求不適用本法有關海事優先權之規定。（修正後條文第一百二十六條）

參、關於第三章運送部分

一、本章章名修正為「運送」；參考其他立法，如鐵路法第五章「運送」、公路法第三章「公路運輸」，將章名「運送契約」修正為「運送」，以表彰本章之內容及性質；有關「承攬運送」於民法及航業法已有相關規定，另「貨櫃運輸」係屬件貨運送之一種，其內陸運輸、儲放、保管責任等，應適用民法及其他相關法令之規定，本章不另增列。

二、增訂託運人解約時有關延滯費之規定及往返航程之運送契約，託運人於返程發航前解約時，應支付運費三分之二。原條文無明文規定往返航程之運送契約解除時，託運人應支付之運費，爰參照日本商法第七四五條增定其應支付運費三分之二，且解約時不影響當事人之間關於延滯費之規定。（修正後條文第四十三條）

三、增訂條文第二項「得在載貨證券內載明其事由」以保障託運人與運送人雙方要求，或依據事實記載或不記載之權利及載貨證券內依託運人通知載明貨物相關事項時，推定運送人依其記載為運送。（修正後條文第五十四條第二項、第三項）

四、貨物一經有受領權利人受領後，「推定」運送人已依照載

貨證券之記載交清貨物：為賦予受領權利人得舉證證明運
送人尚未交清貨物之權利，爰參照一九六八年海牙威士比
規則第三條第六項之規定，將「視為」修正為「推定」。
（修正後條文第五十六條第一項）

五、修正強制責任之範圍，限於以件貨運送為目的之運送契約
及載貨證券者，並增訂「減輕」運送人或船舶所有人責任
之記載、條件或約定不生效力，將「遲到」列為最近低強
制責任：參照一九六八年海牙威士比規則第三條第八項之
規定，將「運送契約」修正為「件貨運送契約」。原條文
僅規定免除運送人或船舶所有人義務之條款、條件或約定
不生效力，本次修正增列減輕責任之記載等亦不生效力，
以杜爭議。並為慮及運送人與託運人間利益之均衡，避免
送人以特約條款排除本法所規定遲到應負之責任，爰增列
「遲到」之最低強制責任。（修正後條文第六十一條）

六、提高單位賠償責任限制金額及其除外規定，並增訂單位包
裝件數之計算方式：參照一九六八年海牙威士比規則第四
條第五項及美國單位賠償責任限制予以修正單位賠償責任
限制金額。為因應航運國際化之特性，本次修正單位賠償
責任限制，特以國際貨幣基金特別提款權（Special Draw-
ing Right；SDR）訂定之，但貨物之毀損或滅失如係運送
人或船舶所有人之故意或重大過失所致者，單位賠償責任
限制之規定不適用之。且為因應貨櫃、墊板或其他方式併
裝運送等，增訂單位包裝件數之計算。（修正後條文第七
十條）

七、修正關於偏航不負賠償責任之規定：原條文第一百十五條
規定為救助或意圖救助海上人命財產或因其他正當理由變
更航程者，不得認為違反運送契約。然所謂「變更航程

者」，應屬民法違反契約之問題，特參照一九六八年海牙
威士比規則第四條第四項文字條正為正當理由偏航者。
（修正後條文第七十一條）

八、第七十六條旨在明訂運送人其代理人及受僱人之海上運送
責任限制。因海上運送已非運送人所可獨立完成，此為今
日海商實務從業人士之共識；自貨物收受以迄交付期間，
為輔助履行運送契約而從事裝卸、搬移、運送、保管、看
守、儲存、理貨、穩固、墊艙者，於運送過程中均各有接
觸貨物之機會，然其對貨物賠償責任不應大於運送人。爰
增列第二項規定：「前項之規定，自貨物收受以迄交付期
間，為輔助履行運送契約而從事裝卸、搬移、運送、保
管、看守、儲存、理貨、穩固、墊艙者，亦適用之。」以
解決實務問題。

九、增訂載貨證券所載之裝載港或卸貨港為中華民國港口者，
其載貨證券所生之法律關係，依涉外民事法律適用法所定
適用法律：海商事件之爭訟，故可依「涉外民事法律適用
法」之規定，定其應適用之法律，惟具體個案，因託運
人、運送人與受貨人之國籍互異，依法律之規定，往往須
適用外國法律，或外國運送人故意以載貨證券之約款以排
除本法之適用，對我國託運人、受貨人之保護未免不周，
為使載貨證券所載之裝載港或卸貨港為中華民國港口之託
運人、受貨人有依本法受裁判之機會，避免外國運送人以
載貨證券之準據法約款，排除本法之適用，爰參照依一九
三六年美國海上貨物運送條例（American carriage of Goods
by Sea Act, 1936）及一九七一年英國海上貨物運送條例
（Carriage of Goods by Sea Act, 1971）增訂。（修正後條
文第七十七條）

十、為保護在我國之託運人或受貨人，因載貨券所生之爭議，特增訂「得由我國裝載港或卸貨港或其他依法有管轄權之管轄」，且增列第二、三項「前項載貨證券訂有仲裁條款者，經契約當事人同意後，得於我國進行仲裁，不受載貨證券內仲裁地或仲裁規則認載之拘束。」，又該規定視為當事人仲裁契約之一部。但當事人於爭議發生後，另有書面合意者，不在此限。（修正後條文第七十八條）

肆、關於第四章船舶碰撞部分

一、增訂船舶碰撞時，被扣押之加害船舶得由適當之銀行或保險人出具書面保證，請求放行：為平衡被扣押船舶之利益，特增訂賦予被扣押船舶提供擔保請求放行之權利。（修正後條文第九十九條第四項）

二、增訂關於船舶碰撞之訴訟管轄法院得由當事人合意管轄之法院為之：原條文所為管轄法院之規定乃民事訴訟法之特別法，自應優先適用。而其未規定者，固得適用民事訴訟法之規定，自非不得合意管轄。然因船舶碰撞經常涉及不同國籍之船舶，因此合意之管轄法院亦並非只限於中華民國領域內之法院。為杜爭議，乃增訂合意管轄法院之規定，俾當事人得合意在第三國之法院訴訟。（修正後條文第一百條）

伍、關於第五章海難救助部分

一、原章名「救助及撈救」均屬海難救助，為使意義明確修正為「海難救助」。

二、增訂施救人對於船舶或船舶上貨物可能造成之環境損害，予以防止或減輕之報酬請求權，及救助報酬請求權之二年

短期消滅時效：為鼓勵對於海洋環境之保護，參酌一九八九年海難救助國際公約第十二條、第十三條及第十四條等規定之精神，特增訂施救人對船舶或船舶上貨物可能造成之環境損害，予以防止或減輕時，得向船舶所有人請求與實際支出費用同額或不超過其費用一倍之報酬。並配合其他各國之規定，增訂救助報酬請求權二年短期消滅時效之規定。（修正後條文第一百零二條）

三、拖船對被拖船施以救助者得請求報酬。但以非為履行該拖船契約者為限：拖船與被拖船之間恆訂有契約，履行契約以外之救助或撈救，其得請求報酬，故屬當然之理，惟為杜爭議，明定拖船對被拖船施以救助，以非為履行該拖船契約，始得請求報酬。（修正後條文第一百零三條第二項）

陸、關於第六章共同海損部分

一、修正共同海損之定義：舊法之共同海損須以船長之行為為絕對要件，則第三人自不敢當機立斷，採取適當之防險措施，有違共同海損制度之本旨，並參照一九七四年約克安特衛普規則（The York Antwerp Rules, 1974）以下簡約約安規則，Rule A 修正共同海損之定義，採共同安全說。（修正後條文第一百零九條）

二、修正共同海損分擔義務之規定：對共同海損分擔義務參照約安規則 Rule B 採概括式規定，俾免文字與其他條文牴觸，尤其不再採運費半額制，以配合國際實務。（修正後條文第一百十條）

三、修正共同海損各被保存財產之分擔價值，船舶部分增訂途中已修復者之計算方式，貨物以送交最後受貨人之商業發

票所載之價格為準，並增訂運費分擔價值之計算方式，以求完備。而貨物之估價耗日費時，且因貨物在海運途中，常因買賣行為而使所有權人幾度易主如此必有前後多種價值不同之商業發票出現，故應依交付與最後受貨人之商業發票所載之價格為準，補救現行條文之不備。（修正後條文第一百十一條）

四、增訂共同海損費用之規定：原條文並無明文規定共同海損費用，依原條文第一百五十條共同海損之定義觀之，可見係明顯闕漏，爰參照約安規則 Rule F,X,XI,XX,XXI 作概括式規定。（修正後條文第一百十三條）

五、增訂郵件不分擔共同海損：郵件因不能行使留置權且負有保密之義務，自難估計其價值，特予增訂不分擔共同海損。（修正後條文第一百十九條）

柒、關於第七章海上保險部分

一、修正得為海上保險之標的，不限得以貨幣估價者，並增訂海上保險契約得約定延展加保至陸上、內河、湖泊或內陸水道之危險：原條文規定「航行中」得以貨幣估價者之財產權益，方得為保險標的，已無法配合現行船東保護與賠償（Protection & Indemnity Insurance; P & I）等海上保險實務，爰修正將保險標的擴大之。並配合現行海陸聯運之發展趨式及其作業之需要，參考一九〇六年英國海上保險法（Marine Insurance Act, 1906，以下簡稱 MIA）Sec.2 增訂海上保險契約當事人間得自由約定加保海上及上等之危險。（修正後條文第一百二十六條）

二、增訂被保險人有損害防阻之義務，及被保險人違反義務時，保險人對因而擴大之損失不負責任：參照德國商法第

八一九條、日本商法第六六〇條及MIA Sec.78(4)增訂被保險人避免或減輕損失之義務。（修正後條文第一百二十九條第一項）

三、未確定裝運船舶之貨物保險，要保人或被保險人於已知悉裝載之船舶，而疏於就船舶之名稱等為通知通知義務時，保險人僅對於未為通知所生之損害不負賠償責任，其原訂保險契約仍俱效力。（修正後條文第一百三十一條）

四、參照 MIA Sec.69. 70.增訂有關船舶、運費部分損害之計算，使其補償方式有所依據。（修正後條文第一百三十八條及第一百三十九條）

五、船舶行蹤不明或被扣押得為委付之期限縮短為二個月：現今通訊科技及搜尋技術進步，對於船舶行蹤不明之調查時間縮短，特參照Japanese Hull Insurance Union General Conditions of Hull Insurance Article 10 船舶得委付之原因，修正為二個月，被扣押之船舶得委付之期限作相同之修正。（修正後條文第一百四十二條）

六、貨物應由保險人負保險責任之損害，其回復原狀及轉運至目的地費用總額合併超過到達目的地價值時，得委付之；原條文規定貨物之毀損或腐壞，已失其全部價值四分之三時方得委付，其在認定上確有困難，爰修正之。（修正後條文第一百四十三條）

七、刪除專就戰事危險保險者：現行海險實務，戰爭危險均附於船舶或貨物保險單中，無專就戰事為保險者，故予刪除。（原條文第一百八十六條）

八、保險標的物雖經委付而未被承諾前，當事人雙方均得採取救助、保護或回復等各項措施，以避免損失之擴大：參照一九八三年協會船舶保險條款（Institute Time Clause-Hulls,

1/10/83）第十三條第三款及一九八二年協會貨物保險條款
（Institute Cargo Clause(A), 1/1/82）第十七條予以修正。
（修正後條文第一百四十六條第二項）

第三章　貨損索賠之當事人

第一節　貨損索賠人—權利人

　　關於海上貨物索賠何人有權提起訴訟？我國海商法第五十六條僅規定貨物一經有受領權利人受領，推定運送人已依照載貨證券記載交清貨物，但在四款毀損滅失之情形下，應自貨物受領之日或自應受領之日起，一年內起訴。所謂「受領權利人」係何所指？託運人、受貨人、載貨證券持有人、保險人及受讓此等損害賠償請求權人，雖均可為貨損索賠之原告，但不得全認為係「受領權利人」，因上開各人之損害賠償請求權並非同時併存，應視各種情形而定。

　　依海商法、民法及保險法相關規定觀之，一般認為貨損之索賠人如下：

一、託運人

　　託運人指在運送契約中，以物品託運送人運送而負支付運費義務之人。海上貨物運送之託運人，無論為自然人或法人均可為之，且託運人無須同時為貨物所有人，在C.I.F或C.&F.為交易條件之場合，出口商（賣方）為海上貨物運送之託運人，在 F.O.B 為交易條件之情形，進口商（買方）即為海上貨物運送之託運人。託運人為運送契約當事人，負有給付運費之義務，在件貨運送稱為託運人，在傭船運送稱為傭船人，當運送人未依運送契約完成運送，致運送物發生毀損滅失時，託運人自得向運送人請求損害賠償。在託運人於運送契約指定受貨人卻未請求運送人或船長簽發載貨證券之情形，運送人將運送物運達目的地時即應通知受貨人，且經受貨人請

求交付後，受貨人始能取得託運人因運送契約所生之權利，則託運人是否仍有權可依運送契約向運送人索賠？另外在運送人曾簽發載貨證券給託運人之情形，若託運人已將載貨證券依法轉讓與第三人，依海商法第六十條準用民法第六百二十九條規定，載貨證券的交付與物品之交付有同一之效力，則託運人是否仍可依運送契約向運送人索賠？

最高法院六十三年度台上第一四一七號判決謂：「依民法第六百四十四條規定，於一定條件下，固許受貨人取得託運人因運送契約所生之權利，但受貨人取得此項權利，為由於法律所賦與，非由託運人所移轉，故託運人之權利，與受貨人之權利，可同時併存，不因受貨人之取得權利後，託運人關於運送契約之權利，即因而消滅」，亦即早期見解認為託運人之權利，可與受貨人或載貨證券持有人之權利同時併存。然七十三年台上字第四五四三號、七十四年台上字第一四四五號判決、七十八年台上字第九四號判決、七十六年台上字第六六〇號判決第一八九七號判決變更原有見解，認為載貨證券持有人行使權利期間，託運人對運送人依運送契約所得行使與之有關之權利，乃處於休止狀態，不能再予行使。本此以論，託運人於受貨人或載貨證券持有人取得運送契約所生之權利時，並未完全脫離運送契約所定法律關係，僅有關運送物之權利，應由受貨人或載貨證券持有人行使。託運人在受貨人或載貨證券持有人行使權利期間，依運送契約所得行使之權利，處於休止狀態，不能再予行使，運送人仍得向託運人請求運費，而託運人亦有權要求運送人完成運送，若運送人未依運送契約完成運送而致託運人受有損害時，仍得向運送人索賠。

二、受領權利人

「受領權利人」一詞見於海商法第五十六條，其義包括受貨

人、載貨證券持有人及保險人，茲分述如下：

㈠受貨人

民法第六百四十四條規定：「運送物達到目的地，並經受貨人請求交付後，受貨人取得託運人因運送契約所生之權利」，亦即託運人對於運送人，因運送契約所生之權利，需運送物達到目的地，並經受貨人請求交付後，受貨人始取得其權利，而為受領權利人。

㈡載貨證券持有人

海商法第五十八條第一項規定：「載貨證券有數份者，在貨物目的港請求交付貨物之人，縱僅持有載貨證券一份，運送人或船長不得拒絕交付。不在貨物目的港時，運送人或船長非接受載貨證券之全數，不得為貨物之交付」，亦即在貨物目的港，載貨證券持有人持有載貨證券一份者，該載貨證券持有人即為受領權利人；不在貨物目的港，則需持有載貨證券之全數者，始得為受領權利人。

㈢保險人

保險法第五十三條規定：「被保險人因保險人應負保險責任之損失發生，而對於第三人有損失賠償請求權者，保險人得於給付賠償金額後，代位行使被保險人對於第三人之請求權。但其所請求之數額，以不逾賠償金額為限。前項第三人為被保險人之家屬或受僱人時，保險人無代位請求權。但損失係由其故意所致者，不在此限。」，保險人得代位受貨人或載貨證券持有人提起貨損索賠之訴，但保險人所代位請求賠償時，如其損害額超過或等於保險人已給付之賠償金額，則僅得於其賠償範圍代位請求賠償；如其損害額小於保險人已給付之賠償金額，保險人所得代位請求之範圍應以損害額為限。

第二節　貨損被索賠人—義務人

　　一般載貨證券上通常僅記載租船人名稱，甚至記載一些含糊而籠統的機構名稱，此機構可能是獨資公司、合夥公司或股份有限公司，也可能只是作為宣傳用之名稱。實際上載貨證券係由船長簽發或由他人代船長簽發，一經簽發載貨證券，船舶所有人即受到拘束，但對於何人才是運送人仍不夠清楚。

　　索賠人一般可以違約或侵權行為提起訴訟，而在某些司法判例中，違約與侵權行為可一起起訴，索賠人可任選上述三種方式請求賠償，然最安全可靠的辦法是對所有關係人均提起侵權及違約之訴，且在可能情形下，還應依對物之訴對船舶提起訴訟。

　　依據海牙規則及海牙威士比規則，貨損被索賠人有：船舶所有人（及船舶）、締約運送人及實際運送人，亦即此三方負有連帶責任。傳統追償途徑原本只有對船舶訴訟及對締約承運人訴訟，但海牙規則及海牙威士比規則中出現了第三種途徑即第三種被告實際運送人。實際運送人是船舶所有人，還有分擔貨物裝載、搬遷、積載、運送、照料和卸載義務以及指示船舶航向和船舶適航等義務之各種承租人。

　　綜上所述，索賠人提出貨物索賠之訴訟，得以船舶、船舶所有人、締約運送人和實際運送人為被告，因船舶及船舶所有人及承租人，皆分擔海牙規則及海牙威士比規則下之責任並負連帶責任，因此，只要可能，索賠人應以船舶、船舶所有人及承租人起訴以確保權益。

一、船舶所有人

　　載貨證券通常是由船長或代表船長之人所簽發，此種載貨證券一般皆可約束該船長所代表之船舶所有人，只有當船長係由光船承

租人所雇用時例外不拘束船舶所有人。期租承租人或航次承租人作為代理人代替船長簽發提單時，對船舶所有人仍有約束力，因船長是受僱人員，或實際上是船舶所有人的工作人員或代理人。

船舶所有人以其自有船舶從事海上企業活動之情形故屬常態，但以他人所有船舶從事運送企業活動者更所在多有，此種以他人船舶從事運送業務之情形有下列三種：

㈠傭船人與船舶所有人訂立主運送契約後，傭船人即利用船舶所有人之船舶與第三人訂立再運送契約。此種方式包含兩個契約存在，即主運送契約（傭船人與船舶所有人間之契約）及再運送契約（傭船人與第三人間之契約）。

㈡定期傭船人先與船舶所有人或船舶承租人訂立船舶用益與船員勞務供給之混合契約後，再以其所租傭之船舶與第三人訂立運送契約。

㈢運送人與託運人訂立運送契約後，將物「轉運」或「託運」他運送人運送。

以上三種情況，除運送人外，從事實際運送之船舶所有人（包括船舶承租人）間之權利義務，依海牙規則及我國海商法歸納如下：

㈠依海商法第六十二條及第六十三條規定，運送人對船舶適航性、適載性之注意及措施義務及運送貨物應有之注意及處置義務，運送人對船舶所有人輔助其履行運送契約義務之行為，對託運人仍須負責。

㈡船舶所有人或其履行輔助人在輔助運送人履行運送契約義務過程中，因故意或過失不法侵害託運人或載貨證券持有人所有貨物時，運送人依運送契約或載貨證券之法律關係，固應賠償託運人或載貨證券持有人所受之損害；託運人或載貨證券持有人亦可依侵權行為法律關係，請求船舶所有人賠償其損害。在此種情形下，運送

人及船舶所有人對託運人或載貨證券持有人構成「不真正連帶債務」關係，託運人或載貨證券持有人得請求其中之一或全體，為全部或一部之給付。

(三)海商法第七十六條第二項規定：「前項之規定，對從事商港區域內之裝卸、搬運、保管、看守、儲存、理貨、穩固、墊艙者，亦適用之」，僅就輔助履行運送職務之人加以規定，對於實際運送人應解為可援用此條規定，予以類推適用。（註1）

二、船　舶

海牙規則第一條（d）款、第三條(6)款第四段、第三條(8)款、第四條(1)(2)款及(5)款第一和第四段、及海牙威士比規則第四條(5)款第一項和第四條(5)款第八項皆提及「船舶」，認為船舶是正當的被告，並可享有與運送人相同之全部抗辯權。惟漢堡規則所有涉及責任的條款均未包括「船舶」一詞，雖在第二十一條(2)款第一項專門規定船舶被扣留地之管轄權，但該規則本身並未明確規定船舶可以援引運送人之全部抗辯權。

我國海商法間接繼受海牙規則精神，於第六十二條規定船舶適航能力，將運送人及船舶所有人並列，又於第六十九條、第七十條、第七十一條及第七十三條規定不負責任事由，亦將運送人及船舶所有人同列，而海牙規則之所以將運送人及船舶並列，乃深受英美法影響，有對物訴訟及對人訴訟之分，運送人乃對人訴訟之規定，而船舶係針對「對物訴訟」所為之規定，在我國法制並無對物訴訟制度情況下，將運送人與船舶所有人並列，顯屬畫蛇添足。

英國和英聯邦各國允許在對物訴訟中將船舶作為被告提起訴訟。在各聯邦國家和美國，傳統上船舶本身在貨物運輸的索賠中一

註1：楊仁壽，海上貨損索賠第二版，頁121。

直被認為是責任人，其訴訟程序是按對物之訴進行，而以船舶為被告。然就民法管轄權而論，並無對物的訴訟程序，雖然假扣押允許為某些特定海事請求扣留船舶，但船舶本身並不是被告。法國和一九二六年海事優先權及抵押權公約的其他簽署國的民法管轄權範圍內，因貨損而給予貨物請求方對承運船舶以合同海事優先權，此種優先權與侵權優先權不同，侵權優先權可能是對承運船或碰撞船產生的。（註2）

三、租船人

光船承租人擁有船舶的占有權及經營管理權，對船長及船員實行管理並取代船舶所有人，此可由船長以光船承租人之代理人身份簽發提單之事實得到證明。因此，在貨物索賠中，光船承租人即如船舶所有人一樣，需以被告身份承擔責任。

若承租人簽發自己的提單，則為締約運送人，對貨物索賠而言，承租人是適格的被告。未簽發提單的承租人，若其承擔海牙規則及海牙威士比規則所規定之某些責任，亦為適格之被告。例如，期租承租人可以將船舶轉租給航次承租人，該航次承租人隨之簽發自己的提單。該期租承租人並未直接與託運人或收貨人簽訂契約，但若其根據租船契約承擔使船舶適航之責任，或承擔海牙規則之其他責任，則該期租承租人即為適格之被告。

一般而言對船舶所有人及承租人提起訴訟皆有效力，法院一般認為承租人簽發自己的提單，和由承租人之代理人依據船長書面授權代船長簽發之提單，對該船舶所有人和承租人均有約束力，另有法院認為，承租人負契約責任，而船舶所有人負侵權行為責任。

貨物運輸實際上是船舶所有人和承租人的聯合經營，因此都應

註2：William Tetley，*海上貨物索賠第三版*，頁 187-190。

被認定為運送人而負有連帶責任。船舶所有人不僅被契約約束在一起，依據海牙規則和海牙威士比規則分擔運送人責任，這些責任因該規則第三條第(8)款規定而不得以契約予以免除。實務上，幾乎所有法院皆認定承租人與船舶所有人應負連帶責任。

第四章　海上貨物索賠之舉證責任

第一節　舉證責任之意義與分配

　　海上貨物損害賠償之舉證責任，我國僅於海商法第六十二條第三項規定「運送人或船舶所有人為免除前項責任之主張，應負舉證之責」，條文中所稱前項，係指「船舶於發航後因突失航行能力所致之毀損或滅失，運送人不負賠償責任。」，因此，運送人或船舶所有人若無法證明貨物之毀損滅失係船舶於發航後因突失航行能力所致，即應負損害賠償責任。然此乃專就船舶之適航能力所設之舉證責任規定，貨物處理之舉證責任海商法並未有正面規定，僅於第六十三條規定「運送人對於承運貨物之裝載、卸載、搬移、堆存、保管、運送及看守，應為必要之注意及處置。」及第六十九條第十七款：「其他非因運送人或船舶所有人本人之故意或過失及非因其代理人、受僱人之過失所致者。」運送人或船舶所有人不負損害賠償責任。

　　海牙規則一九二四年生效後，各國海事法規皆已改採過失責任主義，於貨載有毀損滅失情形時，先推定運送人有過失，運送人如欲主張無過失，需負舉證責任，亦即採推定的過失責任。我國現行海商法立法理由明確指出繼受海牙威士比規則，故關於運送人責任亦應是採推定過失責任。

第二節　舉證責任四大原則

　　海牙規則或海牙威士比規則與舉證責任有關之規定主要為第四條第一項後段規定：「因船舶欠缺適航能力致有滅失或毀損時，運送人或其他人依本條之規定主張免責者，應就已盡相當注意之事實，負舉證之責」；同條第二項第十七款規定：「非因運送人之實際過失或私謀，或非因運送人之代理人或受僱人之過失或疏忽所生之其他事由。但主張本款免責之利益者，應就貨物之毀損滅失，既非由於運送人之實際過失或私謀，亦非因運送人之代理人或受僱人之過失或疏忽所致，負舉證之責」；第三條第四項規定：「此項載貨證券，應作為依照第三項第一、二、三等款所記載之貨物，業經運送人收受之表面證據。但載貨證券已轉讓於第三人者，不得提出反證。」，以及第三條第六項與第四條第五項規定之「表面證據」，各該條均與舉證責任有關。基於上述規定 William Tetley 在其著 Marine Cango Claim 中整理出四大原則，茲分述如下：

一、貨物收受時狀態完好，而卸交時因短少或不良狀況而造成之毀損滅失，運送人應負舉出表面證據之責。

　　下列外國判決中可看出此原則之運用：

㈠ Gosse Millerd, Ltd. vs. Can. Government Marchant Marine Ltd.

　　「當該貨物以完好之狀態與情況裝船，而交卸時發現毀損，若此種貨損可加以防止而不應發生，則依一九二四年條例第三條第二項規定，充分證明運送人已違反其義務，除非運送人將引起貨損之原因，歸責於第四條第二項特別規定所發生者，否則運送人難免責任」。

㈡ The Edouard Materne vs. S. S Leerdam

「把海上貨物運送人作為對貨物以完好情況收受，而航程終了卻變成損害狀態表面負責人，這是最好的假定，除非運送人能明確證明，貨損原因媒介是為法律不責令其負責之特殊原因所致」。

㈢ Ralston purina Co vs. U.S.A

「當海上運送貨物被海水漬損而不能加以說明原因時，法律常假定貨損係因運送人未盡相當注意使船舶具有安全能力所引起之船舶不適航所致」。

㈣ Fagundes Sucena vs. Miss. Shipping Co.

「該貨物以表面屬完好狀態與情況為被告所收受，而被告以毀損狀態交貨，被告已成為表面負責之人，所以被告確負有舉證責任，以證明該貨損原因依照提單及 COGSA 不負責任之一者。」、「被告不能舉證該項貨損原因係依據提單或 COGSA 無責之一者」。

二、當事人對於自己有利之事實，負舉證責任。

此原則乃上述原則之延伸，運送人因其具有最多利於本身之證據，因此負有主要舉證之責。在 American Tobaco Co. vs. Goulandris 案中，美國上訴法院對託運人應適用該原則說明如下：「假如毀損事實是因菸葉裝船時已造成者，託運人應負損失之責，把損害舉證責任加諸託運人身上似屬合理，因其對貨物情況最清楚了解，且具有問題之資料」。

The Vallescura 案中：「通常舉證責任係落在海上貨物運送人身上，以證明在任何免除範圍內解除自己之責任，否則法律就把責任加在其身上，這是事實，普通法關於免除之規定，法律本身就如同天災人禍免除其責任一樣，附加給其約定，關於其他免除事項法律允許其約定，亦同適用之，該法則之理由是明顯的，運送人係託運

人貨物之受託人，法律賦予其一種關於照料與安全交貨之特殊義務，卸責是特別地在其控制中。運送人可據以免除其責任所有事實與情況，是特別在其所悉之內而通常不為託運人所知悉，因此，法律對其不能解釋理由委以損失責任，若能解釋係屬免除項目範圍內者，即可免其責任」。

三、舉證責任僅證明合理情況之程度爲已足，無須對荒謬之處證明所有情況。

在 Dominion Tanker Ltd. vs. Shell Petroleum Co.案中，汽油從船上漏出來，運送人辯稱是由於船舶之擱淺與船殼受損所發生，但索賠人供述汽油係被打出船外，藉以減輕貨載使船舶浮起。上訴後法院判決：「運送人對損失之解釋是屬合理，與船舶發生擱淺及船殼嚴重受損事實一致」。

四、對於隱藏證據或偽造、變造證據之當事人所提出之其他證明，不可採信。

在 International Produce vs. Frances Salman 案中，法院認為：「運送人未提出 Frances Salman 號航海日誌之原本，殊值注意。在所提出之航海日誌繕本中，雖記載其天候情形，惟其中可能事後予以加入，不能遽予相信。」，因此兩造在法庭上訴中，應依法力爭，設有一造隱藏證據或變造證據，一旦為法院發現，即應懷疑其他證據之真實性。

第三節　舉證責任之次序

海牙規則第三條第四項規定：「此項載貨證券，應作為依照第三項第一、二、三等款所記載之貨物，業經運送人收受之表面證

據。但載貨證券已轉讓於善意第三人者，不得提出反證。」；第六條第一段規定：「貨物一經有受領權利人受領，除非在卸載港提貨前或當時，以將貨物毀損滅失情形及大概性質，以書面通知運送人者外，推定運送人已依照載貨證券之記載交清貨物，但毀損滅失不顯著者，應於提貨後三日內，以書面通知運送人或其在卸載港之代理人」；第四條第一項後段規定：「因船舶欠缺適航能力致有毀損滅失時，運送人或其他依本條之規定得主張者，應就其已盡相當注意之事實，負舉證之責」，第二項第十七款後段規定：「但主張本款免責之利益者，應就貨物之毀損滅失，既非運送人自己之故意或過失，亦非運送人之代理人或受僱人之過失或疏忽所致，負舉證之責」，綜合上述規定，加拿大學者 William Tetley 認為舉證責任之次序如下：

一、損害賠償請求權人，需先就自己之貨物在運送人占有中發生損害之事實負舉證責任。

二、運送人需證明：㈠損害之原因；㈡已盡相當注意，使船舶具有適航能力；㈢主張海牙規則所規定不負責任事由其中一種以免除其責任。

三、請求權人再為種種不同主張。

四、兩造當事人追加其他證據以證其說。

我國海商法關於舉證順序散見於各條文，例如第五十六條第一項規定：「貨物一經有受領權利人受領，推定運送人已依照載貨證券之記載，交清貨物。但有下列情事之一者，不在此限：一、提貨前或當時，受領權利人已將毀損滅失情形，以書面通知運送人者。提貨前或當時，毀損滅失經共同檢定，作成公證報告書者。三、毀損滅失不顯著，而於提貨後三日內，以書面通知運送人者，四、在收貨證件上註明毀損或滅失者」；第六十條第一項準用民法第六百二十七條規定：「提單填發後，運送人與提單持有人間，關於運送

事項，依其提單之記載」；六十條第二項規定：「以船舶之全部或一部供運送為目的之運送契約另行簽發載貨證券者，運送人與託運人以外載貨證券持有人間之關係，依載貨證券之記載」；第六十二條第三項規定：「運送人或船舶所有人為免除前項責任之主張，應負舉證之責」。因我國海商法繼受自海牙規則或海牙威士比規則，故認為我國舉證責任之分配次序應可適用 William Tetley 所歸納之四步驟。茲將 William Tetley 提出舉證責任分配之應舉證事項分述如下：

一、損害賠償請求權人應舉證事項

㈠請求權人需為貨物所有人，或為有權利請求賠償之人。

㈡依據運送契約或侵權行為。

㈢請求賠償之對造，需為負賠償責任之人。

㈣貨物之毀損滅失，需發生在運送人保管中，亦即證明貨物裝載時之狀態與收受時不同。

㈤貨物毀損滅失之情形。

㈥貨物毀損滅失之實際金額。

二、運送人應舉證事項

㈠損害原因。

㈡船舶於發行前及發航時，具有適航能力，已為必要之注意及措施。

㈢有下列不需負責任事由：

  1.船長、海員、引水人或運送人之受僱人，因航行或管理船舶之行為而有過失。

  2.非由於運送人本人之故意或過失所生之火災。

  3.海上或航路之危險、災難或意外事故，及其他同種之免責

事由，即天災、戰爭行為、暴動、公共敵人之行為、有權
力者之拘捕、限制或依司法程序之扣押、檢疫限制、罷工
或其他勞動事故、救助或意圖救助海上人命或財產。

4. 包裝不固。

5. 標誌不足或不符。

6. 因貨物之固有瑕疵、品質或特性所致之耗損或其他毀損滅
失。

7. 貨物所有人、託運人或其代理人、代表人之行為或不行
為。

8. 船舶雖經注意仍不能發現之隱有瑕疵。

9. 其他原因。

三、請求權人再為之種種不同主張

㈠裝載過失。

㈡堆存過失。

㈢看守過失。

㈣卸載過失。

㈤搬移過失。

㈥保管過失。

㈦運送過失。

四、兩造當事人其他主張、證明及關連事項

第五章　我國海上貨物索賠舉證責任之規定與分析

第一節　貨損事實之舉證

　　貨損存在係貨損理賠之先決條件（貨損不存在即不生貨損理賠之問題）；關於海運貨物貨損發生之舉證責任，海商法未為明文規定，應依海商法第五條適用民法第六百三十四條規定，由貨方負舉證之責，惟其舉證之時限與方法，

　　可依海商法第五十六條規定決之。[註1]

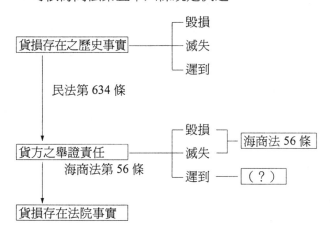

註1：尹章華，民事訴訟舉證責任法理結構之探討，全國律師月刊89年3月。

第二節　貨損理賠金額之舉證責任

　　貨損之事實一經法院確認，船方之民事責任，可分(1)免責(2)限責(3)全責三種。船方欲主張免責或限責者，應就免責事由或限責事由之存在，負舉證之責，否則應負全額賠償之責。關於運送人之責任，只須運送物有喪失、毀損或遲到情事，經託運人或受貨人證明屬實，而運送人未能證明運送物之喪失、毀損或遲到係因不可抗力，或因運送物之性質，或因託運人或受貨人之過失所致者，則不問其喪失、毀損或遲到之原因是否為可歸責於運送人之事由運送人均應負法律上或契約之責任。（四九台上七一三）海商法第五條適用民法第六百卅四條。全額賠償之計算依民法第六百三十八條規定：「運送物有喪失、毀損或遲到者，其損害賠償額，應依其應交付時目的地之價值計算之。運費及其他費用，因運送物之喪失、毀損，無須支付者，應由前項賠償額中扣除之。運送物之喪失、毀損或遲到，係因運送人之故意或重大過失所致者，如有其他損害者，託運人並得請求賠償。」惟須注意者，依民事訴訟法第二百二十二條第二項：「當事人已證明受有損害而不能證明其數額或證明顯有重大困難者，法院審酌一切情況，依所得心證定其數額。」

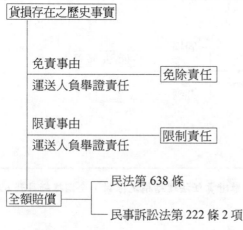

1. 法定免責之事由

(1)民法之法定免責事由

①運送人對於運送物之喪失、毀損或遲到，應負責任。但運送人能證明其喪失、毀損或遲到，係因不可抗力，或因運送物之性質，或因託運人或受貨之過失而致者，不在此限。（民634 但書）

②金錢、有價證券、珠寶或其他貴重物品，除託運人於託運時報明其性質及價值者外，運送人對於其喪失或毀損，不負責任。

價值經報明者，運送人以所報價額為限，負其責任。（民639）

(2)海商法之法定免責之事由

①運送人或船長發見未經報明之貨物，得在裝載港將其起岸，或支付同一航程同種貨物應付最高額之運費，如有損害並得請求賠償。

前項貨物在航行中發見時，如係違禁物或其性質足以發生損害者，船長得投棄之。（海商65）

②託運人於託運時故意虛報貨物之性質或價值，運送人或船舶所有人對於其貨物之毀損或滅失，不負賠償責任。（海商70一）

③為救助或意圖救助海上人命、財產，或因其他正當理由偏航者，不得認為違反運送契約，其因而發生毀損或滅失時，船舶所有人或運送人不負賠償責任。（海商71）

④貨物未經船長或運送人之同意而裝載者，運送人或船舶所有人，對於其貨物之毀損或滅失，不負責任。（海商72）

⑤運送人或船長如將貨物裝載於甲板上，致生毀損或滅失時，應負賠償責任。但經託運人之同意並載明於運送契約或航運

種類或商業習慣所許者，不在此限。（海商 73）

2.法定限責之事由

(1)民法之法定限責事由

①價值經報明者，運送人以所報價額為限，負其責任。（民639
二）

②因遲到之損害賠償額，不得超過因其運送物全部喪失可得請
求之賠償額。（民 640）

③運送人交與託運人之提單或其他文件上，有免除或限制運送
人責任之記載者，除能證明託運人對於其責任之免除或限制
明示同意外，不生效力。（民 649）

(2)海商法之限責事由

除貨物之物質及價值於裝載前，已經託運人聲明並註明於
載貨證券者外，運送人或船舶所有人對於貨物之毀損滅失，其
賠償責任，以每件特別提款權六六六‧六七單位或每公斤特別
提款權二單位計算所得之金額，兩者較高者為限。

前項所稱件數，係指貨物託運之包裝單位。其以貨櫃、墊
板或其他方式併裝運送者，應以載貨證券所載其內之包裝單位
為件數。但載貨證券未經載明者，以併裝單位為件數。其使用
之貨櫃係由託運人提供者，貨櫃本身得作為一件計算。

由於運送人或船舶所有人之故意或重大過失所發生之毀損
或滅失，運送人或船舶所有人不得主張第二項單位限制責任之
利益。

海商法雖未明文規定遲到之賠償限額，運送人仍得依民法
第六百四十條規定主張並證明之。（海商 70 二、三、四項）

3.約定免責或限定事由之分析

(1)海商法規定（海商 61）

以件貨運送為目的之運送契約或載貨證券記載條款、條件

或約定，以減輕或免除運送人或船舶所有人，對於因過失或本章規定應履行之義務而不履行，致有貨物毀損、滅失或遲到之責任者，其條款、條件或約定不生效力。

(2)民法規定（海商 649）

運送人交與託運人之提單或其他文件上，有免除或限制運送人責任之記載者，除能證明託運人對於其責任之免除或限制明示同意外，不生效力。

惟須注意者，依上揭規定，海上運送人除法定免責或限責事由外，不得另為約定免責或限責事由；民法運送人之約定免責或限責事由，應證明托運人之「明示同意」始生效力。

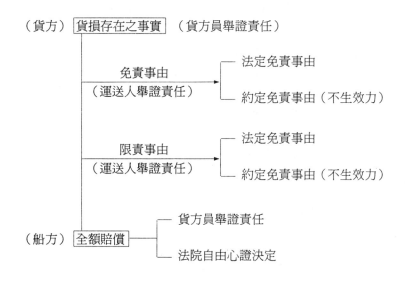

海上運送貨損理賠示意圖

第三節 運送人對貨物注意義務與貨損理賠之分析

　　運送契約為「有償契約」，運送人對託運貨物負善良管理人注意義務。海商法第六十三條規定：「運送人對於承運貨物之裝載、卸載搬移、堆存、保管、運送及看守，應為必要之注意及處置。」

　　若貨方主張利益「釋明」船方（運送人）未盡上揭善良管理人注意義務（註2），其舉證責任，即轉由船方「證明」若免責事由之發生，與未能履行注意義務者(1)其已履行注意義務，仍不免貨損之發生；或(2)縱未能履行注意義務無涉，仍可免其責任。惟若未能履行注意義務致「免責事由」者，及併由未能履行注意義務及「單獨」免責事由所發生者，仍不能主張免責。船方不能主張上揭免責事由，仍可依法主張單位限制責任之適用（註3）。

註2：參見民事訴訟法第二百八十四條規定。

註3：最高法院相關案例摘錄於下：

1.【裁判字號】83_台上_586 　　【裁判日期】83/03/17

　　　按海商法第一百零七條（現行法第六十三條）規定：「運送人對於承運貨物之裝卸、搬移、堆存、保管、運送及看守，應為必要之注意及處置」，乃運送人之基本注意義務。此項義務並不得以運送契約或載貨證券記載條款予以免除〔參照海商法第一百零五條（現行法第六十一條）〕。又運送人或船長如將貨物裝載於甲板上，致生毀損或滅失時，依同法第一百十七條（現行法第七十三條）前段規定應負賠償責任，雖該條但書規定經託運人之同意或航運種類或商業習慣所許之情形，而將貨物裝載於甲板，其所致生毀損或滅失之損害（如貨物被雨水或海水打濕之情形），運送人不必負損害賠償之責，但運送人仍應依同法第一百零七條（現行法第六十三條）之規定，對於承運貨物之裝卸、搬移、堆存、保管、運送及看守，為必要之注意及處置。如其因未盡此項義務（如未將貨物

第四節　船舶適航性之舉證責任與貨損理賠之關係

一、適航性之舉證責任

船舶為海上運送之交通工具，船舶是否具有適航性關係船舶能

捆繫牢固），致生貨物有毀損或滅失時，仍應負損害賠償之責，非謂有上開之同意或習慣，運送人即可不負該第一百零七條（現行法第六十三條）所規定之一般注意及處置義務而免責。

2.【裁判字號】71_台上_290　　【裁判日期】71/01/29

海商法第一百零七條（現行法第六十三條）規定：「運送人對於承運貨物之裝卸、搬移、堆存、保管、運送及看守，應為必要之注意及處置」，乃運送人之基本注意義務「運送契約或載貨證券記載條款、條件或約定，以免除運送人或船舶所有人對於因過失或本章規定應履行之義務而不履行，致有貨物毀損滅失之責任者，其條款，條件約定不生效力」，同法第一百零五條（現行法第六十一條）亦有明文規定。是運送人或船長如將貨物裝載於甲板上，致生毀損或滅失時，依同法第一百十七條（現行法第七十三條）前段規定，固應負賠償責任，即有該條但書規定經託運人之同意或航運種類或商業習慣所許之情形，而將貨物裝載於甲板，對於前開第一百零七條（現行法第六十三條）所定基本注意義務，運送人仍應遵守，不得免除，如以契約約定，運送人對甲板裝載之貨物，不盡此項法定基本注意義務，仍不負賠償責任，依前開第一百零五條（現行法第六十一條）規定，應屬無效，法理甚明。

3.【裁判字號】69_台上_923　　【裁判日期】69/04/03

運送人對於承攬貨物之裝卸、搬移、堆存、保管、運送及看守，應為必要之注意及處置，為海商法第一百零七條（現行法第六十三條）所明定。縱運送契約或載貨證券就此為運送人免責之約定，依同法第一百零五條（現行法第六十一條）規定，亦不生效力。

否經歷海上航行危險，完成運送目的甚鉅，並由運送人或船舶所有人負舉證責任，海商法規定可供參照。

1. 本法稱船長者，謂受船舶所有人僱用主管船舶一切事務之人員；稱海員者，謂受船舶所有人僱用由船長指揮服務於船舶上所有人員。（海商法第二條）

2. 運送人或船舶所有人於發航前及發航時，對於下列事項，應為必要之注意及措置：

一、使船舶有安全航行之能力。

二、配置船舶相當船員、設備及供應。

三、使貨艙、冷藏室及其他供載運貨物部分適合於受載、運送與保存。

船舶於發航後因突失航行能力所致之毀損或滅失運送人不負賠償責任。

運送人或船舶所有人為免除前項責任之主張，應負舉證之責。（海商法第六十二條）

二、船長與運送人或船舶所有人之法律關係

船長為船舶所有人僱用，並為運送人之使用人或履行輔助人。就船舶航行安全而言，船長為實際負責之人。船舶法及船員法相關規定可供參照。

1. 船舶法

第九條

船舶應具備左列各款文書：

一、船舶國籍證書或臨時船舶國籍證書。

二、船舶檢查證書或依有關國際公約應備之證書。

三、船舶噸位證書。

四、船員名冊。

五、載有旅客者，其旅客名冊。

六、訂有運送契約者，其運送契約及關於裝載貨物之文書。

七、設備目錄。

八、航海記事簿。

九、法令所規定之其他文書。

船舶所在地航政主管機關或中華民國使領館得隨時查驗前項船舶文書。

第二十三條

為策航行安全，船舶應具備適於航行之結構強度、船舶穩度、推進機器或工具及設備；非經驗查合格，不得航行。

船舶檢查時效屆滿，非重經檢查合格，不得航行；時效雖未屆滿而檢查不合格者亦同。

第三十三條

船舶具備有效之國際公約證書，並經交通部認可之驗船機構檢驗入級者，視為已依本章之規定檢查合格，免發船舶檢查證書。

第三十四條

中華民國國民或法人所租賃在中華民國國際港口與外國間航行之外國船舶，依本法之規定施行檢查。

第四十二條

外國船舶由中華民國港口裝載客貨發航者，應由船長向該港之航政主管機關，送驗該船舶之噸位證書。除該國丈量程式與中華民國丈量程式相同或互相承認者外，應由該機關另行丈量。

2.船員法

第五十八條

船舶之指揮，由船長負責；船長為執行職務，有命令與管理在船海員及在船上其他人員之權。

船長為維護船舶安全，保障他人生命或身體，對於船上可能發

生之危害,得為必要處置。

第六十條

　　船長在船舶上應置備船舶文書及有關載客載貨之各項文件。

　　主管機關依法查閱前項船舶文書及文件時,船長應即送驗。

第六十一條

　　船長於船舶發航前及發航時,應依規定檢查船舶及完成航海準備。

3.民法

第一百八十八條

　　受僱人因執行職務,不法侵害他人之權利者,由僱用人與行為人連帶負損害賠償責任。但選任受僱人及監督其職務之執行,已盡相當之注意或縱加以相當之注意而仍不免發生損害者,僱用人不負賠償責任。

　　如被害人依前項但書之規定,不能受損害賠償時,法院因其聲請,得斟酌僱用人與被害人之經濟狀況,令僱用人為全部或一部之損害賠償。

　　僱用人賠償損害時,對於為侵權行為之受僱人,有求償權。

第二百二十四條

　　債務人之代理人或使用人,關於債之履行有故意或過失時,債務人應與自己之故意或過失負同一責任。但當事人另有訂定者,不在此限。

註4:最高法院相關案例摘錄於下:

　　1.【裁判字號】83_台上_586　　【裁判日期】83/03/17

　　　按海商法第一百零七條(現行法第六十三條)規定「運送人對於承運貨物之裝卸、搬移、堆存、保管、運送及看守,應為必要之注意及處置」,乃運送人之基本注意義務。此項義務並不得以運送契約或載貨證券記載條款予以免除〔參照海商法第一百零五條(現行法

第六十一條）〕。又運送人或船長如將貨物裝載於甲板上，致生毀損或滅失時，依同法第一百十七條（現行法第七十三條）前段規定應負賠償責任，雖該條但書規定經託運人之同意或航運種類或商業習慣所許之情形，而將貨物裝載於甲板，其所致生毀損或滅失之損害（如貨物被雨水或海水打濕之情形），運送人不必負損害賠償之責，但運送人仍應依同法第一百零七條（現行法第六十三條）之規定，對於承運貨物之裝卸、搬移、堆存、保管、運送及看守，為必要之注意及處置。如其因未盡此項義務（如未將貨物捆繫牢固），致生貨物有毀損或滅失時，仍應負損害賠償之責，非謂有上開之同意或習慣，運送人即可不負該第一百零七條（現行法第六十三條）所規定之一般注意及處置義務而免責。

2. 【裁判字號】71_台上_290　　【裁判日期】71/01/29

海商法第一百零七條（現行法第六十三條）規定「運送人對於承運貨物之裝卸、搬移、堆存、保管、運送及看守，應為必要之注意及處置」，乃運送人之基本注意義務「運送契約或載貨證券記載條款、條件或約定，以免除運送人或船舶所有人對於因過失或本章規定應履行之義務而不履行，致有貨物毀損滅失之責任者，其條款，條件約定不生效力」，同法第一百零五條（現行法第六十一條）亦有明文規定。是運送人或船長如將貨物裝載於甲板上，致生毀損或滅失時，依同法第一百十七條（現行法第七十三條）前段規定，固應負賠償責任，即有該條但書規定經託運人之同意或航運種類或商業習慣所許之情形，而將貨物裝載於甲板，對於前開第一百零七條（現行法第六十三條）所定基本注意義務，運送人仍應遵守，不得免除，如以契約約定，運送人對甲板裝載之貨物，不盡此項法定基本注意義務，仍不負賠償責任，依前開第一百零五條（現行法第六十一條）規定，應屬無效，法理甚明。

3. 【裁判字號】69_台上_923　　【裁判日期】69/04/03

運送人對於承攬貨物之裝卸、搬移、堆存、保管、運送及看守，應為必要之注意及處置，為海商法第一百零七條（現行法第六十三條）所明定。縱運送契約或載貨證券就此為運送人免責之約定，依同法第一百零五條（現行法第六十一條）規定，亦不生效力。

第六章　索賠人應負舉證事項

一、法律關係—侵權行為與債務不履行

運送人若違反運送契約，例如運送人未履行運送契約或遲不發給載貨證券致損害託運人權利時，託運人除得依債務不履行規定請求運送人賠償外，是否亦得以侵權行為請求運送人賠償損害？若債務人之違約行為之同時構成侵權行為要件時，則發生債務不履行與侵權行為二種責任競合問題，此二者間關係為何，一直為學說或判例爭論之焦點。

在學說上有「請求權自由競合說」、「法條競合說」及「修正請求權競合說」。

㈠「請求權自由競合說」：此說允許債權人就侵權行為及債務不履行所生二請求權自由擇一行使，但海商法對運送人責任多為強制規定，一方面運送人不能以特約減免其責任，另一方面為貫徹國家航海政策，另設有「免責事由」及「責任限制」等規定，以鼓勵航海事業，若採請求權自由競合說，則「免責事由」及「責任限制」將形同具文，無法貫徹立法意旨。

㈡「法條競合說」：此說認為因侵權行為發生損害賠償者，指當事人間無法律關係之聯繫，因一方故意或過失行為，不法侵害他方權利而發生賠償關係，雙方若有契約關係存在，則在義務履行過程中，因故意或過失所生損害，顯無成立違反一般義務之侵權行為之餘地。

㈢「修正請求權競合說」：此說認為免責事由及責任限制在侵

權行為仍有其適用，亦即在契約責任與侵權行為責任競合時，被害人仍可依侵權行為之法律關係請求損害賠償，惟專為運送契約規定之免責事由及責任限制，在侵權行為仍有其適用。此時侵權行為之法律關係，既非被債務不履行取代，亦非被其所吸收，僅被害人基於侵權行為之損害賠償請求權受債務不履行損害賠償請求權影響而已。但關於消滅時效兩者互不影響，因運送人基於侵權行為所負責任，係一般社會人之責任，其時效應依一般社會人責任期間計算。此說為目前日本之通說，德國亦趨向採用此說見解，惟依我國目前實務判例而言，與此說尚有一大段距離。

一九六八年海牙威士比規則第四條之一第一項規定：「關於運送契約內所載貨物之滅失或毀損，無論係基於契約或侵權行為，向運送人提起之訴訟，本公約所規定之責任限制及抗辯，均適用之」，而我國海商法係仿海牙威士比規則而修正，自應作相同解釋，不問責任限制、不負賠償責任事由及除斥期間等對運送人之侵權行為責任及契約責任，均有其適用。

二、貨損發生在運送人掌管期間

貨損索賠人欲對運送人提出賠償訴訟時，應提出表面證據，證明貨物之毀損或滅失係發生在運送人責任期間，通常索賠人所提出之證據為：裝船時運送人曾簽發清潔載貨證券，而卸載時貨物卻變成有瑕疵之憑證，或索賠人可證明雖有提單及收據上之聲明，但損害係發生在運送人負責掌管期間。一旦有此種初步證據，運送人即應負反駁提單、憑證或索賠人所提出之證據之責任。因此，載貨證券在索賠人提出賠償訴訟時即成為一項重要的證據，在此有必要對載貨證券加以介紹。

㈠載貨證券之功能

依我國海商法規定內容分析，載貨證券之功能如下：

1. 運送契約存在之證明

海商法第七十四條第一項規定「載貨證券之發給人，對於依載貨證券所記載應為之行為，均應負責。」，及海商法第六十條準用民法第六百二十七條「提單填發後，運送人與提單持有人之間，關於運送事項，依其提單之記載。」，因契約乃就當事人間所約定之事項規範其權利義務，而載貨證券又作為運送人與託運人或載貨證券持有人間，關於運送事項之權利義務之證明，故有「運送契約存在證明」之意。

2. 裝載貨物之收據

海商法第五十三條規定「運送人或船長於貨物裝載後，因託運人之請求，應發給載貨證券。」，因此載貨證券具有充當運送人或船長已收受託運人貨物之「收據」之意。

3. 交貨憑證

海商法第五十八條規定「載貨證券有數份者，在貨物目的地港請求交付貨物之人，縱僅持有載貨證券一份，運送人或船長不得拒絕交付。不在貨物目的地港時，運送人或船長非接受載貨證券之全數，不得為貨物之交付。」，及海商法第六十條準用民法第六百三十條之規定「受貨人請求交付運送物時，應將提單交還。」，皆使載貨證券具有「交貨憑證」之意。

㈡載貨證券應記載事項

海牙規則第三條第三項規定：「運送人或船長或運送人之代理人收受貨物後，因託運人之請求應簽發提單，該提單應載明下列事項：

1. 為識別貨物所必須之主要標誌，該項標誌與託運人於裝載開始前所提供者相同，但以是項標誌係印於或以其他方法明確顯示於未經包裝之貨物，或經包裝貨物之箱皮或包皮上，並能保持清晰可辨，直至航行終了者為限。

2. 依其情形，託運人書面所提供之包數或件數或數量或重量。

3. 貨物之表面狀態及情況。」

簡而言之，依海牙規則規定，載貨證券應記載之事項為：貨物標誌、件數或數量或重量、表面狀態與情況。

我國海商法第五十四條規定載貨證券應記載之事項如下：

一、船舶名稱。

二、託運人之姓名或名稱。

三、依照託運人書面通知之貨物名稱、件數或重量，或其包裝之種類、個數及標誌。

四、裝載港及卸貨港。

五、運費交付。

六、載貨證券之份數。

七、填發之年月日。

前項第三款之通知事項，如與所收貨物之實際情況有顯著跡象，疑其不相符合，或無法核對時，運送人或船長得在載貨證券內載明其事由或不予載明。

載貨證券依第一項第三款為記載者，推定運送人依其記載為送達。

載貨證券為要式性證券，應具備一定之方式，故本條第一項定有其法定應記載事項，茲詳析如下：

1. 船舶名稱

本法僅承認裝船載貨證券，故貨物裝船簽發之載貨證券即應記載船舶之名稱。

2. 託運人之姓名或名稱

本法規定，得請求簽發載貨證券之人限於託運人，自應記載其姓名、住所，以便明瞭運送契約之相對人及證券之持有人為何。

3. 依照託運人書面通知之貨物名稱、件數或重量，或其包裝之種類、個數及標誌

載貨證券具有作為貨物收據之功能，因此，運送人自負有將所收貨物之名稱、件數或重量，或其包裝之種類、個數及標誌等，記載於載貨證券之義務。倘託運人無故拒絕依照託運人之書面通知為記載者，對於託運人因此所受之損失，應負賠償之責。惟託運人書面通知所載之貨物內容與實際交運貨物情狀不相符合，或運送人無法核對時，運送人或船長得在載貨證券內載明其事由或不予載明（海六十Ⅱ）。此時運送人應按實際收受之貨物，負交付之義務。

4. 裝載港及卸貨港

此係指貨物之裝載港及卸貨港，而非船舶本次航行之發航港及目的港。本條規定其應記載之法意，乃為明瞭貨物之裝載處所及交付地點。

5. 運費交付

此之運費，非指運費之數額或運費計算之基礎，而係指運費支付之方式究為「已收」或「後收」。

6. 載貨證券之份數

載貨證券之份數應記明者，係因當請求交付貨物之人不在貨物目的地港取貨時，運送人或船長應接受載貨證券之全數，始得將貨物交付之（海五十八）。因此，必於載貨證券上載明其份數，以供運送人或船長判斷是否應將貨物交付予不在貨物目的地港取貨之載貨證券持有人。

7. 填發之年月日

依海商法第五十三條之規定，載貨證券需於貨物裝船後，因託

運人之請求始能發行。故載明載貨證券之年、月、日者，即可得知貨物何時已裝船，俾進口商得以估算貨物到達目的地港之時期，並判斷出口商是否依約定之日期裝船運送，亦可為出口商向銀行辦理跟單信用狀押匯之依據。

本條第一項所規定之七款事項，性質上為注意規定，非要件規定，若載貨證券上欠缺各事項之一，並不影響載貨證券之法律效力。又載貨證券所記載者，係運送契約之權義，故舉凡與運送契約有關之事項，除第五十四條之法定應記載事項外，均得以任意條款之方式記載於載貨證券，成為任意記載事項，惟其記載不得違反海商法之強制規定。其次，載貨證券是否應記載「載貨證券」字樣，海商法並無規定，悉依當事人之意思決之，縱未記載，載貨證券仍為有效。

(三)索賠人證明貨物瑕疵之方法

當運送人在收到貨物時即簽發清潔載貨證券或以其他證據方式對貨物之狀況作證明，則卸貨或交貨後貨物不良之情形應由索賠人舉證。海牙規則、海牙威士比規則第三條第(6)款中提出三種證明方法：

1. 不良狀況收據：「…在卸貨港應用書面方式將貨物滅失和毀損之情形通知運送人或其代理人…」，此為貨物滅失或毀損情況明顯之證明方法。

2. 滅失或毀損通知：交貨時滅失或毀損情形不明顯者，受貨人需於收受貨物後三日內提出貨物滅失或毀損之通知。

3. 聯合檢驗：在損害不明顯之情況下，若在收貨時已對貨物狀況進行聯合檢驗或檢查者，即無需再以書面通知運送人。

海牙規則、海牙威士比規則第三條第(6)款對不良狀況收據及滅失或毀損通知另規定應注意事項，茲分述如下：

1. 不良狀況收據：除下列三點外，無須拘泥於任何形式
   (1)載明滅失、毀損之一般性質。
   (2)以書面通知運送人或其代理人。
   (3)收據需在卸貨港及在貨物被移交給有權接受貨物之人掌管前或當時作成。

2. 滅失或毀損通知：除下列幾點外，無須拘泥於任何特殊形式
   (1)需是關於滅失或毀損或此種滅失或損害的一般性質之通知。
   (2)需以書面。
   (3)在三天內提出。
   (4)從貨物被移交給有權接受貨物之人保管時起算。

　　聯合檢驗或檢查係推翻推定貨物卸載時狀況良好之第三種方法，若已對運送人發出正式通知而運送人未參加聯合檢驗，只要檢驗係在正常而無延誤情況下進行，檢驗結果仍得為貨物交付時不良狀況之證據。而在無提供不良狀況收據或未在三天內發出貨損通知或未進行聯合檢查者，將被初步推定為貨物交付時狀況良好，但此種推定僅是一種法律上推定，索賠人仍可提出反證推翻。

三、貨損代位之範圍

　　保險法上之代位權，其立法目的為防止被保險人獲得不當得利，故在保險事故發生時，應得之保險賠償，僅限於保險標的所受之損害範圍，且可以金錢估計者，分述如下：(註1)

㈠被保險人之損失等於保險賠償範圍

　　當保險事故之發生是由第三人所致者，而被保險人之損失等於保險賠償範圍時，此時第三人對被保險人損害賠償責任範圍即為保

註1：江朝國，保險法論文集，瑞典圖書公司，91年1月。頁七八。

險人之保險賠償範圍，此時，保險人對第三人行使代位權時，即可就第三人應對被保險人給付之賠償額全數代位請求之。

(二)被保險人之損失大於保險賠償範圍

當保險事故之發生是由第三人所致者，而被保險人之損失大於保險賠償範圍時，此時被保險人之損失並未因保險人之保險金給付而獲得全額之填補，被保險人對第三人之損害賠償請求權之範圍，僅於保險人所給付之保險金額內，移轉於保險人，因此保險人對於第三人所得行使代位權之範圍，亦僅及於其所給付予被保險人之數額，其他部分，被保險人仍保有對於該第三人之損害賠償請求權。至於是否有不足額保險，則屬其他問題，本文在此不多贅述。

(三)被保險人之損失小於保險賠償範圍

當保險事故之發生是由第三人所致者，而被保險人之損失小於保險賠償範圍時，此時與一、之情形相似，保險人對於第三人行使代位權之範圍，即可就第三人應對被保險人給付之賠償額全數代位請求之，被保險人對於第三人可請求損害賠償之數額，全數移轉於保險人。

次按因船長、海員、引水人、或運送人之受僱人，因航行或管理船舶之行為而有過失，所發生運送物之毀損或滅失，運送人或船舶所有人，海商法第一百十三條第一款固定有明文。上訴人亦辯稱：縱於航行途中船長因遭遇惡劣天候，而於船舶之航行管理行為有過失，致系爭貨物落海，伊亦得依上開規定免責云云。惟貨物落海，非必係於船舶航行或管理有過失所致，亦有可能於裝載時未為適當固定而生落海結果，上訴人未能證明系爭貨物落海係因其船長於航行或管理船舶之行為過失所致，是其以前揭規定主張免責，亦無可採。

至最高法院之判決分述如下：

1. 最高法院六十五年台上二九〇八號判決「損害賠償」

損害賠償祇應填補被害人實際損害，保險人代位被害人請求損害賠償時，依保險法第五十三條第一項規定，如其損害額超過或等於保險人已給付之賠償金額，固得就其賠償之範圍，代位請求賠償，如其損害額小於保險人已給付之賠償金額，則保險人所得代位請求者，應祇以該損害額為限。

2. 最高法院八十三年台上八〇六號判決

損害賠償祇應填補被害人實際損害，保險人代位被害人請求損害賠償時，依保險法第五十三條第一項規定，如其損害額超過或等於保險人已給付之賠償金額，固得就其賠償之範圍，代位求償如其損害額小於保險人已給付之賠償金額，則保險人所得代位請求者，應祇以該損害額為限。

3. 最高法院八十六年台上二〇一四號判決

保險法第五十三條第一項所稱之保險人之「給付賠償金額」，係指保險人依保險契約之約定，實際所「應」給付被保險人之賠償額而言。倘非保險契約所定或被保險人原無權為請求之金額，例如前開野田公司原無權向被上訴人主張之六十一萬餘元部分，縱保險人（上訴人）基於其他原因為給付，亦不得計入其所「應」給付之賠償金額，據以向第三人（被上訴人）代位求償。

四、貨損請求之金額或數額

損害賠償之目的在於使受害人處於契約已被履行之地位，亦即恢復原狀，其意為：若貨物受損或滅失，應依交付時當地該種貨物的市價或依其本應交付當時當地市價予以賠償。以到達時貨物完好市價，減去貨物損害後在到達時之市價之方法，在貨損理賠上被認為屬於憑經驗計算賠償金之方法，仍必須受許多外在條件制約，始

得將其納入恢復原狀之基本原則。到達時完好市價計算之時間點應以貨物抵達之日予以計算，若貨物尚未交付，則依本應到達之日為計算之時間點。

除非卸貨港有公開價目之市場，否則到達時完好市價難以計算。雖然用C.I.F.價格較易計算，但此種方式並未真實計算出損害賠償數額，因為到達時完好市價必須包括成本、保險、運費、關稅、管理費用及款期利益等，以發票價或C.I.F.價格減去處理價值雖然可立即得到數字，且對運送人有利，但卻不合理。因為C.I.F.並非到達時完好市價，而處理價值則為到達時損害後價格，以C.I.F.之價值減去卸貨處理價值較為公平。

(一)損害之三種理論

一般違約損害賠償訴訟中，受害人可提出之損害賠償有下列三種：

1.恢復原狀

恢復原狀之目的係使當事人雙方恢復於未簽約前之地位、狀態，因此一方自他方受領之金錢或標的物應返還予他方，以防止不公正之破產及不當得利。

2.期待利益損失

一方因契約已完全履行可期待得到之利益，因他方違約而無法取得者，他方應負賠償該期待利益之責任。

3.信賴損失

一方因信賴契約而發生之費用（包括各種損失）或失去之機會（其收益受阻）者，他方應對此種損失負賠償責任。

上述三種損失，除一方因信賴契約而產生費用但卻未使他方受益之情形外，信賴損失與恢復原狀之請求權範圍一般應相同。此三種損害之劃分仍在發展中，尤其是恢復原狀之觀念已普遍為各國法

院所接受，但有些損害仍不屬上述三種損害之範圍，例如另成立一種「附帶發生的損害」，而海上貨物運輸法及威士比規則似乎亦把某些損害尤其是恢復原狀之追償排除在外。

(二)交付時目的地之價值

應包括貨物成本、裝卸費、稅捐、運費、保險費及預期利益，而依海商法第一百卅五條，貨物之保險以裝載時地之「貨物價格、裝載費、稅捐、應付之運費及保險費為保險價額」。

1. 貨物損害額之計算標準

　　海商法第一百卅八條「貨物損害之計算，依其在到達港於完好狀態下所應有之價值，與其受損狀態之價值比較定之」。

2. 最高法院之判決

①最高法院五十八年台上 3812 號判決指出

　　民法第六百三十八條第一項規定：「運送物有喪失、毀損或遲到者，其損害賠償額，應依其應交付時目的地之價值計算之」，此與民法第二百十三條第一項所謂法律另有規定相當，上訴人託運之漁鹽既經滅失，自得請求以金錢為賠償。

②最高法院九十二年台上第 2310 號判決

　　運送物喪失，應依其應交付時目的地之價值，計算其損害賠償額，此觀民法第六百三十八條第一項規定即明。查系爭載貨證券所載之貨物已交予未持有該載貨證券之訴外人陳○文提領，既為原審確定之事實，上訴人即喪失該批貨物，則被上訴人因而得請求賠償之損害額，依上說明，自應依此批貨物應交付時目的地之價值計算之。又本件損害賠償額究為若干，依民事訴訟法第二百七十七條前段規定，應由請求賠償之被上訴人舉證證明之，是上開所謂運送物之應交

付時目的地價值，被上訴人自有舉證之責。

第七章 運送人應負舉證事項

第一節 海商法第六十九條之免責事由

第一款 船長、海員、引水人或運送人之受僱人，於航行或管理船舶之行為有過失

一、定 義

(一)航行過失

航行過失，即船舶駕駛上之過失，係指船舶啟航之後，船長海員等關於駕駛上之判斷或操作發生錯誤，或應注意能注意而未注意。船舶航行，則指船舶啟航之後，在行動中或漂盪中發生者。若於港口內，船長就卸載港路線之判斷有錯誤，不視為航行過失。

(二)船舶管理過失

在航行中，船長、海員欠缺對於船舶應為照料及維護，如怠於清除甲板上之積水、怠於清理水艙或油艙、使用鍋爐不當引發火災等等。

(三)運送人或船舶所有人之免責範圍

運送人只就履行輔助人（如船長、海員、引水人及其他受僱人）關於「船舶航行」或「船舶管理」過失，即所謂之擬制過失（Constructive Fault），所導致之貨物毀損或滅失，始得主張免責；若是運送人自己本身之故意或過失，即所謂之實際過失（Actual Fault），所導致之貨物毀損或滅失，則不得主張免責。

(四)船舶管理與貨物管理之區別

行為（包括作為及不作為）之目的在於維護船舶安全、保持航行能力者，為船舶管理行為，該行為有故意過失，即為船舶管理過失。行為之目的在堆存及保管貨物，避免貨物毀損、滅失、變質者，為貨物管理行為，該行為有故意過失，即為貨物管理行為過失。

區別船舶管理與貨物管理之實益，在於運送人或船舶所有人關於船舶管理，僅在有實際過失時，始負損害賠償責任；對於履行輔助人之過失（擬制過失），不負責任。關於貨物管理，不論是運送人或船舶所有人本人之實際過失，或是履行輔助人之過失，運送人或船舶所有人皆須負賠償責任。

二、法　源

本款係仿自海牙規則第四條第二項一款「因左列事由所生或所致之滅失或毀損，運送人或船舶不負責任：一 船長、海員、引水人、或運送人之受僱人在駕駛上或船舶管理之行為、疏忽或過失」（Neither the carrier nor the ship shall be responsible for loss or damage arising or resulting from----acts, neglect, or default of the master, mariner, pilot, or the servants of the carrier in the navigation or in the management of the ship），與德國商法第六百零七條「海上運送人對於自己所雇用者及船員之過失，一如自己之過失，應負同一責任。」「損害之發生由於船舶之指揮、或船舶管理行為或火災所致者，海上運送人僅就自己之過失，負其責任。以貨載利益為主所為之處置，不屬於船舶處理行為。」，及日本國際海上貨物運送條例第三條「運送人對於自己或其使用人就貨物之接受、裝載、堆存、運送、保管、卸貨及交貨，因怠於注意所生貨物之滅失或毀損或遲到，應負賠償責任。」「前項規定，不適用於船長、海員、引水人及其他運送人之使用人關於航行或管理船舶之行為或船舶火災（基於運送人之故意或過失而發生者除外）所生之損害。」之規定。

三、立法理由

(1)在冗長的運送途中，運送人或船舶所有人，無法對船長、海員、引水人或運送人之受僱人之行為，作充分的監督。

(2)船長、海員、引水人等人，多為經國家考試及格之專門技術人員，與民法第一八八條雇用人應與受僱人負連帶責任之法理，不可相提並論。

四、舉證責任

(一)證明過失

證明行為（作為或不作為）是屬於駕駛船舶或管理船舶之過失的舉證之責由運送人承擔，亦與通常的舉證責任一致，即依靠某種除外責任的人必須要對它加以證明。

最高法院八十五年度台上字第一四〇七號判決，運送人或船舶所有人若能證明有海商法第一百一十三條第一款規定（似修正為六十九條第一款）之免責事由存在及發生之損害由此事而引起者，其

舉證責任即屬已盡了。

(二)舉證順序

一旦索賠方證明了他的索賠請求，運送人就必須要證明：

(1)損失的原因。

(2)關於此項損失已盡到謹慎處理使船舶適航。

(3)損失是由於某種可以免責的過失所造成。

(三)舉證順序之實例

Ⅰ、打壓載水的過失：大副在準備開航時為了調整船舶的吃水，將水打進了貨艙而沒有打進壓載艙。

(1)索賠人先證明他的損失。

(2)運送人證明損失的原因，如水是如何進入貨艙，以及透過哪條管線及開啟哪個閥門所致。

(3)運送人證明，就此項損失而言，已在開航前及開航當時做到了謹慎處理使船舶適航，亦即壓載系統當時處於良好狀態，大副經考試合格，並已對其作合適的指示和訓練等等。

(4)運送人對過失加以證明，即大副欲往壓載艙內灌水時開錯閥門。

(5)貨物索賠人在反舉證時試圖證明缺乏後繼照料，如未將把貨艙裡的水排出，貨方可能還會試圖證明關於這項損失在開航當時沒有做到謹慎處理使船舶適航，例如大副未受適當訓練，或在機艙裡沒有說明該船壓載系統的圖示或標誌等。

Ⅱ、船舶擱淺並破洞：由於船長判斷浮筒位置有誤，而駕駛船舶有過失，結果船舶擱淺且破洞，以致於水進入貨艙損害貨

物。

(1)索賠人證明他的損失。

(2)運送人證明貨物浸水的原因，即船殼上的漏洞使水流進貨艙。

(3)運送人證明關於此種不適航的謹慎處理情況，即船體在開航前和開航時是處於良好狀態，船長曾受過培訓，該船配有適當的測深裝置、海圖、雷達等等。

(4)運送人證明船長有過失，即在航行過程中錯誤判斷浮筒的位置。

(5)貨方索賠人在反舉證中盡力證明缺乏照料貨物，如擱淺後未排除貨艙內的水。貨方還可能會盡力證明，沒有做到謹慎處理使船舶適航，如船長在過去已因粗心大意而聞名，雷達在當時並沒有運作等等。

Ⅲ、案例：最高法院九十一年台上字第六二七號判決要旨

「次按因船長、海員、引水人、或運送人之受僱人，因航行或管理船舶之行為而有過失，所發生運送物之毀損或滅失，運送人或船舶所有人，不負賠償責任，海商法第一百十三條（現行法第六十九條）第一款固定有明文。上訴人亦辯稱：縱於航行途中船長因遭遇惡劣天候，而於船舶之航行或管理行為有過失，致系爭貨物落海，伊亦得依上開規定免費云云。惟貨物落海，非必係於船舶航行或管理有過失所致，亦有可能裝載時未為適當固定而生落海結果，上訴人未能證明系爭貨物落海係因其船長於航行或管理船舶之行為過失所致，是其以前揭規定主張免責，亦無可採。」

第二款　海上或航路上之危險、災難或意外事故

一、定　義

　　海上危險係指在當年之特定時間，在當時航行區域內是不可預見的，未能預測以及不能抵禦的，故而不可歸責於運送人或船舶所有人。且海上或航路上之危險、災難或意外事故，需出於海洋自然力而發生，且非通常具有適航能力之船舶所能抵抗者，始得主張免責。最高法院七十三台上字第四四一一號判決及六十五台上字二九七號判決，即作闡示可證。

二、法源及立法理由

　　本款承襲自海牙規則第四條第二項三款「海上或航路上之危難、危險及意外事故（perils, dangers, and accidents of the sea or other navigable waters）之規定，與德國商法第六百零八條第一項第一款、日本國際海上貨物運送條例第四條第二項第一款之規定相同。

　　海上或其他航路上之危險或意外事故之發生，自己非人力所能參與，亦非人力所能防止或避免，因此不可歸責於運送人，其因而致貨物毀損或滅失，運送人及船舶所有人均得依法負責。

三、舉證責任及舉證次序

　　海難的舉證責任由運送人承擔。通常舉證基本次序如下：

　　⑴索賠人必須證明損失及其向運送人求償之權利，

　　⑵運送人必須證明損失之原因，例如在某一次大風暴中，艙蓋受損使得船艙進水損害貨物。

　　⑶就此項損失而言，運送人必須證明在開航前和開航當時謹慎

處理使船舶適航。例如在開航前和開航時已做到謹慎處理注意使上述之艙蓋堅固密合。

(4)運送人必須證明海難。例如，所遇到的風暴是不可預料的，且不可預防的。

(5)索賠人進行反舉證，證明當時曾缺乏對貨物的照料。貨物索賠方在試圖反駁運送人的證據時，亦可出示政府的氣象報告或是其他船的氣象報告。

四、案　例

最高法院六十八年台上字第一七一二號判決要旨

「又濕損部分，乃因「毅利輪」在航行途中遭遇意外之惡劣天候所致，業經中華海事檢定社依據航海日誌及海事報告檢定屬實，並經該社會同有關單位登輪檢查艙口及甲板口，發現情形良好，由於海水淹沒甲板，因此海水經過艙口，流入第六號艙，損及艙口部分貨物，有卷附該社檢定報告書可稽。「毅利輪」之安全構造及安全設備均屬合格，附有卷內貨船安全構造證書及貨船安全設備證書足憑。該輪之艙口及甲板口等設施既良好，則濕損係由於意外災害所致，要堪認定。依海商法第一百十三條（現行法第六十九條）第二款規定，此項濕損部分亦不能令被上訴人負賠償責任云云。」

第三款　非由於運送人本人之故意或過失所生之火災

一、定　義

火係指火焰而非僅係發熱，單純發熱而未達白熾化或點燃之程度，Wightz 法官在 Tempus Shipping Co. 訴 Louis Dreyfus 一案中曾

說：「並不屬於火災這一專有名詞之範圍」，由於自燃對貨物造成之損害，亦屬火災所造成。此外，由於煙霧和為了撲滅船上火災而使用水所造成之損害，均屬火災原因所造成之損害。換言之，不限於救火本身所受之損害，亦包括因救火所受之貨物損害。但由於未將未受損貨物與因火災受損之貨物隔開而引起之損害，依據海牙規則第三條第二款之規定，應屬未妥善照料貨物而發生之損害。

本款在修法前原規定為「失火」，對於「失火」之解釋又有不同看法，實務界認為：失火係指非由於運送人或其履行輔助人之過失所引起之火災，亦即運送人或船舶所有人僅限於發生天然之火時始得主張免責，因運送人或其履行輔助人過失行為所引起之火災，均不得主張法定免責，最高法院六十八年台上字第一九六號及六十八年台上字第八五三號判例皆持此種見解。然若作此解釋，則與海牙規則或海牙威士比規則之精神不符，且若火災係指非由於運送人或其履行輔助人之過失所引起之火災始足當之，則此款之規定將等同具文，因為依海商法第六十三條有關承運之注意，及處置義務及第六十九條第十七款其他非因運送人或船舶所有人本人之故意或過失，及非因其代理人、受僱人之過失所致之毀損滅失之免責規定，運送人或船舶所有人即可不負賠償責任，根本無須另列專款規定，因此，所謂「火災」，參酌海牙規則精神，應指運送人之履行輔助人之故意或過失所致，以及因閃電、電擊等自然因素所引起之火災而發生毀損滅失者，並不包括運送人本人之故意或自己過失在內。

學術界對「失火」之見解分為三說：

(一)甲說：失火係因運送人、履行輔助人之故意或過失所致者，運送人或船舶所有人亦得主張法定免責，學者施智謀、楊仁壽主張之。此說亦為目前學界通說。

(二)乙說：無論運送人本人或其履行輔助人對於失火有無過失，運送人對於失火所致貨物之毀損滅失，均可不負賠償責任，學者甘其

綏主張之。

㈢丙說：所謂「失火」僅於運送人對於火災之發生，未有實際之參
　　與（即故意）、過失或未有明知之情事時，始有免責之適用，學
　　者梁宇賢主張之。

二、法源及立法理由

　　本款係仿海牙規則及海牙威士比規則第四條第二項第二款之規
定：「失火。但係由運送人之實際過失或知情者，不在此限」，亦
即除天然之火外，就火災之發生，若運送人本人未有故意或過失
者，對於因火災所發生之毀損或滅失，運送人或船舶所有人不負賠
償責任。「失火」，海牙規則稱為"fire"，專指燃燒結果損及貨物者
而言。若燃燒結果發生船舶損害但未燒及貨物，仍非本款所稱之失
火。本款之所以規定運送人或船舶所有人不負責任，乃因在運送途
中，運送人或船舶所有人對於船長、海員、引水人或運送人受僱人
之行為，無法充分監督，故免除其責任。

　　我國舊海商法第一百十三條（現行法第六十九條）於五十一年
之立法說明謂：「本條根據舊法第九十七條及參照美國海上貨物運
送條例第一章第四條第二項修訂，因原條文對於船舶所有人、運送
人不負賠償責任之事故，僅以『因不可歸責…之事由』等字為一總
括之規定，不若美國海上貨物運送條例第一章第四條第二項採列舉
式之詳盡，故予參酌修正如上」，而美國海上貨物運送條例則繼受
自一九二四年海牙規則，海牙規則火災免責又傳承自英美等國「火
災條例」，探本溯源，實可溯及英美等國之火災條例。

三、舉證之責任與順序

　　火災之發生運送人是否有故意或過失，其舉證責任歸屬為何？
一般有託運人說及運送人說二種。海牙規則或海牙威士比規則對舉

證責任未有明文規定，美國火災條例及實務上判例則認為損害賠償請求權人必須證明運送人對火災之發生或防止有故意或過失，運送人始不得主張免責，意即採託運人說。而英國火災條例則認為，運送人需證明自己對於火災之發生或防止無故意或過失，始得主張免責，德國及日本學者亦採此種見解。

依我國海商法精神及依民事訴訟法第二百七十七條規定「當事人主張有利於己之事實者，就其事實有舉證之責任」，因火災免責對運送人有利益，自應由運送人證明自己無故意或過失，始符合舉證責任之原則。

運送人主張本款免責時，需就下列兩點負舉證責任：

㈠對火災之發生或防止，無故意或實際過失。

㈡船舶發航前、發航時有適航性及適載性。

㈢失火係因履行輔助人之故意或過失所引起。

四、漢堡規則之規範

一九七八年漢堡規則第五條第四項規定：「運送人需對下列事故負賠償責任：㈠貨物之滅失、毀損或交付遲延，經賠償請求權人證明由於運送人或其受僱人或代理人之過失或疏忽而失火所致者；㈡此項貨物之滅失、毀損或交付遲延，經賠償請求權人證明係由於運送人或其受僱人或代理人之過失或疏忽，怠於採取一切合理之措施，以撲滅火災及避免或減輕其後果所致者」、「船上失火致貨物受損時，應依賠償請求權人或運送人之請求，按照航運慣例，鑑定失火之原因及情況。此項鑑定報告之副本，並應依當事人之請求送交運送人及賠償請求權人」，由此可知漢堡規則規定，貨物因火災而毀損滅失者，不論係因運送人自己之故意過失或因履行輔助人之故意或過失所致，運送人均不得主張免責，但因自然現象所致者仍可免責，係採更有利於託運人或貨主之立法，而賠償請求權人請求

賠償時，仍須就運送人或其履行輔助人之故意過失負舉證責任。

漢堡規則與海牙規則對運送人主張火災之免責條款規定有下列之不同：

㈠貨物因失火而發生毀損滅失或交付遲延時，漢堡規則規定需非運送人之故意或過失，亦非其履行輔助人之故意或過失，運送人始可免責；海牙規則則規定，火災若出於運送人之履行輔助人之故意或過失，運送人仍可免責。

㈡依漢堡規則，賠償請求權人需證明運送人或其履行輔助人對火災之發生或防止有故意或過失，才可向運送人請求賠償；海牙規則則規定由運送人證明其已盡相當注意即可免責。

第四款　天　災

一、定　義

所謂「天災」指因為外界力量，而非人力所能抗拒或避免之事故，亦即來自外部力量，縱然已盡交易觀念上通常所要求之注意或預防方法，亦無法防止之事實。例如，近年科技發達，颱風之預測已可透過天氣預報得知其位置、移動速度及行經方向等正確資訊，若明知颱風逼近，且在缺乏防颱設備及技術情形下仍貿然行駛者，因此所生之毀損滅失仍須負責，不得引用本款主張免責。

天災相對於「人為」具下列特色：
㈠天災係出於自然力，無人類行為之介入。
㈡天災非人力所能抗拒。
㈢天災不以非常或不可預料為條件。

「天災」相當於英美法所稱之「海上危險」，其意指可能引起海難之危險或意外事故。海上危險雖係海上可能遭遇而非人力能抗拒或避免之事故，但卻非海上所特有，例如狂風、暴雨、雷電在陸

上或空中亦可能發生，此等災害應屬本款之天災，而非第二款之海上危險，不可不辨。

天災與人為損害之區別

㈠若已先發生「天災」，但尚未造成貨物損害，嗣後因「人為」因素導致損害者，應為「人為」之損害。例如在濃霧中航行時尚未發生損害，但因人為過失致使船舶擱淺，造成貨物損害。

㈡先有「人為」行為但未造成損害，嗣後加上「天災」始造成貨損，則可認為「天災」是造成損害之原因。例如船舶同時拖帶他船，後因拖船猝然停駛以避免碰撞，尚不致發生貨物損害，但因有風浪激盪，導致被拖船舶向前撞擊，貨物因而發生損害之情形。

二、法源及立法理由

本款承襲海牙規則第四條第二項第四款「不可抗力行為」而來，與日本國際海上貨物運送條例第四條第二項第二款之規定相同，其之立法理由乃因天災並無人為過失，不可歸責於運送人或船舶所有人，故運送人或船舶所有人不負責任。

三、舉證之責任與順序

運送人欲援用此款規定免責則負有舉證之責，證明貨物之滅失或毀損非由於或可歸責於運送人對貨物之看管照料方面有任何過失。在 Nugent V. Smith 案中，法院對於「天災」之定義為：「一位公眾運送人能證明任何意外的發生係直接由於自然之原因，絕無涉及人為因素，亦不能憑任何人為之遠慮及期望該運送人所應有的合理謹慎所能防止者，則運送人對此種意外導致貨物所受滅失或毀損不負賠償責任」，對此，運送人並非必須證明貨物所受之損害係憑任何人為的遠慮所不能防止，但須證明憑運送人的合理謹慎措施所

不能防止，亦即運送人需證明損害之原因非以適當措施及謹慎所能避免，運送人無須證明其本身或其僱用人絕對不可能防止損害之發生，但運送人需證明在此種情形下，並無合理的預防措施能防止損害發生。

四、案　　例

最高法院七十八年台上字第九四○號判決要旨：

「本件兩造訂立者乃海上運送契約，其權利義務應適用海商法之規定，被上訴人係運送人，其委託長春貨櫃場將系爭貨物裝置於貨櫃內，並為封閉，然後運送至香港交付受貨人國方公司，而貨櫃進水係由於琳恩颱風侵襲所致，應屬不可抗力因素，即不能謂被上訴人有未盡注意義務情事，自不能認係可歸責於被上訴人之事由致生損害，依法不能令其負損害賠償之責。」

第五款　　戰爭行為

一、定　　義

所謂戰爭不限於國家間所發生之衝突，或在事實上對戰爭的任何特殊型式，只要是國家與國家間、聯邦與聯邦間、統治者與統治者間，以軍事武力對抗敵對之行為，包括內戰在內。戰爭必須有宣戰或其他與宣戰相當之行為，亦即有主權或準主權之介入，若單純以軍隊攻擊另一軍隊者尚不構成戰爭。但另有學者認為，所謂戰爭行為，不以國際法所定經由宣戰為要件，不以外交關係之斷絕為必要，亦不以運送人或託運人所屬國家為限，不論國際戰爭或本國內戰，舉凡國家與國家間、政府與政府間、政治實體與政治實體間，以軍事武力為對抗之敵對行為均包括之。（註1）

二、法源及立法理由

本款承襲海牙規則及海牙威士比規則第四條第二項第五款「戰爭行為」而來，與德國商法第六百零八條第二款、日本國際海上貨物運送條例第四條第二項第三款之規定相同。其立法理由乃因戰爭行為並非運送人或船舶所有人所能控制，故運送人或船舶所有人不負責任。而損害之發生，不以戰爭行為直接所致者為限，只要其損害係因戰爭行為而發生或所導致，縱屬戰爭行為間接發生或導致之損害，亦可根據本款主張法定免責。例如，在 Ocean Steam Ship Co.,對 Liverpool S London War Risks Insurance Association 一案中，貨輪為避免被潛艇襲擊，採高速行駛及彎曲蛇行，因而導致貨物鬆動發生損害，英國上議院認為係由「戰時動作」所致，判決運送人無須負責。

本款之應用，不需要正式承應案例，戰爭之爆發，或承認戰爭之存在，祇要是一種戰爭之外為而等需宣佈開戰。

第六款　暴　動

一、定　義

所謂暴動包括狹義暴動及市民騷擾。所謂狹義暴動，意指引發暴力活動之非法聚集行為，而市民騷擾，係指因多數人所引起之嚴重、長久的騷擾、干擾及社會秩序之破壞，但尚未達戰爭之程度。在英美法上，暴動指三人以上之多數人，從事缺乏法律根據之集合，以暴力騷亂之妨害公共安全行為。一九二四年海牙規則或一九六八年海牙威士比規則第四條第二項第十一款除暴動外，尚有所謂

註 1：林群弼，海商法論，頁 417。

「民變」，民變指以暴力方式妨礙政府公權力，介於無組織之暴動與有組織之內戰間，具有共通目的之人民反亂行為，其為較嚴重之暴動，但尚未達到叛亂或內戰程度。

二、法源及立法理由

本款承襲海牙規則第四條第二項第十一款「暴動及市民騷擾」而來，與德國商法第六百零八條第一項第二款、日本國際海上貨物運送條例第四條第二項第三款規定相同。其立法理由係因暴動、民變及叛亂均非運送人或船舶所有人之故意或過失所引起，故運送人或船舶所有人得主張不負責任。

第七款　公共敵人之行為

一、定　義

公共敵人之概念源於英國之「君王敵人」及「國敵行為」，而其範圍較「君王敵人」及「敵國行為」更為廣泛，有學者認為公海上之海盜為人類之公敵，因此亦屬此之所謂公共敵人。

一般公共敵人係指與本國處於戰爭狀態之國家及其國民，或援助交戰國之國家及其國民，但不包括強盜、盜賊、私人掠奪者或暴動之暴民，亦不包括他國之敵人。但亦有認為凡是與本國政府作戰之武裝力量，概稱為公共敵人之行為，如海盜、或敵軍。但無軍事組織之行動，如暴動，乃第六款之範圍；人民團體之抗爭，如罷工或其他勞動事故，屬第十款範圍，及運送人所屬國家以外兩國間之交戰屬第五款「戰爭」之範圍，均非此款所謂公共敵人之行為。

二、法源及立法理由

本款承襲海牙規則第四條第二項第六款「公共敵人之行為」而

來，與德國商法第六百零八條第一項第二款規定相同。公共敵人之行為，因非出於運送人或船舶所有人之故意或過失，因此所致貨物之毀損滅失，運送人或船舶所有人應不負責任。例如：在交戰中，船舶為避免敵國軍艦攻擊，而將船舶停泊在中立港口，以致貨物發生毀損滅失或遲到者，運送人可根據本款規定主張免責。

第八款　有權力者之拘捕、限制或依司法程序之扣押

一、定義

本款所謂有權力者係指政府，而非個人。拘捕之意乃依法拘束他人身體自由，使其出庭應訊之行為；限制者，基於公權力所為之禁制行為；依司法程序之扣押，指確定判決之強制執行或清償程序中所為船舶或貨物之查封而言。又本款所謂「有權力者之拘捕、限制或依司法程序之扣押」不限於對船舶、貨物之限制、扣押，對船員之拘捕、限制亦包括在內，且在戰爭或平常時期之處分均屬之。

二、法源及立法理由

本款係參照海牙規則及海牙威士比規則第四條第二項第七款就「君主、統治者或人民之拘捕或管制，或依法律程序之扣押所生或所致之滅失或毀損，運送人或船舶不負責任」稍加修改而來，與德國商法第六百零八條第二款「政府處分」及第三款「法院扣押」及日本國際海上貨物運送條例第四條第二項第五款「裁判上之查封…及其他依公權力之處分」相當。其立法理由，因拘捕、限制或扣押均基於國家統治權之行使而發生，非由於運送人或船舶所有人之故意或過失，故基於此等事由所發生之毀損滅失，不論直接或間接，運送人或船舶所有人均不負賠償責任。但若運送人或船舶所有人明

知有此禁令而故意違反者，即不得主張免責。

第九款　檢疫限制

一、定　義

　　檢疫限制係指為防止傳染病或瘟疫之擴大或蔓延，對於來自疫區或發生傳染病之船舶，目的港之主管機關得留置該船舶或命令其停留在目的港特定地點，以隔絕其與岸上往來之限制。檢疫限制係屬政府依法令之行為，但已有本款之特別規定，因檢疫限制所生之毀損滅失，即應依本款主張免責，不得再主張第八款「有權力者之限制」。例如，目的地港之衛生當局要求船舶實施燻艙工作，對於因燻艙所引發貨物發生之損害，係因衛生當局之檢疫要求所發生，運送人可不負賠償之責。另外，因船舶實施檢疫工作而在卸貨港停留，如因此遲延導致貨主受到損害，例如來不及進入市場銷售，運送人對於此種損害亦可主張「檢疫限制」作為免責事由。

二、法源及立法理由

　　本款承襲海牙規則第四條第二項第八款「檢疫限制」而訂定，與德國商法第六百零八條第二款「依檢疫所為限制」及日本國際海上貨物運送條例第四條第二項第五款「檢疫上之限制」規定相同。檢疫限制為政府依法令之行為，乃基於防止傳染病或瘟疫擴散所必須，與運送人或船舶所有人之故意過失無關，因此規定運送人或船舶所有人對於因此而造成貨物之毀損滅失，不負賠償責任。

第十款 罷工或其他勞動事故

一、定 義

罷工係指工人或勞工團體為要求提高工資或改善工作條件,或為表示苦惱、或同情罷工等原因,而停止工作,以迫使雇主接受他們訴求之條件之行為。所謂「苦惱」,例如船員知道其船舶將行駛危險航程而向船東提出苦惱,但船東仍堅持要行走該特殊航程,船員即自該輪船出走之行為。所謂「同情罷工」,例如倫敦某個船塢的港口工人可能發生罷工以支持另一個船塢工人的罷工,此種罷工事件僅因工人對其同僚發生同情心,且深信採取此種支持行動對其同僚將會有幫助。所謂其他勞動事故係指海牙規則第四條第二項第十款所規定之「封閉、停工、強制休工」等事故。「封閉」係雇主為反擊勞工罷工,將工作場所關閉或封鎖之行為,以迫使勞工停止罷工;「停工」指雇主因怠於給付報酬,導致勞工停止勞務之給付之行為;「強制休工」指因外在因素限制,使勞工之勞務給付成為不能之事實。例如因戰爭爆發,勞工無法前往工作,導致勞務給付成為給付不能。

二、法源及立法理由

本款係參照海牙規則及海牙威士比規則第四條第二項第十款規定「就罷工、封閉、停工、強制休工,不問原因為何,亦不問其為全部性或局部性,所生或所致之滅失或毀損,運送人或船舶不負責任」,與德國商法第六百零八條第四款「罷工、工作場所封閉或其他勞動限制」,及日本國際海上貨物運送條例第四條第二項第七款「同盟罷工、怠業、工作處所之封鎖或其他爭議行為」相同。其立法理由乃因罷工或其他勞動事故與運送人或船舶所有人之故意或過

失無關，如因而發生貨物毀損滅失，運送人或船舶所有人不負賠償責任。另需注意者，一九二四年海牙規則或海牙威士比規則第四條第二項第十款雖未如一九三六年美國 COGSA 第四條第二項第十款另加依但書規定：「但本項不得解為免除運送人因自己之行為所應負之責任」，但在解釋上應持相同態度，若因運送人過失或為自己之利益而辭退工人，皆不得主張罷工而免責。

三、舉證之責任與順序

運送人欲援用此款規定不負賠償責任時，需舉證證明貨物之毀損滅失係因罷工所致，且運送人於罷工期間已依海商法第六十三條規定，就貨物之保管為必要之注意及處置。

第十一款　救助或意圖救助海上人命或財產

一、定　義

所謂「救助及意圖救助」應包括救助、撈救、意圖救助及意圖撈救四種行為。「救助」係對海難中該船舶之船長、海員尚未完全喪失對船舶之控制時，對該船舶實施援助；而「撈救」係對已喪失航行能力、船長海員喪失支配力之海難中船舶實施援助。撈救之情況顯較救助為嚴重，基於舉輕明重之法理，應認為本款之規定包括救助、撈救、意圖救助及意圖撈救四者。

二、法源及立法理由

本款承襲海牙規則第四條第二項第九款「救助或意圖救助海上之人命或財產」而來，與德國商法第六百零八條第六款「為救助或意圖救助海上之人命或財產之行為」規定相同，並與日本國際海上貨物運送條例第四條第二項第八款「在海上救助人命或財產之行

為，或因此所引起之變更預定航線或基於其他正當理由之變更預定
航線」規定相似。其立法理由與海商法第七十一條相互呼應。海商
法第七十一條規定：「為救助或意圖救助海上人命、財產，或因其
他正當理由偏航者，不得認為違反運送契約，其因而發生毀損或滅
失時，船舶所有人或運送人不負賠償責任」，其與本款均以「為救
助或意圖救助海上人命、財產」為要件，但第七十一條係屬有關偏
航之規定，著重規定偏航之正當理由，對因此偏航所生之毀損滅
失，運送人或船舶所有人不負賠償責任。而本款係法定免責之規
定，著重因海難救助所生之毀損滅失，運送人或船舶所有人不負賠
償責任，兩者間仍有所不同。但有學者認為，運送人或船長為救助
或意圖救助海上人命或財產而變更預定航線者，依本款之解釋，只
要是救助或意圖救助海上人命或財產之必要行為，均在免責之範圍
內。又所謂變更航線，應包括仍會回復原來航線，駛往原來預定之
目的港之偏航，及不回復原來航線而駛往其他港口之變更航程。

第十二款　包裝不固

一、定　義

　　包裝不固指包裝之狀況就貨物及載運工具而言，不夠堅實強
固，而託運人對於託運貨物之包裝未符合一般航運慣例之要求，以
致於在通常注意及搬運下，無法防止一般損害之發生者。包裝是否
不固，應依個別案例就該託運物之種類、航運性質、裝載場所等情
況，綜合、客觀、具體判斷之。包裝不固之事實應由運送人或船舶
所有人負舉證責任，尤其在簽發清潔載貨證券之場合，更不允許隨
意主張包裝不固為法定免責之藉口。我國最高法院六十六年度台上
字第三八一八號及六十七年台上字第二八四一號判決謂：「上訴人
所簽發者為清潔提單，乃係表示所接受裝運之貨物及其包裝完好並

無瑕疵之情形，上訴人即不得事後隨意謂上開包裝有不良之情事而推卸其運送之責任。」。

二、法源及立法理由

本款承襲海牙規則第四條第二項第十四款「包裝不完固」而制定，與日本國際海上貨物運送條例第四條第二項第十款「貨物包裝…之不完全」規定相同。包裝不固乃託運人之過失，運送人或船舶所有人無從一一加以檢查，故本款明訂運送人或船舶所有人對於因包裝不固所致之損害，不負賠償責任。

三、舉證之責任與順序

㈠若運送人已在提單上批註包裝不固，或已簽發清潔提單但不禁止運送人證明包裝不固，則由運送人負證明包裝不固之責任。

㈡包裝不固之初步證據提出後，舉證責任即轉由索賠人提出證據證明貨物之包裝充分且正常，或以同樣貨物經受相同航程及相同搬運考驗而仍保持完整為證明方法。

㈢若同時發生包裝不固及其他原因造成損失，則運送人應舉證證明包裝不足和其他原因造成損失所占之比例，若運送人無法舉證證明比例為何，則應由運送人負全部責任。

四、案　例

㈠ Copco Steel & Engineering Co.訴 S.S. Alwaki 一案中，運送人簽發二百五十四捆未包裝之鋼材之清潔提單，但貨物卻在交付時發現生鏽。法院認為：

　1.運送人應對捆在外層之鋼條發生之損害負責，但捆在裡面看不見之鋼條不負責任。

　2.剛才成捆裸露的包裝方式被認為是適當的，因為這樣的包裝

對類似貨物而言符合習慣作法。

3. 運送人簽發清潔提單前曾出示一份「輕微空氣鏽蝕」的保
函，故運送人應負擔去除生鏽的酸洗費用。

4. 捆裝的外圍鋼條不可避免的會遭受輕微機械損傷，如彎曲、
刻痕等，運送人對此不負責任。

(二)最高法院六十四年台上字第四七一號判決要旨：

查交付海運之該批電視頻率調整器，價值非低（每個高達
美金四元七角五分），則依其價值、性質、種類，通常應以木
箱裝載並有防潮濕之包裝，始稱包裝堅固。乃託運人竟以紙箱
內襯以紙板，包裝電視頻率調整器，為上訴人所不爭，即屬包
裝不固，託運人既未以較固之包裝避免損害，依海商法第一百
十三條（現行法第六十九條）第一項第十二款規定，被上訴人
不負賠償責任。

第十三款　標誌不足或不符

一、定　義

標誌不足指標誌不夠清晰，以致難以辨別，即海牙規則所稱之
「標誌不充足」；而標誌不符指標誌之表示不恰當，以致難以識別
事實，即相當於海牙規則所稱「標誌不適當」。標誌之明晰度，以
能保持清晰易辯，直至航行終了為已足，實務上，並不要求印或蓋
於包皮或貨物上所有標誌均需明確顯示。若辨識貨物所需要之主要
標誌合乎此項要求，即不得指為標誌不足或不符。

二、法源及立法理由

本款係參照海牙規則及海牙威士比規則第四條第二項第十四款
規定「就標誌不充足或不適當所生或所致之滅失或毀損，運送人或

船舶不負責任」，與日本國際海上貨物運送條例第四條第二項第十款「貨物包裝或標誌之不完全」規定相同。因標誌不足或不符本即易造成誤卸或誤交，實非運送人或船舶所有人之故意或過失，而標誌為辨識貨物所必要，若標誌不足或不符，致運送人無從辨識而為誤交或誤卸，因此所生之毀損滅失，若責令由運送人或船舶所有人負賠償責任，實屬不公。且海商法第五十五條亦規定「託運人對於交運貨物之名稱、數量，或其包裝之種類、個數及標誌之通知，應向運送人保證其正確無訛，其因通知不正確所發生或所致之一切毀損、滅失及費用，由託運人負賠償責任。」，故有標誌不足或不符之情形時，運送人不僅可主張免責，倘運送人因此受有損害，尚得向託運人請求損害賠償。

三、案　例

最高法院六十八年台上字第五四七號判決要旨：

「本院按原審既認定基隆及高雄港務局棧埠管理處由青衣島輪上卸載進倉之花生粕中，並無如載貨證券所載標誌之花生粕，而僅剩下留倉未領之同樣數量另一標誌之花生粕，足見花生粕並未滅失或減少，僅標誌不同而已。似此情形，能否謂依海商法第一百十三條（現行法第六十九條）第十三款之規定，運送物因標誌不符所生滅失，應由運送人負責，已屬不無疑問。退一步言，縱令該運送物因標誌不符而有瑕疵，依民法第三百五十八條第一項之規定，亦有暫為保管之責，不得拒絕受領。究竟上開留倉未領之花生粕，其品質如何？受貨人損失之程度又如何？均須先予調查明晰，始能定其賠償之金額。」

第十四款　因貨物之固有瑕疵、品質或特性所致之耗損或其他毀損滅失

一、定　義

所謂「貨物之固有瑕疵」即貨物之隱藏性瑕疵，該瑕疵係存於貨物本身而非外來，且不易被發現而與貨物使用無關者。「貨物之品質」指基於貨物之品類，在運送途中難免發生物理變化或化學變化之本質。「貨物之特性」指基於貨物之特殊性質，在運送途中難免發生物理變化或化學變化之事實。

二、法源及立法理由

本款係參照海牙規則及海牙威士比規則第四條第二項第十三款規定「因貨物之固有瑕疵、性質或缺陷所生之體積或重量之消耗或其他滅失或毀損所生或所致之滅失或毀損，運送人或船舶不負責任」，與德國商法第六百零八條第七款「由於貨物分量或重量之消耗、或由於隱藏瑕疵或貨物之特殊固有性質或狀態」及日本國際海上貨物運送條例第四條第二項第九款「貨物之特殊性質或不外露之瑕疵」之規定相似，學者稱之為「貨物固有瑕疵之免責」。例如蔬果類之運送，因所需時間長久，新鮮度難免減弱、大量穀物之運送因水分蒸發，重量難免略有減少，此等原因所發生之損害，與運送人或船舶所有人之故意過失無關，故不應使其負賠償責任。

三、舉證之責任與順序

㈠索賠人先證明其損害。

㈡運送人證明就船舶具有適航性已為必要之注意及處置，再就損害係因貨物固有瑕疵所引發為抗辯。

㈢索賠人必須證明貨物交付運送人運送時屬「良好」，而運送人對貨物缺乏照料。

㈣雙方再提出其他主張之證據。

四、固有瑕疵與照料貨物之區別

固有瑕疵與對貨物的照料有密切關係。在 Levatino Co. & President Hayes 一案中，法院認為：「運送人並無義務接受運送栗子，但一旦接受託運，運送人即被認定對其所接受之貨物之特性有所認識，且有義務依貨物特性進行照料。對於貨物所應具有專業知識者為託運人，運送人所備之常識並不需達到專業之水準。」

貨物固有瑕疵與對貨物照料間有一中間地帶，對貨物照料的標準取決於載貨證券或運送契約中對照料的特別約定，或眾所周知對貨物性質有關之照料的默示條款及習慣。例如，託運人未要求對貨物進行冷藏，運送人亦未對貨物加以冷藏，則運送人不必對貨物進行冷藏，但運送人必須對貨物進行通風，否則需對貨物因未通風而發生之損害負賠償責任。

五、固有瑕疵之案例

固有瑕疵取決於每個不同案件的特定事實，茲介紹下列不同類型案例以供參考。

㈠ Silversandal 案：橡膠捆在卸貨時發現扭曲並成鋸齒形狀，經查貨物積載妥善，法院判定損壞係因橡膠固有特性及裝船前之包裝所致。

㈡ Copco Steel & Eng. Co.訴 S.S.Alwaki 案：三十英吋未經包裹之圓鋼捆發生輕微彎曲、刮痕，法院判決，在吊起圓鋼之作業中，此種輕微損壞係不可避免，且要求長捆貨物在作業中不觸及倉口壁是不合理的。

㈢ Sea Star 案：法院認為通常的空氣鏽蝕屬固有瑕疵，運送人可不負責任，但對於嚴重鏽蝕和鏽斑，運送人仍須負責。

㈣ Teneria（EL Popo）& Home Ins. Co.案：託運人只需使其貨物處於良好狀態，並無義務保證裝其貨物免遭裝在船上之其他貨物或不清潔貨艙所引起之損害，因此，法院認為，未採取防止羊皮生蟲措施不屬於固有瑕疵。

六、貨櫃運送與固有瑕疵

貨物若由運送人裝入貨櫃，運送人即有機會對貨物質量進行瞭解，並做適當堆存；若由託運人自行裝入貨櫃，則運送人僅能依據載貨證券對貨物進行瞭解，若託運人要求將需通風或冷藏之貨物裝入無此種設備之貨櫃並加封者，運送人對此所造成損害不負責任。

由運送人或船舶所有人提供貨櫃者，一般認為該貨櫃為船舶之一部分，若貨櫃為冷藏貨櫃時，運送人還需證明該貨櫃之冷藏設施運作正常，再進一步就其所知貨物之固有瑕疵負舉證責任。

七、案　例

最高法院六十六年台上字第一七五八號判決要旨：

㈠部份黃豆發霉，如係該部分黃豆之瑕疵所致，依海商法第一百十三條（現行法第六十九條）第十四款規定，招商局（按即運送人）不負賠償責任。此種瑕疵難於發現，不能強求招商局須於載貨證券上載明始能免責。原判決謂招商局應依載貨證券文書負責，而置前開規定於不顧，亦有未合。

㈡保險公司以系爭黃豆卸載時，委託公證公司監察卸載稱量並檢定，確定損失範圍，乃屬必要行為，其費用亦為必要之支出。爰一併求為命招商局照數賠償並加給法定利息之判決。原審以此種公證費用之支出，與招商局之未完全履行運送人

之義務，並無因果關係，於判決內說明其理由。因而將第一審關於此部分所為招商局敗訴之判決廢棄，改為招商局勝訴之判決，於法核無違誤。

第十五款　貨物所有人、託運人或其代理人、代表人之行為或不行為

一、定　義

　　所謂「代理人」解釋上應包括貨運承攬業者；「代表人」指貨物所有人或託運人為法人時，其董事長或具有代表權限之高級職員如總經理、經理。又因法律用語上並無「不行為」之用語，而「行為」一詞包括作為與不作為二者，故所謂「行為與不行為」應仿日本立法修正為「行為」二字或「作為或不作為」較為妥適。「行為」（作為）指故意為不實之作為；「不行為」（不作為）指故意不為事實之不作為。

二、法源及立法理由

　　本款承襲海牙規則第四條第二項第九款「託運人、貨主、或其代理人、或代表人之作為或不作為」而規定，德國商法第六百零八條第五款「託運人、所有人、或其代理人、代表人之作為或不作為」及日本國際海上貨物運送條例第四條第二項第六款「託運人或貨物所有人或其使用人之行為」之規定相似。毀損滅失若由貨物所有人、託運人或其代理人、代表人之行為或不行為所引起，與運送人或船舶所有人無關，自不應令運送人或船舶所有人負損害賠償責任。

三、舉證之責任與順序

本款之舉證責任與一般索賠案件相同，應由索賠人證明受到損害，再由運送人就託運人、託運人之代理人或受僱人有過失負舉證責任。

四、漢堡規則

漢堡規則第十二條規定：「除非此種滅失或損害係由託運人、其受僱人或代理人之過失或疏忽所造成，否則託運人對運送人或船舶所遭受之滅失毀損害不負賠償責任」。此規定與海牙規則規定之不同在於此條明確規定託運人之受僱人或代理人之個人責任，除非其有過失或疏忽，否則受僱人或代理人將不負賠償責任。

第十六款　船舶雖經注意仍不能發現之隱有瑕疵

一、定　義

「隱有瑕疵」指該瑕疵雖經具有熟練技術之人，以其通常之注意仍無法發現之缺陷，所謂「雖經注意仍不能發現」並非指運送人需用盡各種可能方法探求瑕疵之存在與否，船舶若經通常之注意仍無法發現其缺陷，則與運送人或船舶所有人之故意過失無關，自不應令其負賠償責任。

二、法源及立法理由

本款承襲海牙規則第四條第二項第十六款「以相當之注意所不能發現之隱藏性瑕疵」而來，與海商法第六十二條「使船舶有安全航行之能力」之規定，學者間有認為係相互呼應，有認為係立法重

疊，應可以刪除。茲將兩種看法說明如下：

(一)前者看法認為：運送人或船舶所有人發航前及發航時，對於船舶適行能力之事項，已為必要注意及措施，則對於船舶之隱有瑕疵免負船舶不適航之責任，即不負海商法第六十二條之責任，但卻尚有可能需負海商法第六十三條違反貨物照管義務之責任；反之，依本款規定運送人或船舶所有人若能證明貨物之毀損滅失，係因「船舶雖經注意仍不能發現之隱有瑕疵」者，則運送人或船舶所有人即可以本款主張免責，不再考量是否負擔海商法第六十三條責任之問題。（註2）

(二)後者看法認為：依海商法第六十二條運送人負有適航性及適載性義務，而適航性義務內容之一即為「使船舶有安全航行之能力」，運送人關於使船舶有安全航行之能力之注意標準以是否盡善良管理人之注意義務為準，若船舶有雖經注意仍不能發現之隱有瑕疵，則運送人並無故意或過失，縱因該隱藏性之瑕疵致貨物發生毀損滅失，運送人當然免責，此乃運送人關於船舶適航性義務、適載性義務之注意標準為「善良管理人之注意義務」所導致之當然結果。本款免責事由之規定顯與海商法第六十二條關於船舶適航性、船舶適載性之規定重複，可以刪除。（註3）

三、舉證之責任與順序

(一)索賠人證明其損害後，運送人需證明損害原因係由隱有瑕疵所造成。

(二)運送人再證明就此項損害而言，其已在發航前及發航時盡到使船舶適行之義務。

註2：同註1，頁426。

註3：劉宗榮，海商法，頁313。

㈢運送人再舉證證明此種隱有瑕疵在合理謹慎之情況下仍無法被發現。

四、隱有瑕疵之案例

㈠Toledo 案：船舶之曲軸斷裂被裁定為隱有瑕疵，因此種斷裂係用通常或習慣之檢查方法皆無從發現者。

㈡ Otho 案：美國第二巡迴法院認為，第三艙列板出現一道裂縫，此裂縫驗船師用手電筒和錘子即可發現其存在，此外，從該船取下的第三艙列板即可看出鏽蝕狀況，因此並不屬於隱有瑕疵。

㈢ Walter Raleigh 案：除非檢查是以超出直觀的方式進行，否則運送人即未證明在確定該船適航性之檢查中已做到了謹慎處理。各種閥門應在壓力下進行試驗，不能只在無壓力時檢查。

㈣法國蒙彼利埃上訴法院一九五二年二月二十六日之判決：隱有瑕疵係海上運送人盡一切合理謹慎仍不能發現之缺陷，另外還需考慮運送人之專業特點，當運送人是運輸散裝酒專家時，不但要求其證明各船艙均應水密，且還必須清潔，以保證酒的味道不會受到影響。

㈤ National Sugar Refining Co. & M/S Las Villas 案：船舶所有人使用目測及測深之方式並未發現製造吸入閥之設計缺陷，由於該船舶為新船，且該航次為該船之首航，此缺陷應屬隱有瑕疵。

五、案　例

最高法院七十七年台上字第一九一二號判決要旨：

「原審斟酌全辯論意旨及調查證據之結果，以運送物發生毀損

或滅失，係因船舶雖經注意，仍有不能發現之隱有瑕疵所致者，運送人或船舶所有人不負賠償責任，海商法第一百十三條（現行法第六十九條）第十六款定有明文。本件被上訴人所屬之月明輪，依中國驗船中心貨船安全構造證明書記載，為西曆一九八〇年新建船舶，於此航次既有適航、適載能力，且被上訴人受託運載前開之儀器零件所以發生毀損，經巨洋海事保險公證人有限公司鑑定，係由於月明輪錨鍊沖洗之海水水管凡爾破裂，海水浸濕之故，而凡爾之破裂，又係因管路設計不良有隱存之瑕疵所致，並此項瑕疵係存在於水管接頭處非被上訴人所能發現，依前開說明，被上訴人自不負賠償責任，上茲為損害賠償之請求，非屬正當。爰將第一審就此部分所為被上訴人不利之判決予以廢棄，改判駁回上訴人此部分在第一審之上訴，已於判決理由項下敘明所得之心證理由，經核於法並無違誤。」

第十七款　其他非因運送人或船舶所有人本人之故意或過失及非因其代理人、受僱人之過失所致者

一、定　義

所謂「本人之故意或過失」乃相當於海牙規則之「實際過失或知情」，而「過失」則相當於海商法第六十三條「未為必要之注意及處置」之意。國內學者對於本款之規定，因其有「其他」二字而認為本款係本條第一至十六款之概括規定。然一般概括規定多適用於性質類似之事由，例如民法第一百二十六條規定：「利息、紅利、租金、贍養費、退職金及其他一年或不及一年之定期給付債權，其各期給付請求權，因五年間不行使而消滅。」，其中「利息、紅利、租金、贍養費、退職金」屬例示規定，而「其他一年或

不及一年之定期給付債權」屬概括規定，因此等債權均屬容易累積之債權，且其受領證據亦多不易保存，但因具有相類似性質，故民法予以概括之規定，一律定以較短之消滅時效期間。反觀海商法第六十九條第一至第十六款規定，有基於不可抗力（如天災）、或基於政府公權力（依法之拘捕、扣押）、或戰爭暴動之危險等事由，其相互間並無類似之性質，並無相互統攝之關係，因此將第十七款解釋為係第一至十六款之概括規定並不適當。

二、法源及立法理由

本款乃參照海牙規則及海牙威士比規則第四條第二項第十七款「就其他非因運送人之實際過失或知情，或非因其代理人、受僱人之過失或疏忽所生之其他事由」所生或所致之滅失或毀損，運送人或船舶不負責任。但主張免責者，對於運送人無實際過失或不知情，並其代理人亦無過失或疏忽，應負舉證責任。」而訂定，與德國商法第六百零七條「對於受僱人行為之責任，海上運送人對於自己所僱用者及船員過失，一如自己過失，應負同一責任」、「損害之發生由於船舶之指揮，或其船舶處理行為或火災所致者，海上運送人僅就自己之過失負其責任。以貨載利益為主所為之處置，不屬於船舶處理行為」，及日本國際海上貨物運送條例第三條「運送人對於自己或其使用人就貨物之接受、裝載、堆存、運送、保管、卸貨及交貨，因怠於注意所生貨物之滅失或毀損或遲到，應負損害賠償責任。前項規定，不適用於船長、海員、引水人及其他運送人之使用人因關於航行、處理船舶之行為或船舶火災（基於運送人自己之故意或過失所發生者除外）所發生之損害」意思一致。

三、舉證之責任與順序

㈠舉證責任：主張此款之免責，應由運送人負舉證責任

如最高法院七十九年台上字第一六○三號判決。

㈡舉證順序

1. 首先由運送人證明損失之原因。
2. 運送人必須證明在開航前和開航時已謹慎處理使船舶返航。
3. 運送人證明自己及其代理人或受僱人無疏失責任。
4. 再回到索賠人負舉證。

四、案 例

最高法院七十九年台上字第一六○三號判決要旨：

「海商法第一百十三條（現行法第六十九條）第十七款規定海上運送人之責任係採推定過失責任主義；第一百十四條（現行法第七十條）第二項規定，除貨物之性質，價值於裝載前已經託運人聲明，並註明於載貨證券者外，運送人或船舶所有人對於貨物之毀損、滅失，其賠償責任，以每件不超過（銀元）三千元為限，即所謂「單位責任限制」，係因海上運送之投資甚鉅而危險性大，風險不可預測，但海上運送為發展國際貿易所不可欠缺，為鼓勵投資，發展海運，始經立法，特別規定減輕海上運送人之責任。惟貨櫃運送至目的港卸船後，必須另以拖車拖運至貨櫃集散站堆存，等待驗關及交貨，此陸上拖運過程，為海上運送人及託運人所共識，並為眾所週知之事實，駕駛員在陸上駕駛拖車拖運貨櫃，與以船舶運送貨櫃之風險，截然不同，此段陸上運送責任，如仍適用海商法規定

採推定過失責任主義及賠償單位責任限制，減輕運送人之責任，實欠公平，應非立法之本意。海商法第九十三條（現行法第五十條）第三項規定，卸載之貨物離船時，運送人或船長解除其運送責任，可知上開減輕海上運送人責任之規定，應僅適用於船舶海運及卸載過程中所發生之事故，不及於陸上發生者。貨櫃用拖車由碼頭卸船，拖運至貨櫃集散站之過程，應屬另一陸上運送之約定，附合成為海上運送契約之一部分，在此陸上運送過程發生毀損，不能認為係單純海上運送契約本身之履行問題而應適用民法有關陸上運送之規定，與海上運送無涉，亦無優先適用海商法問題。」

第二節　發航後突失適航能力（海商法第六十二條）

一、適航性及適載性之意義

(一)適航性

海商法第六十二條第一項規定「運送人或船舶所有人於發航前及發航時，對於下列事項，應為必要之注意及措置：一　使船舶有安全航行之能力。二　配置船舶相當船員、設備及供應。」此即所謂適航性義務，包括以下二者，缺一不可：

1.安全航行之能力：指船舶之設計、構造、屬具、及裝備皆完善足以應付該次航行所需之具體情況。

2.配置相當海員、設備及船舶之供應：(1)包括僱用合格之船長、足額合格船員，有僱用引水人必要時，亦應僱用合格引水人。(2)船舶之設備、屬具之裝備完善。(3)有足夠之糧食、飲水、醫藥及

燃料等,以維持該次航程所需。

(二)適載性

　　適載性指使貨艙、冷藏室及其他供載運貨物部分適合於受載、運送與保存（海商法第六十二條第一項第三款），船舶必須具有適載能力,使貨艙、冷藏室及其他供載運貨物部分,適合於貨物受載、運送及保存。判斷船舶是否具有適載性以「發航前及發航時」為準。

(三)注意義務之程度

　　運送人就船舶之適航性及適載性所負之注意義務為基於善良管理人所應負之注意義務,即抽象輕過失過失責任主義,運送人僅需注意船舶已具有適航能力與適載能力即可,不以擔保為必要。

二、適航性及適載性義務與海商法第六十九條法定免責事由之關係

　　運送人欲依海商法第六十九條規定主張免責事由時,需先證明船舶已具備適航性、適載性,然若貨物毀損滅失之發生與適航性、適載性無關者,不在此限。

三、法源及立法理由

　　1.海商法第六十二條相當於一九二四年海牙規則第三條第一項第二款之規定,但第二、三兩項,則不如海牙規則第四條第一項規定:「因船舶欠缺適航能力所生或所致之滅失或毀損,除係由於運送人未依第三條第一項之規定,盡相當注意使船舶具備適航能力,配置船舶相當海員、設備及供應,並使貨艙冷藏室及其他供載貨物部分適合於受載、運送與保存外,運送人或船舶均不負責任。因船

舶欠缺適航能力致有滅失或毀損時，運送人或其他人依本條規定主
張免責者，應就已盡相當注意之事實，負舉證之責。」

　　2.我國十八年制定之舊海商法第九十條規定：「船舶所有人應
擔保船舶於發航時，有安全航海之能力，船舶所有人為免除前項責
任之主張時，應負舉證之責」，在民國五十一年時修正成為現在的
規定，其立法理由稱：「本條係根據舊法第九十條修訂，關於船員
之配置及船上之設備暨供應是否相當，與乎供載運貨物部分是否適
當，均與運送責任有關，船舶所有人允宜為必要之注意及措置，美
國海上貨物運送條例第一章第三條第一項『在發航前及開始時，運
送人應盡相當注意⑴使船舶有安全航行之能力。⑵配置相當船員設
備及船舶之供應。⑶使貨艙、冷藏庫室及其他載貨部分適於安全受
載、運送與保存。』對此均有明白之規定，我海商法則付闕如，故
予採用，訂入本條第一項第二、三兩款。本條第二項係採用美國海
上貨物運送條例第一章第四條第一項『除運送人未依第三條第一項
之規定，盡相當注意，使船舶有安全航行能力，配置相當船員、設
備及供應，並使貨艙、冷藏庫室及其他裝貨部分適於安全受載、運
送、保藏貨物者外，因船舶未具航行能力所致或引起之毀損滅失，
運送人或船舶不負賠償責任。因船舶未具安全航行能力所致，或引
起之毀損滅失，運送人或其他主張依據本款規定免除責任者，負舉
證責任，證明其已盡相當之注意』加以增訂。」可見現行海商法第
六十二條立法本旨，乃繼受美國 COGSA 及海牙規則而來。

四、舉證責任

　　依海商法第六十二條第二項「船舶於發航後因突失航行能力所
致之毀損或滅失，運送人不負賠償責任。」第三項「運送人或船舶
所有人為免除前項責任之主張，應負舉證之責。」故若運送人欲以
此主張免責，則其應就以下三種事項之一加以舉證：

　　1.船舶於發航前或發航時具有適航能力及適載能力。

　　2.船舶於發航前或發航時雖不具適航能力或適載能力，但此能力之欠缺並非運送人盡善良管理人之注意所能發現者。

　　3.船舶於發航前或發航時雖不具適航能力或適載能力，但適航或適載能力之欠缺與貨物之毀損滅失間無客觀相當因果關係。

五、案　例

　　1.最高法院九十二年台上字第一六九八號判決：

　　「船舶是否具有安全航行之能力，應依該船舶是否具備適於航行之結構強度、船舶穩度、推進機器或工具及設備，有無經檢查合格等情形決之，此觀船舶法第二十三條第一項之規定自明。查被上訴人中台公司提出之中華人民共和國廈門港務監督局核發之船舶執照、船舶證書及「陵海○二號」輪船長製作之水上交通事故報告書既未依台灣地區與大陸地區人民關係條例第七條規定經海基會或其他政府授權之機關、民間團體驗證，不得推定為真正，且其內容僅記載該船舶之噸位、船籍港、船舶種類與構造等項及船長報告事故發生之經過而已，而中華人民共和國遼寧省大連市公證處就律師朱清檢具汕尾港務監督局出具「陵海○二號」與「宏運六號」碰撞事故證明書所為聲明予以公證，該（一九九八）大證字第二三六一二號公證書雖經海基會驗證，謂係該公證處所核發無誤，然依台灣地區與大陸地區人民關係條例第七條及同條例施行細則第八條之立法精神以觀，各主管機關對於經海基會驗證之大陸地區公證書，仍應確實審查其實質內容之真實性與適法性，足見上開公證書雖經海基會驗證，亦不得認係公文書逕予採信。則上開文件能否作為陵海○二號輪具備堪航能力之憑據？即非無疑。」

　　2.七十七年台上字第一○九八號判決

　　「海商法第一百零六條（現行法第六十二條）第一項所規定之

堪航能力應包括第一款船舶有安全航行之能力，第二款船舶之運航能力（配置相當海員、設備及船舶之供應）及第三款船舶之堪載能力（使貨艙、冷藏室及其他供應載運部分適合於受載、運送與保存）。如船舶於發航後因突失上開堪航能力，包括突失冷藏、保存運載貨物之能力，所發生之貨損，運送人依同條第二項規定非不得主張不負賠償責任。」

3.七十六年台上字一八五八號判決

「所謂安全航行能力，係指船舶之安全設備及人員配備，足以抗拒預定航程上所可能發生之危險，使貨物得安全到達目的港之能力而言。船舶安全航行能力，非僅以船舶本身狀況而定，尚與其供應、配備、貨載塔載狀況及預定航程上之海上危險有密切關係。船舶有無安全航行能力乃事實問題，不得因船舶曾經依法為定期檢查，即謂船舶之適航性絕無問題；而船舶於發航前向主管機關呈驗有關船舶文書，只是行政管理上之最低形式要求，既未做實際檢查，自亦不得因主管機關之放行，即謂具有安全航行能力。

第八章　索賠人可提供之反證事項

第一節　裝　載

海牙規則第三條第二項規定：「…運送人應適當並注意地裝載、搬移、積載、運送、保管、看守與卸載其所承運之貨物」，其意義係指運送人應注意安全地裝載貨物，不僅應及時裝載，且要以能迅速找到並能安全卸載的方式對貨物進行配載。我國海商法第六十三條亦規定：「運送人對於承運貨物之裝載…，應為必要之注意及處置」，當運送人違反裝載貨物應為之注意義務，而造成損失時即應負賠償責任。

運送人對貨物裝載應為之注意應從何時起算？一般海運實務慣例將「鉤對鉤」（Hook to Hook）原則適用於海牙規則，亦即使用船上吊鉤將貨物掛上吊鉤之時，使用岸上吊鉤自貨物吊越船上欄杆之時起，即為貨物裝船之始。

若貨物由託運人自己裝船，裝載時其貨物受到損害，一般認為運送人對此不負責任，但對託運人自行裝船而損害到其他貨物時，因運送人對所有貨物之裝載、船舶穩定性及一般船舶安全等負有責任，因此仍應對其他貨物之損害負責。

貨物裝載時發生滅失或毀損之舉證責任順序如下：

一、貨損索賠人證明其索賠要求。

二、運送人證明損害的原因，其就損害之發生已為必要的注意義務及造成損害之原因係屬某種免責事由。

　　因大部分證據運送人易於提供，因此舉證責任即轉移到運送人身上。

　　另一值得探討之問題為：當貨物裝載前由運送人或其代理人或受僱人掌管時，應如何確定其對貨物之責任？

　　運送人裝載前之責任如同貨物保險人，但運送人可在提單或收貨單上明確規定貨物實際裝上船前，運送人應承擔之義務與普通受託人相同，或排除任何可能產生之責任，以減輕其裝載前之責任。一般而言，貨物實際裝載前，運送人以受託人或倉庫經營人身份而接受貨物所訂之協議並不被禁止，因此，此種減輕責任之規定是有效的。

第二節　卸載與交貨

　　貨物卸載時，因可歸責於運送人原因致貨物卸載後發生毀損或滅失者，依海牙規則運送人仍應負責。在 Astri 一案中，因堆裝在一些鐵板上的一桶醋酸破裂，導致鐵板毀損，卸船後一些完好的鐵板與該批毀損鐵板混在一起，法院判決運送人不僅應對船上發生的毀損負責，對於卸載後發生於岸上之毀損亦應負責，因為岸上之損失係因船上疏忽行為所直接導致之結果，故運送人應對卸載時瑕疵貨物與完好貨物混堆所引起之損失負責。

　　貨物到達後，運送人需通知受貨人以便受貨人取貨，通知書之內容應明確詳細載明卸貨碼頭、地點。即使運送契約上證明運送人對於貨物卸載後之毀損或滅失不負責任，但運送人在卸貨中仍應負下列義務：

　　㈠通知受貨人船舶預計抵達時間、貨物卸載之時間及地點。

　　㈡選擇謹慎且有責任之倉庫業者及適合並安全的卸貨地點。

　　㈢將貨物分類俾便檢驗和交付。

㈣在貨物交貨前之一段合理時間內妥善照料貨物，亦即讓受貨人有一段合理提貨期限。

㈤若倉庫係由一個獨立管理機關例如港務局，或獨立之立約人如倉庫業者所經營，則運送人本身應向倉庫業者索取貨物收受憑證，以證明已確實交付貨物。

㈥遵守運送契約關於卸貨之特別規定。

大多數國家及港埠皆有一定之免費時間，在此段時間內對收貨人不計收碼頭費用，至於免費時間之天數，依各地方習慣、港口規定或卸貨地國家法律規定而有不同。在免費期間運送人通常應負妥善保管貨物責任，即使提單上有「免責條款」之規定，運送人仍需對貨物負責。在免費期間和免費期間之後運送人對貨物之責任係依據所適用之法律、運送契約或卸貨後倉儲契約和港口慣例來確定。易言之，免費時間所影響者為倉儲費支付之條款而非責任條款。此在 Kinderman & Sons 訴 Nippon Kaisha Lines 一案中法院即認為：「免費期間僅是收貨人在必須付附加費用之前，允許將其貨物保留在碼頭的一個期限。其與運送人從船上卸貨是否盡到合理照料無關…而且與是否構成妥善交付貨物之問題亦無關係」。

最高法院九十一年台上字第七一一號判決認為：「修正前海商法第一百十七條前段規定：『運送人或船長如將貨物裝載於甲板上，致生毀損或滅失時，應負賠償責任』，此所謂『應負責任』，係指絕對的賠償責任，即對於因不可抗力而生之損害，亦應負責。蓋此之『應負賠償責任』如係指普通之『過失責任』，則修正前海商法第一百十七條原即有規定運送人注意責任，在一般之運送，運送人違反其注意責任，即應負賠償責任，其於無權裝載於甲板之情形，如致貨物生損害時，當時更應負賠償責任，自毋須另於修正前海商法第一百十七條前段加以規定之必要。本件既如上所述，屬違法之甲板運送。上訴人自不得再主張單位責任限制，以免除其應負

之絕對責任。」認運送人有適當交貨之義務。

第三節　搬　移

　　我國海商法第六十三條所謂「搬移」，一般認為指搬運移動而言，然我國海商法係承繼海牙規則或海牙威士比規則而來，「搬移」一語實自英文 handle 翻譯而來，但英文 handle 之涵意甚廣，僅譯為搬移實難涵蓋，精確之翻譯應為「處置」，舉凡貨物之裝卸、堆存、保管及看守以外，運送人就運送貨物所應為之處理、安置皆屬之，即使貨物之過磅、變賣等亦包括在「處置」之內。

　　貨物於運送途中，因不可歸責於運送人之事由發生損害時，若損害有繼續擴大之情事，或貨物於航行中發生化學或物理變化，如不立即處理，將使貨載利害關係人之損害擴大，此時運送人有必要為「處置」義務，以免波及其他完好貨物。且為方便進行必要處置，運送人對於運送之貨物負有調查義務，若不為調查，以致對需處置之貨物未為必要之處置，運送人對該貨物之毀損滅失即應負責。但若貨物為特種貨物，託運人不為特別指示時，運送人僅依通常處置貨物方式處理即為已足，運送人就該貨物因未為特別處置所生之損害無庸負責。

第四節　堆　存

　　索賠人因運送人堆存不當造成損害欲請求賠償，其證明之方法係在發現貨損後，即委請公證行檢驗貨物損害程度以作為證明，在可能的情況下，公證人應上船檢視貨物，若運送人拒絕受貨人或其代理人上船檢驗貨物，公證人應將此事記載於公證報告內。海牙規則中雖無明文賦予受貨人上船之權利，但依第三條第六款第五段之

規定：「貨物實際或疑有滅失或損害者，運送人及受貨人應各給予他方以檢驗及查點貨物之便利」，由此可知海牙規則應是允許上船檢驗貨物。舉證之責首先由索賠人承擔，但因為大多數事實皆可為運送人所利用，一旦堆存不當之初步證據成立，舉證責任便轉移到運送人身上，因為掌握信息資料的人或手中應該掌有資料的人一般都負有舉證之責。舉證責任之順序如下：

㈠索賠人證明損害與其所要求之賠償權利。

㈡運送人證明：造成損害之原因、對於損害已盡謹慎處理並使船舶適航及符合免責條款規定。

㈢索賠人再證明貨物未經妥善照料。

因此，索賠人在試圖證明貨物未被妥善堆存時，應盡力抵制運送人所提出之免責事項，始有獲賠償之可能。

堆存貨物係屬運送人責任，若在提單上約定運送人對於由託運人自己堆存之貨物不負責任，依海牙規則第三條第八款之規定該約定無效，因船長對於貨物堆存有最後決定權，不僅因穩定船舶與確保船舶及船員安全為運送人責任，照料其他貨物亦為其應盡之義務。

最高法院九十一年台上字第一八七〇號判決：「即已就貨物之裝載及堆存盡必要之注意義務，且立昇輪之船長於整個航程中，不論是否已遭遇瑞伯颱風，皆依規定指示船員檢查、綑綁、固定貨物，自難認被上訴人有何未盡貨物之保管、運送之義務，應認被上訴人已對貨物為必要之注意及處置。惟查本件上訴人主張，系爭貨物係裝載於平板櫃上，其四周及上方並無櫃壁加以保護，恆較一般裝載於普通貨櫃內之貨物易於受損，因此應將裝載系爭貨物之貨櫃，堆存於船艙內所有貨櫃之最上一層，始為妥適。而被上訴人卻將其堆存於甲板上有所貨櫃之最上一層，致使系爭貨物受損，被上訴人此種堆存貨物之方式有過失，應負賠償責任云云，乃屬重要攻

擊方法，原審就系爭貨物何以不堆存於船艙內最上層，而堆存於甲板上，該堆存方式有無過失，恝置不論，遽為不利於上訴人之判決，自有判決不備理由之違法。」；海商法第六十三條亦有此規定，及八十七年台再字第四六號判決：「本件原確定判決依據前訴訟程序第二審判決所確定之事實，認運送人對於承貨物之裝卸、搬移、堆存、保管、運送及看守，應為必要之注意及處置，海商法第一百零七條定有明文。系爭貨櫃再審原告運送中，因相鄰之自燃貨櫃內貨物自燃失火，致損及鄰近之系爭貨櫃內之布匹，固屬實情，惟該貨櫃內載有清潔劑、化學品及不詳物品，不僅有公證報告可按，且為再審原告簽發之載貨證券所載明。則再審原告於裝船前自應就貨物之性質加以研究，託運人如無法按貨物之性質所需「堆存」方式予以堆存或通風時，再審原告應加以拒運並通知託運人，尚不能以該貨櫃係託運人自裝、自封而免除運送人依海商法第一百零七條（現行法第六十三條）所規定之注意義務。倘該貨櫃內有危險品而託運人未據實陳報，依海商法第九十九條（現行法第五十五條）第二項規定，再審原告對該託運人雖有賠償請求權，惟不得用以限制其依載貨證券所負之責任，並持以對抗該託運人以外之第三人。」

第五節　保　管

運送人對於承運貨物之「保管」係指對貨物之「保持」及「管領」，質言之，運送人不僅有將貨物「保持」使不變質之義務，且應予以「管領」，以免為他人無權佔有、侵奪或妨害。

所謂貨物之「保持」，需因貨物之性質與特性而異其處理方法，例如，冷藏之貨物在航行中需維持一定溫度以保鮮，否則導致貨物腐敗時，即運送人未盡保管義務。對貨物之「管領」，係指貨

物在其占有中應妥善加以照顧，不得掉以輕心而為他人所侵害。當物發生損害時，運送人為防止損害擴大，不僅有權利且有義務將之出售，以免損害繼續擴大。又當某一種貨物足以使他種貨物發生損害時，運送人亦應予以隔離，不得混載，例如運送人所收受之貨物為濕貨，即不得與乾貨堆積一處，以免他種貨物受損，若未注意及此，對因此所生之毀損滅失即應負賠償之責。

第六節　運　送

我國海商法第六十三條規定，運送人對於運送之貨物應為必要注意及處置，此乃不可轉嫁之義務，件貨運送之運送人若違反此項義務，而將運送義務約定由獨立契約人負責時，運送人就該獨立契約人之過失所致承運貨物之毀損滅失，仍不得免其責任，此由第六十一條之規定即可推知。又經營定期航線之運送人為一公共運送人，負有承諾運送之義務，但此一義務並非絕對，仍應視船舶之運送能力而定，若運送人就某種貨物所需之堆存及看守等無能力予以滿足時，仍得拒絕運送之要約，若不拒絕而勉強予以運送，即使載貨證券對此種情況予以註記，依海商法第六十三條之規定，運送人對貨物之堆存及看守仍應為必要之注意及處置，不能因其無力為之而豁免應負之責任。在 The Ensley City 案中，法院即採此種觀點，認為：「船舶並無絕對義務接運貨物，衡量實際情形，船舶若無能力提供貨物性質所需之堆存，即無接運貨物之義務。即使於載貨證券內註記此等條件，仍不能免船舶對貨物應為適當看守之義務」。

「運送人知悉貨物為違禁物或不實申報物者，應拒絕載運。其貨物之性質足以毀損船舶或危害船舶上人員之健康者亦同。但為航運或商業習慣所許者，不在此限」、「運送人知悉貨物之性質具易燃性、易爆性或危險性並同意裝運後，若此貨物對於船舶或貨載有

危險之虞時，運送人得隨時將其起岸、毀棄或使之無害，運送人除由於共同海損者外，不負賠償責任」，海商法第六十四條第一項、第二項分別訂有明文。又運送人或船長發現未經報明之貨物，得在裝載港將其起岸，或使支付同一航程同種貨物應付最高額之運費，如有損害並得請求賠償。前項貨物在航行中發現時，如係違禁物或其性質足以發生損害者，船長得投棄之。（海商法第六十五條）

第七節　看　守

海牙規則或海牙威士比規則第三條第二項規定：「除第四條另有規定者外，運送人應適當並注意地裝載、搬移、堆存、運送、保管、看守及卸載所承運貨物」，William Tetley 對此規定之見解認為，在海商索賠訴訟中，索賠人先證明貨物在運送人管領中發生損害後，即應轉換由運送人就(1)貨物損害之原因，(2)如損害與堪航能力有關，運送人需證明於發航前及發航時，就船舶適航能力已為相當注意，(3)貨物之損害，係第四條第二項各款所列不負責任事由之一所造成，經一一證明後，運送人才能免責。而未適當並注意看管貨物，無非為索賠人反駁運送人所主張貨物損害造成之原因，及不負責任事由之事實而已。

我國海商法第六十三條規定運送人就承運貨物之「看守」應為必要之注意及處置，應擴張解釋為包括「照料」在內，運送人就貨物之照料若未為必要之注意及處置，就該貨物毀損滅失即應負責任。一般而言，運送人對於承運貨物在裝船前應加以檢查，以為必要之看守，運送人檢驗貨物之方法，不僅應以其累積之經驗為之，更需以現行實務所通行之現代方法檢查始可。在 The Ensley City 案中，法院認為：「法院規定船舶所有人有義務以一切合理方法查驗承運貨物之性質與特性，故在其搬移與堆存中，應依貨物性質所需

方法盡力予以照料」。

　　另需注意者，運送人對於不能適當看守之貨物，在法律上並無接受運送之義務，若仍接受，縱於載貨證券註明其堆存情況，而貨物發生毀損滅失時，亦不得免除運送人看守之義務。例如，託運之貨物需冷藏於零下十八度，但運送人在其冷藏設施不足之情況下仍接受運送，僅以通常之冷藏為之，則對此等貨物之看守照料即屬未盡必要之注意及處置。

第九章　雙方均可提出之事證及主張（攻擊防禦方法）

第一節　訴訟時效

一、法律規定

　　海商法第五十六條第二項「貨物之全部或一部毀損、滅失者，自貨物受領之日或自應受領之日起，一年內未起訴者，運送人或船舶所有人解除其責任」。

二、法源

　　海牙規則第三條第六項「在所有情形下，除非訴訟於貨物交付或應行交付之日起一年內提起，運送人及船舶應予解除所有關於滅失或毀損之責任」。

三、意義

　　貨物之全部或一部毀損滅失，包括貨物因遲到所致之損害賠償，關於期間之起算，貨物遲到者，自應受領之日起算；貨物全部毀損者，自受領之日起算；貨物一部滅失者，自受領之日起算。

四、本條第二項之規定應解為「時效期間」

　　依海牙規則第三條第六項另有延長期間之規定：「但於起訴之事由發生後，此一期間經當事人同意者，得予延長」，如非時效，則不應有延長可能，故為時效期間，關於時效之停止進行或中斷，應適用民法總則時效之規定。為顧及航運習慣，便於和解避免訴訟，合意延長堪稱合理。

又受領權利人之損害賠償請求權，自貨物受領之日或自應受領之日起一年內未起訴者，不但對運送人不得行使毀損滅失賠償請求權，亦不可對船舶所有人行使「海上優先權」，此觀條文包括「運送人及船舶所有人」，且海牙規則規定「運送人」及「船舶」均解除責任自明，則時效對運送人並無實益可言。

五、貨物之全部或一部毀損均適用本條規定，有最高法院八十八年台上字第七五一號判例可稽（註）

　　㈠依最高法院五十八年台上字第三八一二號判例「民法第六百三十八條第一項規定：『運送人有喪失、毀損或遲到者，其損害賠償額，應依其應交付時目的地之價值計算之』，此與民法第二百十三條第一項所謂法律另有規定相當，上訴人託運之漁鹽既經滅失，自得請求以金錢為賠償。又海商法第一百條（現行法第五十六條）第二項規定之損害賠償請求權，僅對於運送物之毀損或一部滅失有其適用，對於全部滅失不適用之，此觀同條第一項第一、二款規定而自明。原審以上訴人不得請求被上訴人以金錢賠償，並以上訴人未於一年內行使權利，認為依海商法第一百條（現行法第五十六條）第二項規定已罹消滅時效，不無誤解」。

　　㈡經最高法院八十八年台上字第七五一號判例推翻為「海商法第一百條（現行法第五十六條）第二項規定：『受領權利人之損害賠償請求權，自貨物受領之日或自應受領之日起一年內，不行使而消滅』既未限制於貨物毀損或一部滅失時，始有其適用，故於貨物全部滅失之情形，亦在適用之列。本院五十八年台上字第三八一二號判例與此意旨不符部分，應不再援用」。

六、立法理由

　　參照一九六八年海牙威士比規則第三條第六項修正，海商法第五十六條第二項之立法理由為「…從美國海上貨物運送條例之規定訂為一年」，查美國海上貨物運送條例及一九六八年海牙威士比規則均訂明「一年內未起訴者，運送人或船舶所有人解除其責任」之規定，故依國際公約修正。

第二節　貨損通知

一、運送人交清貨物之推定

　　貨物一經有受領權利人受領，推定運送人已依照載貨證券之記載交清貨物（海商法第五十六條第一項）。但受領權利人得依第五十六條第一項但書規定對貨物之毀損滅失提出通知，「證明」運送人尚未交清貨物。倘若受領權利人未為通知，亦僅生推定運送人已依載貨證券記載交清貨物之效力，受領權利人仍可舉證證明貨物受領時之狀況與載貨證券之記載不同，並請求損害賠償。此項推定之規定與海牙規則、海牙威士比規則第三條第六項及漢堡規則第十九條第一項之規定完全相同，對受領權利人之保障較為周全。

(一)立法理由

　　參照一九六八年海牙威士比規則第三條第六項之規定，將「視為」修正為「推定」，以賦予受領權利人得舉證證明運送人尚未交清貨物之權利。

(二)推定之效果

　　海牙規則第三條第六項第一目「表面證據」實即為推定之意，

因此若有受領權利人，未為貨物有毀損滅失之保留通知者，僅「推定」運送人已依載貨證券之記載交清貨物而已，至於受領權利人主張其所受領之貨物與載貨證券之記載不符者，應提出「反證」，換言之，受領權利人未為保留，並不當然喪失其貨物毀損滅失之損害賠償請求權，只是必須舉證證明貨物於受領時與載貨證券之記載不符，方得請求賠償，若不能提出證明，即無法請求賠償。

二、受領權利人對貨損之通知與保留

依海商法第五十六條第一項但書規定，受領權利人得依下列規定將貨物之毀損、滅失通知運送人，「證明」運送人尚未交清貨物：

㈠提貨前或提貨時，受領權利人已將毀損滅失情形，以書面通知運送人者。

㈡提貨前或提貨時，毀損滅失經共同檢定，並作成公證報告書者。

㈢毀損滅失不顯著而於提貨後三日內，以書面通知運送人者。

㈣在收貨證件上註明毀損或滅失者。

受領權利人就貨物毀損滅失向運送人提出之通知分述如下：

㈠通知人

受領權利人，包括受貨人本人、代理人或受僱人。海商法第五十六條第一項第一款雖有「受領權利人…以書面通知運送人」之規定，但通知之目的係在使運送人知曉，且其他各款亦無「受領權利人」之規定，故通知人之範圍可從寬解釋。一般公證公司作成之卸貨報告，倘足證明貨物有毀損滅失之情形，公證公司之卸貨報告一經運送人或其使用人、受僱人簽章證明，即為受貨人就貨物之毀損滅失已以書面通知運送人。

(二)受通知人

受通知人以運送人為主體，但並非必須向運送人本人為通知，裝卸貨物之慣例，由運送人之代理人或受僱人代受通知，其效果應歸屬於運送人本人者，不失為已向運送人為通知。

(三)通知方式

書面通知之形式及名稱為何在所不問，如得以公證報告、測量報告、收貨證件或事故證明單為之亦可。該書面一經交付運送人或其代理人、受僱人，即發生通知效力，不以運送人在書面上簽章為必要。

(四)通知時間

毀損滅失顯著者應於提貨前或提貨時為通知，毀損滅失不顯著者，應於提貨後三日內通知。

三、提出損害賠償請求權之人

海商法第五十六條規定可提起損害賠償之訴者，不限於受領權利人，亦應包括託運人。但受領人依民法第六百四十四條取得託運人因運送契約所生之權利者，或託運人將載貨證券轉讓第三人者，託運人是否仍得向運送人提起損害賠償之訴，頗有疑問。學者間對此問題有持肯定說與否定說之不同看法。

(一)肯定說

此說以司法院第一廳研究意見為代表，認為依民法第六百四十四條規定：「運送物達目的地，並經受貨人請求交付後，受貨人取得託運人因運送契約所生之權利」，依此規定，於一定條件下，固

許受貨人取得託運人因運送契約所生之權利，但受貨人取得此項權利，係由於法律所賦予，並非由託運人所移轉。故託運人之權利與受貨人之權利可同時並存，不因受貨人取得運送契約上之權利後，託運人本於運送契約得對運送人請求損害賠償之權利，即因而消滅。倘因可歸責於運送人之事由，致貨載全部或一部毀損，受貨人可依載貨證券向運送人請求損害賠償，而基於買賣關係向託運人行使瑕疵擔保請求權，託運人於賠償受貨人後，可依運送契約向運送人請求賠償其因賠償受貨人所受之損失。

(二)否定說

海商法第六十條準用民法第六百二十九條之規定：「交付提單於有受領物品權利之人時，其交付就物品所有權移轉之關係，與物品之交付有同一之效力」，載貨證券之交付視同運送物之交付，託運人之權利既已移轉受貨人，託運人並非載貨證券之持有人，託運人自不得對運送人有所請求，有最高法院六十三年台上字第一四一七號判決可資參照。

以上二說，應以肯定說為是，但有下列二點需加以說明：

①託運人之權利與受貨人之權利雖同時並存，但託運人賠償受貨人之損害後，始能向運送人請求賠償其損害。且在載貨證券持有人行使權利期間，託運人對於運送人依運送契約所得行使之有關權利，應處於休止狀態，否則載貨證券持有人及託運人各得本於載貨證券或運送契約之法律關係向運送人主張權利，自非事理之平，有最高法院七十四年台上字第一四四五號判決可證。

②休止之理論系防止運送人受雙重請求之危險，如無其他載貨證券持有人得向運送人行使證券上之權利，運送人已無受雙重請求而產生損害之危險，則運送人與託運人權利關係之休

止狀態，即行回復，此有最高法院七十六年度台上字第六六〇號判決可參。

第三節 認賠書（賠償保證書）

一、認賠書之意義

認賠書亦稱免責函、擔保賠償書、保證書或補償狀，英文稱為 Letter of indemnity 亦稱 Letter of guaranty 和 Counter Letter。其意係指一方向他方承諾，承擔其因一定作為或不作為所生之損害賠償責任及費用之支出。詳言之，指海上貨物託運人，因其交付運送之貨物有瑕疵，為請求運送人（或其船長或代理人）發給無瑕疵記載之載貨證券（即清潔載貨證券），而出具一定之書面擔保賠償運送人因發給清潔載貨證券所生之一切損害，此種書面稱為「免責函」，以免責函交換清潔載貨證券已成為海上運送業者採行之慣例，除此之外，尚有因為請求押匯銀行受理有瑕疵之單證及請求無單放貨而簽發者，但此僅就前述為簽發清潔載貨證券而簽發者。（註1）

二、認賠書之性質

(一)認賠書係一種擔保契約

為當事人一方承諾就他方因一定行為所受之損害，應由其獨立、無償負填補責任之契約，亦即託運人向運送人表示願承擔運送人因簽發清潔載貨證券所負之賠償責任而簽立之書據。

註1：張新平，海商法，頁 243~244。

㈡認賠書係民法保證契約之一種

最高法院五十九年台上字第六五五號判例即認為認賠書係屬民法保證契約之一種（註2），但此種見解值得商榷，因保證契約必須以主債務存在為前提，認賠書僅存在於貨方與運送人間，並無主債務之存在，自無保證之可言。

筆者認為，認賠書係屬擔保契約，即由託運人向運送人表示願承擔因簽發清潔載貨證券致生之損害賠償責任。

三、認賠書之效力

㈠漢堡規則第十七條第二至第四項對認賠書效力之規定

1. 任何擔保狀或協議書訂定，託運人對於運送人或其代理人所簽發載貨證券，就託運人所提供應記載於載貨證券上之事項，或貨物明顯之外表狀況未加註保留文句，所致之任何損失，均由託運人負賠償責任者，此項擔保狀或協議書，對於包括受貨人在內之受讓該載貨證券之第三人不生效力，不得以之對抗該第三人。

2. 上開擔保狀或協議書對於託運人仍屬有效。但運送人或代理其簽發載貨證券之人省略本條第二項所定之保留文句，係為意圖詐欺包括受貨人在內之信賴載貨證券記載而有所作為之第三人時，不在此限。於後者之情況，如省略之保留文句係關於託運人提供應記載於載貨證券之事項時，運送人不得依本條第一項向託運人請求賠償。

註2：請參見最高法院五十九年度台上字第六五五號判例

3.於本條第三項所定意圖詐欺情況下，運送人對於包括受貨人
在內之因其信賴載貨證券記載而有所作為之第三人所致之損
失，應負賠償責任，且不得主張本公約所定限制責任之利
益。

(二)我國最高法院八十一年度台上字第二一一四號判決

免責函，除託運人與運送人間為有效外，對第三人（包括受貨
人）是否有效，非無疑問。

就最高法院之見解，認賠書之效力可分下列二點說明：

1.在運送人與託運人間

如認賠書之簽發係因託運人與運送人對於貨物之實際狀況不
明或有所爭執，而一時不能判定，託運人為取得清潔載貨證券所
為之權宜措施，不能否認其效力，故認賠書在無詐欺意圖下，應
認為對運送人與託運人具有效力。

如認賠書之出具係為意圖詐欺包括受貨人在內之信賴載貨證
券記載而有所作為之第三人時，應認其無效。若於詐欺之構成上
有難以認定之情事，亦應解為違反公序良俗（民法第七十二
條）。如省略之保留文句係關於託運人提供應記載於載貨證券之
事項時，運送人不得依第五十五條之規定向託運人請求賠償。

2.在運送人與第三人間

認賠書之出具不論有無詐欺意圖，於運送人與託運人間有
效，其效力不及於第三人，故對於包括受貨人在內之受讓該載貨
證券之第三人，不生任何效力，不得以之對抗該第三人。在有詐
欺意圖時，運送人對於託運人以外包括受貨人在內之因信賴載貨
證券記載而有所作為之第三人所致之損失，應負賠償責任，且不
得主張單位責任限制。

不論認賠書之有效與否，該清潔載貨證券本身並不因之而無

效，運送人仍應依海商法第五十四條、五十五條規定負文義責任。

(三)我國海商法第五十五條第一項

「託運人對於交運貨物之名稱、數量，或其包裝之種類、個數及標誌之通知，應向運送人保證其正確無訛，其因通知不正確所發生或所致之一切毀損、滅失及費用，由託運人負賠償責任」，託運人上述之擔保責任，學者認為係「法定擔保責任」，使載貨證券認賠書之簽發並無創設託運人擔保責任之法律效果（註3）。因本規定係參酌海牙規則第三條第五項之規定：「託運人應視為已向運送人保證其所提供之標誌、個數、數量或重量在裝運時之正確。託運人並應賠償運送人因是項提供細目下不正確所致或所生之一切損失、損害及費用。運送人此項請求賠償權利，不得用以限制運送人依運送契約對託運人以外其他人所負之責任及義務」，故我國海商法第五十五條第一項之「應向運送人保證其正確無訛」係屬法定擔保性質，託運人無須與運送人另訂擔保契約。但該項法定擔保並未要求託運人提供實質的人或物之擔保，認賠書可以具體方式提供運送人另外實質之擔保。

第四節　喜馬拉雅條款

一、喜馬拉雅條款之意義

喜馬拉雅條款（the Himalaya clause）係規定運送人之免責或限制責任規定亦可適用於運送人之履行輔助人，為載貨證券常見之印刷條款之一。所謂「運送人之履行輔助人」指為運送人完成特定工

註3：施智謀，海商法，頁248。

作之人，包括獨立履行輔助人及從屬履行輔助人，但獨立履行輔助人不受運送人之指揮或監督。

喜馬拉雅條款之由來，係由於一九五四年喜馬拉雅輪案件之判決而來。一九五四年英國客輪「喜馬拉雅號」在該船停泊期間，因舷梯突然傾斜導致一位旅客摔落碼頭受重傷，但因船票上有「免責約款」，約定運送人對於其使用人加諸旅客之損害不負賠償責任，該旅客即改依侵權行為向船長請求損害賠償。英國第一審及上訴審法院、上議院均判決船長應負全額損害之賠償責任，上議院稱：「旅客運送與或物運送相同，法律不但允許運送人訂立營業規則免除運送人本身責任，若該免責約款曾經當事人同意，不論明示或默示，，亦可以此規則免除其履行輔助人之責任。但本案中，該運送人免責約款僅對運送人有效，其受僱人因免責約款之內容並未明示、默示包括受僱人，故船長仍應對原告負侵權行為之損害賠償責任」。自此判決發生後，海運公司紛紛於載貨證券載明運送人之履行輔助人，包括獨立履行輔助人在內，均得援引運送人免責利益，故稱此種約定條款為喜馬拉雅條款，我國海商法第七十六條即作此規定。

二、法源及立法理由

本條係參照海牙威士比規則第四條之一及漢堡規則第四條第三項及第七條第二項訂定。其立法理由有下列三點：

(一)衡平原則

運送人之履行輔助人其財力、地位雖不足與運送人相比，但其為運送人提供實際勞務、履行海運各項任務，功不可沒。一旦發生事故，運送人有海商法各項免責、限制責任規定可適用，履行輔助人卻因非運送契約之運送人而無法援用，使有資力負擔者受到保

護，而無資力者卻應負責任之不公平現象，基於衡平原則，運送人之履行輔助人應享有運送人之免責、限制責任等利益始符公平。

(二)航運政策

運送人對於其履行輔助人為事故所負之責任，事後多會基於衡平原則對履行輔助人予以補償，如此一來，無異於使運送人放棄法律對其所設之免責或限制責任保護，而「減輕運送人責任以利發展航運」之目的即難以貫徹。當履行輔助人負全責致需承擔較重責任時，運送人自會以調高運費方式來平衡其間之出入，因此縱使運送人之履行輔助人負完全責任，貨方未必完全有益無損。故基於航運政策考量，應使運送人之履行輔助人得援用運送人可享有之保護。

(三)航運競爭

運送人因履行輔助人負全責致需承擔較重之責任，則其在國際航運市場之競爭力必將降低，對國家之航運發展非常不利，因此，喜馬拉雅條款被某一國家航運公司使用於載貨證券上後，其他國家亦紛紛跟進，以加強該國航運市場之競爭力。

三、海商法第七十六條之規定

海商法第七十六條規定：「本節有關運送人因貨物滅失、毀損或遲到對託運人或其他第三人所得主張之抗辯及責任限制之規定，對於運送人之代理人或受僱人亦得主張之。但經證明貨物之滅失、毀損或遲到，係因代理人或受僱人故意或重大過失所致者，不在此限。前項之規定，對從事商港區內之裝卸、搬運、保管、儲存、理貨、穩固、墊艙者，亦適用之」，茲說明如下：

(一)適用範圍

由本條之規定觀之，適用之主體包括從屬履行輔助人，如船長、海員、運送經營人之倉庫看守人；及獨立之履行輔助人，如非運送人經營之貨櫃集散站搬運工人。

本條第二項所稱之「商港區域」，依商港法第二條第四項規定：「劃定商港界限以內之水域與為商港建設、開發及營運所必須之陸上地區」，易言之，所謂「商港區」包括水域及陸上地區，只要在此等區域內從事裝卸、搬運、保管、儲存、理貨、穩固、墊艙者，均可適用本條之規定。又儲存、穩固、墊艙係包括對船上貨載之儲存、穩固、墊艙，故意可適用於海上及陸上事項履行輔助者，例如運送人所僱用之貨車司機。

(二)履行輔助人得主張之事由

履行輔助人所得主張之抗辯及責任限制事由如下：

1.運送人對貨物損害賠償之責任，如民法第六百三十八條關於損害賠償之範圍、第六百四十條遲到之損害賠償額規定等。

2.運送人抗辯及責任限制事由，如海商法第五十六條關於貨物之損害通知及期間之規定、第六十一條免責特約、第六十二條適航性之過失責任、第六十三條貨物處理之過失責任、第六十四條第二項關於危險物處分之免責、第六十五條第二項未經報明違禁物之免責、第六十九條不負賠償責任之事由、第七十條不負賠償責任及單位責任限制、第七十一條不負賠償責任及第七十二條未經同意裝載之免責規定等，均是。

四、效　力

喜馬拉雅條款係解決運送人之履行輔助人海上運送責任問題，

使海上運送人之代理人或受僱人發生侵權行為責任之時，亦可享有法定免責、責任限制、短期時效等利益。

五、案例

最高法院六十六年台上字第四五八號判決要旨：「載貨證券背面條款第一條規定：「本公司包括船東、代理人、並依情形之船舶、傭船或任何予以代替之運送人，……」，其目的不過指出所有載貨證券條款，於提及「公司」時，其中已被包括之關係人均得援引之，非謂「公司」即當然指船東、代理人、船舶、傭船人、代運人而言，此就載貨證券正面明載運送人為「拓南株式會社」對照觀之自明。茲上訴人公司（拓南株式會社之代理人）於本件載貨證券根本未嘗涉及，簽發人之拓南會社如何包括上訴人在內，殊難索解云云。原審未予研求，遽認上訴人與拓南會社為一體，尚有未合。」

第五節 仲裁條款

一、仲裁條款之意義

所謂「仲裁條款」指運送人與託運人於運送契約或載貨證券上約定，將來發生運送糾紛時應提交仲裁，不得未經仲裁逕行向法院提起訴訟。一般仲裁條款之內容包括下列事項：

㈠雙方交付仲裁之合意。

㈡約定仲裁之範圍。

㈢仲裁地點。

㈣仲裁機構。

㈤仲裁人之選任辦法。

㈥仲裁所適用的規則。

㈦仲裁費用負擔方式。

二、仲裁條款之效力

「仲裁協議，應以書面為之」、「當事人間之文書、證券、信函、電傳、電報或其他類似方式之通訊，足認有仲裁合意者，視為仲裁協議成立」，我國仲裁法第一條第三、四項訂有明文，依此規定，仲裁協議只需以書面為之，無須當事人另依仲裁法訂立仲裁契約。又「當事人間之契約訂有仲裁條款者，該條款之效力，應獨立認定；其契約縱不成立、無效或經撤銷、解除、終止，不影響仲裁條款之效力」，可見仲裁條款具有絕對效力，不受契約不成立、無效或經撤銷、解除、終止之影響。

三、我國海商法仲裁條款之規定

㈠海商法第七十八條第二、三項

「前項載貨證券訂有仲裁條款者經契約當事人同意後，得於我國進行仲裁，不受載貨證券內仲裁地或仲裁規則記載之拘束。

前項規定視為當事人仲裁契約之一部。但當事人於爭議發生後另有書面合意者不在此限。」

㈡說　明

學者張特生認為，依海商法第五十三條規定，載貨證券係運送人或船長於貨物裝載後，因託運人之請求而發給，完全出於被動，但基於海運習慣及事實上需要，運送人或船長不待請求自動發給者，係預想託運人必將有此請求，與完全不考慮他人意願或立場之單方行為截然不同。又學者通說咸認載貨證券具有三種功能：1.運

送契約成立之書面證明，2.運送人收到貨物並已裝船之證明，3.表彰貨物所有權之有價證券。載貨證券雖係由運送人或船長單方簽發，但係以先存在之運送契約為其依據，又依海商法第六十條準用民法第六二七條及海商法第七十四條之規定，皆顯示運送人與載貨證券持有人間之權利義務，需以載貨證券之文義性為準，則載貨證券對當事人具有拘束力，乃較之運送契約是有過之而無不及，自與一般意義之單方行為不同。至載貨證券所以僅由運送人或船長單方簽名，乃海運習慣積久相沿形成之結果，且經立法程序予以承認，並非不具拘束雙方當事人之效力，最高法院六十七年四月二十五日民庭庭推總會通過之決議第三項謂：「載貨證券係由運送人或船長單方簽名之證券，其有關仲裁條款之記載，尚不能認係仲裁契約，故無商務仲裁條例第三條之適用」否認載貨證券上仲裁條款記載之效力，實有可議之處。（註4）

海商法修正後第七十八條第二項規定：「前項載貨證券訂有仲裁條款者經契約當事人同意後，得於我國進行仲裁，不受載貨證券內仲裁地或仲裁規則記載之拘束。」本項規定之用意係保護我國之託運人、受貨人或載貨證券第三持有人，但又規定須「經契約當事人同意後」始得於我國進行仲裁，此一限制與其立法用意矛盾，因若有一方不同意，則不得於我國進行仲裁，造成此項規定形同具文，對持有載貨證券之託運人或受貨人或另受讓之第三人，不生保護其在我國進行仲裁之利益。

第三項規定旨在確立載貨證券仲裁條款之效力，雖未明文承認載貨證券上仲裁條款之記載為當事人雙方合意之契約，但以擬制立法之方式「視為」當事人仲裁契約之一部分，推翻了民國六十七年最高法院民事庭庭推總會決議：「認載貨證券為船長單方之簽字

註4：張特生，海商法實務問題專論，頁129-139。

…」云云，使載貨證券在我國法律性質上恢復正常之運送「契約」關係。另外，本項但書規定蓋在彰顯尊重當事人契約自主原則，於爭議發生後，得依私法自治、契約自由原則，由當事人另立新合意，依新合意在我國或第三國進行仲裁，進而使第二項之運用更靈活。惟今後我國就傭船契約下所簽發載貨證券上引置仲裁條款（Arbitration clause）於法院如何認定其效力之問題，將因本條第二、三項規定載貨證券訂有「仲裁條款者」，視為「仲裁契約之一部」，而考驗法院如何認定此引置條款之效力。(註5)

四、司法實務上之判決

㈠在海商法未修改前，關於載貨證券所載仲裁條款之效力，最高法院六十四年台抗字第二三九號判例指出「商務仲裁條例第三條雖明定：『仲裁契約如一造不遵守而另行提起訴訟時，他造得據以請求法院駁回原告之訴』，惟必須先以書面依商務仲裁條例訂立仲裁契約由當事人簽名，始為相當，否則不生效力。載貨證券係由運送人或船長簽名之證券，難謂係當事人雙方簽訂書面之商務仲裁契約，自無依該證券之記載而主張適用商務仲裁條例第三條之餘地」。最高法院六十七年四月二十五日民庭庭推總會通過之決議第三項謂：「載貨證券係由運送人或船長單方簽名之證券，其有關仲裁條款之記載，尚不能認係仲裁契約，故無商務仲裁條例第三條之適用」，六十四年台抗字第二三九號判例與最高法院民庭庭推總會通過之決議第三項皆持相同之見解，否認載貨證券上記載仲裁條款之效力。

㈡在新法修訂後，最高法院於八十九年度台抗字第五三〇號裁

註5：柯澤東，我國海商法「貨物運送」一節修正析要，一九九九年九月全國律師月刊。

定中認為原法院以：「按仲裁法第一條第四項規定：『當事人間之文書、證券、信函、電傳、電報或其他類似方式之通訊，足認有仲裁合意者，視為仲裁協議成立。』又載貨證券為運送契約之證明，係於貨物裝船後，循託運人之請求，始由運送人或船長簽發，其含有附合契約之性質，而附合契約皆預由當事人之一方為確定，他方當事人惟得依其既定內容加入，其條款多為定型，當事人之他方無詳細考慮其內容之餘地，其中各點是否真正之意思合致，即有問題。…又仲裁條款係由船舶所有人或運送人決定仲裁地，相對人或貨主無從決定，違反平等互惠原則，相對人及貨主應無為此仲裁合意之理，自難以載貨證券之仲裁條款記載，即認貨主遠東公司及相對人於本件有仲裁合意。」以此觀之，關於載貨證券上記載仲裁條款，我國法院實務上仍採不承認其效力之見解。

第六節　管轄權條款

一、管轄權條款之意義

　　管轄權條款又稱訴訟條款，意指運送人與託運人於運送契約或載貨證券上約定，將來發生之運送糾紛由某特定的法院管轄，或排除其他法院管轄，或由運送人決定由何地法院管轄之條款。

二、法　源

　　海牙規則與威士比規則並無管轄權條款之規定，我國海商法第七十八條第一項係參考漢堡規則第廿一條第一項第三款而訂定。

三、我國海商法管轄權條款之規定及立法理由

　　海商法第七十八條第一項規定：「裝載港或卸貨港為中華民國

港口者之載貨證券所生之爭議，得由我國裝載港或卸貨港或其他依法有管轄權之法院管轄。」，其立法理由乃因載貨證券上常見記載需受國外法院管轄之排他條款，排除我國法院依法應有之管轄權，為保障託運人、受貨人有依本國法受裁判之機會，藉此立法規定以保護我國國籍之託運人、受貨人權益，一方面避免我國人民就近尋求法律救濟途徑機會被剝奪，另一方面避免運送人利用我國需遠赴國外求償之不利益，藉以逃避其應負之運送責任。

在海商法未修改前，實務上對載貨證券上記載管轄權條款之看法，有最高法院八十五年台上字第九〇四號判決謂：「系爭載貨證券背面雖載明有關載貨證券之爭議，應訴請鹿特丹法院解決，並適用荷蘭法。惟該載貨證券為渣華公司所簽發之文書，乃單方所表示之意思，不能認係雙方當事人之約定，尚無涉外民事法律適用法第六條第一項之適用。經核本件載貨證券係在本國內所簽發，有載貨證券可稽，是發生債之關係之行為地為中華民國，自應適用中華民國之法律，其約定之收貨地點在高雄市，故應由台灣高雄地方法院為第一審管轄法院」。即實務上對於載貨證券上約定管轄權者，認為該條款乃單方之意思表示，不能解釋為係當事人雙方之合意，因此該約定並不具效力。海商法修正後，規定載貨證券上有裝載港或卸貨港為我國港口時，關於載貨證券所生之爭議，得由我國裝貨港或卸貨港或其他依法有管轄權之法院管轄。此項規定擴大了原告對訴訟法院之選擇，利於在我國之相關當事人，又得排除載貨證券上記載有外國訴訟地條款拘束我國受貨人之情形，利於我國當事人，且本項規定並不排除我國當事人在有利情況下依載貨證券上外國訴訟地條款到外國法院進行訴訟，故本條係為我國當事人在訴訟上在本、外國均得進行訴訟之利益規定。

第七節　準據法條款

一、準據法條款之意義

所謂準據法條款係指運送人為確定與貨方間權利義務依據之法律，於載貨證券或運送契約上約定應適用某特定公約或某特定法律，甚至排除適用其他法律之條款。

二、我國海商法準據法之規定

㈠海商法第七十七條規定

「載貨證券所載之裝載港或卸貨港為中華民國港口者，其載貨證券所生之法律關係依涉外民事法律適用法所定應適用法律。但依本法中華民國受貨人或託運人保護較優者，應適用本法之規定。」

㈡說　明

在未修訂海商法前，海商法對於載貨證券所涉準據法之問題並未明文規定，實務上傾向於認為載貨證券記載準據法之約定，除非該記載為託運人與運送人明示同意，否則不能認為係出於兩造之合意，仍應以法定準據法定其應適用之法律。最高法院八十年度台上字第二八五七號判決謂：「查系爭載貨證券載明『本件貨物系按東京海運株式會社與託運人 ENICHEM AUGUSTA S.P.A MILANO 公司於西元一九八八年三月二十四日所簽訂傭船合約內所約定之條款進行運送』。倘其記載為上訴人及託運人所同意，即與由運送人一方所表示之意思有間，有關上開契約準據法之約定，能否謂無涉外民事法律適用法第六條第一項之適用，殊茲疑義」。

八十八年修訂海商法時新增第七十七條，規定僅就載貨證券所

載之裝載港或卸貨港為我國港口者，其所生之法律關係始依我國涉外民事法律適用法第六條規定，決定其應適用之法律。此規定除可排除載貨證券至上條款以外國法為準據法拘束我國港口之貨主，尚可鼓勵與促進法院今後應重視涉外海商案件，法官對國際私法之運用實踐，提昇法院判決之品質與國際水準，但除此目的外，並無實質意義可言。蓋任何載貨證券在我國法院均可依涉外民事法律適用法第六條之規定加以適用，無須規定限於證券上有裝載港或卸貨港為我國港口始有我國「涉外法」之適用，因此，此條規定仍有再調整之必要。

　　一九三六年美國海上貨物運送條例第十三條及法國一九六六年六月十八日海上運送法有關該國傭船契約及海上運送契約第十六條均規定：海上貨物運送，其裝載港或卸貨港為該國港口者，其運送契約所生涉外爭議適用該國海上運送法。概本國法之適用乃一國政策之決定也，以法院地法之適用，排除任何至上條款（Paramount Clause）引入載貨證券而導致外國法之適用，並可減少法官決定法律適用上之困擾，以保護本國港口之受貨人或託運人，使本國海商法獲得適用機會，並避免運送人或託運人之規避港口法院地法。此類規定為現代國際私法非常普遍運用之原則，稱為「即刻適用法則」或「直接適用法則」（immediate applicable law），其特徵為一、政策性之考量；二、有密切關聯基礎；三、亦有可能適用外國法；四、應以法律明文規定；五、一經明文規定則成為強制法，當事人間相反之約定或載貨證券上選法條款與之牴觸者無效。即刻適用法在適用上屬強制性，排除適用任何與之相反或互相牴觸之約定，因此，涉外法律關係因即刻適用法而無須透過衝突法則之選法程序，直接適用明文規定之實體法，排除衝突法則之不確定性。載貨證券上準據法之記載，若以外國法為準據法時，必因遇即刻適用法而受強制排除。因此，我國海商法第七十七條未來修正之方向應

如前述之「即刻適用法」之規定為妥。

　　本條但書規定：「但依本法中華民國受貨人或託運人保護較優者，應適用本法之規定。」係為避免外國運送人以載貨證券上之準據法約款排除我國海商法之適用，使載貨證券之裝載港或卸貨港為中華民國港口之託運人、受貨人有依本法受裁判之機會，但此不應視為即刻適用法則，因在比較保護實質上之優或不優，其與實體法則兼併混合，應非衝突法則，而為特種之實體單方法規。但書以我國之實體法上較有利之規定，超越凌駕衝突法則，以保護我國之受貨人與託運人，而不同等適用於在我國港口裝載或卸載之外商，對外商之保護似欠公允，為濃厚保護偏隘色彩之典型內國主義。而所謂「保護較優者」又何所指？為責任制度或賠償金額之規定？抑或整體考量之結果？每一案件均須於選法後再比較保護之優劣，將增加法院之負荷及當事人訟案之費用及時間。

　　綜上所述，本條第一項規定本無特色，但書又排除第一項規定而作實體法單方之保護，立法技術甚不妥，實不如一讀通過之「載貨證券所載之裝載港或卸貨港為中華民國之港口者，其載貨證券所生之法律關係，應適用本法之規定。」條文規定。因該規定具有確定性、普遍性、開放性，及法院地法之利或不利平等適用於當事人間之雙面法則性，且又有比較法依據之合理性與國際性，雖較偏於法院地之保護主義，但本、外國受貨人均有同等適用之機會。本條規定上之缺陷，有待未來適用及解釋法律時加以補充或修法時再加以調整。（註6）

註6：柯澤東，我國海商法「貨物運送」一節修正析要，一九九九年九月全國律師月刊。

三、案　例

1.最高法院七十九年台上字第二八號判決認為：「當事人均為中國國民，在中國境內締結契約，約定關於該契約之事項適用外國法，如其約定不違反我國強制或禁止之規定，亦無背於公共秩序或善良風俗者，不得一概認為無效。」

2.最高法院九十一年台上字第五八五號判決認為：「次查系爭載貨證券背面第二條及第二十四條，有關附記適用上開條例或公約，及消滅時效為一年之文句，乃被上訴人單方所表示之意思，原審未詳加審究，遽認係兩造之約定，進而以前揭理由為不利於上訴人之判決，亦有可議。」

第八節　甲板載運

一、法　源

漢堡規則第九條對於甲板貨之適用範圍包括託運人同意、基於特殊商業習慣及依法令之規定，其規定為：

㈠運送人僅得依其與託運人之約定，或特定之貿易習慣或法規之要求，將貨物裝載於甲板上。

㈡如運送人與託運人已有貨物應或得裝載於甲板上之合意者，運送人需將此項合意記載於載貨證券或其他表徵運送契約之文件單據上。未為此項記載者，運送人需就當事人間有甲板裝載合意之存在，負舉證責任。

㈢貨物違反本條第一項之規定而裝載於甲板上，或運送人依本條第二項不能援引甲板裝載之合意者，雖有本公約第五條第一項之規定，運送人對於直接因甲板裝載所生之滅失、毀損或遲延交付，

仍應負賠償責任；而其責任範圍則應斟酌個案情形，依本公約第六條或第八條規定決定之。

㈣貨物運送，違反船艙裝載契約明示規定而為甲板裝載者，是為本公約第八條所謂之運送人之作為或不作為。

貨物載運於甲板上較放置於船艙內之運費低廉，通常對於某些貨物如貨櫃、木材等因其性質或航運習慣多堆放於甲板上，但載運於甲板上之貨物容易因風吹、日曬、雨淋或被海浪沖刷折舊較快，且依海商法第一百十六條之規定「未依航運習慣裝載之貨物經投棄者，不認為共同海損犧牲。但經撈救者，仍應分擔共同海損」。一般而言，持有載貨證券之善意第三人對於貨物之運送方式多認為係以裝載於船艙內運送，以維持貨物之完好狀態，但若託運人以運費較低廉之甲板裝載方式運送時，持有載貨證券之善意第三人根本無從知悉貨物在運送過程中曾在甲板上遭遇何種自然外力之破壞，又發生共同海損時甲板貨常成為首先被投棄者，對持有載貨證券之善意第三人可能造成之損害極大，為保護持有載貨證券之善意第三人，我國海商法第七十三條參照漢堡規則之規定，明訂運送人有權將貨物載運於甲板之情形有二，一是經託運人同意並載明於運送契約，二是依航運種類或商業習慣所許。

二、合法甲板裝載與非法甲板裝載之意義

海商法第七十三條規定「運送人或船長如將貨物裝載於甲板上，致生毀損或滅失時，應負賠償責任。但經託運人之同意載明於運送契約或航運種類或商業習慣所許者，不在此限」，依此規定，合法之甲板裝載係指「經託運人同意」、「航運種類」或「商業習慣所許」之情形下，運送人於運送契約載明或於載貨證券上註明貨物裝載於甲板上者，即可為貨物毀損滅失之免責事由。

所謂非法甲板裝載（on deck）又可分為絕對非法甲板裝載及相

對非法甲板裝載。

(一)絕對非法甲板裝載：係指非「經託運人同意」或「航運種類」、「商業習慣」所許之情形下而為甲板裝載，對任何人而言均屬非法甲板裝載，稱為絕對非法甲板裝載。

(二)相對非法甲板裝載：係指雖「經託運人同意」或「航運種類」、「商業習慣」所許之情形下為甲板裝載，但運送人未在載貨證券上註明甲板裝載字樣，對於知情之託運人而言雖為合法的甲板裝載，但不得以此對抗善意第三人，故稱為相對非法甲板裝載。因若未在載貨證券上註明甲板裝載，接受載貨證券之善意第三人無從知悉貨物係以危險性較高之方式運送，致使其誤以為貨物係以風險微小之裝載於甲板下船艙內之運送方式，產生認知與事實差距極大，雖然海商法並無規定運送人應將甲板裝載之文字載明於載貨證券上，否則不得對抗持有載貨證券之善意第三人，但海牙規則有需將甲板裝載字樣著名於甲板上之規定，且海商實務上亦需註明，否則不得對抗善意第三人之習慣，為保護交易之善意第三人，運送人未於載貨證券上載明甲板裝載字樣者，應對持有載貨證券之善意第三人負損害賠償責任。

三、甲板載運之舉證責任

最高法院七十一年台上字第二九〇號判例及八十二年台上字第一〇七六號判決認為甲板貨運送人之責任「按貨櫃運送，運送人縱令依航運習慣，有權將承運之貨櫃裝載於船舶甲板上，但對於該承運貨櫃之裝卸、搬移、堆存、保管、運送及看守，仍應為必要之注意及處置，否則對於貨櫃內貨物之毀損、滅失，仍應負損害賠償責任。」

㈠最高法院七十一年度台上字第二九〇號判例

最高法院七十一年度台上字第二九〇號判例謂：「海商法第一百零七條（現行法第六十三條）規定『運送人對於承運貨物之裝卸、搬移、堆存、保管、運送及看守，應為必要之注意及處置』，乃運送人之基本注意義務，『運送契約或載貨證券記載條款、條件或約定，以免除運送人或船舶所有人對於因過失或本章規定應履行之義務而不履行，致有貨物毀損滅失之責任者，其條款、條件或約定不生效力』，同法第一百零五條（現行法第六十一條）亦有明文規定。是運送人或船長如將貨物裝載於甲板上，致生毀損或滅失時，依同法第一百十七條（現行法第七十三條）前段規定，故應負賠償責任，即有該條但書規定經託運人之同意或航運種類或商業習慣所許之情形，而將貨物裝載於甲板，對於前開第一百零七條（現行法第六十三條）所定基本注意義務，運送人仍應遵守，不得免除，如以契約約定，運送人對甲板裝載之貨物，不盡此項法定基本注意義務，仍不負賠償責任，依前開第一百零五條（現行法第六十一條）規定，應屬無效，法理甚明」。對此判例，有下列二點應加以說明：

1.海商法第七十三條前段與第六十三條雖均是規範運送人對貨物之照管義務，但兩者間仍有所不同，第六十三條係採過失責任，而七十三條前段則指絕對賠償責任，若因不可抗力而生之損害，運送人仍應負責。

2.海商法第七十三條後段所稱「不在此限」係指當運送人有權為甲板載運時，可免負絕對的賠償責任，但海商法第六十三條與所定之基本照管義務，運送人對於甲板裝載之貨物仍須遵守，有過失時仍應負賠償責任。

㈡絕對責任與過失責任

在合法甲板運送之場合，運送人關於海上甲板運送負推定過失責任，貨物有毀損或滅失時即推定運送人有過失，運送人如主張免責，應就下列事項舉證：

1. 船舶之適航性及適載性。
2. 甲板運送係經託運人同意或航運種類或商業習慣所許。
3. 運送人對所承運之貨物已盡善良管理人之注意義務。

而非法甲板運送之運送人對貨物之毀損滅失應負不可抗力責任，此乃學界及司法實務界相同之見解，但運送人若能證明甲板裝載與貨物之毀損滅失間無因果關係者，即可免其責任。最高法院九十一年台上字第八九一號判決要旨：「上訴人辯稱，本件大同公司與日方東○公司係採 CIF 貿易條件，無論依照國際商會之「國貿條規」或「美國對外貿易定義」均規定，關於危險負擔，於貨物越過船桅時，移轉於買受人。從而，本件系爭貨物縱於海運中發生任何損害，其損失均應由買受人（東○公司）承擔，對出賣人大同公司及其貨款請求權，毫不生影響。是被上訴人稱大同公司因本系爭貨物受損害而遭受損失，有權請求保險金云云，實無所據等語，為其重要之攻擊防禦方法，且攸關被上訴人之請求是否允當，原審恝置未論，已屬可議。」及最高法院六十年台上字第三四○七號判決要旨：「運送人未經同意，擅將貨物載於甲板，對於貨損應負責任。按關於貨物之運送，除經託運人之同意或航運種類或商業習慣所許者外，運送人或船長如將貨物裝載於甲板上致生毀損或滅失，應負賠償責任。上訴人既未經被上訴人之同意，擅將上開化學物品當作危險物品，裝載於甲板上，致有一部分毀損，依海商法第一百十七條前段之規定，自應負賠償責任。」

四、貨櫃載運甲板之效力

貨櫃運送已為現代航運經常採用之方式，且通常將貨櫃裝載於甲板上，此種情形若已得託運人同意並載明於運送契約，當然為合法甲板載運，但貨櫃置放於甲板上運送是否為「航運種類或商業習慣」所許，則依船舶性質而異。專為載運貨櫃而設計之貨櫃船，其將貨櫃置放於甲板上者，應屬航運種類所許。除此之外之其他船舶將貨櫃置放甲板上，因無法使貨櫃獲得適當保護，且不利於船舶安全，應不可認為係航運種類所許。

五、甲板裝載與共同海損

海商法第一百十六條規定「未依航運習慣裝載之貨物經投棄者，不認為共同海損犧牲。但經撈救者，仍應分擔共同海損。」，一般投棄之貨物得列入共同海損損失者，以裝載船艙內之貨物為限，若將依法應裝載於船艙內之貨物置放於甲板上，因此被投棄者不得列為共同海損之損失，其理由為：

㈠甲板裝載之危險性高，在船舶發生危險時容易被投棄，此應為託運人所預見，故其同意將貨物裝載於甲板上者，應可認為對於被投棄已有默示同意。

㈡甲板裝載之貨物大都為體積龐大價值低廉之貨物，其未列入共同海損之損失，對貨物所有人所生之影響有限。

在貨櫃運送興起後，某些貨櫃裝載於甲板而運送已成海運習慣，而貨櫃內所裝載之貨物可能價值高昂，若仍不列入共同海損之損失則顯失公平，因此海商法第一百十六條之反面規定即可解釋為，依航運習慣裝載之貨物經投棄者，應認為共同海損犧牲。再觀海商法七十三條後段規定經託運人同意並載明於運送契約或航運習慣或商業習慣所許者，為合法之甲板載運，其因共同海損而被投棄

時，卻只有「航運習慣」所裝載者得列為共同海損，漏列經託運人同意及商業習慣所許者，而英美海運實務上得列為共同海損損失者包括商業習慣所許、近海航行者及當事人間有特約者。就海商法第一百十六條立意而言，所謂「航運習慣」解釋上應可包括「航運種類」及「商業習慣所許」，為使海商法第一百十六條之規定能與第七十三條契合，並配合英美實務見解，應擴張解釋為經託運人同意裝載於甲板之貨物，亦可列入共同海損分擔。

六、船舷吊貨運送準用甲板裝載之規定

以船舷吊貨方式運送貨物，其危險性比甲板裝載更高，我國海商法雖無規定其法律效果，因其性質與甲板裝載接近，應準用甲板裝載之規定，德國商法第五百六十六條將「甲板裝載」與「船舷吊貨」並列，適用相同規定，值得參酌。（註7）

第九節　貨櫃運送

一、貨櫃之性質

學術界對於貨櫃性質之看法有下列四種：

(一)包裝說

貨櫃係為保護貨物在運送過程中之完整的包裝。

(二)船舶之部分說

船舶法第五十條第十五款規定：「海上運送之貨櫃及其固定設

註7：劉宗榮，海商法，頁343。

備，為本法所稱之船舶設備」，有海商法第七條規定「除給養品外，凡於航行上及營業上必須之一切設備及屬具，皆視為船舶之一部分」，因此有學者主張，貨櫃是船舶之一部分，當其離開船舶後則變為船舶之延長。

(三)託運物說

漢堡規則第六條第二項第二款規定：「運送容器滅失或毀損時，如該運送容器非運送人所有或非其所提供，該運送容器本身亦視作一獨立之裝船單位」，故認為貨櫃應是託運物。

(四)運輸容器說

海牙威士比規則第四條第五項第三款規定：「為固定貨物而使用貨櫃、貨架或類似之容器時，載貨證券內所列裝在此等容器內之件數或單位數目，應視為本項所指之件數或單位之數目，但約定上述運送容器為件數或單位者，不在此限」，因此有學者主張貨櫃應為運輸容器。

有些學者認為，貨櫃之性質應以貨櫃係由何人提供來認定。貨櫃由運送人提供者，應採船舶部分說，否則應視為託運物，而包裝說嚴重背離現實，就其可反覆使用之特性而言，實非「包裝」概念可含括，又運輸容器說僅係一種客觀事實之陳述，不具法律上意義，皆不足採。（註8）

註8：張新平，海商法，頁377。

二、貨櫃運送之適航性

㈠貨櫃之適航性

當貨櫃由運送人提供時，依海商法第六十二條第一項第三款規定「運送人或船舶所有人於發航前及發航時，對於下列事項，應為必要之注意及措置：使貨艙、冷藏室及其他供載運貨物部分適合於受載、運送與保存」，所以貨櫃由運送人提供者，貨櫃即為船舶之部分，運送人於發航前及發航時應負使該貨櫃具適航性之義務。

㈡船舶之適航性

貨櫃若非運送人提供則不屬於船舶之部分，運送人對於貨櫃是否具適航性不負責任，但對於船舶依海商法第六十二條規定應有之適航性，船舶所有人仍應負責任。

三、貨櫃運送對於承運貨物之處理及注意義務

㈠ CY 貨

CY 貨乃 Container Yard Cargo 之簡稱，為美國地區所使用之名稱，在歐洲稱為 FCL 貨（Full Container Load Cargo），其意指託運人自行裝妥貨櫃送至貨櫃場交予運送人運送，待貨物運抵目的港，再由受貨人至該地貨櫃場將貨櫃提出、運回並拆貨。CY 貨之裝櫃、拆櫃、裝卸貨櫃等均由託運人或受貨人自行處理，與運送人無關，但運送人對於船舶上之貨櫃仍應負海商法第六十三條「保管、運送、看守」之管理照顧義務。如運送人已盡上述義務，而貨物仍有毀損滅失者，運送人得依海商法第六十九條第十二款、第十四款、十五款、十七款主張免責，在貨櫃非運送人所有之場合，貨櫃應視

為「託運物」，運送人對貨櫃本身需盡海商法第六十三條「裝載、卸載、搬移、堆存、保管、運送及看守」之必要注意與處置。

㈡ CFS 貨

CFS 貨為 Container Freight Station Cargo 之簡稱，係美國地區所使用之名稱，在歐洲稱之為 LCL 貨（Less than Container Load Cargo），其意指託運人將貨物送至運送人貨櫃集散站之零星貨物處理站，由該站人員將託運人之貨物並裝入貨櫃運送，待貨物運抵目的港後，由運送人將貨櫃交集散站拆櫃卸貨。由於貨物之收貨、裝櫃、拆櫃及送貨均由船方辦理，運送人對貨物於貨櫃內之裝卸、搬移、堆存、保管、運送及看守應負海商法第六十三條之承運及處置義務。

四、案　例

最高法院八十四年台上字第一八五四號判決要旨：「貨物如係以裝填貨櫃方式而為運送時，海商法第一百十四條（現行法第七十條）第二項所規定之運送人單位責任限制之件數，除託運人與運送人或船舶所有人另有約定者外，應以載貨證券內所記載裝填於貨櫃內之件數作為計算之基準。」

第十節　連續運送

一、連續運送之意義與種類

連續運送亦稱連營運送，指二以上運送人以相同或不相同之運送方式（海運、空運或陸運），相繼將貨物由一地運送至他地之運送方式，一般可分為下列二種方式：

(一)相繼運送

所謂相繼運送，係指有多數運送人利用船舶分段實施運送，而於目的港交付貨物之運送方式。相繼運送之運送人均為海上運送人，並均利用船舶而實施運送，其所涉及者為數海上運送人間責任之問題，故我國海商法第七十四條就連續運送人之責任規定為：「前項發給人，對於貨物之各連續運送人之行為，應負保證之責任。但各連續運送人，僅對於自己航程中所生之毀損滅失及遲到負其責任。」。

(二)聯營運送

聯營運送指多數運送人中至少有一「非海上運送人」，利用船舶以外之運輸工具（例如飛機、火車、卡車），分擔自「裝運地」至「目的地」之運送，而其所涉及者除運送人間之責任問題外，並涉及海上貨物運送法規外及其他運送法規之適用問題。

聯營運送之型態依運送人間責任約定之不同，在航運實務上有，三種不同之型態（註9）：

1.真正之聯營運送

所謂真正之聯營運送，係指第一運送人承擔「全程」運送之義務，在中間港之轉船行為則以自己之名義及計算為之。貨物轉船後之第二運送人，在法律上為第一運送人之契約履行輔助者，第一運送人不得依免責約款之方式，約定免除或減輕其對第二運送人所應負之責任，且強制責任之期間應自第一運送人裝載時起至最後運送人卸貨時止，中間轉船行為或駁船行為，均不得為免責約款之約定。託運人或受貨人就貨物之毀損滅失，如欲對第一運送人以外之

註9：施智謀，海商法，頁218~220。

其他運送人請求損害賠償，僅能依照一般侵權行為之規定，不適用海商法第七十四條第二項之規定。除契約另有約定者外，海商法所定有利於運送人責任事項，例如特殊免責事由及單位限制責任等，第二運送人以履行輔助人之身分並不得主張之，至於船舶所有人限制責任及船舶優先權之規定，對第二運送人仍有其適用。

2.非真正之聯營運送

所謂非真正的聯營運送，係指第一運送人約定其所負之運送義務僅止於到達轉船港，自轉船港以後之運送，僅負承攬運送人之義務，亦即各運送人將其運送之責任，以約定之方式侷限於自己所實施之運送上。此種約定，在我國法上因有海商法第七十四條第二項之規定，故其約定應屬無效，載貨證券之發給人亦即第一運送人對於其他聯營運送人之行為，仍應負法定之保證責任。至於第一運送人以外之其他運送人，則就自己所實施之運送負其責任，各運送人之責任均依海商法之規定定之，故第二以下之運送人就貨物之毀損滅失，對託運人或載貨證券之持有人所負之責任，為運送上之責任，而非如「真正聯營運送」所負者為侵權行為責任者不同，凡特殊之免責事由及單位限制責任等，縱無特別之約定，當然亦有其適用。

3.共同運送

所謂共同運送，係指數運送人共同約定將貨物運達目的港而交付受貨人之運送。此種運送，僅發行一張載貨證券，由參與運送之各運送人簽發之，或由共同之代理人代理全體運送人簽發之。關於共同運送各運送人之責任，除第一運送人需負全部責任外，其他運送人之責任如何？學說上有不同之見解，學者施智謀認為：「共同運送其性質上亦屬我國海商法第七十四條第二項所稱之聯營運送，關於各聯營運送人間之責任，自應依其規定定之」；而學者楊仁壽則認為：「共同運送中之各運送人均為第一運送人，均需負全部擔

保責任。至於在中間港之轉船行為，如約定費用由運送人承擔，危險由貨物所有人負擔者，其約定在解釋上應認為違反海商法第七十四條第二項之規定而無效。」（註10）

二、多式運送之國際法源

一九八○年聯合國貿易暨發展委員會（UNCTAD）制定通過「聯合國國際貨物多式運送公約（United Nations Convention on International Multimodal Transport of Goods, 1980）」以下簡稱多式運送公約，規範多式運送中之多式運送單據多式運送經營人之賠償責任、託運人之責任、索賠及訴訟等事項。但因航運先進國家以該公約偏袒開發中國家利益而加以抵制，故至今尚未生效。

國際商會（ICC）於一九七三年制定「多式運送單證統一規則（Uniform Rules for a Combined Transport Document）」，歷經修正，目前一九九二年ICC出版之「UNCTADICC多式運送單據統一規則」為各國制定多式運送載貨證券之藍本。另外，國際商會一九九三年信用狀統一慣例（Uniform Customs and Practice for Documentary Cradits）以下稱UCP，第二十六條亦配合詳訂多式運送單據之各項法律規定。國貿條規（ICC Offical Rules for the Interpretation of Trade Terms）以下稱Incoterms中之FCA、CPT及CIP均為配合多式運送所制定之貿易條件，但均不具強制性。

由於多式運送公約尚未生效，且ICC制定之多式運送單據統一規則不具強制性，故目前實務上國際貨物多式運送係依當事人之約定，並依不同運輸方式適用以生效之有關國際公約，如海牙規則、華沙公約或國內法之規定。（註11）

註10：邱錦添，兩岸海商法載貨證券之比較。
註11：張新平，海商法，頁386

三、多式運送之責任制度

多式運送以單一運送契約為基礎，契約當事人係託運人與多式運送之經營人，而由後者簽發單據。其責任型態可分為(1)統一責任制(2)分割責任制(3)網狀責任制(4)修正網狀責任制(5)綜合網狀責任制五種，茲將各種責任制之意義及優缺點分析如下：(註12)

㈠統一責任制

1.意義

託運人與多式聯運經營人訂立多式聯運契約後，多式聯運經營人即應就運送全程中貨物所發生之毀損、滅失負賠償責任，責任型態統一，不因貨損發生地點而不同，而其賠償內容依多式聯運公約之規定。

2.優缺點

(1)優點：責任主體及責任內容十分明確。

(2)缺點：此制度之採行需以各國接受國際多式聯運公約為前提，但目前國際間並無典型之統一賠償責任制。

㈡分割責任制

1.意義

託運人與多式聯運經營人訂立多式聯運契約後，再由多式聯運經營人與公路、鐵路、海上、或航空運送人等分別訂立契約以運送貨物，當貨物發生毀損滅失時，多式聯運經營人之責任只限於其自己實際負責運送之區段，毀損或滅失發生在其他運送人運送時，由

註 12：劉宗榮，論多式聯運經營人責任制度及其影響，台北市：三民，1991 年 3 月，頁 11-15。

該實際運送人直接向託運人負責。

2.缺點

(1)貨物發生毀損滅失時期不明時，難以確定賠償義務人。

(2)多式聯運經營人以外之各運送人與託運人並無契約關係，託運人僅能以侵權行為請求損害賠償，舉證困難。

㈢網狀責任制

1.意義

託運人與多式聯運經營人訂立多式聯運契約，貨物發生毀損滅失時由多式聯運經營人就運送全程負責，當貨物毀損滅失之運送階段可確定時，適用該運輸階段之國際單式公約，若貨物發生毀損滅失階段無從確定，則適用運送契約所約定之國際單式公約，以確定多式聯運經營人之賠償責任。

2.優缺點

(1)優點：責任主體明確，賠償責任內容採現行有效之國際單式公約，減輕各國政府、航運業或保險業對此一制度之抵制。

(2)缺點：由於貨物發生毀損滅失之階段不同，其所約定適用之公約或國內法亦有所不同，造成責任之成立及賠償數額之限制均有差異的不公平現象，又若貨物發生毀損滅失之運輸階段不明，而所應適用之國際單式公約又未規定時，則有規範適用之困難。

㈣修正網狀責任制

1.意義

託運人與多式聯運經營人訂立多式聯運契約，於貨物發生毀損滅失時，責任主體為多式聯運經營人，而其責任基礎及賠償限制，原則上以多式聯運公約為主，但若貨物發生毀損滅失之運輸階段可確定，則視適用於該運輸階段之現行國際單式公約或國內法與國際

多式聯運公約所訂之賠償責任限制高低，以適用賠償限制最高者為準。

2.優缺點

⑴優點：責任主體明確，責任基礎統一，託運人或其他權利人可獲最大賠償。

⑵缺點：多式聯運經營人負擔太重，不易被多式聯運經營人所接受，且在多式聯運公約尚未生效或被接受前，雖然多式聯運公約所訂之賠償限制較高，亦無發生實質效力之可能。

(五)綜合網狀責任制

1.意義

託運人與多式聯運經營人訂立多式聯運契約，當貨物發生毀損滅失時，其責任主體為多式聯運經營人，當貨物發生毀損滅失之運輸階段可確定時（非隱藏性之損失），其責任內容一律適用該運輸階段之國際單式公約或國內法，不可確定時（隱藏性之損失），則一律適用同一之國際多式聯運公約或其他統一之責任公約。

2.優缺點

⑴優點：責任主體明確，責任內容兼顧國際單式公約與國內法，阻力較小。

⑵缺點：多式聯運公約尚未生效，僅能於多式聯運單據中記載此種內容之條款或記載適用「一九七五聯合貨運單據統一規則」，以當事人之約定作為權利義務規範之根據，若當事人漏未約定時，即失去規範適用上之依據。

四、我國海商法多式運送之規定

(一)海商法第七十五條

「連續運送同時涉及海上運送及其他方法之運送者，其海上運送部份適用本法之規定。」

「貨物毀損滅失發生時間不明者，推定其發生於海上運送階段。」

1. 說明

由於現代運輸提倡所謂「戶對戶」（door to door）之運輸方式，故多種運輸工具連續運送之情形，屢見不鮮，然海牙規則或海牙威士比規則之規定，其適用範圍僅限海上運輸部分，本條特以明文界定本法之適用。

本條在用語上仍有待修改之處，因條文中所稱「連續運送」係海商法「專用語詞」，意指以船舶為唯一之運輸工具，而在海上以不同船舶之轉運完成全程運輸，與多式聯運係以海、陸、空各種不同方式完成全程運輸之意義並不相同，未來修法時應加以修正，以免混淆「連續運送」與「多式聯運」之涵義。（註13）

2. 責任形式

採網狀賠償責任制，若貨主無法舉證確定貨物發生毀損、滅失之運送階段為陸運、空運或海運，一律推定其發生於海上運送階段，較有利於運送人，惟對非海上運輸階段發生損害時，並未規範。

註13：柯澤東，海商法修訂新論，頁94。

㈡海商法第七十四條第二項

「前項發給人，對於貨物之各連續運送人之行為，應負保證之責任。但各連續運送人，僅對於自己航程中所生之毀損滅失及遲到負其責任。」

1.所謂「載貨證券之發給人」，在複合運送之場合，相當於國際複合運送公約草案（TCM Convention）所稱之「複合運送人」，應對於貨物之連續運送人之行為負保證責任。此一保證責任，一般認為其非屬民法保證責任之規定而係一種特別法定保證，故不得主張「先訴抗辯權」，但仍為一從屬之責任。因此，載貨證券發給人之責任，其內容與各連續運送人之責任相同，而隨各連續運送人所利用之運送工具之不同，按其不同種類交通工具之運輸法規負責任。但如貨物之損害不能證明係在何段運送中發生者，則載貨證券發給人即依海商法負其責任。免責約款之禁止，單位限制責任，船舶所有人限制責任，船舶優先權以及有關之責任規範等問題，均視其所適用之法規為海運法規、空運法規或陸運法規如何而不同。（註14）

2.載貨證券發給人以外之其他各連續運送人，僅對於自己所實施之運送負貨物毀損滅失及遲到之責任，其責任之內容，則按其所利用交通工具之不同，而異其所應適用之法規。

3.載貨證券之發給人於履行其保證責任後，對各連續運送人之內部求償權，在能證明貨物之損害確係於何連續運送人實施運送中發生者，固應按該區段運送所應適用之法規求償之；在不能證明貨物之損害確係於何連續運送人實施運送中發生者，在解釋上應按各運送人之運費比例分擔之。例如陸海空聯營，其運費比例為航空運

註 14：施智謀，海商法，再版（台北市：施智謀，1986 年），頁 221-225。

送人五分之二，陸上運送人五分之一，海上運送人五分之二，則在損害發生不明之場合，載貨證券之發給人（航空運送人）按海商法之規定為二十萬元之賠償後，得按運送費之比例向陸上運送人請求四萬元之補償，向海上運送人請求八萬元之補償。（註15）

五、多式運送人之責任

(一)運送人之責任

運送人指簽發載貨證券而與託運人訂立全程運送契約之人。運送人必須就全部航程負責，與階段運送人對託運人而言僅是運送人之履行輔助人之關係不同。運送人就自己擔任運送之階段發生貨物毀損滅失時，以該過失係其本人過失或所僱用之船長、海員等之過失，分別負實際過失或擬制過失責任，如為擬制過失責任，得就船舶航行、船舶管理及失火三原因主張免責。但運送人對於其他階段運送人之故意或過失至貨物毀損滅失者，一律視為擬制過失，運送人或船舶所有人對於階段運送人之過失所造成關於船舶航行、船舶管理或失火者，不負責任。

(二)階段運送人之責任

載貨證券發給人以外之其他各連續運送人即階段運送人，僅對於自己所實施之運送負貨物毀損、滅失及遲到之責任，其責任之內容，則按其所利用交通工具之不同，而異其所應適用之法規。階段運送人所負之責任可分為二：

　　1.階段運送人對託運人或其他請求權人之侵權行為責任。此種

註 15：施智謀，海商法，再版（台北市：施智謀，1986 年），頁221-225。

情況，運送人對託運人或其他請求權人所得主張之抗辯，階段運送人皆可主張之。

2.基於階段運送人與運送人所訂立之運送契約之債務不履行責任。運送人於此種情形發生後對託運人或其他請求權人為賠償後，對該階段運送人得行使內部求償權。

(三)保證之意義

海商法第七十四條第二項規定：「前項發給人，對於貨物之各連續運送人之行為，應負保證之責任。但各連續運送人，僅對於自己航程中所生之毀損滅失及遲到負其責任。」，載貨證券發給人應對於貨物連續運送人之行為負保證責任，此一保證責任，一般認為其非屬民法保證責任之規定而係一種特別「法定保證」，故不得主張「先訴抗辯權」，其理由如下：（註16）

1.就法律性質而論

民法之保證屬「契約之保證」，而海商法第七十四條第二項所稱之保證為「法定保證」，兩者之法律性質不同。

2.就立法理由而論

海商法規定一般連續運送人僅對自己航程中所生之損害負責，而載貨證券發給人對於其他連續運送人航程中所生之損害需負擔「單方面之連帶責任」，海商法第七十四條第二項立法原意僅在減輕一般連續運送人之運送責任，並無減輕載貨證券發給人責任之意。

3.就載貨證券持有人利益而論

若依民法規定載貨證券持有人必先對一般運送人強制執行無結

註 16：林群弼，海商法論，初版（台北市：三民，2003 年），頁358-359。

果後始得向載貨證券發給人主張保證責任，則當一般運送人遠在國外時，對其強制執行將顯有困難，且損害發生於何運送人之運送階段不明時，載貨證券持有人之權利即難以行使，顯然對載貨證券持有人十分不利。

4.就載貨證券之經濟機能及流通性而論

若載貨證券之發給人得主張先訴抗辯權，將導致銀行界不願接受此類載貨證券辦理押匯，貨物買受人不樂意接受載貨證券，使載貨證券之經濟效益及國際流通性大受減損。

5.就載貨證券之文義性而論

依海商法第六十條準用民法第六百二十七條規定，載貨證券持有人與運送人間，關於運送事項依載貨證券之記載，即在強調載貨證券文義性之重要，若載貨證券發給人得主張先訴抗辯權，則載貨證券所具之文義性將失其意義。

綜上分析，載貨證券發給人之責任，其內容與各連續運送人之責任相同，而隨各連續運送人所利用之運送工具之不同，按其不同種類交通工具之運輸法規負責任，亦即採網狀賠償責任，但如貨物之損害不能證明係在何種運送階段發生者，則載貨證券發給人應依海商法負其責任。免責約款之禁止、單位限制責任、船舶所有人限制責任、船舶優先權以及有關之責任規範等問題，均視其所適用之法規為海運法規、空運法規或陸運法規如何而不同。（註17）

載貨證券之發給人於履行其保證責任後，對各連續運送人之內部求償權，在能證明貨物之損害確係於何連續運送人實施運送中發生者，固應按該區段運送所應適用之法規求償；在不能證明貨物之損害確係於何連續運送人實施運送中發生者，在解釋上應按各運送

註 17：施智謀，海商法，再版（台北市：施智謀，1986 年），頁221-225。

人之運費比例分擔之。例如陸海空聯運，其運費比例為航空運送人五分之二，陸上運送人五分之一，海上運送人五分之二，則在損害發生不明之場合，載貨證券之發給人（航空運送人）按海商法之規定為二十萬元之賠償後，得按運送費之比例向陸上運送人請求四萬元之補償，向海上運送人請求八萬元之補償。（註18）

六、案　例

1.最高法院六十四年度台上字第二五二號判決要旨：「海商法第一百一十八條（現行法第七十四條）第二項但書，固有各連續運送人，僅對於自己航程中所生之毀損、滅失及遲到負其責任，惟此所謂各連續運送人，乃指次運送人以下之運送人而言，不包括發給載貨證券之第一運送人在內，第一運送人依同條前段規定，本負有保證之責，不因海商法第九十三條（現行法第五十條）第三項之規定而免除其責任。」

2.最高法院六十五年度台上字第七〇一號判決要旨：「原審以上開貨物發票裝箱單之目的港為基隆，從而運送人荷蘭渣華郵船公司因航線不經過基隆之故，在香港轉託上訴人運送至基隆，上訴人仍應就連續運送行為負責。並以該貨物於託運時完好，有載貨證可稽，迨運抵基隆港卸貨時，發現水濕箱破、罐破，亦有上訴人於卸貨時簽證之事故證明單，及正中檢定理算有限公司書具之公證報告可憑，依連續運送規定，上訴人應就該損害予以賠償，至上訴人謂該貨物自行變霉，伊於接貨時，已呈水濕發潤，未能舉證以實其說，委難信為真實。」

3.最高法院六十五年度台上字第二〇五三號判決要旨：「本件

註 18：林群弼，海商法論，初版（台北市：三民，2003 年），頁358-359。

上訴人於六十年十一月二十三日將屬於危險品之二氧化氫卸載於振興二號駁船前，依其進口貨物卸輪申請書之記載，顯未依照前述台灣省港區危險品裝卸管理辦法有關規定辦理。其因違反規定而致被上訴人承保之貨物毀損，自須負過失責任。揆諸海商法第一百十八條（現行法第七十四條）第一項第一項及第一百零七條（現行法第六十三條）規定，上訴人尤不能不負賠償責任，其於載貨證券所載免除責任之條款，依同法第一百零五條（現行法第六十一條）規定，應認其不生效力。本件貨物毀損，乃因二氧化氫外洩生燻所致，尤不容上訴人依據同法第一百十三條（現行法第六十九條）第三款規定主張免責。且其過失係發生於卸貨之前，與上訴人是否有權代理貨主卸貨無關，其依據載貨證券背面第十六條所載主張免責，亦非正當。至振興二號駁船是否合法營業之駁船，尤與上訴人應負過失責任與否無關。」

第十一節　偏　航

一、偏航之意義及內容

㈠偏航之意義

　　偏航指運送人偏離原定航線，但仍願回到原定目的港者。除有正當事由外，運送人不得偏航，因偏航時對託運人可能造成之不利情形有：

　　1. 貨物亦遭受不可預測之危險。

　　2.貨物可能因偏航而遲延給付，導致受貨人喪失轉賣獲高價出售之機會。

　　3.增加原責任保險及貨物保險契約之危險。

㈡偏航之內容

偏航包括下列五種情形：（註19）

1.離開運送契約名定之航道。

2.契約為規定航道者，離開航運習慣上之航道。

3.無航運習慣上之航道者，偏航係指離開最安全、直接之航道。

4.運送契約載明數卸載港者，船舶得航行所有或其中任何港口，但如無相反之慣例或正當事由，應按運送契約上名定之次序航行，否則即為偏航。

5.運送契約載明某地區之若干卸載港而未明示港名者，如無相反之慣例或正當理由，船舶應按地理次序航行所有港口，否則即為偏航。

二、法　源

我國海商法第七十一條規定「為救助或意圖救助海上人命、財產，或因其他正當理由偏航者，不得認為違反運送契約，其因而發生毀損或滅失時，船舶所有人或運送人不負賠償責任」，係參酌海牙規則及海牙威士比規則之規定而來。海牙規則及海牙威士比規第四條第四項規定：「為救助或企圖救助海上人命或財產之偏航，或任何理由之偏航，不得視為本公約或運送契約之違反，因此所致之任何滅失或毀損，運送人不負責任」，英國一九七一年海上貨物運送法及一九三六年美國海上貨物運送條例均有相同規定。但漢堡規則並未對偏航為規定，僅能適用其第五條第六項之籠統規定：「除共同海損外，運送人對於因救助海上人命或合理地救助財產所採措

註19：張新平，海商法，頁304。

施致生之滅失、毀損或交付遲延，不負責任」。

三、偏航與變更航程之異同

偏航指船舶由出發港啟航後，偏離原定航道，但仍未放棄駛往原定目的港者。偏航可分合理偏航與不合理偏航，不合理偏航發生後，所生之毀損滅失保險人不負責任，但偏航發生前及合理偏航所致之毀損滅失，保險人仍應負責。

變更航程指船舶由出發港啟航後，變更原定航程，且不駛往原定目的港者。變更航程屬違反民法契約問題，對於變更航程所生之損害，運送人或船舶所有人除因事變係不可抗力外，需負賠償責任。

四、合理偏航之意義

合理偏航之判斷標準，一般認為應以偏航是否兼顧運送契約當事人之利益、是否考慮保險業之利益及是否符合商業上最佳利益及慣例等因素，全盤考量後而判斷之。

偏航是否合理應依危險狀態是否存在決定之，而造成危險狀態之原因為何則非所問。常見之合理偏航，包括因港口擁擠、碼頭罷工、機械故障而緊急前往附近港口修繕、救助或意圖救助海上人命或財產等原因。偏航之合理與否應視個案事實而定，運送人於考慮運送契約規定及所有當事人利益後所做適當且必要之偏航，均屬合理偏航。我國海商法第七十一條規定合理偏航需有救助或意圖救助海上人命、財產或其他正當事由，但其偏航行為仍須符合「適當且必要」之要件始可，苟在船舶救助觸礁之他船人員、財產時，若以知悉鄰近港口有充分拖帶船舶可供使用，卻仍將之拖帶至鄰近港口修繕，以賺取拖帶費用者，該行為雖為救助海上人命、財產而偏航，但因從事不必要之拖帶行為，仍非合理偏航之事由。

五、合法偏航與不合法偏航之效果

「…正當理由偏航者，不得認為違反運送契約，其因而發生毀損或滅失時，船舶所有人或運送人不負賠償責任」海商法第七十一條訂有明文，而合法之偏航導致貨物遲延者，依舉重明輕之法理，運送人或船舶所有人亦可免責。

反面推知，不合理偏航即可認為違反運送契約，其因而發生毀損或滅失時，船舶所有人或運送人應負賠償責任。但運送人證明偏航與貨物之毀損滅失或遲到間無因果關係者，運送人仍可不負賠償責任。因航路是託運人評估貨物運送風險、抵達時間、運費給付之標準，船舶偏航後，原運送契約之基礎受到嚴重變更，故運送人不得適用第六十九條免責、第七十條第二項單位責任限制及第五十六條第二項依年起訴期間之規定。

六、舉證責任

託運人、受貨人或其他載貨證券持有人對於因偏航而請求損害賠償時，需就下列事項負舉證責任：

㈠船舶航行偏離預定航線或契約約定之地裡航線。

㈡偏航係無合理之事由。

㈢貨物因毀損或滅失係因偏航所致。

因航行資料均由運送人掌控，損害賠償請求權人要同時提出上述證明實屬困難，故若損害賠償請求權人能提出表面觀察所得之印象，達到「合理可信」之程度者即可，運送人若欲主張免責，需就以上三者之一不存在負事實舉證責任。

七、案　例

最高法院八十年台上字第一八三○號判決要旨：「載貨證券其

背面第六款固載有：『一切海上運送事項應適用一九三六年四月十六日生效之美國海上貨物運送條例』，但此項附記之文句，乃運送人單方所表示之意思，不能認係雙方當事人之約定，而有涉外民事法律適用法第六條第一項規定之適用。茲運送人海皇公司與託運人即證券持有人聯華公司其國籍不同，發要約通知地在高雄，則依同法第六條第二項之規定，自應以中華民國之法律為其準據法。」

第十二節　單位責任限制

一、法源及立法目的

海商法第七十條第二項規定：「除貨物之性質、價值於裝載前，已經託運人聲明並註明於載貨證券者外，運送人或船舶所有人對於貨物之毀損滅失，其損害賠償責任」，係仿海牙規則第四條第五項「對於貨物或與貨物有關之滅失或毀損，運送人及船舶在任何情形所負之賠償責任，就每件或每單位，應不超過一百英鎊或等值之其他貨幣之金額。但貨物之性質及價值於裝運前已經託運人聲明並記載於載貨證券者，不在此限」之規定。單位責任限制制度之立法目的主要為保護運送人，當託運人未將貨物性質、價值聲明並註明貨載貨證券者，不得於貨損時漫天喊價以杜絕雙方之紛爭。但單位責任限制亦可間接利於託運人，因單位責任限制使運送人對託運人每件賠償額不得低於最低賠償數額，避免運送人利用其經濟地位之強勢，在載貨證券上減輕其賠償數額，使其賠償責任流於象徵性。

二、單位責任限制之金額

海牙威士比規則於一九七九年持別提款權（SDR）議定書將單

位責任限制之幣值修訂為國際貨幣基金（IMF）之「特別提款權」，並於第二條規定：「除非託運人於裝運前已將貨物之性質與價值聲明並載於載貨證券者，運送人或船舶對於貨物之滅失或損害責任，在任何情況下，應就每一件或每一單位，按不得超過六六六‧六七單位，或毀損滅失貨物毛重每公斤，按不得超過二單位為限，擇其較高限額適用之」，我國海商法第七十條第二項仿效上述規定，將單位責任限制之金額規定為：「…以每件特別提款權六六六‧六七單位或每公斤特別提款權二單位計算所得之金額，兩者較高者為限」，採用特別提款權為計算單位之規定，與一九七九年特別提款權議定書、漢堡規則等國際公約之規範相符，具航運國際化特色，且特別提款權波動較小，可確保責任限制額之穩定，避免求償權人因賠償限額受貨幣貶值影響而蒙受不利。

三、單位責任限制之要件

依海商第七十條二項「除貨物之性質及價值於裝載前已經託運人聲明並註明於載貨證券者外，運送人或船舶所有人對於貨物之毀損滅失，其賠償責任，以每件特別提款權六六六‧六七單位或每公斤特別提款權二單位計算所得之金額，兩者較高者為限。」，故貨物之性質及價值於裝載前未經託運人聲明並註明於載貨證券者，即有單位責任限制之適用，最高法院八十八年台上字第二一四六號判決可證。

四、單位責任限制之計算依據

海商法第七十條第二項之單位責任限制金額之計算，以件及公斤為單位，即採每件及每公斤之雙軌制。所謂「件」指貨物託運之包裝單位，而公斤之計算係以貨物之毛重為計算基礎，包括包裝重量。其優點如下：

　　㈠省略一九七九年特別提款權議定書第四條第五項之「單位」，避免適用上困擾。因「單位」之解釋有所分歧，有認為指「運費單位」，另有認為指「裝船單位」，還有認為應係指「商業單位者」，各種看法不一，容易造成困擾。

　　㈡每件及每公斤雙軌制可彈性適用於不同貨物，重量輕但價值高之貨物得以件數為計算單位，而重量重之貨物或散裝貨，得以公斤為計算單位，並以兩者較高者為限，使貨方利益兼顧達到衡平。

五、貨櫃運送之計算單位

　　關於貨櫃運送之單位計算之學說，可分為貨櫃件數說、貨物件數說、裝櫃人說及載貨證券記載說等，海牙威士比規則第四條第五項第三款規定：「為固定貨物而使用貨櫃、貨架或類似之運送容器時，載貨證券內所列裝在此等運送容器內之件數或單位之數目，應視為本章所指之件數或單位之數目，但如約定上述之運送容器為件數或單位時，不在此限」，該規定仍嫌有不周之處，有賴漢堡規則第六條第二項補充，該規定為：「⑴使用貨櫃、貨架或類似運送容器固定貨物時，如於所簽發載貨證券或其他證明運送契約之文件內，載明有關裝載於該項運送容器內貨物之件數或其他裝船單位者，視為該項貨物之件數或裝船單位。除上述情形外，裝載於該項容器內之貨物，視為一裝船單位。⑵運送容器滅失或毀損時，如該運送容器非運送人所有或非其所提供，該運送容器本身亦視為一獨立之裝船單位。」

　　我國海商法第七十條第三項後段仿造漢堡規則第六條第二項規定：「其以貨櫃、墊板或其他方式併裝運送者，應以載貨證券所載其內之包裝單位為件數。但載貨證券未經載明者，以併裝單位為件數。其使用之貨櫃係由託運人提供者，貨櫃本身得作為一件計算」，依此規定可得知：

㈠載貨證券載明貨櫃內之件數者，縱僅記載「據告稱十件，運送人無從檢查」或「託運人自行裝貨點數，運送人欠缺檢查工具」時，已以十件為其件數。載貨證券未載明貨櫃內之件數者，以貨櫃整櫃為一件。

㈡貨櫃由託運人提供者，貨櫃本身得作為一件計算。

六、最高法院性質與價值併予記載之判決

1. 最高法院九十一年台上字第二一九九號判決

按海上貨物運送人之責任，係採過失推定主義，即託運人或受貨人只須證明運送物有喪失、毀損或遲到情事，運送人如未能證明上開情事係因不可抗力，或因運送物之性質，或因託運人或受貨人之過失所致者，即應負賠償責任。被上訴人雖抗辯系爭貨物發生損害，係因包裝不固及海上遭遇巨大風浪之危險所致云云，惟所提出之海事報告經基隆港務局加註：該述無關於事實之真相及所發生意外責任之認定等語，上開抗辯，自無足採。再者，除貨物之性質、價值於裝載前已經託運人聲明，並註明於載貨證券者外，運送人或船舶所有人對於貨物之毀損、滅失，其賠償責任，以每件不超過三千元為限，修正前海商法第一百十四條第二項定有明文。系爭載貨證券未記載貨物之價值，或每個單位貨物之單價，故被上訴人縱已明瞭貨物之性質、種類、重量及數量等，仍無法計算貨物之價值。系爭二紙載貨證券，第一紙只記載貨物之總面積及總重量，無任何單位面積之標示；第二紙雖標示九六乘七二，但未列載單位。系爭貨物係以 CY ／ CY（整裝／整拆）方式運送，即由託運人自裝自計自行封櫃，被上訴人無從由系爭二紙載貨證券之記載，得知貨櫃內所裝物品之數量，自應以貨櫃數為件數之計算標準。

2. 最高法院八十三年台上字第八一號判決

查除貨物之性質、價值於裝載前已經託運人聲明並註明於載貨

證券者外，運送人或船舶所有人對於貨物之毀損滅失，其賠償責任，以每件不超過三千元為限，海商法第一百十四條（現行法第七十條）第二項定有明文。原審對於本件託運人就貨物之性質、價值於裝載前是否已有聲明，並記載於載貨證券？未予查明，徒以被上訴人並非按海商法第一百十四條（現行法第七十條）第二項所定運送人之單位限制責任賠償訴外人立歐公司及瑞士商艾平那保險有限公司，即認上訴人在本件不得為此單位限制責任抗辯，尚有未合。

3.最高法院七十五年台上字第二六九八號判決

上訴人於原審曾主張：本件被上訴人所託運之貨物是「一個櫃」，因是 CY-CY 運送，上訴人不知貨櫃內容。且運費亦係以一貨櫃為單位計算，提單上亦無記載貨物價值，依海商法第一百十四條（現行法第七十條）第二項規定，縱使上訴人應負賠償責任，亦應以新台幣九千元為限。何況載貨證券上亦約定運送人之賠償責任以每一貨櫃五百美金為限云云（見原審上更（二）字卷五三頁反面）。自係一種重要之防禦方法，原審恝置不問，亦有判決不備理由之違法。上訴論旨執以指摘原判決不當，聲明廢棄，難謂無理由。

第十三節　運送人或船舶所有人之免責條款

一、海商法第六十一條規定之意義及立法理由

係指運送人於運送契約之條款免除或減輕依公約應負之責任，其條款無效。其立法目的，乃規定運送人之強制義務，不得以特約減輕或免除，強調運送人之基本強制責任以維護託運人之利益。

二、法　源

本條係承襲海牙威士比規則第三條第八項，其規定為：「運送契約之條款、條件或約定以免除運送人或船舶，對於因過失違反本條所規定運送人或船舶之義務或不履行此項義務致貨物之毀損滅失或與貨物有關之損失之責任，或減輕本規則免責規定以外之前開責任，其條款、條件或約定不生效力。保險契約利益歸屬於運送人或類似之條款，應視為免除運送人責任之條款」。

三、第六十一條約定免責條款之適用範圍

㈠僅適用於件貨運送契約及載貨證券

海商法第六十一條之適用範圍為件貨運送契約及載貨證券，並不及於傭船契約。因傭船契約之雙方當事人之經濟能力相當，談判時不致於一方需遷就他方，在自由競爭條件下，傭船契約應尊重契約自由原則，有關契約中減輕豁免除運送人或船舶所有人責任約定之記載，除顯失公平或不合誠實信用原則者外，原則上仍應認為有效，不受海商法第六十一條約束。而在傭船契約下簽發載貨證券者，運送人於持有載貨證券之第三人間，仍有海商法第六十一條規定之適用。

㈡適用於直接及間接違法行為

海牙威士比規則第三條第八項後段規定：「保險契約利益歸屬於運送人或類似之條款，應視為免除運送人責任之條款（故應為無效）」，為間接脫法行為無效之例子，我國海商法第六十一條係承襲海牙威士比規則第三條第八項而來，故間接脫法行為仍應有第六十一條之適用。

四、第六十一條約定條款規定之商榷

海牙規則第三條第八項前段規定「運送契約之條款、條件或約定以免除運送人或船舶，對於因過失違反本條所規定運送人或船舶之義務或不履行此項義務致貨物之毀損滅失或與貨物有關之損失之責任，或減輕本規則免責規定以外之前開責任，其條款、條件或約定不生效力」，其中所稱「本條所規定應履行之義務」，乃指運送人最低之運送義務。換言之，本條之立法意指在明定運送人之強制義務不得以特約減輕或免除，以維護運送人強制責任之完整性，故運送契約條款若免除或減輕運送人依公約應負之責任者，該條款應無效。

再觀我國海商法第六十一條規定：「以件貨運送為目的之運送契約或載貨證券記載條款、條件或約定，以減輕或免除運送人或船舶所有人，對於因過失或本章規定應履行之義務而不履行，致有貨物毀損、滅失或遲到之責任者，其條款、條件或約定不生效力。」，其所使用之文字「於因過失或本章規定應履行之義務而不履行」，與海牙威士比規則第三條第八項之立法意旨相差甚遠，且易使人誤認本條禁止運送人或船舶所有人為下列行為：

1.約定免除其因「過失之侵權行為」致貨物發生毀損、滅失或遲到之責任。

2.約定免除其因「過失之債務不履行行為」所生貨物之毀損、滅失或遲到責任。

3.約定免除其因過失違背本法「第三章規定應履行之義務」所生貨物之毀損、滅失或遲到之責任。

上述三點第一、二點有謬誤之處。因海商法第六十一條承襲海牙威士比規則第三條第八項規定，其立法目的在維護運送人強制責任之完整性，上述第一、二點關於運送人或船舶所有人約定免除其

因過失之侵權行為或過失之債務不履行行為所生之責任,若此等責任並非本法第三章規定之強制責任,基於契約自由原則,應可由當事人事先約定免除,並無禁止之必要;若該責任為本法第三章規定之強制責任,則該約定即為無效,則應屬上述第三點之範圍,無須再重複指明。

綜上分析,海商法第六十一條之規定與海牙威士比規則第三條第八項仍有出入,若能參考海牙威士比規則第三條第八項前段規定,將本法修正為「以件貨運送為目的之運送契約或載貨證券記載條款、條件或約定,以減輕或免除運送人或船舶所有人,對於因過失不履行本章規定應履行之義務,致有貨物毀損、滅失或遲到之責任者,其條款、條件或約定不生效力。」,如此一來技能達到本條立法目的又能避免上述一、二點錯誤之產生。(註19)

五、案 例

最高法院五十八年台上字第三〇九二號判決要旨:「海上運送之運送人免責事由,除海商法有規定外,非不得在不違反海商法第一〇五條(現行法第六十一條)規定之原則下,由運送契約之當事人以特約定之。」

第十四節 託運人於託運時故意虛報貨物之性質或價值者

(一)「託運人於託運時故意虛報貨物之性質或價值,運送人或船舶所有人對於其貨物之毀損或滅失,不負賠償責任。」,海商法第

註19:張新平,海商法,頁339-342。

七十條第一項訂有明文，故於託運人虛報貨物性質或價值時，亦為運送人或船舶所有人主張免責之事由。所謂「虛報」，一般認為包括將貨物價值以少報多及以多報少，蓋以少報多在圖貨物將來發生毀損滅失時，取得高額之損害賠償；而以多報少係企圖減輕運費之負擔或詐欺海關以圖減免關稅。然我國實務上見解有認為，海商法第七十條第一項之適用需在低價高報之情形，託運人低報貨物價值之居心雖屬不良，但另一方面卻減輕運送人賠償責任，故於此情況應不宜免除運送人責任。如最高法院七十五年台上字第二四一號判決謂：「海商法第一百十四條第一項（現行法第七十條第一項）規定：『託運人於託運時，故意虛報貨物之性質或價值，運送人或船舶所有人對於其貨物之毀損或滅失，不負賠償責任』，此項立法係仿照一九二四年海牙規則及一九三六年美國海上貨物運送條例第四條第五項第四款之規定，其立法旨趣通說認為在於防免託運人高報貨物之價值圖得較高之不當損害賠償，藉以詐財而設。故託運人虛報貨物之價值，必須低價報高價之情形，始有其適用，而在虛報貨物之性質時，亦以性質之虛報與貨物之價值有關，而可能造成獲得較高之不當損害賠償時，始有其適用。就海商法第九十八條第一項第三款（現行法第五十四條第一項第三款）及第九十九條第一項（現行法第五十五條第一項）規定之旨趣以觀，可見貨物一般虛報性質或價值之情形，對於因此所生之毀損、滅失，運送人不負賠償之責。」

㈡又託運人雖以低報高而虛報貨物價值，在運送人知情之情況下，貨物毀損滅失時運送人不得主張不負賠償責任。另需注意者，託運人虛報貨物價值與貨物損害間不以有相當因果關係為必要，在可歸責運送人之事由下，運送人原應負賠償責任，但因託運人虛報貨物價值，意圖領取高額賠償，有制裁必要，始為本條項立法旨趣之所在。

　　㈢託運人故意虛報貨物之「性質」，應解釋為與「價值」有相牽連之「種類」，例如普通碎石虛報為珠寶，立法重點在於防止貨物價值之虛報，而非性質之虛報。

　　條文中所稱「運送人或船舶所有人對於其貨物之毀損或滅失，不負賠償責任」不僅對託運人不負賠償責任，對載貨證券持有人亦無須負責。因運送物之價值本即非海商法第五十四條第一項第三款所規定「辨識運送物同一之事項」，運送人對託運人所聲報之「價值」並無核對義務，自無須判斷其價值高低，且買賣雙方當事人，本應以他方之信用為其判斷基礎，運送人對載貨證券持有人不負賠償責任，買受人（即載貨證券持有人）仍可依買賣契約對出賣人（即託運人）請求賠償，對善意之載貨證券持有人而言已有所保障。

　　㈣案例：最高法院七十五年台上字第二四一號判決

　　「海商法第一百十四條（現行法第七十條第一項）第一項規定：『託運人於託運時，故意虛報貨物之性質或價值，運送人或船舶所有人對於其貨物之毀損或滅失，不負賠償責任』，此項立法係仿照一九二四年海牙規則及一九三六年美國海上貨物運送條例第四條第五項第四款之規定，其立法旨趣通說認為在防免託運人高報貨物之價值圖得較高之不當損害賠償，藉以詐財而設。故託運人虛報貨物之價值。必須低價報高價之情形，始有其適用，而在虛報貨物之性質時，亦以性質之虛報與貨物之價值有關，而可能造成獲得較高之不當損害賠償時，始有其適用。就海商法第九十八條第一項第三款（現行法第五十四條第一項第三款）及第九十九條第一項（現行法第五十五條第一項）規定之旨趣以觀，可見貨物一般虛報性質或價值之情形，對於因此所生之毀損、滅失，運送人不負賠償之責。」

第十五節 貨物未經船長或運送人同意而裝載者

海商法第七十二條規定：「貨物未經船長或運送人之同意而裝載者，運送人或船舶所有人，對於其貨物之毀損滅失，不負責任」，與第六十四條第一項：「運送人知悉貨物為違禁物或不實申報物者，應拒絕載運。其貨物之性質足以毀損船舶或危害船舶上人員健康者亦同。但為航運或商業習慣所許者，不在此限。」，第二項：「運送人知悉貨物之性質具易燃性、易爆性或危險性並同意裝運後，若此貨物對於船舶或貨載有危險之虞時，運送人得隨時將其起岸、毀棄或使之無害，運送人除由於共同海損者外，不負賠償責任。」，對禁運偷運與危險物品運送之拒絕規定前後呼應。

(一)法　源

本條承襲海牙規則第四條第六項：「貨物具有易燃性、易爆性或危險性，如運送人、船長或運送人之代理人知悉其性質或特性即不同意予裝運者，得於卸載前任何時間、任何地點，予以起陸，或予以毀滅，或使變為無害，而不負賠償責任。所有因此項貨物之裝運，直接或間接所生或所致之損害及費用，託運人並負賠償之責。若此類貨物，其性質係經知悉，經同意予以裝運者，但對於船舶或其貨載有危險時，運送人仍得於任何時點予以起陸，或予以毀滅，或使變為無害，運送人除由於共同海損者外，亦不負賠償責任。」之規定而來，而一九三六年美國海上貨物運送條例及一九七一年英國海上貨物運送法附表亦作如是規定。

本條規定是海商法第六十九條第十五款因「貨物所有人、託運人或其代理人之行為或不行為」而使貨物毀損滅失者，運送人或船

舶所有人不負賠償責任之補強規定。蓋「貨物未經船長或運送人之同意而裝載」為「託運人、貨物所有人或其代理人之行為或不行為」之態樣之一，具有與本條及第六十四條規定前後呼應配合。

(二)貨物未經船長或運送人同意而裝載

貨物未經船長或運送人同意而裝載，解釋上包括二種情形：一是船長或運送人不同意裝載而予以裝載，二是船長或運送人若知悉其性質或特性即不同意裝載者。在海商法未修訂前，只規定未經船長或運送人同意而裝載者，運送人或船舶所有人對於其貨物之毀損滅失不負賠償責任。在貨物具有危險性、易燃性、易爆性時，並未規定其法律效果為何。為維護航行安全，並參酌海牙規則規定：「對於貨物具有危險性、易燃性、易爆性，船長、運送人或其代理人得為任何處分而不負賠償責任。」，海商法第六十四條增加第二項規定「運送人知悉貨物之性質具易燃性、易爆性或危險性並同意裝運後，若此貨物對於船舶或貨載有危險之虞時，運送人得隨時將其起岸、毀棄或使之無害，運送人除由於共同海損者外，不負賠償責任」。

(三)危險貨物經船長或運送人同意而裝載者

貨物具有以然性、易爆性或危險性者，經運送人或船長同意裝載之情形，海商法未修訂前並無相關規定，為保障船舶、貨物及人員之安全，海商法第六十四條規定運送人得隨時將其起岸、毀棄或使之無害，且除由於共同海損所造成之毀損滅失外，運送人不負賠償責任，與德國海商法第五百六十四條第五項及海牙規則第四條第六項後段之規定相符。

第十六節　汗濕貨損

一、汗濕貨損之意義及形成

　　貨物之汗濕損害分兩種形式：一是貨物汗濕，即空氣中水分附著於貨物上。二是船舶汗濕，指船舶形成之水分滴到或流到貨物上。汗濕之形成原因，在氣溫愈高時空氣中所能容納之水分愈多，當氣溫下降至露點時，超過空氣所能容納之水氣即會轉變為液體而形成汗濕。當空氣中之水氣凝結於貨物上，即會致使貨物形成汗濕，同理亦可造成船舶汗濕。

二、法　源

　　運送人就貨物汗濕損害的責任規定於漢堡規則第五條第一款，而海牙規則及海牙威士比規則內均有相同規定。

三、汗濕貨損之責任

㈠汗損非不可避免

　　汗濕早期被認為屬於海牙規則及海牙威士比規則中之免責事項範圍，如海上風險、貨物潛在缺陷等，隨著科學進步，汗濕並認為係可避免，因此運送人不能自動免除貨物汗濕責任。

㈡海上風險與汗損

　　汗濕與海上風險不同，並不屬於特殊情況，當船舶穿越不同氣候的區域，貨艙又不通風時，汗濕的產生即具有可預見性。然而，汗濕本身並非海上風險，但海上風險卻有可能導致汗濕損害。例如惡劣的天候造成不良通風時，會因此造成汗損。在近幾十年來，法

院對於運送人貨物汗濕損壞責任，採取了較嚴厲的態度，可從美國 Hunt Foods 訴 Matson Navigation Co.一案中得知，法院曾裁定「海上運送人若未能對貨物保持充分通風且無免責事由，即應負賠償之責。唯有當已採取各種可能、合理的預防措施時，汗損始被視為海上風險。」

(三)貨物固有瑕疵與汗損

外國法院有時以汗損之產生為貨物潛在缺陷或固有瑕疵為由，免除運送人對貨物汗濕損壞的責任。潛在缺陷係指一種暗藏的缺陷，根本不適用於汗濕。而固有瑕疵則是一種固有的缺陷或是指貨物的特性。如果事先知道貨物即將遭遇潮濕的空氣，並且可透過採取適當措施避免，則固有瑕疵不應適用於汗濕的情形。如果運送人援引潛在缺陷此一免責事項，外國法院將要求運送人負舉證之責，即運送人應就對貨物已做好適當通風、適當積載與照料，以及汗濕屬於固有瑕疵加以舉證。

如果運送人知曉貨物有遭遇汗濕和隨之損壞的危險時，運送人照料貨物的標準就要提高。換言之，既已知道在預期的航行中不能為安全運送，運送人即不應接受此貨物。

(四)習慣作法與汗損

亦有運送人主張以某種方式積載貨物乃為習慣作法，故若因此產生貨物毀損，即可不負責任，然法院終究駁回了此種主張，可見美國法院在 Armour & Co.訴 Compania Argentina de Navegacion 一案中之裁定，「運送人在裝運對通風有不同程度要求的貨物時，習慣上進行統一通風之此一主張，顯然欠缺說服力。某種通常作法或習慣，如不符合合理和謹慎的行為標準，不能僅因為其為運送人和同行業之人所遵循，而免除運送人之責。」

(五)不當積載與汗損

有時，汗損係由貨物不當積載所導致，在此種情況下，運送人即應承擔責任。例如將小麥或小麥胚芽裝載於木材下方，或是將兩種對通風有不同要求的貨物裝在一起，皆為不當積載。

(六)舉證責任

1. 運送人須證明貨物損害係由汗濕所造成。
2. 運送人須證明在船舶發航前和發航時，船舶已具有適航性、適載性。

第十七節　共同海損中貨物所有人之義務

一、共同海損之意義

海商法第一百十條就共同海損定義為「稱共同海損者，謂在船舶航程期間，為求共同危險中全體財產之安全所為故意及合理處分，而直接造成之犧牲及發生之費用」，蓋在海上航行期間，發生對同時波及船舶及貨物之危險時，依情況若犧牲船舶或貨物之一部分可保全其他部分時，船長應採取適當錯失以避免損害擴大。惟因此被處分之財產所生之損失，應由被保全之各財產所有人及被犧牲財產所有人共同分擔，始符衡平原則，共同海損之概念即由產生。

依海商法第一百十條之規定，可知共同海損之要件如下：（註21）

註21：劉宗榮，海商法，頁558。

㈠客觀上須屬同一次航海之冒險。

㈡須有共同之危險。

㈢故意而合理之處分。

㈣需因處分而發生特殊損害或負擔特殊費用。

㈤需因處分而致其他財產獲得保全。

二、允許共同海損請求之例證（註22）

㈠ Northland Navigation Co. Ltd.訴 Patterson Boiler Works Ltd.案

拖船在天氣惡劣情況下，因海水注入機艙而不得不斷開被拖船讓其漂流，法院判決認為拖船是適合拖帶的，而允許拖船和被拖船經營人向貨主請求共同海損之分擔，包括為防止拖船沈沒而斷開被拖船使之漂流之損害，亦包括事後試圖救助被拖船及其上貨物所產生之費用。拖船經營人無庸分攤費用，因救助被拖船及貨物之費用，並未同時用於救助拖船。

㈡ North East Shipping Corp.（Arb）案

船舶因鍋爐水污染而被命令改道航行，該鍋爐在航次開始三個月前，曾經例行性檢驗，污染係由於持有職務證書之船員疏忽所致，船舶所有人得向貨物所有人請求共同海損分攤。

三、不允許請求共同海損分攤之例證

㈠ World Wide S. S. Co.訴 India Supply Mission 案

法院認為：「不合理繞航是否可為對共同海損分攤請求之抗辯事由，易言之，對定期租船下充分瞭解船舶活動情況之船舶所有人而言，是否有權向不知且未默示同意繞航之貨物所有權人請求共同海損分攤，該繞航與共同海損損失具有因果關係。…在不合理偏航

註 22：Willim Tetley Marine Cargo clain。

與導致共同海損請求事故間有因果關係存在，對於 World Wide 公司共同海損分攤之請求，繞航之抗辯有理由」，因此，船舶發生不合理繞航時，貨物所有人得拒絕分攤共同海損。

㈡ U.S.A.訴 Eastmount Shipping Co（The Susquehanna）案

法院裁定：「被告請求政府分攤，936.57 美元之數額，該數額反映出政府承擔偏航到中途島添加燃料之額外費用。但船舶未為計畫航程裝載足夠燃料，已構成不適航，且此種不足是由被告缺乏謹慎處理所造成，故該項請求應予駁回。」，亦即對於船舶未備足燃料即開航之情形，船舶所有人不得請求分攤共同海損。

四、舉證責任

共同海損之舉證責任應由請求共同海損分攤之一方負責，並證明請求之損失或費用可列為共同海損。

貳、實務篇

第十章　保險理賠之基本概念與貨物索賠原則

第一節　保險理賠之基本概念

　　保險大眾投保之目的，除了心安並滿足風險轉嫁之要求外，實質上是為尋求意外損失時能夠獲得充分補償。所以，在要保人提出索賠時，總希望賠款能夠快速順利取得，其保險權益不受任何影響。就保險人而言，理賠支出固然是保險業務經營之最大成本，惟每一次意外事故之發生，正也是保險人提供服務、履行保險責任之大好機會。因此，恰當迅速之理賠，不僅可以協助工商企業順利營運，促進保險事業之正常發展，而且可以使保險大眾對保險成本之分擔公平合理，使意外災難之發生依其自然一定之軌道運作。保險之理賠，尤應慎重。

第二節　貨物索賠原則

一、最大誠信原則（Utmost Good Faith）

　　海上保險契約是一種最大誠信契約，契約當事人之任何一方不遵守最大誠信原則，他方得主張契約無效（請參閱英國海上保險法第十七條）。由於被保險標的物之真相及所有資訊，只有被保險人最為清楚，而保險人必須仰賴被保險人所提供之資訊作為審核之依

據，故被保險人於投保時有據實詳盡告知之義務。

至於是否違反最大誠信原則，通常以投保時之重要事實（Material Facts）是否已告知保險人為考量之重點。所謂重要事實係指所有會影響保險人決定是否承保該項義務或將以不同費率、條件承保之相關事實皆屬之。不論該事實是被故意或無意隱匿皆屬違反最大誠信原則。被隱匿而未告知之事實，是屬於保險人就其業務範圍內應具備之常識則可以不必告知被保險人（英國海上保險法第十八條）。如對於定期班輪之航程、航期、船舶資料，貨櫃在運送過程可能裝載於甲板上等等均屬保險人應有之業務常識。

二、主力近因原則（Proximate Cause）

依據英國海上保險法第五十五條規定，除保險單另有規定外，保險人對於所承保之主力近接危險所致之損失負賠償責任，但對於非由於所承保之主力近接危險所致之任何損失，概不負責。

損失的發生原因，往往是決定賠案是否成立的重要因素。因此理賠人員，首先必須確認損失究係肇因於承保危險事故所致，抑係歸因於非承保危險事故所致。一般說來：一個損失，往往係由單一危險事故所致，但也有可能一個損失事實，係由一個以上的相關危險所造成，而這數個事故中可能有部分係屬承保範圍，而有部份並未必然。

所謂主力近因原則係指造成損失發生之最直接、最主要且有效的原因。例如：老鼠咬破船上水管，至船艙貨物水濕受損，被保險人提出索賠，保險人以鼠蟲害（Rats & Vermin）為理由拒賠，但經法院判決結果，認為貨物受損之直接主力因素為水濕，鼠害僅是其中相關原因之一，並非主力近因，故保險人，仍應依保險契約負賠償之責。

三、合理誘因原則（Reasonably Attributable to）

協會貨物條款一九八二年 ICC[B]及{C}第 1 條危險條款所列舉之承保危險事故中，1.1 項陳明承保被保險標的物之毀損或滅失係可合理誘因於其下所列危險事故所引起者，即 ICC[B]第 1.1.1 款至第 1.1.6 款 ICC[C]第 1.1.1 款至第 1.1.5 款。是則就保險標的物之損失，只要"合理誘因"於該等危險事故所致即可，而不必嚴格要求探究"主力近因"。例如：被保險標的物之毀損或滅失係可合理誘因於載運工具之火災或爆炸、擱淺、觸礁、沉沒或傾覆等屬之。

四、保險利益（Insurable Interest）

保險利益的存在與否，決定了保險契約的效力是否存在並受法律保障（依據一九〇六年英國海上保險法第四條）。凡是對海上冒險，含從屬航程內的內陸河道及陸上危險，有利害關係者，均有保險利益；對於海上冒險或任何在危險中之可保財物有法律關係，而於可保財物安全或按期到達時即可獲益，或於可保財物發生損毀、滅失、阻留或責任時，受有損害之人，即有保險利益（一九〇六年英國海上保險法第五條）。

保險利益並不一定要在締約時即存在，只要損害發生時，被保險人持有保險利益即可。

對於保險利益之存在與否之判定，也是理賠人員處理賠案時之重要考量之一。

五、補償原則（Indemnity）

海上保險契約，係保險人向被保險人允諾，於被保險人遭受海上損失，即海上冒險所發生之損失時，依約訂之方式及限度負擔賠償之契約（一九〇六年英國海上保險法第一條）。

　　所謂補償者，是在損害發生後，盡可能使受損害人回復損害發生前的情況，即對受損害人的損害以金錢之給付或其他方式，予以補償。

　　理論上，保險補償充分反應被保險人所遭受的損失，因海上保險契約通常都是定值契約，故保險人賠付時，皆依保險單所約定之價值理賠，縱使該價值可能與原買賣雙方所協議之買賣價格不同，但無論如何，仍以被保險人對該保險標的物之利益為限。

六、舉證責任（Onus of Proof/Burden of Proof）

　　法律的一般通則是舉證責任必須由請求理賠的一方來證明他的損失及其主張之依據是正確的。他有責任提出足夠的證據以確立賠案的有效性。

　　為了要解除證據負擔，被保險人無須排除損害為何會發生的所有可能性，他僅須指出意外損失比較可能是由承保的危險之一所造成的即可。由於被保險人有責任證明他遭受損失的原因，因此假如此種特定損失同樣有可能是除外的危險所引起的，則被保險人可能無法解除加諸他身上的舉證責任。假如被保險人提出表面證據顯示出損失是承保的危險所造成的，那舉證責任即轉換到保險人身上，保險人如果想拒賠，他必須提出反證，譬如損失並非承保的危險所引起的，或是被保險人知情，違反約保證事項或是屬於除外不保的項目之一。

　　舉證責任的要求可能因為特殊案件的而有所不同，譬如，被保險人主張海上危險的損失他必須證明損失是意外的。假如損失同樣有可能是因為海上危險和鑿孔沉船，那麼被保險人將無法請求賠償。然而，假使被保險人主張是失火的損失時則同樣的原則即不適用。因為失火不僅被認為是意外的失火，同時也包括故意的（Deliberately）失火。一旦被保險人指稱損失是失火引起的，無論故意

與否，保險人必須舉證被保險人對於失火是知情的，否則無法拒絕
賠償。（註1）

第十一章　保險人貨損索賠之處理

第一節　索賠之要件

　　保險公司一般而言，比船東及貨主擁有較高的專業知識及豐富的處理事故的經驗，因此保險公司應該在接獲船東或貨主之通知後，提供迅速適當的措施，協助他們減輕損失，如有必要時更應該委請各種專業人員佐理，因此遇有承保標的發生損失，於接獲被保險人索賠或承運人通知後，應立即成立賠案，核對保單單底或要保書影本、批單底並將賠案編號，編製賠案登記本存查。

　　如前所述，被保險人有責任證明他遭受損失之原因，而在索賠時，即應該提出相關的證明文件來支持他的索賠。

　　一般貨物運輸保險賠案處理要點：

　1.確定下列事項

　　⑴保險單承保條件及內容

　　⑵貨物損害發生（或發現）之時間

　　⑶損失之程度

　　⑷發生損失之原因

　　⑸是否屬於除外不保事項

　　⑹出險地點是否在承保運送途中

　　⑺索賠是否逾時

　　⑻索賠人是否有保險利益

　　⑼是否涉及海上碰撞、施救或共同海損事宜

2.提出對貨物減少損失之建議

3.對受損貨物之處理方式

4.保全措施之提出

　(1)請運送人會同查勘受損之貨物

　(2)請貨主於提貨時，要求海關倉庫管理員簽發事故證明，或於收貨證件上註明貨物異常。

　(3)立即向運送人發出追索信函

5.請被保險人提出下列資料

　(1)索賠函件

　(2)保險單或保險證明書（正本）

保險單係保險契約之具體文件，不但證明契約之存在，也是主張求償權利之必備文件，如有轉讓（CIF 買賣條件時之轉讓與買受人），必須有原被保險人之背書，始生效力。

保險單正本遺失時，可以保險單副本求償，但須求償人立保證書以保證將來如有人以遺失保險單正本提出索賠時，求償人願負償還保險單賠償之責。因保險公司收回保險單正本即證明其已履行保險契約上之賠償義務。

若被保險人將保險單正本質押於銀行貸款（即以該銀行為優先受益人）時，除非被保人已清償銀行信用狀貸款，贖回保險單正本，或取得銀行書面同意將賠款給付被保險人，否則由質押權銀行優先就其債權範圍內享受該保險單之賠款。

　(3)商業發票（副本）

商業發票係證明貨物賣價之文件，從該文件，保險公司理賠人員得以知悉貨物之單價及實際貨，在部份損失時，可從之確定該損失部份之保險金額，而予賠償。在買賣時若聲明另有重量證明、品質、規格證明等文件，亦應於求償時一併提供保險公司，以明責任而予核賠。

(4)提單（副本）

全損時須正本。提單係載貨證券，為運送人將貨裝載於運送工具後所提供，亦即係證明投保貨物已裝載於船舶上之文件，通常運送人提供三份正本，分為第一正本（Original），第二正本（Duplicate），及第三正本（Triplicate），於目的地港時，僅提供任何一份即可提貨，唯若於目的地港以外之中途港提貨時，受貨人則需提供全部正本。因此，如有重大損失之情形，保險公司為明瞭提單上有關運送人及託運人之權利義務，以便研究向運送人行使代位求償，常會要求被保險人於求償時，需提供前述任一正本。又由於提單之任一份正本，皆可憑以向運送人或其代理人提貨，因此於貨物遭受全損之際，保險公司將要求受貨人送交全套之提單正本，此亦即權狀之交付。

(5)裝箱單（副本）

裝箱單係證明貨物包裝之文件，惟一般在散裝貨之情形，則無此項文件，而係傭船契約（Charter Party），有時供應商亦會將貨物包裝情形在商業發票中一併陳明。

(6)事故證明文件

即運送人或有關方面出具承認責任之破損證明文件，此項文件係證明標的物，確係在保險單承保有效範圍、時段內發生事故之重要證明，也是運送人或有關方面對損失應負責之證據。被保險人辦理提貨時，務必取得此項文件，方可行使保險單之求償權。例如：短卸證明、事故證明單、異常報告單、船方卸貨時之理貨紀錄、船方交貨收據、進倉紀錄、出倉記錄或內陸運送人簽具之送貨單等。

(7)公證報告

公證報告之主要功能係以公證人之經驗及學識判斷損失發生之原因及程度，使保險公司易於理算賠款，其本身並非損失之證明文件，而純係有經驗之公證人估計損失程度之文件。公證報告之內容

必須詳細記載下列事項：

　　　　①損失發生（現）之時間。

　　　　②受損貨物之外表狀況（即貨物外包裝情形）。

　　　　③損失之程度。

　　　　④損失之原因。

　　　　⑤受損貨物之處理：受損貨物是否可修理，本地修理或原

　　　　　廠修理，如不能修理時，該受損貨物是否有殘值等。

　　除非前述第⑹項破損證明文件對於損失程度已有明確之記載

（如短卸證明上記載短卸數量），否則本項所提到之公證報告乃是

求償必備文件之一。

　　公證報告通常視案件情況，由保險公司理賠人員製作，或由保

險公司指定或認可之公證人，就其勘查結果所製作之書面報告。有

關公證費用，若為求償人委託者，則由求償人先行給付，於賠案成

立時，由保險人一併核付。

　　若被保險人或求償人堅持指定某特定之公證人時，除非事先經

過保險公司同意，認為其確能勝任該等特定之檢定工作，否則其所

出具之公證報告書，僅供參考，如有正當理由，保險公司甚至可以

拒收，有關該項公證費用，縱使賠案成立，亦仍由求償人自行負

擔，唯對於勞依茲之代理人所為之公證，一般均被視為合格之公證

人，無須保險公司之事先同意。

　　　　⑻受貨人向運送人或其他有關方面就貨物損害責任提出追索

　　　　　之往來函件

　　此類文件可證明受貨人已盡保障保險公司代位求償權之契約義

務。

　　　　⑼其他必要證明文件（如傭船契約、買賣合約、重量證明、

　　　　　海難報告……等）

　　6.涉及共同海損者

⑴貨物被犧牲時

　A.理算後賠付貨主

　B.將上述賠付有關資料寄交船東所委請該案共同理算師請求補償

　C.共同海損理算後，自海損理算師獲得該被犧牲貨物應得之補償。

⑵貨物未被犧牲時

　A.受理共同海損通知

　B.請貨主向船公司提貨時，辦理下列手續

　　⑷簽署共同海損契約書

　　⑻填寫貨物估價單

　　⑻取得共同海損保證書

　C.被保險人要求出具共同海損保證書時，應準備下列文件：

　　⑷共同海損通知

　　⑻保單（副本）

　　⑻商業發票（副本）

　　⑼提貨單（副本）

　　㈠相對保證書

第二節　索賠之審查

第一項　承保之損失與除外不保之損失

一、海上保險之損害

被保險人因海上危險（含從屬航程內的內陸河道及路上危險）

所致之結果，遭受到經濟上損害。依其型態，大致可分為承保標的物本身的實質損失（Physical Loss/Damage）及其所生的費用（Expenses/Charges）及責任（Liabilities）。

為使理賠人員對於海上保險之損害能有簡明之全貌印象，茲以提綱挈領方式簡介如下；至於各項名詞定義及要旨請參閱本教材各相關章節所作之說明，為免重覆，本節不再贅文陳述。

㈠損失（Loss/Damage）

損失可分為：

1. 全損（Total Loss）

(1)實際全損（Actual Total Loss）

保險標的物由於承保危險所致下列情況，得視為實際全顯（1906 MIA 57.1）。

A.物質的滅失

如貨物、船體沉入海底或為火所毀損等。

B.即嚴重的損害致使其已不復是承保時的原物（Loss of Species）

如船舶因海浪沖激已成為殘骸（Wreck），煙草潮濕致生異味，完全無用。

C.保險標的物永不得再歸復被保險人所有。

(2)推定全損（Constructive Total Loss）

保險標的物由於承保危險所致下列情況，得視為推定全損（1906 MIA 60.1）。

A.其實際全損似已無可避免

如船舶於風浪季節擱淺於多石礁而危險的岸灘，則其破船或沉沒勢將無可避免。

B.為免除實際全損而施救，但其施救費用將超過其被保全的價

值

如花費 2500 萬元去施救危難中的船貨,而拯救後其價值只有 2000 萬元的情況。

C.因承保風險所致被保險人喪失其對被保險船舶或貨物之所有權(1906 MIA 60.2.1)

a.被保險人似不得回復其對被保險船舶或貨物之所有權,或

b.其回復費用超過其回復後的價值。

D.因承保風險所致被保險船舶受損,其修理費用超過修理後之值(1906 MIA 60.2.2)

對於修理後的價值及其如何估計,法律並無明文規定,在船體保險中有「價值條款」的應用,規定在確定推定全損時,保險價值即得視為修理後的價值。故如修理費用超過保險價值,即得視為推定全損。實務上,船體保險有使用「雙重價值條款」(Dual Valuation Clause),即以一個較低之價值作為確定全損的標準;另以一個較高之價值作為維持「免責」的標準。

E.貨物受損後,其修理費用及接運至目的地的費用超過其抵達後的價值者(1906 MIA 60.2.3)

此項情形,一般保險人大多以賠付被保險標的物之保險價值與中途港出售所得之殘餘價值(Salvage Value)二者之間之差額,即所謂的「施救損失」(Salvage Loss)。

F.運費保險之推定全損,一般均根據船舶保險同樣處理,即船舶受有損害被推定為全損時,其有關預付運費部分亦得視為推定全損。

G.被保險人欲以推定全損索賠時,應先就保險標的物予以委付與保險人,故委付(Abandonment)實為構成推定全損的先決條件(Condition Precedent)。但保險人仍可拒絕接受委

付，而仍賠付推定全損。蓋保險人一旦接受委付，則將立於被保險人（即所有權人）之立場，承擔一切之權利及義務責任。一般而言，保險人都是拒絕接受委付，尤其船體保險，更為如是。

⑶協議全損（Compromised/Arranged Total Loss）

保險人及被保險人對於保險標的因承保風險所致受損，損失金額未達保險金額但被保險標的物又無修理之必要，基於各種因素之考量，認為如以協議全損的方式補償被保險人以損失金額為限之基礎處理較為有利時，即所謂的「協議全損」。

⑷假定全損（Presumed Total Loss）

船舶行蹤不明並且超過全程時間而仍無訊息者，得假定其為實際全損（1906 MIA 58），但被保險人有舉證該項損害係在保險單有效期間所發生者。實務上，凡被勞氏列入「失蹤」的船舶，均假定其為遭海難（Maritime Perils）所致而滅失。

⑸可劃分部分全損（Total Loss of An Apportioned Part）

即指保險標的可以劃分，則該可劃分部分之全損可以全損處理（1906 MIA 76）。通常該可劃分之部分，須於保險上註明件數及其分別的價值。

2.分損（Partial Loss）

⑴共同海損（General Average）

所謂共同海損是指在海上共同冒險中為保存一個以上利益關係人之財物免於危險所故意且合理發生的特別犧牲或費用。

A.共同海損的主要特徵有下列五點：

　a.自願的故意損失（有別於意外性質的損失）

　b.處於危險狀態中

　c.共同冒險

　d.特別的

　　　e.合理性

　　B.共同海損損失一般可大分為二類：

　　　a.共同海損犧牲

　　　b.共同海損費用

(2)單獨海損（Particular Average）

　　　單獨海損是指保險標的由於被保險風險所致不屬於共同海損的部分損失。譬如船舶和他船碰撞導致船頭凹損，因擱淺致船底破裂；貨物因失火或浸到海水致價值減少等皆是單獨海損。

　　　單獨海損之特徵如下：

　　A.部分損失。

　　B.由承保風險事故造成

　　C.本質上損失是意外的

　　D.與第三人責任無關

(二)費用（Expenses/Charges）

　　海上保險損害所生之費用：

1. 單獨費用（Particular Charges）

　　　指單獨海損所致的從屬費用；損害防阻費用及額外費用均屬單獨費用之性質。

(1)損害防阻費用（Sue and Labor Charges）

　　　損害防阻費用是依據保險單條款被保險人義務條款（ICC 第 16 條及 ITC 第 13 條）規定而發生的費用。保險人對於該費用之償還，以保險金額對於保險標的之價值比例定之。被保險人義務條款是一種補充性且獨立的協議，因此保險人除原保險單所承負責任以外，另行承負了一項責任，故即使保險人已賠付全損，對於這類依據該條款所發生的損害

防阻費用仍應負賠償責任（1906年MIA第78條第12款），但對於非保險單所承保危險所發生之損害防阻費用仍不得要求保險人賠償（1906年MIA第78條第3款）。

(2)額外費用（Extra Charges）

係指發生於目的地之費用，一般都為對受損貨物之存放、重整等費用或為損害估審之查勘、檢核之費用。此類費用係附屬於賠案，於賠案成立時，一併由保險人賠付。若賠案不成立，則失所附屬，保險人不負賠償責任。但檢定若係由保險人自行估審或另有約定者，保險人仍應負賠付之責。

2.救助費用（Salvage Charges）

是海商法中獨特的概念，意指自願且成功地救助處於海上危險中的財物之人有權獲取提供服務應得的報酬。

施救人的權利是獨立於契約之外的，雖然實務上標準格式的救助契約經常被援用著。其中最被廣泛使用的是勞依茲標準救助協議。

(三)責任（Liabilities）

海上保險所承保之責任，乃指碰撞責任。共同海損分攤及救助報酬分攤等。

1.碰撞責任

碰撞乃指船與船之間的接觸。基本概念上船舶是一種可移動漂浮、不一定要有動力的建物，被用於或企圖被用於在水面上運送財物或人員。

碰撞是海上危險之一，因此被保險船舶因碰撞造成本身船體的有形損害可依協會船體保險條款第六條的規定請求賠償。至於碰撞條款則是一種補充契約，它提供保單主體外補充的承保範圍。保險人依碰撞條款應負責的範圍是因為侵權行為所引起的碰撞責任。例

如航行疏忽結果的行為上的不法。因契約或法令規章所產生的責任保險人概不負責賠償。

2. 共同海損分攤

共同海損行為獲得保全之船、貨、運費等均須依其獲得保全之價值，就其與全部共同利益價值之比例分攤共同海損之犧牲及費用。

3. 救助報酬分攤

被救助之共同利益，應與其獲利價值占全部共同獲救價值比例分攤救助人之報酬。

二、承保損失（Included Losses）

(一)貨物

1. 保險講求因果關係。若造成貨物受損之主要而近接之原因係保單所承保之危險事故，則該損失可獲得保險賠償；否則，即使貨物受損，保險人仍礙難理賠。

2. 水險／兵險／罷工險（Marine Risks/War Risks/Strike Risks）
   保險實務上，保險人可以承保之危險（Insurable Risks）分成兩大類，即一般所稱之水險與戰爭／罷工險。以海運為例，在水險範圍內之三組標準基本保險條款有，一九八二年一月一日推出之 ICC(A)、ICC(B)與 ICC(C)，或一九八三年一月一日推出之 ICC(All Risks)、ICC(WA)、與 ICC(FPA)。
   ICC（All Risks）之承保危險幾與 ICC(A)相同；ICC(WA)接近於 ICC(B)；而 ICC(FPA)則類似 ICC(C)。

3. 基本上，(C)條款承保火災、爆炸即船舶擱淺、沉沒、碰撞、共同海損等特定危險事故；而(B)條款除承保(C)之範圍外，主要是增加水侵入船艙等處所造成之損害。

　　(B)與(C)條款之承保範圍係採用列舉方式,除一般保險不承保之項目外,將所承保之危險事故逐項明列,未明列者,即不在承保範圍。

　　(A)條款在承保範圍上之最大不同點即不個項列舉,而採概括式承保,除條款中所記載一般除外項目以外,一概加以承保,此即通常信用狀所稱之 All Risks。

4. 附加特殊危險（Extraneous Risks）

　　此類附加危險不屬於ICC(B)或ICC(C)之承保危險,但包括在 ICC (A)承保危險之範圍。例如：Hooks, Oil, Rain, Freshwater, Theft, Pilferage, Short Delivery, Non Delivery, Sweat, Contact with other cargo, Leakage, Breakage.

5. 延伸承保／轉船風險（Extended Cover/Transshipment Risks）

　　Extended Cover 特承保在被保險人無法控制下,貨物因延滯、偏航、強迫卸貨、重新裝船、轉船或其他船東依運送契約得權宜變更航程所致之損失,但本條款決不承保直接因 Delay 或 Inherent Vice 所指之損失（本項承保範圍以併入現行 ICC 條款中）。

　　轉船若為被保險所預知,應事先通知保險人,即使因信用狀規定不得轉船而不便於明示在保險單之上,也應於投保時作如是說明。

6. 投棄及海浪沖落（JWOB ＝ Jettison & Washing Over Board）

　　通常保險單規定對於裝載於甲板上之貨物只承保ICC(C)條款,蓋因甲板之貨物容易發生JWOB之損失。然自從貨櫃大量使用後,習慣上有 1/3 之貨櫃會裝載甲板上,故為獲得充分保障,信用狀上常規定：If goods are shipped by container vessel, insurance must cover the risks of jettison and/or washing over board.

7. 不適用損失百分比起賠額

（IOP ＝ Irrespective of Percentage ＝ without franchise）

　　舊式保單由 S.G. Policy Form 與 ICC(1.1.63)配合而成，S.G. Policy From 之 Memorandum 約定：保險標的依貨物不同，其部分損失應受 3 ％或 5 ％起賠額之限制，任何損害未達起賠噴者不予理賠。嗣後被保險人為刪除此項起賠額之限制，常要求以 IOP 方式投保，即不使保險單適用起賠額之意思。

(二)船　舶

　　標準的船舶險保單條款則在它的第 6 條－危險條款中規定因下列原因造成船舶毀損滅失時保險人同意賠付：

1. 海上、河川、湖泊或其他可航行水域之危險

失火、爆炸

來自外他人之暴力盜取行為

投棄

海上劫掠

核子裝置或反應爐之故障或意外

與飛機或類似物體、或自該物體掉落之其他物體、陸上運輸器、船塢或港口設備或設施相接觸

地震、火山爆發或閃電

2. 裝卸或搬移貨物或燃料之意外

鍋爐破裂、軸心斷裂或任何機器或船體之潛在瑕疵

船長船員或引水人員之疏忽

修理廠或租傭船人之疏忽，如該修理廠或租傭船人非為本保險之被保險人

船長船員之非法行為

　　值得注意的是根據前述第 2 項請求賠償時，必須該毀損或滅失

不是因為被保險人、船東或經理欠缺相當注意所引起的才行。至於船長或船員雖持有該船之股權仍然不被視為這裡所謂的船東。

有些人認為 ITC 船舶保單保的是全險，事實上這是不正確的，對船舶來說，我們可以說是並沒有真正的全險保單。

三、除外不保損失（Excluded Losses）

㈠貨 物

1. ICC(A)條款不承保下列項目所致或引起之毀損、滅失或費用：
   (1)被保險人之故意不當行為
   (2)保險標的之正常漏損、重量或容量之正常短少或自然耗損
   (3)保險標的之包裝或安置不固或不當
   (4)保險標的之固有瑕疵或本質
   (5)任何原因之延滯
   (6)船舶所有人、經理人、承租人或營運人之財務糾紛
   (7)核子等放射性武器之使用

2. ICC(B)及 ICC(C)：
   除上述(1)～(7)外，尚增加一項除外不保損失。即任何人員的不法行為引起被保險標的物之全部或部分蓄意性的損害或毀壞。

㈡船 舶

1. 法定不保之危險事故（Perils Excluded Statute）
   (1)被保險人之故意過失
   (2)正常耗損
   (3)鼠咬蟲蛀
   (4)非由保單承保事故所致之機器故障

2. **實務上或約定不保之危險事故**

（Perils Excluded by the ITC, other than the RDC）

(1)兵險（War etc.）

(2)罷工險（Strike etc.）

(3)惡意行為（Malicious Acts）

(4)核子武器（Nuclear Weapon of War）

3. **碰撞條款不保事項**（RDC Exclusion）

(1)障礙物、殘骸、貨物或任何其他物品之移除

(2)任何動產（但並不包括對造船舶上H/M的部份）、不動產或個人財物

(3)被保船舶上之貨物或其他財產

(4)死亡、受傷或疾病

(5)任何動產、不動產或個人財物之污染或污損

第二項　承保期間之損失

一、承保期間之開始

㈠保險利益必須存在。保險契約生效要件以保險利益之具備為前提，所以被保險人於保險事故發生時，必須具有保險利益始可獲得保險理賠。例如 FOB 條件進口之貨物運輸保險，其效力僅於貨物裝上指定船舶後才算開始，儘管保險航程有倉庫到倉庫之適用。

㈡承保期間之開始

保險自貨物離開保險單保險航程所載地點之倉庫或儲存所開始運輸時生效，但非有下述情況發生仍不開始：

1. 貨物離開保險契約上所載明起運地之倉庫或儲放所。

2. 貨物之離開是為保險旅途之開始。

　　所以說，製造工廠與包裝工廠間之往來旅程，以及因包裝而停留在包裝工廠之期間都在排除之列，而貨物於工廠用來吊貨至貨車之吊具上受損，亦不在承保範圍之內。

二、承保效力之持續

(一)貨物在一般正常運送過程之內，其保險效力持續有效

　　例如在貨物離開倉庫之後到裝貨港裝船之前，託運人接到通知，於是決定將貨物存放於裝貨港之碼頭倉庫以迄找到新買主為止。如此則該保險之效力止於貨物運抵該倉庫之時，因為其後該貨物已不在一般運送過程之中。

(二)運送中之貨物並不以連續不斷之運送為要件

　　在正常之運送過程中，貨物經常會暫時停放於中途站，其保險效力仍然持續有效。例如裝貨港或轉運港在碼頭上等待裝船之棧棚，或卸貨港等待清關以運往目的地之倉庫或儲放所等。

(三)被保險人不能控制之延滯、偏航、強制卸貨、重行裝船、或轉船、以及船東依運送契約權宜變更航程等狀況時，保險維持有效。

三、承保期之終止

(一)送達或滿期

　　貨物於目的港卸載後，其承保期間依貨物送達於最後倉庫或儲存所、送達於用做儲存或分發之中途佔、或屆滿六十日期限等情況之優先發生而終止。

(二)送達交付不以接管為必要

若貨物已運交於保險單上最終倉庫或儲存所，而受貨人必須完成一定手續後方能接管該貨物，則保險效力於貨物運交該處後即行終止，不等受貨人完成必要手續後才起算。

(三)保險航程與實際運程不一致時

若貨物之最終目的地處於內陸，但保險航程只約定保至卸貨港，則貨物於海關提貨後在港內儲放等待內運之倉庫即視為承保期間最終之倉庫，保險效力於焉終止。

(四)目的港卸貨後六十日是『最大期限』而非『固定效期』

貨物在目的地或中途交付受貨人，或卸岸後屆滿六十日，以先發生者為適用基準。

若受貨人未履行合理快速送達（Reasonable Dispatch）之義務（例如可提貨而故意不儘速辦理清關提貨），則即使卸貨後六十日之期限尚未屆滿，保險效力仍因被保險人之不合理延滯而終止。

(五)貨物轉運時

最終卸貨港卸載後保險終止前，目的地發生改變，保險於貨物開始運往替代目的地時終止。此狀況以發生於貨物運抵原目的地之前出售者居多。

(六)運送契約終止時

1. 除非迅速與保險人另即安排，貨物保險於運送契約在中途港地終止時同時終止。

2. 保險經安排不中斷後，其效力維持至貨物在該中途港地出售並交貨為止，但此過程必須於到貨後六十日或其他同意之期限內完成。

3. 出售貨物交付前僅有買賣之協議不一定構成保險效力之終止。

4. 在期限屆滿前保險因貨物交付於買受人而終止。

5. 貨物在期限內運往原定或其他替代目的地時，保險維持有效並依運送條款（Transit Clause）之規範辦理。

(七)航程改變時

航程改變依英國海上保險法規定原可解除保險責任，由於Change of Voyage Clause 之適用，使保險效力不受航程改變之影響，但該條款只保障航程改變，並不保障另一全然不同之航程，後者指航程一開始貨物就啟航自一不同之港地或航向一不同之目的地。

獲取該保險保障之前提是被保險人必須履行快速通知保險人之義務。

第三節　理賠之程序

貨物運輸保險理賠程序

當貨物於運輸途中或因承保危險的發生而造成損害時，首先應考慮索賠的對象，如係供應商之責任，應依買賣契約有關索賠事項之約定辦理，如為保險公司所應承擔之賠償責任，則有關的保險索賠手續如圖：

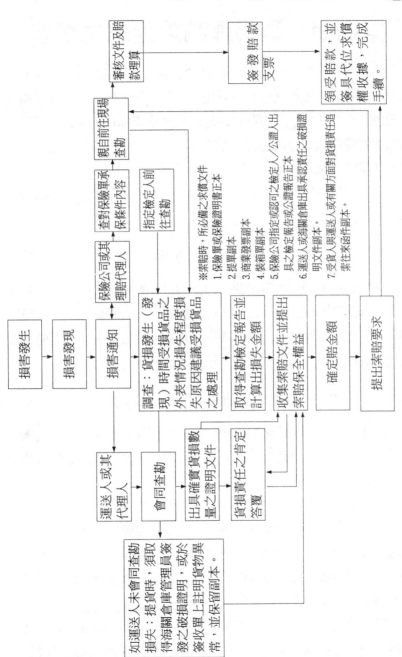

〈貨物運輸保險理賠程序圖〉

第四節　貨損運輸險理賠之實務

保險單係契約之一種，契約雙方當事人，即保險人及被保險人依照契約各有其應享之權利及應盡之義務。如被保險人在處理損失索賠過程上有所疏忽，而該項疏忽若無法事後補正者（如提貨時，貨物明顯受損未及時取得破損證明單），往往會影響被保險人向保險公司求償之權利。

目前貨物運輸保險理賠之作業因出口、進口及國內運送而有不同：

一、出口方面

保險人於簽發保險單同時，即已指定其公司在目的地之理賠代理人，以便就近代為受理賠案，俟該理賠代理人將處理後之理算結果及有關索賠文件送交保險人後核付賠款。由於理賠已由理賠代理人代為處理，因此在審核工作上已簡化許多。

二、進口方面及國內運送方面

保險人於接獲保戶報告通知後應即查詢保單承保內容，如確屬承保時隨即派員或委託公證人進行現場勘驗，並作成記錄或公證報告，以為將來核賠之依據。

被保險人辦理索賠時在手續上及時效上應注意下列相關事項：

一、受貨人獲悉到受貨損時，應儘早辦理提貨，並以書面通知運送人公證的時間、地點，以便會同公證（Joint Survey）。

二、保險單上附貼有「碼頭條款」時，公證應於貨物上岸處為之，即採行碼頭公證。

三、辦理提貨公證時，如發現貨物之毀損滅失係發生運輸途中或卸貨時，應取得承運人或港務局簽發之事故證明單或異常情形報

告書。貨物之毀損滅失如係內陸運送人過失所致者，亦需取得其所簽署之事故證明文件。

保險公司於接到受貨人之損害通知時，通常會作下列之考慮：

一、了解損害情形，保險人或其指定之代理人於接獲損失通知時，應立即查對保險單承保之內容及條件，判斷是否為保險單之承保範圍，若明顯確定不在承保範圍之內，當即告知保險理賠之立場，但仍協助其建立索賠資料，以便向其他有關對象索取賠償。

二、若屬承保範圍，保險公司會：

　　㈠先略估損害金額大小，決定處置原則。由於貨物險之出險原因（除共同海損外）及其他狀況較之船舶險單純，貨物險通常於被保險人通知出險至理賠給付僅需數天，因此其對未決賠款的估計亦較為明確簡單。

　　㈡決定貨物損害之勘查，由貨主自理，由保險公司理賠人員前往現場或由指定之公證行辦理，並提供知識上及技術上之協助，以保障被保險人及保險公司雙方的權益。

三、對於重大的賠案，視個案之情況，協助受貨人採取必要之措施，以確保保險公司之代位求償權。例如：要求運送人會同查勘，取得運送人代表（船長或大副）簽發之貨物異常報告，安排專業之海事檢定師登船查證，甚或於必要時，向法院申請扣船等。

三、貨損理算

貨物價值損失之計算，應依到達地到達時之完好價值（Gross Sound Value）與受損後總值（Gross Damaged Value）之差額，與完好總值之比例定之。如為定值保單，其完好價值即為保險單中訂定之保險價額，如為不定值保單，其完好價值應為保險標的之可保價額。若單一貨物無法依法其單位分割其價值時，其應賠付金額之計算為：

應賠付金額＝保險金額×（完好總市值－受損後總殘值）／完好總市值

上述之完好總市值與受損後之總市值，均須依照總值（Gross Value）計算（即貨物本身淨值連同雜費總合計算），不能依照貨物本身之淨值（Net Value）計算。因貨物本身雖受貶值之損失，但一切雜費如關稅、運費及起岸費用等，並不能因之減免。且如僅依貨物本身淨值計算，其結果補償金額仍將依貨價之漲跌而多少不定。若貨物於受損後即已全部出售，則應改以其售得之價款總額（Gross Proceeds）代替。所謂價款總額，係指依批發價格或估計價格出售貨物所獲得之實際價格，其中並未減除一切售貨運用。若貨在習慣上於保稅倉庫出售者，則以保稅價格（Bonded Price）為其總值。

若為部份貨物之全部損失，應先確定損失部份之價值與全部價值間之比例，再乘以保險金額，即得保險人應補償之金額，其公式如下：

應賠付金額＝保險金額×損失部份之價值／全部價值

第五節　貨損理賠實例之介紹

㈠全　損

定值保險單情況下的全損，即按保險金額賠付，例如買賣商業發票金額為壹拾萬元，依慣例加 10 ％投保，保險金額為壹拾壹萬元，發生全損時，則理賠壹拾壹萬元。

㈡部份損失

對於貨物的單獨海損，依一九〇六年英國海上保險法第七一條規定，其所能獲得的補償為：

1.當定值保險單所承保之部份貨物、商品或其他動產全部損失時，以損失部份之可保價值對全部可保價值之比例，乘以保險單總保額所得的金額獲償。但國內實務上則以損失部分之發票價對全批貨物之發票價之比例，乘以該批貨物之總保險金額計算。

例：茶葉 100 箱，每箱發票價 100 元，約定價值與保險金額為 11,000 元，於全損一箱時，即賠付 110 元（11,000 元×1 箱/100 箱 ＝ 110 元）。

但如 100 箱茶葉中，上等茶 50 箱，發票價值 6,000 元，下等茶 50 箱，發票價值 4,000 元，投保金額為 11,000 元，於損失一箱上等茶葉時則須先求出該箱保險價額佔一百箱的保險額比例，再乘以保單的保額計算出應賠償金額。

11,000 元×120 元/10,000 元＝ 132 元

對於不同種類的貨品劃分辦法，於一九○六年英國海上保險法第七十二條有詳細規定，唯因其計算相當複雜，實務上多以發票價格為標準。

2.全部或部份貨物或商品抵達目的地時已有受損害之情況：如為定值保險單時，則為到達地總完好價值及到達地總毀損價值的差額與到達地總完好價值的比例，乘以保險單的保額所得之金額。

例如：某批貨物到達後因受損僅售得壹萬元，而當時該地同類完好貨物之售價為貳萬元，該貨定值投保壹萬陸仟元，保險人應賠付：

16,000 元×(20,000 － 10,000)/20,000 ＝ 8,000 元

3.機器於遭受到部份損失時，保險人之賠償方式為：

⑴賠付該受損部份的修理費用，或

⑵賠付該受損部份的重置費用

由於運送的貨品為機器時，保險人通常會加上機器重置成本條款，載明於機器受損時保險人之損害賠償責任以該損害部份之重置

或修理費用,加運費及安裝費用為限,但不包括關稅(除非關稅已載明於保險單上並包含在保險金額內時,保險人對於額外支付之關稅將予補償)。

第十二章　運送人理賠之實務

第一節　理賠與貨損理賠

運送人面對的理賠項目甚多，如果是船舶所有人又是運送人，責任更大，必須處理的理賠就更多，因為多式運送的發展、國際公約有關「運送人」定義的擴大解釋，運送人還需承擔履行運送人(註1)——包括陸上運送人、空運運送人、倉儲及貨櫃集散站業者、甚至裝卸業者的責任。來自於船舶本身的擱淺、沉沒、火災、爆炸等船公司往日所謂的四大風險責任，加上這幾年頻頻發生的油污染，動輒理賠數億至數十億、百億美金，已經使得船舶所有人疲於奔命。除此之外，責任風險；對船員的責任，對碼頭的責任，對貨櫃的責任，對偷渡的責任，對船員走私的責任，碰撞之後對他船、對他船船員、貨物、貨櫃、油污染的責任，也都是船舶所有人該負的責任。相形之下，貨損理賠對船舶所有人而言，反而是比較小的項目了，但是儘管貨損理賠每筆金額小，項目卻多而複雜，除貨物之毀損、喪失之外，貨物之誤交、誤放、轉船過程之遺失、造成短少、遲延之後果，文件製作之錯誤，造成交貨不足等，其他如一九五五年 Caspiana 輪案(註2)，貨物因目的港罷工的關係，改卸於其他港口，而發生之額外費用求償案件，根本無關於狹義的貨物之毀

註1：2001.5.31 國際海事協會（CMI）網站上公佈的國際新公約已將「實際運送人（Actual Carrier）」更名為「履行者（Performing Party）」。

註2：1955, 2, Lloyd's Report 722。

損、喪失，亦屬於貨損理賠的範疇。因此根據大英互保協會（UK Club）的統計，貨損理賠項目，雖屬小額，每年累積起來也達到船東總理賠金額四分之一，不可謂不驚人。因此不管是對於有船、或無船的運送人而言，貨損理賠雖然不是船東運送人視為主要的工作項目，其複雜的程度卻必須要委託專人處理。而對於無船的運送人而言，以設計及安排裝、卸是主要的工作，貨主就是衣食父母，貨損理賠服務當然更是重要的服務了。

在貨損理賠的範圍之中，貨物的實體損害；也就是貨物實際上的毀損、喪失、貨櫃落海、貨物水濕的損害，是貨損理賠的最大項目，大約佔了全部貨損理賠賠償金額的百分之六十（註3）。而這些損害的發生卻有百分之七十指向同一個原因，那就是「人為疏失」（註4），雖然依據國際海運市場的統計，前數十年由於航運業的不景氣，船東因為老舊船舶已將折舊攤提完畢，比較不願意淘汰老舊船舶，以至於老舊船舶充斥，即使在保險業不斷降齡的將徵收貨物「逾齡保險費」的年紀由十五年降為十一年，十五年以上之老舊船舶仍舊達到全世界船噸百分之六十以上，而「人為疏失」作為貨損主要原因的數字，近年由於航業榮景，不斷有新船建造下水，相信「人為疏失」仍舊在貨損的形成上，佔有一定的比例。

貨損理賠雖然也有一套學理，卻有英雄無用武之地的感慨，怎麼說呢？無船的運送人；例如這幾年蓬勃發展的運輸承攬運送業，以服務為主要的訴求，由於業務的競爭，對於貨損理賠幾乎不再講求理論，似乎更重視的商業考量，至於貨物保險公司也很不幸要面對商業競爭壓力，使理論有比較不被重視的環境。但願這些都只是暫時性、地區性的怪象與亂象，機會與環境成熟，理賠的學問應該

註3：參考附錄一大英互保協會之統計圖表。

註4：同前註。

仍有重新受到重視的一天。

　　貨損理賠常常因為個筆的金額小，而乏人重視，而真正的理賠處理也有賴經驗的累積，才能作出正確的判斷及因應，這是理論乏人重視的一個主要原因。貨損理賠的提出往往出於當事人意料之外，也經常也沒有軌跡可循，讓理賠的處理方式必須隨時應變，因此理論的需要實靠存乎一心的運用。理賠個案都有類似的情況，市場上所謂商業理賠的狀況很多，貨損理賠的理論少人重視，這也是一個主要的原因。

第二節　貨損理賠與風險管理

　　探討「貨損理賠（Cargo Claim）」與「風險管理（Risk Management）」的關係，其實風險管理這個名詞縱使據說在國外已經流行很久，但在台灣聽聞這個名詞感覺不長，但是自風險管理一詞出現之後，許多船舶所有人業已將貨損理賠部更名為風險管理部，或風險管理部下設貨損理賠部，已因應這個新詞。

　　風險管理其實包括的範圍比較廣，不只應用於航運界，也應用於工廠或企業界，不僅指造成理賠的風險，也包括造成其他損害的風險，在海運市場上目前可以數得出來的風險；有船員供應不足的風險、國際海事法律修正方面與解釋不一的風險、海運市場的風險：包括船舶供需不平衡的風險、船價高低的風險、匯率漲跌的風險、運價高低的風險、船舶建造以及保養時間不當的風險、甚至航運與一般企業常常遭遇的財務風險，以及造成貨損理賠的風險：所謂保險可投保的轉嫁風險等。（註5）

註5：邱展發「海運風險管理」講稿，民國八十九年六月，台北市輪船商業同業公會編印。

　　風險管理的方式強調的是事前的預防，包括如何轉嫁風險、積極以財產管理的角度去轉投資獲利，以使風險的不確定性受到控制，這些都不同於貨損理賠那種事後的消極處理，使風險管理的內容又比貨損理賠來得複雜得多。

　　由於海運本具有國際化的性質，國際經濟、國際市場、國際貿易、國際公約及各國法律都會影響海運的經營，至於貨損理賠雖然不必像其他的海運經營業務那樣，那麼重視國際經濟、國際市場及國際貿易，但至少國際公約、各國法律及慣例的變動，卻也是理賠處理時必須重視的一部份，所以經常也會產生貨損理賠與風險管理同質性的疑問。

　　風險管理的目的，不但是從安全管理的角度要預防損失的發生、降低損失的幅度外，從積極方面也可以增加獲利，來抵銷損失，用以減輕或轉移風險。貨損理賠雖然也包括事後的檢討，以避免同樣的情況再發生，但重點乃以尋得理由應付眼前的拒賠、減少理賠金額等目前能夠順利度過理賠這一關為主，甚至有些公司根本沒有事後檢討這一回事。

　　簡言之，並非所有風險管理中所包括的風險都會造成貨損理賠，但是其中的可保風險則很有可能造成貨損理賠，尤其海運的四大風險－擱淺、沉沒、火災、爆炸等風險，加上近幾十年特別受到重視的環境保護風險，都是造成貨損理賠的主要原因，因此總的來說，風險管理比貨損理賠更具有一般性及積極性。（註6）

　　對於貨物損害的風險管理，其實不論是船東、租船人、貨櫃集散站，甚至託運人本身都有責任，因為貨損索賠或理賠的本身都不

註6：本節內容參考長榮海運公司風險管理部邱展發先生「海運風險管理」之講稿及大英船東責任互保協會 UK P&I Club 所撰 Managing Risk in Shipping，發行者為 The Nautical Institute。

是為了營利，而只是為了彌補損失或償付損害，所以任一方都有寧可其不發生的心理，同時在追求其彌補或拒絕償還或減少償還額的過程中，難免先有其他的支出，像公證檢定、攝影、撰寫或致送求償函電、律師諮詢等尋求證據的費用、訴訟費、律師費等求償的費用，這些費用總合起來有些時候甚至超越真正獲得賠償的金額，所以俗話說「鬥氣不鬥財，鬥財不鬥氣」，就是這個道理，這也是貨損理賠常以和解結案的原因之一。

第三節　貨物損害的風險管理

首先應從現在海運的需求講起。

一、現代海運經營的型態

有幾個因素影響現在新的海運型態，使處於第一線的收貨人員──船員，產生風險管理上的困難及無奈，包括：

㈠時間壓力──也就是經營的壓力讓船員無法在開航之前對於本次航行的貨物性質、航行任務、租船契約或載貨證券的內容作了解。

㈡經濟因素──僱用多國籍、人數比以前更少的船員組合，語言、溝通表達，使各種裝、卸貨的要求無法透徹了解。

㈢複雜的契約內容讓遵循傳統作業方式的船員無法領略式的裝、卸貨需求，尤其是船、岸之間關係越來越疏遠的今日。

㈣為避免日久生弊，運送人所採取的輪調制度也是讓船員無法適應新航線，尤其新技術的演進，船東對船員疏於訓練的情形將使貨損更容易發生。

二、各種貨物損害的風險管理

(一)「短少（Shortage）」之風險管理

　　散裝貨物短少之原因不外是因為偷竊、誤卸其他港口、文件貨量與實際貨量不符及散裝貨物耗損等因素，貨櫃貨物則運送人負責短少的情形只有在零星收貨或零星放貨的情形下才要負責，但在油貨的理賠案件中，「短少理賠」就佔了三分之一，而且十件中有六件是發生在載運原油的情形。

　　其預防管理的方法分別說明如下：

1. 散裝貨物短少之風險管理

　　(1)裝、卸貨前，船上自訂裝、卸貨之規劃，船員監督裝、卸過程。

　　(2)船舶滯溢期間注意船上安全檢查，以避免貨減少偷竊之發生。

　　(3)裝貨後應立即封艙、卸貨前注意封條是否完整。

　　(4)注意散裝貨之排水耗損，裝、卸貨之數量隨時作紀錄。

　　(5)岸上機具也有不正確的時候，除岸上提供之貨量外，船上自己應作吃水檢定。

　　(6)船、岸所認定之裝貨重量不一致時，在無法爭取一致情形下，收貨文件及載貨證券應適當註明，或接受貨方之貨損保證書，但如果差異太大時，應予以拒載。

　　(7)將船、岸紀錄不一致的情形予以說明，並遞交抗議信給對方，並通知船東或租、傭船人。

　　(8)未經授權簽字的文件不能隨便簽字，未能理解其內容或有爭議內容的文件，在簽字時應註明「僅收件而已（Receipt only）」，或「另有報告（Signed under protest）」情形下簽字。

(9)運費如係按卸貨量計算（油輪經常是這種情形），收貨人便有可能低報卸貨量，這一點應於注意。

2.油貨短少之風險管理

油貨短少的原因，多是因為通風系統揮發、油貨漏到非貨油之油艙、油貨漏進大海、船員故意留存船上以進行非法私賣，或因貨油之粘稠度太高、幫浦系統或原油洗艙系統（Crude Oil Washing System）之瑕疵，導致存油過多所造成，其風險管理應由船上人員：

(1)注意貨油溫度、密度的不同所影響之裝、卸貨量。

(2)與岸上裝、卸油人員、貨方之貨油檢定人員、船方之貨艙存油檢定人員維持緊密的溝通及聯繫。

(3)貨艙膨脹空間（Ullage）之檢定。

其他油貨短少情形如以上散裝貨短少之(1)、(3)、(5)項，以及(7)－(9)項，亦均可適用於油貨之風險管理，則不再贅述。

(二)有關「混合（Contamination）」之風險管理

散裝貨物之「混合」風險，比例不是很高，貨櫃貨物之混合情形則更少，但「油貨混合」之賠償案件則佔了全部油貨賠償案件的一半，而其中十件有七件是成品油貨，其風險造成的原因及管理方式也有不同，油貨混合之風險管理為複雜，現在分述如下：

1.散裝貨物之「混合」風險及管理

散裝貨物之「混合」多發生於貨艙未充分清洗的情形，如紐西蘭海關就曾拒絕遭大麥混合的肥料通關，所以其風險管理首重清洗貨艙，並充分乾燥後再裝貨。

2.「油貨混合」之管理則較為複雜，理賠情形也多，且因多發生在成品油貨，其價格高於原油，其發生的原因包括：

(1)油艙、管路、裡襯中所存留之殘油或油渣。

(2)油艙、管路、裡襯中之清洗物包含「水」之混合。

(3)其他成品油因活門之漏裂或操作不當滲漏之混合。

(4)製程中滲入清水或雜質。

(5)海水經艙壁或管路進入貨艙。

(6)船上測深及測度膨脹空間之機具不清潔而造成混合。

(7)艙壁塗料（為隔絕某些油品傷害艙壁之塗料）脫落或溶解，也會造成混合。

(8)其他貨油經惰氣系統（Inert Gas System；IGS）揮發而造成之混合。

(9)清水經加熱管（Heating Coil）之裂縫滲入而造成混合。

(10)加熱管之含銅合金濾入貨油而造成之混合。

以上各種造成混合之原因，經貨方檢驗師的經驗證實，百分之四十都與陸上的操作有關係。

其風險之管理，則應請船上人員注意以下情形：

(1)確認船舶之適貨性（Cargo-worthiness）。

(2)預作裝船計劃。

(3)進行預防性之保養。

(4)與碼頭工作人員代表、貨方檢查員多作溝通及聯繫。

(5)裝、卸過程中隨時採樣，鑑定貨油是否有其他化學品滲入。

(6)監督裝、卸之過程。

(三)有關「惡劣天候（Heavy Weather）」之風險管理

惡劣天候可能造成之貨損種類包括：濕損（Wet Damage）、貨櫃落海（Wash Overboard）、實體損害（Physical Damage）三者，這三者正是目前貨物損害種類中最常發生之損害，依據全世界入會船舶總噸位為一億，佔全世界入會船舶總噸位五分之一，號稱排名第一的大英互保協會統計資料顯示，以上三種貨損佔了全部貨損賠

償金額的六成，而「惡劣天候」正是三者損害造成的主要成因之一，雖然從另一個角度來看，大英互保協會也曾有統計資料指出，各式貨損中，真正造成各種損害的，以「人為疏失（Human Factor）」為首，佔了所有貨損成因的七成。所以有關「惡劣天候（Heavy Weather）」發生時，「人為」方面到底有沒有做好管理控制，讓其後果能夠獲得避免或抑制，當然就更重要了，有關遭遇不可預料的「惡劣天候」時，其「人為」方面的風險管理包括：

(1)注意艙蓋水密（Watertight）。

(2)注意貨櫃繫固（Securing and Lashing）。

(3)作航行記事，記下事實及時間，必要時並應佐以圖片並書面報告船東及租船人。

㈣有關「裝前損害（Pre-carriage Damage）」之風險管理

或許有人不相信，在高價貨物的理賠案件中，十件中有一件是裝貨前就已經受損的，這種裝前損害的風險管理，可以在裝貨前做一個「裝前檢定（Pre-carriage Survey）」來解決這類問題，在貨損理賠的實際中，「裝前檢定」曾經出現如下狀況：

(1)原油樣品中有水。

(2)貨櫃有洞孔。

(3)鋼筋已然生鏽。

貨方或許本身也作了「裝前檢定」，但貨方的「裝前檢定」只是用來保障貨方的權益，船方為了能避免責任，還是得作自己的「裝前檢定」。

(五)誤交貨（Mis-delivery）或未交貨（Non-delivery）之風險管理

「誤」交貨或「未」交貨之發生，多因船舶到達卸貨港而載貨證券尚未寄達的情形。直達式載貨證券（Straight Bill of Lading）與海運單（Sea Waybill）兩種文件，因各地法律規定不一，這類風險的控制仍應以盡量手續完備為主，其方法包括：

(1)立即告知船東、租船人及運送人。

(2)根據關係人之書面指示放貨。記住，必須是書面。

(3)取據銀行的相對簽字之擔保提貨書（Letter of Undertaking），因為正本載貨證券終究會寄達銀行，銀行如果在正常狀況下，應該根本無虞「對等簽字（Counter Sign）」之擔保責任。

(4)目前實務上已發生租傭船契約中訂定「船長可於載貨證券尚未寄達時，憑租方簽字之擔保提貨書（Latter of Undertaking）逕行放貨」之文字，這是對於船方非常不利的條款，應在商業競爭不得已接受該條款情形下，相對提出「租方應予××時間內繳還正本載貨證券」之文字，以釐清責任。

(六)裝卸損害（Stevedore Damage）之風險管理

其實不只是裝卸損害而已，只要運送人之外任何履行運送人——裝卸公司、貨櫃集散站、陸運業者造成的貨損，經確認時，其管理方式就是立即向該方遞交抗議信，作為將來理賠處理之依據。

以上列舉的一些常見風險管理方法，只是就一些經常產生的貨損，提供預防性的措施，但應記得一件事；那就是「人為疏失」佔了各式貨損原因的七成，如經常所見的包括：

●冷藏貨因溫度不對、溫度控制不當或溫度無法維持不變而毀壞。

●完全依賴貨方的理貨人員的指示裝、卸貨物，本身覺得懷疑不去查證，又未留下理貨人員簽字負責的證據，造成貨物發生短少。這些短少當然還是由運送人負責。

●艙蓋不注意保養或封艙不確實，造成漏水致貨物濕損。

●違反法令致遭罰鍰等。

這些都是船方很容易作到的、狹義的運輸風險管理，不但消極的從安全管理的角度要預防損失的發生、降低損失的幅度，積極的目的也能達成消除貨損，達成船、貨兩利的成果。

第四節　貨物損害的種類

貨物損害的大部分的風險都發生在船上，貨櫃貨物則有時候發生在貨櫃集散站，這些單位是接收或貨物存儲的地方，因此必須先把貨物作一個分類，才能談各種貨物的管理。現在分述如下：

一、從貨損的觀點將貨物分類

由貨物毀損滅失的觀點來分類貨物，首先應該將貨物分成「貨櫃」與「貨物」兩大類，以目前多式運送之普遍，件雜貨多依賴貨櫃運送的情形下，貨櫃之毀損滅失與貨物之毀損滅失已經是分開處理，貨櫃之賠付在法律上也視為一件（註7），此外，再按整體貨物毀損滅失之特質將貨物作成如下幾個種類：

一、「件雜貨（Package Cargo）」及「散裝貨（Bulk Cargo）」兩者之分別在於有單位包裝或無單位包裝。

二、「乾貨（Dry Cargo）」及「液體貨（Liquid Cargo）」以貨物之乾、濕性質予以分類，「乾貨」一般屬於所有的件雜貨及散

註7：我國海商法第七十條第三項後段。

裝貨，「液體貨」則指包括如：糖漿、化學品、石油及「液化天然氣（Liquid Natural Gas；LNG）」、「液化石油氣（Liquid Petroleum Gas；LPG）」等。

三、「貨櫃貨（Container Cargo）」及「非貨櫃貨（Non-container Cargo）」在大陸海商法中，所謂「非貨櫃貨（Non-container Cargo）」指的就是大件貨或散裝貨、但此處分類的非貨櫃貨則指件雜貨裝貨櫃而言，不但包括散裝貨，也包括如無法裝入貨櫃內的如遊艇、大件飛機零件、船用零件等貨物。相較於貨櫃貨，非貨櫃貨在理論上比較容易發生毀損滅失。

四、「冷藏貨（Reefer Cargo）」、「冷凍貨（Refrigerated Cargo）」及「非冷凍貨（Non-refrigerated Cargo）」。

「冷藏貨」與「冷凍貨」的區別在於要求的冷度不一樣，冷凍貨及非冷貨則泛指貨物需求冷凍運送與否而言，非冷凍貨因此也包括非冷藏貨，冷藏貨與冷凍貨的照料方式不同於一般非冷凍貨或非冷藏貨，發生毀損滅失時，其查驗方式也不同於一般非冷凍貨或非冷藏貨，因此，理賠與索賠的應對也不一樣。

根據以上的分類方式，貨物損害的種類，我們就把他分成貨物損害與貨櫃損害兩種來說明。依據我國海商法及國際公約，運送人應負責的損害不論貨物或貨櫃，其實體上的毀損滅失不外是包括「毀損（Damage）」及「滅失（Loss）」兩者，遲延之損失則屬於經濟損失，兩者在貨物保險上的定義，則均指「損失（Loss）」而言，貨物保險上的損失包括「全損（Total Loss）」及「分損（Partial Loss）」。全損又分「實際全損（Actual Total Loss）」、「推定全損（Constructive Total Loss）」及「救助損失（Salvage Loss）」三種：

一、「全損」，依據我國保險法第七十四條全損指保險標的物的「全部滅失或毀損達到不能修復或修復之費用，超過保險標的恢

復原狀所需者」因此亦含：

㈠實際全損指的是貨物的全部滅失，包括：

1. 完全的毀滅。

2. 受損的程度致已喪失原來的特質。

3. 被保險人貨物所有權之喪失已經無可回復。^(註8)

此外，一九〇六年英國保險法第五十八條也規定，貨物如果裝載於一艘已經證明失蹤的船上，亦可認為已經實際全損。而我國海商法第一百四十四條雖然也有類似規定，但只說明類似情形構成「委付」，因而構成實際全損的賠付。

㈡「推定全損」則指貨物因被保危險致被保險人之的貨物所有權遭到剝奪，因而委付貨物的情形，以及

1. 貨物回復原狀已不可能。

2. 除非花費一筆超過貨物目的地價值的費用，貨物無法回復原狀。

㈢「救助損失」情況就比較特殊了，完全從保險的角度出發，為減少保險人之損失，保險人寧可受損貨物在中途港即予出售，保險人賠付保險金額與出售所得之金額，出售所得為扣除相關費用後之淨所得，如此保險人節省賠付，被保險人亦等於取得全額賠付，雙方均無損失。

但是救助損失嚴格來講是有漏洞的，保險人與被保險人雙方都可以利用市場的漲跌因素去作其他的圖謀。

二、「分損」則分成「單獨海損（Particular Average）」、「共同海損（General Average）」及「救助費用（Salvage）」、「單獨費用（Particular Charges）」等。

註8：一九〇六年英國保險法第五十七條。

(一)單獨海損

在一九〇六年英國保險法上的定義為「被保危險造成的損失，凡不屬於共同海損者即為單獨海損。」（註9）。可見只要不是全損，就是共同海損或單獨海損。單獨海損成損失的原因是偶發事件，例如像惡劣天候、偷竊、火災、及裝卸過程中之意外等。

(二)共同海損及救助費

共同海損一詞對一般人尤其對貨主來說，比較陌生，但這是一個海上習慣，沿襲至今，也有一段不算短的歷史，簡單的說法是「為船、貨倖免於難，故意及合理所作的行為，其犧牲及費用應由共同冒險的參與者，主要是全體船、貨來共同分擔」，比較容易瞭解的例子包括：像海上風浪太大，為全船免於沉沒，將貨物拋海；或貨物發生自燃，為船、貨倖免於難，以水澆熄，因而使周遭貨物遭到水漬之損失。其自然貨物之損失是單獨海損，水漬之損失則屬於共同海損。

其他像為船、貨倖免於難，船舶進入避難港修理的費用，為共同利益額外支出的費用，救助酬勞也可以說是一種共同海損費用，要求貨主共同分攤，貨物保險人都願意賠付這項分攤額（註10）。但是貨方或貨物保險人卻無法直接或代位求償要求船方賠償。

(三)單獨費用

為避免或減輕保險標的之損失，到達目的地前被保險人所支出的費用，以前叫做「訴訟與工作費用（Sue and Labor Expen-

---

註9：一九〇六年英國保險法第六十四條第一項。
註10：一九〇六年英國保險法第七十三條。

ses）」，現在則更名為「被保險人之義務（Duty of Assured）」，既稱為義務，自然這項為避免或減輕保單損失之費用，由保險人賠付，這項費用包括貨物的整修，以維持較佳狀況交貨等，均由保險人賠付，但是這個部分連同以上的共同海損及救助費都不能向運送人索賠。

綜合以上的說明，本節主要內容「貨物損害的種類」，除了包括實體損害之外，其他可稱為損害的情形可以分類如下，當然仍須分成貨物與貨櫃兩個部分來明：

一、貨物損害

㈠毀損（Damage）

1. 就原因分類

包括「濕損（Wet Damage）」、「堆裝不良（Bad Stowage）」、「操作不當（Mis-handling）」、「漏損（Leakage）」、「蒸發（Evaporation）」、「縮水或縮損（Shrinkage）」、「腐爛（Corrode）」所造成的。

2. 就損害結果分類

「短少（shortage）」、「短卸（Short-landing）」、「混合（Contamination）」、「腐蝕（Decay）」、「鏽損（Rust）」、「水漬（Water Stain）」、「裂損（Breakage）」、「蟲害（Vermin）」及「蟲噬（Worm eaten）」等。但在實際情況，不論毀損或滅失，均有可能因為製作文件單證上的失誤，造成雖然沒有損害，運送人卻必須賠付的情形。

㈡滅失（Loss），包括：

1. 「全部貨物的滅失（Total Loss）」

2.「部份貨物的滅失（Partial Loss）」

不論是全部貨物的「滅失」或「部份貨物的滅失」，都包含了名稱為「短少」、「短卸」、「未交貨」等損害。

此外，在原油裝運上，還有因貨物的粘稠度太大、原油洗艙系統或「幫浦系統（Pumping system）」系統的瑕疵或故障，造成船上存油太多、打不出來，而致必須賠付貨物短卸之損害，以及實際上並無短少或短卸，但卻因製作文件單證上的失誤，造成運送人必須賠付短少或短卸的情形。

二、貨櫃損害

㈠以毀損滅失的原因（Damage and Loss caused by）來分類，包括

1.海上部分的

因「水漬（Water Stain）」原因的損害、「操作不當或繫固不當（Handling error）」原因的損害、因「遺失（Missing）」原因的損害及「貨物落海（Washed Overboard）」原因的損害等。

2.陸上部分的

「交通事故（車禍）（Traffic Accident）」原因的損害等。

㈡就後果分類（Damage and Loss consequential to）

如造成「凹損（Dent）」、造成「缺口（Indent）」、造成「變形（Distort）」、造成「破損（Broken）」、造成「刮傷（Scratched）」、造成「穿洞（Hole）」、造成「鏽損（Rust）……等。

實務上發生的貨物損害，則可列舉如下：

一、船舶結構造成的貨損

●人孔蓋鬆脫，使燃油污染了袋裝的米。

●繫固機具使用不當，致貨櫃落海。

●貨油艙之幫浦失去作用，造成卸貨作業停頓。

●主機故障致冷藏貨全部毀損。

●蒸氣從燃油加熱管路漏出，使散裝貨變質等等。

　　以上損害的種類，不勝枚舉，本書所提出的情形，僅就撰者的所知、相關案例等資料來源，予以列舉，提供參考而已。

第五節　索賠之審查

第一項　理賠處理的一般原則

　　個案貨損理賠的金額相較於其他索賠案件，通常不算大，已如前述，但處理的頻率很高，運送人為了應付這些個別「小」額的賠償案件，對於其處理，都訂有處理的既定程序，要求經辦人員遵行，這些既定程序作成「程序書（Procedure）」之後，整個作業系統已經制式化了，彙集整理目前許多公司的程序書之後，運送人處理貨損理賠的通則便可以一覽無疑。

　　運送人在接到索賠案件時，要先知會卸貨港的代理行或分公分，請其彙整統一處理，或將索賠案件集中在一個指定地點處理，像長榮海運就有一段時間將公司所有的索賠案件全部集中在紐約，以免發生同一理賠案件重覆處理的情形。現在就將整理之後的貨損處理流程羅列如下：

　　一、若本身提出之索賠案件，分公司和代理行應盡量說服客戶先向其貨物保險人提出索賠，取得賠償。為避免因拒賠金額太小，

傷及貨方感情，而喪失客戶，影響以後的運送與託運關係，由面對貨方的情況改為面對貨物保險人，船方亦因此可以免除商業考量上的顧慮。

二、正式面對理賠處理的第一個步驟就是先設法找理由拒賠。

三、拒賠的一個最直接的原則是根據法律、國際公約、運送契約或載貨證券條款來提出理由拒賠。

四、以「時效」逾期的理由拒賠，處理最為簡單、經濟。以我國為例，損失不論發生在海上或陸上，只要貨方知悉有毀損、滅失的情形，且離卸貨的時間起算，超過一年以上，運送人對於貨物之賠償請求權就會因為不行使即而解除。多數國家的法律，以及國際公約，都是如此規定。

五、如係發生在內陸水域之毀損、滅失，且經證明毀損、滅失在內陸運送人管理之下時，須符合以下規定，運送人才能解除其責任：

1.依據內陸運送人「費率表（Tariff）」所規定的時效已經超過，或

2.如為遠東到歐洲、或到地中海之貨物，依據遠歐、地中海之載貨證券條款，應自交貨或應交貨之時起屆滿九個月（註11），運送人的責任就解除了。

「時效」係指提起訴訟的有效時間，一般國際公約及各國法律對於貨損理賠的時效規定有一年或兩年兩種，載貨證券背面條款則多規定為一年，或不說明，而直接以適用國際公約為主，但是載貨證券如果是由「承攬運送業（Freight Forwarder）」所簽發的，其時效雖然依相關法律等同「運送人」，一樣不能超過規定的一年，但

註11：船東使用九個月時效限制，常被法院判決無效，因國際公約均至少有一年時效。

「國際承攬運送公會（FIATA）」制定的制式「承攬運送公會載貨證券（FBL）」背面條款的時效，卻只有九個月。當然能否是為雙方的自我約定而有效，還要看各個管轄法院的判決而定。

時效消滅通常仍可由貨方提出延長，船方通常顧慮遭到扣船的風險，名譽損失可能更大，甚至立即遭到起訴，所以一般都會同意延長時效。

六、如果毀損滅失的情況並不明顯，交貨記錄上無「批註（Remark）」者，貨方一定要遞交書面通知給運送人，並應在下列時間內遞交給運送人的代理行或分公司。

㈠三天之內

依據一九二四年的海牙規則、一九六八年的海牙、海牙威士比規則及遠東、歐洲、美國的提單條款及我國海商法規定。

㈡七天之內

依據大陸海商法之非貨櫃貨及遠歐、地中海之提單條款。

㈢十五天之內

依據新國際公約——一九七八年的漢堡規則及大陸海商法之貨櫃貨規定。

七、公司如無可避免須負賠償責任時，應依下原則來分別處理：

㈠「短卸（Short-landing）及「未交貨（Non-Delivery）

若是以上這兩種情形，賠償額以不超過「成本、保險、運費在內價格（Cost, Insurance, and Freight included；CIF）」作為洽商賠付的原則。但是基本上，貨方通常不會滿足此類賠償額度，因貨主知道經由運輸，已經創造運輸利益[註12]，所以希望已到目的地的價格來賠償，何況貨物保險人一般均要求貨方以貨物發票價格的百

分之一百一〇投保。按最高法院八十二年度台上字第一七三四號判決，認為運送物之喪失毀損，其損害賠償額，應依其應該交付時目的地的價值來計算。

㈡「短少（Shortage）」及「偷竊（Theft or Pilferage）」

以賠償至CIF發票金額的一半為原則，因短少、偷竊可能係因破包所引起，不全都是運送人的原因。

㈢修理費

貨物的包裝或單位包裝破了，在港口小作修理即可維持售價不變，如修理費用不超過發票金額時，賠償費則以不超過其修理費為原則。

八、賠償金額之限制

理賠金額不能超過以下運送人的責任限制：

1.不論是海商法或國際公約，均規定有運送人的責任限制，如現行我國海商法之每件不超過國際貨幣基金 SDR 666.67 單位或每公斤 SDR 2 單位計算所得，擇其高者適用之。

2.在每件的金額限制下，仍以總金額不超過成本、保險費及運費的發票金額限制為運送人採擇的理想原則。

九、卸貨港的分公司、代理行應將理賠處理情形於結案後陳報總公司。

陳報的資料包括：

㈠船名

註12：「運輸利益」，則是指在產地不值錢，運至其他地區卻價值加倍，為由運輸所創造的利益。

㈡航次

㈢載貨證券編號

㈣賠償記錄陳報表

㈤回收的解除責任書

　　一般船方賠付貨方理賠金時，均要求取得收據作為責任解除之證明，收據上一併要求貨方及任何相關人員此後不得對船方及船方的關係人再要求賠償，為簡潔起見，將兩項併為一項，名稱為「收據及解除責任書（Receipt and Release）」。

　　十、訂定分公司或代理行一個固定小額授權處理索賠的範圍

　　為免裁定個別貨損理賠的麻煩，亦免影響重要業務發展的處理，多數運送業都授權其分公司或代理行一個固定小額金額，作為決定貨損理賠的原則，在該金額之內，分公司或代理行可以自行裁定處理，甚至也可以作商業考量，以權宜方式解決貨損理賠。

第二項　理賠處理的要點及需要之文件

　　理賠案件雖不是一種例行作業，接受索賠的一方須訂定既定的原則以供經辦人員遵循。提出索賠的一方，也依據對方之需求，訂定一些處理要點，以便索賠案件發生時作初步審核之參考。

一、索賠案件必要檢附的文件

　　貨方提出賠案時，至少要提出下列之文件：

㈠「理賠函（Claim Letter）」

㈡申請索賠金額的相關「帳單及發票（Debit Note and Invoice）」

㈢正本「載貨證券（Bill of Lading）」之影本。

㈣「損害報告函（Damage Report）」，包括

　　「短卸報告（Short-landed Report）」，或

　　「交貨收據（Delivery Receipt）」

㈤「商業發票（Commerical Invoice）」

㈥「包裝單（Packing List）」

㈦「共同檢驗報告（Joint Survey Report）」

㈧「代位求償函（Subrogation Letter）」

由保險公司代表當事人時，應由保險公司提供代位求償函，或由律師代表當事人時，則由律師出具當事人交付之「委任狀（Power of Attorney）」，或由專門負責「討債的公司（Recovery Company）」[註13] 代表當事人時，應出具當事人交付之「授權書（Letter of Authority）」。

二、要確認對象之身分

索賠方與理賠方均有必要確定對方身分，是否有資格提出索賠或接受索賠、雙方是否均為契約當事人無誤，契約是否已經成立，甚至簽約之理賠當事人是否有權或已獲得授權簽發此份合約等，否則即可立即表示無法受理這件理賠案。

三、毀損滅失的區分

㈠整櫃進──整櫃出（CY-CY）

這種運輸方式運送人獲得的運費收入最少，責任所以也最輕，應負責的損害部分多只有：

1. 偷竊、劫掠及櫃封在交貨前已破損造成短少、短卸，或
2. 櫃頂或邊板有洞，造成水漬。
3. 貨櫃本身原因在海上運送造成的損害。

註13：Recovery Company 翻譯為討債公司，聽起來似不雅，但國內多以英文原文稱之，似亦無其他名稱足以代表。

其他損害多有辦法可以不負責。

(二)整櫃進——零星出（CY-CFS）

除以上(一)之 1.2.外，再加上負責

4.因在零星櫃場拆櫃時造成短少、短卸，或

5.拆櫃作業時造成損害。

其他損害均可以不負責。

以上損害並須經共同檢定確認之。

(三)零星進——整櫃出（CFS-CY）

所有的毀損、滅失均須負責，但

　　1.貨方原則應該在書面通知期限內發出書面通知，如第一節「理賠處理的一般原則」的原則五所規定，視契約有 3 天 7 天或 15 天之通知期限規定，並依據以下文件，證明係船方責任。

(1)「共同檢定報告（Joint Survey Report）」

(2)「碼頭收貨單（Mate's Receipt or Dock Receipt）」

(3)「裝櫃理貨單（Stuffing Tally Sheet）」

(4)「貨櫃裝貨單（Container Loading Plan; C.L.P）」

(5)「裝貨港破損單（Exception List）」

(6)「貨櫃交接單（Equipment Interchange Receipt; E.I.R.）」

(7)「催收單（Tracer）」

(四)零星貨進——零星貨出（CFS-CFS）

　　這種運輸方式運送人獲得的運費收入最高，責任所以也最大，幾乎任何毀損和滅失都要負責，準備的項目也最多。

1.滅失——應根據

(1)交貨記錄、超載或短卸報告等，作出「出倉報告（Outturn

Report）」（註14）。

　　(2)根據「收貨單（Dock Receipt or Receipt）」、「貨櫃裝貨單」（註15）等資料作成「裝櫃理貨單」來區分貨損情形。

　　(3)如「催收單」未及時回覆，「回顧單（Reminder）」應及時送回給分公分或代理行。

2.毀損——包括短少或損壞

　　(1)依據「收貨單」、「裝櫃理貨單」、「貨櫃裝貨單」、「公證報告」（Survey Report）做成「貨損報告（Cargo Damagre Report）」。

　　(2)因零星貨CFS的關係，依據「理貨單」、「損壞報告（Damage Report）」做成「破損單」、加上「交貨記錄（Delivery Record）」做成「出倉報告」。

　　(3)共同檢驗報告：在卸貨港或目的地作成「共同檢驗報告」。

　　(4)根據損害的個別特殊情形，也許還需要其它的文件。

四、冷凍櫃的損害

　　須準備供檢視的資料包括：

　　㈠「溫度紀錄圖（Temperature Record Chart or Partlow Chart）」

　　㈡「冷凍櫃監測紀錄（Refrigerated Container Monitoring Record）」

　　㈢「溫度交換報告（Reefer Interchange Temperature Report）」

　　㈣「共同檢驗報告」

註14：指離開存放地點的報告。

註15：可能只在電腦紀錄內。

五、尋找內陸運送人：包括鐵路或公路運送人請求返還

如確定係內陸運輸發生的損害，不論是「鐵路拖車（Railway Haulage）」或「公路卡車（Highway Truck）」發生的損害，分公司或代理行應在收到理賠訊息的當天或理賠之後，檢討是否請求內陸運送人返還，並即刻辦理返還事宜。

(一)貨損可確認在那裡發生

係故意行為，包括偷竊、疏忽或毀損、滅失可確認在裝櫃、拆櫃作業中發生，或在倉庫發生，或碼頭工作人員或任何個人之故意行為時，分公司或代理行可依照以上「五」之原則來處理。

(二)「解除責任書（General Release）」

如已經與原告達成協議，原告取款時，請其簽收據及解除責任書，以便辦理結案。

第三項　損害貨物的現場作業

在處理貨損理賠的經驗中我們可以發現，有一些貨損是我們事先就知道的，有一些理賠的提出，對運送人而言比較突兀，例如有一些貨損，是事先知道已經有貨損的事實，貨方卻沒有如預期去提出索賠，反而那些事前沒有預知或預期的貨損，反而被提出索賠，對於這一部份，因為無法事先預防，只能在發生之後，查明事實及理由，設法拒賠。至於事先已知道有貨損事實的貨物，可以採取以下的措施，以免損害範圍的擴大。一般的處理方式如下：

一、在零星貨物集散站發現有破損的貨物，現場作業人員應將完好的貨物與破損的貨物分開存放，並於零星貨物出站時製發「破

損證明單」，貨櫃是否完好，此外亦應查明領櫃時的「櫃具設備交換報告（Equipment Interchange Report）」上是否曾註明貨櫃是完好的，以釐清責任。

二、當貨方要求會同公證時，現場作業人員應立即通知運送人之責任保險人駐在貨損發生地點的當地代表，尤其所同意及所批准之指定公證人前來鑑定貨損發生之原因，如鑑定之原因涉及某一關係人時，應請該關係人一併會同勘驗，作成公證報告。

檢定受損貨物的目的最主要在於檢定：

㈠確認受損原因

㈡檢定受損範圍

至於運送人為什麼常要找其責任保險人駐在貨損發生地點的當地代表所同意及所批准之指定公證人前來辦理，而貨方亦常由其保險人指定公證人前來辦理，全都是因為保險的規則裡規定，公證費用如經保險人批准，將來就可以向保險人索賠，或者直接由保險人支付。而經過會同公正的相互關係人認證，便具有相互承認的效果，因此民國六十九年台上字第二○七三號判決便認為海商法第一百條（現行法第五十六條）中所謂的「書面通知，不必拘泥於文書的形式意義，只要是以證明貨物有毀損滅失之情形，則公證公司之卸貨報告一經運送人或其使用人簽名，即有書面通知之效力」。

三、船方常利用裝、卸貨的文件、裝、拆櫃的報告、設備交換報告、「海事報告（Sea Protest）」、公證報告等資料，先分析貨損原因，作將來索賠發生時之參考資料。

如貨損原因經分析後，係屬船上人員、代理行、分公司或貨物集散站人員之作業缺失所造成的，應通知該等人員立即作成管制紀錄，以免下次再犯相同之過失。

四、當理賠真正被提起時，運送人除就相關文件辦理理賠或拒賠外，也可依據有力之理由與對方洽商和解。但和解之條件及金

額，運送人——不論是船東、租船或承攬運送人，都一定在和解前先得到其責任險保險人之同意，否則賠付後再向其責任險保險人請賠，就可能會遭遇困難。

　　五、如果已經知道訴訟無法避免，也應要盡快通知各自雙方的保險公司，除了因為訴訟費用及律師費用的負擔外，保險公司對於貨損理賠的處理常具有較豐富的經驗，在理賠處理一應付對方的過程中，也可以得到充分的諮詢。

　　六、整個貨損理賠的案件處理完畢之後，相關資料應盡快彙集，在公司內部建立起完整檔案，可由保險公司負擔的金額應儘速向保險公司索還，如果有第三者可以歸責的人，也應依據相關的規定（註16），盡速向其索還。

第四項　貨損事件之拒賠

　　根據前兩個章節所述貨損理賠的一般程序及原則，我們可以了解到，除了貨損理賠的文件檢視階段外，真正進入處理流程的第一個步驟其實應該是「拒賠」，「拒賠」的意思是在接到索賠文件、尚未進行公證或其他處理程序之前，就以程序理由予以退件，退件可以要求補件，也可以直接以程序不符為由予以退件拒賠，在進入實體訴訟之前，案例不乏案件在進入實體訴訟之後，亦能以程序抗辯的方式或理由，得到實際上拒賠的效果，對於被索賠的一方當事人而言，馬上得知結果了，比起纏訟經年再敗訴，至少節省了不必要的時間、金錢損失。而對於處理本項理賠業務的人來說，亦可免訟爭拖累，而有正面積極從事的意義，這種純程序理由拒賠方式包括：

註16：例如目前最後生效的國際公約——一九七八年的漢堡規則，就規定了三個月個索還時限。

一、確定合約是否有效

合約在貨損發生時是否有效，也就是在索賠提出時，合約是否已經存在，合約的有效性如何，是理賠的第一個考量重點，這一個重點不僅是船方作業時的參考。貨方一樣可以在被作為索償對象時可以參照，總之，就是當被作為索償對象時，任何一方都可以考慮以探討合約的有效性作為拒賠的理由。

二、準據法及司法管轄地點的確定

在載貨證券上記載的打官司地點若與裝貨港、卸貨港或運送人、託運人無關，則應改為與其有關的地點，司法管轄地點的確認影響法律的適用，準據法律的適用則直接或間接影響貨損理賠的歸責問題，在進入實體處理貨損的階段，這個準據法及司法管轄地點的辨識對當事人非常重要，也是貨損進入司法審判階段初期，當事人應該注意的重點。

三、確定時效是否超過

超過訴訟時效的契約索賠，我們可以理所當然的一口回絕，超過法定或約定貨損通知時限的契約索賠，我們也可以用為何未於時限內為通知，以致證據消失作為要求對方提出新證據或我方應負責的理由，對方提不出來，我方仍可以予以拒絕。

四、訴訟與仲裁的斟酌

合約如定有仲裁條款，或有仲裁之合意，不論案例或民國八十八年剛修正公布的海商法都主張仲裁應優於訴訟，民國八十七年六月二十四日修正公布的仲裁法更規定，仲裁可以中斷訴訟（註17），由於仲裁與訴訟是兩個幾乎完全不一樣的對待方式，對海運而言，

特重慣例，因事故發生地點的不同，不一樣的港口習慣可能就影響判斷的成敗了，假如載貨證券訂有仲裁條款，依據現行海商法，得在我國進行仲裁，不受載貨證券內仲裁地或仲裁規則記載之約束 (註18)，當事人應該自我判斷，在訴訟進入言詞辯論之前，決定要不爭取先進行仲裁。

註17：仲裁法第四條。

註18：海商法第七十八條第二項。

第十三章　散裝貨物及公證費用之索賠

第一節　散裝貨物之索賠

壹、概　說

　　運送人於接收貨物時，對託運人就貨物之名稱、件數或重量，或其包裝之種類、個數及標誌之書面通知事項，如認與所收貨物之實際情況有顯著跡象疑其不相符合，或無法核對時，得在載貨證券內載明其事由或不予載明，然運送人若因此對託運人之書面通知事項不予載明，將使其簽發之載貨證券成為「不清潔載貨證券」，致無法持以向銀行押匯，故運送人或船長常依託運人之書面通知而為記載，並另外註明「said to be」、「said to contain」、「said to weigh」，此即「不知條款」或「據稱條款」。此種載貨證券僅在表明運送人或船長對於託運人書面通知之事項未加確定，並不在表明貨物或其包裝有缺陷，並非不清潔載貨證券，銀行仍得據以受理押匯。但載貨證券上之據稱條款於運送人與受貨人或載貨證券之第三持有人間，當發生貨損或滅失時，該據稱條款之記載是否能夠拘束受貨人或載貨證券第三持有人，則仍有疑義。

貳、台灣海商法之規定及實務上見解

一、海商法之規定

(一)第五十四條第二項

「前項第三款之通知事項，如與所收貨物之實際情況有顯著跡象，疑其不相符合，或無法核對時，運送人或船長得在載貨證券內載明其事由或不予載明。」

(二)第五十四條第三項

「載貨證券依第一項第三款為記載者，推定運送人依其記載為運送。」

(三)說明

1.為保障託運人與運送人雙方要求或依據實際載貨不記載之權利，海商法第五十四條第二項增訂「得在載貨證券內載明其事由」。

2.為辨正當前國際海運實務於載貨證券上記載「said to be」、「said to weigh」或「said to contain」等未明確載明海商法第五十四條第一項第三款內容時，而台灣法院判決見解不一之情形下，爰參照一九六八年海牙威士比規則第三條第四項，增訂海商法第五十四條第三項，以利適用。

3.學者柯澤東認為，運送人依第二項為記載者，於運送人與受貨人或載貨證券第三持有人間，僅據表面證據效力，故應將第五十四條第三項修正為：「載貨證券依前項或第一項第三款為記載者，推定運送人依其記載為運送。」亦即運送人並不負文義責任，僅負

表面之證據責任，由受貨人或載貨證券第三持有人舉證推翻運送人之記載及事由，否則應推定運送人對貨物滅失不負責任^{（註1）}。

二、實務上見解

(一)關於散裝貨物之運送其載貨證券記載「重量據告稱」（Said to be 或 Said to weigh）者，在我國海商法上之效力如何？台灣海商法並無明文規定，而學說與實務上有不同之見解：

1.實務上認為，海商法第五十四條第二項之「得不予載明」係指運送人或船長就海商法第五十四條第一項第三款之通知事項消極的不於載貨證券上記載，不包括積極於載貨證券上記載不知條款或據稱條款，此種情形運送人仍應負文義責任（六六台上一○八、六七台上一四二六）。

2.學說上見解：

(1)不負文義責任說

此說認為「得不予載明不以消極的不於載貨證券上記載為限，包括記載不知條款或據稱條款，但運送人需先證明有海商法第五十四條第二項之情形。

(2)折衷說

學者施智謀認為有海商法第五十四條第二項之情形，運送人若不行使拒絕記載之權利，而仍依通知書面為不知條款或據稱條款之保留記載，原則上仍應承認其效力，但保留記載應明示其保留原因，如「重量不知，因未曾過磅」，否則不生保留效力，而不能免除文義責任。又所謂具有保留效力，係指運送人得提出反證證明艤裝之數量較載貨證券所載為少，而依較少之艤裝數量負交付之義務，並非謂運送人僅按實際卸載貨物之數量負交付義務。

註1：柯澤東，海商法修訂新論，初版（台北市：元照，民國89年）

㈡散裝貨物損害賠償之訴訟案件，在台灣法院之法律見解多有歧異，最高法院乃於民國六十七年四月二十五日召開該院第四次民庭庭推總會，通過作成決議六項，其中第五項及第六項係關於散裝貨物載貨證券據稱條款之效力。茲分述如下：

1. 決議第五項

⑴決議第五項「散裝貨之運送，運送人或船長於其發給之載貨證券，就貨物重量為『據告稱』或『據告重』之記載者，雖不能因此即謂其非為依海商法第九十八條（現行法第五十四條）第一項第三款所為之記載，惟在此情況下，自然損耗及磅差（包括載貨磅差及卸貨磅差）等足以導致重量不符之原因，既無法避免其發生，則卸載之重量較之載貨證券記載之重量如有短少，而衡之一般情理，在某種範圍內之短少可認為非因運送人或其代理人，受僱人對於承運貨物之裝卸、搬移、堆存、保管、運送及看守，依海商法第一百零七條（現行法第六十三條）應為之注意及處置有所欠缺所致者，運送人就該範圍內所短少之重量應不負賠償責任。」

⑵本項決議承認散裝貨之自然損耗及磅差，以減輕運送人依載貨證券應負之文義責任，與英、美、加、日等國關於散裝貨運送人責任之規定具殊途同歸之效果。惟最高法院六十七年度台上字第一五六八號認可之自然耗損率高達百分之三，此項判斷或係受司法行政部編印之「商事習慣調查研究」之影響，學者張特生，認為，該「商事習慣調查研究」中所稱之「損耗」似非決議文中之損耗之磅差，本項決議引以為根據似有欠妥。

2. 決議第六項

⑴決議第六項「至於載貨證券在貨物重量上附註『據告稱』或『據告重』等字樣之所憑資料，能否視作海商法第九十八條（現行法第五十四條）第一項第三款所指之託運人書面通知，以及卸載時由目的港公證公司會同雙方過磅稱量之各種紀錄及報告，能否視作

同法第一百條（現行法第五十六條）第一項第一、二兩款之受領權利人之書面通知，則屬事實之認定問題，惟於認定時不可拘泥於文書形式，而忽視其內容及行為之實質意義。」

(2)學者張特生認為依英、美、加、日等國海上貨物運送人之規定，載貨證券關於貨物重量記「據告重」或「據告量」等字樣有其法律上之特定意義，與我國海商法第九十八條第一項第三款（現行法第五十四條第一項第三款）之託運人書面通知有不同，顯非單純事實認定問題，而本項決議認屬單純事實認定問題，仍有商榷之餘地。至於載卸貨物時，由目的港公證公司會同雙方過磅稱量之各受領人之書面通知，誠屬事實認定問題，本項決議關於此一部分之見解應屬正確。

參、大陸海商法之規定及實務上見解

一、大陸海商法第七十五條

「承運人或者代其簽發單的人，知道或則有合理的根據懷疑提單記載的貨物的品名、標誌、包數或者件數、重量或者體積與實際接收的貨物不符，在簽發已裝船提單的情況下懷疑與已裝船的貨物不符，或者沒有適當的方法核對提單記載的，可以在提單上批註，說明不符之處、懷疑的根據或者說明無法核對。」

二、說　明

㈠大陸海商法第七十五條係關於提單批註權之規定，批註之內容即所謂「不知條款（Unknown Clause）」，但需在下列三種情況下不知條款才具有效力：

　1.明確知道提單之記載與實際接收或裝船之貨物不符者。

2.有合理根據懷疑提單之記載與實際接收或裝船之貨物不符者。

3.無適當方法核對提單之記載者。

㈡承運人向託運人簽發提單，係表明承運人已按提單上所載情況收到貨物之初步證據，如承運人實際收受之貨物與提單上記載內容不符時，承運人可以提出反證；若提單轉讓與善意第三人後，承運人不得提出相反之證據明其實際收之貨物與提單上記載之內容不符而免其責任。但當提單上有不知條款之記載時，在不知條款記載之項目及範圍內，即使對善意受讓提單之第三人，承運人仍可提出與提單所載不同之證據免除其責任。

㈢散裝貨之運送，雖承運人於收受貨物時得於提單上對所收貨物為批註盡量使所收貨物與提單上之記載相符合，但在運送過程中難免產生自然耗損及磅差之情形，因此在散裝貨運送之損害賠償爭訟中，對於貨物之自然耗損率之認定極為重要。事務上，大陸法院在紅旗 205 等輪貨差糾紛案中，對於貨物之自然耗損率認為採用國家規定之 1.5 ％並無不當，在中華國際化肥貿易公司訴海面航運有限公司貨損貨差糾紛案中，則尊重當事人對於貨物自然耗損所作之耗損率 0.6 ％之約定。

㈣大陸司法有不同主張：

1.承運人可以主張 5 ％免賠率

　　承運人交付貨物數量短少數額小於或等於 5 ％，則免除其賠償責任，如原告德清縣新市油廠訴被告巴拿馬馬蒂那政克凱奧有限公司海上貨物運輸合同貨差糾紛案，貨物實際短少僅 124 噸，屬於散貨短少 5 ％之合理誤差範圍，判決不予賠償。

2.承運人交付貨物數量短少額大於 5 ％，對超過 5 ％部份承運人負擔賠償責任，如前廣州海事法院一九九七年在中華國際

化肥貿易公司訴海面航運有限公司貨損貨差糾紛案中，尊重當事人約定自然損耗率為 0.6 ％。

3. 但天律海事法院在中國人民保險公司天津市公司訴區段人中國遠洋運輸總公司河北省公司海運貨物短卸賠償案中，一九九四年七月五日判決，不認定 5 ％免賠率，不論承運人交付貨物數量短卸多少，只要發生貨差，承運人即承擔全部賠償責任。

4. ①關於 5 ％免賠率的問題

在我國審理的海上大宗散雜貨運輸因貨物短少引起賠償糾紛的訴訟案件中，很多都涉及到如何認定 5 ％免賠率的問題，裁判的結果因審理機構不同而不一致，就是同一個審理機構也有不同的裁判結果。

⑴承運人交付貨物數量短少數額小於或者等於 5 ％的，免除承運人的全部賠償責任。比如原告德清縣新市油廠訴被告巴拿馬蒂哪玫克凱奧有限公司（Dynamic Care S. A. Panama）海上貨物運輸合同貨差糾紛案，原告從歐洲進口 49,856.69 噸油菜籽，貨物價值每噸 212.50 美元，共計 10,594,547 美元。該批貨物由被告所屬 VITA HOPE 輪從國外運往中國上海。二〇〇〇年八月三十一日，被告在裝貨港簽發了四份指示提單（Order Bill of Lading）。同年十月七日 VITA HOPE 輪抵上海港卸貨。十月十二日卸貨完畢後，原告稱經檢驗貨物短少 817.08 噸，損失金額共計 173,629.50 美元。另外還有部分貨物霉變並摻有雜質。據此，原告提出賠償之訴。被告在諸多辯解中，其中認為在檢驗機構和船貨雙方都參加，進行了水尺檢驗和測算的情況下，貨物實際短少僅為 124 噸，屬於散貨短少 5 ％合理誤差的範圍，因此貨物未發生短卸。上海海事法院在對此

案審理後，判決被告賠償原告貨損損失及訴前財產保全費損失，對原告的其他訴訟請求不予支持。也就是說，對短卸貨差未作認定（見人民法院出版社《最新民商事海事海商案例評述》，傅長祿主編）。

(2)承運人交付貨物數量短少數額大於 5 %的，對超過 5 %的部分，承運人承擔賠償責任。比如廣州海事法院一九九七年審理的原告中華國際化肥貿易公司訴被告海面航運有限公司貨損貨差糾紛案（見人民交通出版社《中國海事審判年刊 1999》），原告訴稱由被告承運的一批進口化肥，提單記載 36,363 噸，在到港後水尺計重的情況下，發生貨物短少 855 噸，損失 185,499.50 美元，還有貨物濕損損失及其他損失等，要求被告承擔全部賠償責任。被告在辯稱的諸多的理由中，其中關於貨差的理由是，因散貨在卸貨、搬運過程中會產生自然損耗，買賣雙方約定允許自然損耗為 0.6 %，經過磅計重，其貨物短少的數量在扣除自然損耗 218.18 噸後，應為 357.72 噸，而不是 855 噸。法院的判決認定：「原告作為提單持有人，是運輸合同當事人一方，也是提單權利的享受者。要求承運人按提單記載的狀況交付貨物是運輸合同中提單持有人的一項主要權利。承運人短交或沒有按提單記載的狀況交付貨物，就給提單持有人造成了實際損失，提單持有人就有權對承運人提出索賠。」同時又認為"過磅計重比水尺計重相對準確，……大宗散雜貨運輸中產生一定量的自然損耗是正常的，這已作為一種航運習慣被廣泛適用。原告與貨物賣方就貨物的自然損耗也作了明確的約定，允許損耗率為 0.6 %。故根據提單重量計量的貨物自然損耗重量 218.18 噸不能視為短交。據此，應認定貨物實際短重為 357.72 噸。」該案判決

被告賠償原告貨損和貨差的損失中，貨差損失金額就是以 357.72 噸計算的。這一判決亦被廣東省高級人民法院維持。

(3)不認定 5 ％的免賠率，不論承運人交付貨物數量短卸多少，只要發生貨差，承運人即承擔全部賠償責任。例如中國人民保險公司天津市公司代位訴區段承運人中國遠洋運輸總公司河北省公司海運貨物短卸賠償糾紛案（見中國法制出版社《人民法院案例選〔海事・交通運輸卷〕1992-1999 合訂本》），對其中短卸產生的損失賠償，天津海事法院於一九九四年七月五日判決「被告應負本案貨損貨差的全部責任。」這一判決以後又被天津市高級人民法院維持。還有大宗的海上鋼材運輸發生短卸或者貨差糾紛，這種案件在訴訟過程中，承運人一般沒有提出合理損耗免賠的抗辯理由，法院亦判決承運人對貨差承擔全部賠償責任。

分析產生上述問題的原因，大致有如下三個方面的觀點：

其一是認為在海上大宗散雜貨運輸中，因物品的自然屬性，它會產生一定的自然損耗，比如蒸發、揮發、飄散等，這種自然損耗不是因為承運人管船或者管貨過失造成的。

其二是認為 5 ％的貨差免賠率是國際航運界的一種習慣，只要在這個範圍內的短卸，承運人就可以免除賠償責任。

其三是計量有可能產生誤差。我國各地進出口商品檢驗檢疫局在商檢報告中，常常出現檢驗結論可能有±5 ％誤差的表述，這也成為承運人免除部分貨差賠償責任的理由。

但是，我們認為承運人依據提單或者航次租船合同在向收貨人或者提單持有人交付貨物時，應該嚴格按照提單記載的事項或者合同約定履行義務，不應存在和允許因非法定或者約定的免責事由不

得部分或者全部免除承運人貨差的賠償責任。

②承運人交付貨物短少就應承擔賠償責任

筆者認為在海上貨物運輸貨差賠償糾紛中，承運人非法定或者約定事由不得免除或部分免除賠償責任，其理由和觀點是：

(1)提單是承運人交貨、收貨人或者提單持有人收貨的依據。中華人民共和國海商法第七十一條規定：「提單，是指用以證明海上貨物運輸合同和貨物已經由承運人接收或者裝船，以及承運人保證據以交付貨物的單證。提單中載明向記名人交付貨物，或者按照指示人的指示交付貨物，或者向提單持有人交付貨物的條款，構成承運人據以交付貨物的保證。」我國海商法的這一規定，與國際上現行的三個海上貨物運輸規則，即漢堡規則（聯合國海上貨物運輸公約）、海牙規則（統一提單的若干法律規則的國際公約）及海牙威士比規則（一九六八年布魯賽爾議定書〔THE 1968 BRUSSELS PROTOCOL〕）關於提單定義和功能的規定相一致，也就是說，在海上貨物運輸中，對提單的法律適用是一致和無衝突的。

承運人向託運人簽發提單，表明提單上所記載的貨物已在其接管之下，提單上必須記載的內容有：(1)貨物的品名；(2)貨物的數量、重量或者體積；(3)貨物的表面狀況和標誌等。因此我國法律和國際規則均要求承運人如實簽發提單，並賦予承運人在提單上依據事實行使批註或者保留的權利，但應當說明不符之處和懷疑的根據，或者說明無法核對的原因或理由，以及與託運人約定的在裝卸和運輸過程中的合理損耗等。當承運人或者代簽發提單的人未就貨物允許的損耗率或者不符之處在提單上作出批註或者保留，該提單就是一份清潔提單，提單上的記載在承運人與

收貨人、提單持有人之間構成了最終證據（Conclusive evidence）。因此，承運人應當不折不扣地履行交貨義務，收貨人或者提單持有人的物權也不應受到任何折扣。

(2)所謂 5％的合理損耗國際習慣沒有依據。眾所周知，任何國際習慣或者慣例都必須有一定的載體或者表現形式，它或者是國際公約、條約中的規定，或者為國際規則所記載，而且這種國際慣例在我國的適用，依據中華人民共和國民法通則第一百五十條之規定，不得違背中華人民共和國的社會公共利益。可是所謂 5％的合理損耗率，在國際海上貨物運輸的諸多公約、規則、議定書中均沒有記載。所以收貨人和提單持有人憑提單主張權利的請求，應當受到充分保護。

(3)我國海商法和漢堡規則、海牙規則、海牙威士比規則都規定了承運人不負賠償責任的情形，在諸多免責原因中，都沒有「合理損耗」的規定。因此認定所謂「合理損耗」而免除承運人的賠償責任沒有法律依據。

(4)對提單轉讓至善意受讓人（Transferee in good faith）的合理保護。提單的善意受讓人經過支付一定的對價，取得了提單項下的物權，這個權利的內容就在該提單的記載上，應該受到全面保護。所以海牙規則和海牙威士比規則規定了當提單在託運人手中時，提單上的關於貨物的數量或者重量、貨物的表面狀況和貨物的主要標誌等記載，是作為承運人的一種初步證據（Prima facie evidence），也就是說如果承運人有效證據證明其實際接收的貨物與提單記載的事實不符時，則可否定提單的證據效力。但提單如果轉讓至善意受讓人手中時，則作為對承運人有約束力的最終證據，即使承運人能夠提供有效證據來證明其實際接收或者

裝船的貨物與提單記載的內容不符，也不能對抗善意的受讓人，還應當按照提單上的記載如實向提單持有人交付貨物，否則就應承擔賠償責任。我國海商法第七十六條、第七十條也作了相似規定。如果國內法和國際規則不作出這樣的規定，提單持有人的合法財產權利就可能得不到公正保護。

(5)計量誤差不應成為承運人免責的抗辯理由。在國際貨物的海上運輸中，水尺檢測和過磅稱重都是法定的計量方法，雖然有可能產生誤差，但這兩種計量方法仍然是當今科學的計量手段，不論哪一種方法，也不論裝船和卸貨的計量手段不同，都可以得出一個重量的絕對數。因此，既然計量方式是法定和科學的，它可能有的誤差是正負誤差，而不是絕對的負誤差。因此計量誤差也不能成為承運人的免責理由。即使商檢結論中的誤差表述，它也不能成為承運人免責的依據。

(6)承運貨物的重量，是承運人收取運費的一項重要依據。在大宗散雜貨的海上運輸中，貨物的重量是承運人計收運費的一項重要依據。既然承運人行使了這項權利，就負有義務將等重的貨物運抵目的港交付收貨人或者提單持有人。

③統一認識還需要一個漫長的過程

海上貨物運輸貨差中的賠償問題，我們站在貨主的立場有如上認識；也有代理人站在承運人的角度又有那樣的觀點；司法機關的審久員面對這類糾紛中千差萬別的事實，會作出不同的認定。特別是對免賠率問題，不僅只是涉及一個國家或者一個地區，要求得和國際法學界及航運界達成一項共識，非一朝一夕能獲得成功，我們只是希望在促進國際航運業的發展，保護貨主利益的平衡中，表明我們的觀點，就教於同行。

肆、比較分析

一、當載貨證券上有據稱條款之記載時，兩岸在學說上皆認為運送人需提出證明有據稱條款所稱之情形時，對於善意之第三人才可不負文義責任。但在台灣實務上卻認為，現行海商法第五十四條第二項運送人得不負文義責任之情形，僅限於消極的不於載貨證券上記載，而載貨證券上有積極的據稱條款之記載者，運送人仍需負文義責任。

二、對於散裝貨物之自然耗損率規定，台灣通常依據司法行政部編印之「商事習慣調查研究」所稱之 3 ％為認定標準，如最高法院六十七年度台上字第一五六八號及三六四六號皆採之；而大陸法院則認為除當事人另有約定外，依國家規定之 1.5 ％為依據。

三、臺灣之 3 ％自然耗損率太高，亦無科學依據；而大陸自然耗損率 1.5 與世界各國規定耗損率接近且較合理，足為臺灣法院審判時之參考，對於司法院六十七年四月二十五日之決議，筆者認為應予以修正或重新決議，以合乎世界潮流。

第二節　公證費用之索賠

公證費用可否向運送人索賠，可分三階段加以說明。

㈠可以索賠

最高法院六十年台上字第二〇二六號判決：「被上訴人係基於保險契約，有對被保險人員負賠償責任，為檢驗貨損情形而委託兩家公證公司為檢驗者，其為明瞭損害情形，委託公證公司檢驗所支出之公證費，因與上訴人之侵權行為有因果關係，自得向上訴人求償」

㈡不可以索賠

1.最高法院六十六年度第六次民庭之推總會決議（66.8.16）：

「公證費用之支出，為債務不履行或侵權行為之損害賠償，亦無相當因果關係，不得索賠。」

2.最高法院六十六年度台上字第三一五〇號判決：

「公證費用非保險人對於被保險人為避免或減輕損害之必要行為所生之費用，僅係為確定其履行保險契約之範圍而支出之費用，與賠償金額之性質不同，原審應被上訴人公證費用之支付，為上訴人短交貨物有直接之因果關係，且為必要之費用，命上訴人一併賠償，即有推求之餘地。」

(三)可以索賠

1.最高法院九十一年五月七日九十一年第三次民事庭會議決議：

「診斷書費用及公證費用，如係被害人為證明損害發生及其範圍所必要之費用，應納為損害之一部份，均得請求加害人賠償，本則不再供參考」。

2.最高法院九十一年度台上字第八六二號判決：

「公證費用乃係運送契約託運人或受貨人為證明損害發生及其範圍所必要之費用，當因運送契約之未完全履行所致損害具有因果關係，自得請求運送人賠償損害，此為本院最新之法律見解。」

參考書目

一、臺灣部分

(一)論著

1. 王肖卿，載貨證券，臺北市：五南，民國 88 年 1 月三版一刷。

2. 尹章華，海商法之理論與實務，臺北市：文笙，民國 81 年 1 月初版。

3. 甘其綬，海事法規論，臺灣商務印書館，民國 60 年 8 月初版。

4. 何佐治，最新海商法釋義，建華印書有限公司印刷，民國 51 年 9 月初版。

5. 吳智，海商法論，臺北市：三民，民國 51 年 7 月再版，

6. 沈業遠譯，英美海上貨物運送法釋義，司法行政部總務司，民國 67 年 6 月。

7. 林群弼，海商法論，臺北市：三民，民國 92 年 4 月。

8. W. Tetley、李義明譯，海上貨損理賠，交通部交通研究所，民國 61 年 8 月出版。

9. 邱錦添，海商法，臺北市：五南，民國 86 年 4 月二版一刷。

10. 邱錦添，兩岸海商法載貨證券之比較，臺北市：華泰，民國 90 年 12 月。

11. 周和平，海商法，周氏兄弟出版社，民國 88 年 10 月。

12. 俞士英，海商法要義，臺北市：三民，民國 57 年 10 月初版。

13. 施智謀，海商法，作者自行，民國 75 年 7 月再版。

14. 施智謀，海商法專題研究，臺北市：三民，民國 66 年 2 月初版。

15. 柯澤東，海商法論，臺北市：三民，民國 83 年 2 月二版二刷。

16.柯澤東，海商法修訂新論，臺北市：元照，民國89年11月初版。

17.桂裕，海商法論，國立編譯館，民國51年7月初版。

18.桂裕，海商法新論，國立編譯館，民國63年5月四版。

19.梁宇賢，海商法論，臺北市：三民，民國73年11月初版。

20.梁宇賢，兩岸海商法比較導讀，臺北市：五南，民國87年12月初版一刷。

21.張東亮，海商法新論，臺北市：五南，民國72年6月初版。

22.張特生，海商法實務問題專論，臺北市：五南，民國87年2月初版一刷。

23.張新平，海商法，臺北市：五南，民國91年3月初版2刷。

24.張新平，海商法專題研究，臺北市：月旦，民國84年2月初版。

25.曾國雄，最新海運實務指南，文京圖書有限公司，民國73年9月25日發行。

26.曾國雄等，載貨證券理論與實務，臺北市：航貿，民國89年1月二版。

27.葉永芳，國際貿易法實務，臺北市：三民，民國70年8月初版。

28.楊仁壽，海上貨損索賠，臺北市：三民，民國77年4月再版。

29.楊仁壽，海商法判決評釋，臺北市：三民，民國83年5月印刷。

30.楊仁壽，載貨證券，臺北市：三民，民國89年6月二版。

31.鄭玉波著、林群弼修訂，海商法，臺北市：三民，民國88年11月。

32.劉宗榮，海商法，三民總經銷，民國85年4月初版。

33.游啟忠，海商法國際公約集，臺北市：五南，民國89年1月初版一刷。

34.海上保險，財團法人保險事業發展中心，民國92年9月二刷。

35.蔡孟佳著，國際貿易實務，智勝文化事業有限公司，民國89年七月初版。

36.倪成彬主編，信用狀統一慣例註釋，金融人員研究訓練中心，民國 90 年 2 月初版一刷。

37.王肖卿譯，1998 年美國海運修正法－ 1984 年海運法之修正，中華海運研究協會出版，民國 88 年 3 月，叢書編號 8801。

38.程學文著，英國一九九二年海上貨物運送法，泛亞海事商務法律事務所發行，民國 83 年 8 月初版。

39.邱展發著，海運提單實務，個人發行，三民書局總經銷，民國 86 年 1 月初版。

(二)論文

1.柯澤東，「我國海商法貨物運送一節修正析要」，全國律師月刊九月號，民國 88 年 9 月。

2.張東亮，劃時代之國際法－漢堡規則論，中國文化大學出版部，民國 70 年 10 月出版。

3.劉宗榮，海上運送與貨物保險論文選集，臺北市：三民，民國 79 年 4 月初版。

4.劉宗榮，論多式聯運經營人責任制度及其影響，臺北市：三民，民國 80 年 3 月出版。

5.尹章華，民事訴訟舉證責任法理結構之探討，全國律師月刊，民國 89 年 3 月。

6.江朝國，保險法論文集，瑞典圖書公司，91 年 1 月。

(三)判例選集彙編

1.司法行政部民事司、經濟部國際貿易局，國際貿易法規暨慣例彙編第一冊，司法行政部民事司出版，民國 68 年 8 月。

2.司法行政部民事司、經濟部國際貿易局，國際貿易法規暨慣例彙編第二冊，司法行政部民事司出版，民國 68 年 8 月。

3. 司法行政部民事司，最高法院國貿暨海商判決選輯第一輯，司法通訊社，民國 67 年 3 月。

4. 司法行政部民事司，最高法院國貿暨海商判決選輯第二輯，司法通訊雜誌社，民國 68 年 11 月。

5. 林光、尹章華，海商貨損判決彙編，臺北市：文笙，民國 89 年 5 月。

6. 林光、尹章華，海商法判例彙編，臺北市：文笙，民國 89 年 4 月初版。

7. 航貿圖書出版社，國際海運實務選輯，航貿圖書出版社出版，民國 76 年 3 月。

8. 航貿圖書出版社，最新海事判例選輯，航貿圖書出版社出版，民國 76 年 3 月 31 日初版。

9. 航貿圖書出版社，航運事故判例彙編，航貿圖書出版社出版，民國 76 年 4 月再版。

10. 宋明哲、尹章華、賴上林全編，保險法判解彙編，文笙書局，89 年 8 月。

11. 張新平，最高法院海商裁判彙編（民國 73 年至 82 年）上冊，臺北市：張新平出版，三民總經銷，民國 84 年 9 月初版。

12. 張新平，最高法院海商裁判彙編（民國 73 年至 82 年）下冊，臺北市：張新平出版，三民總經銷，民國 84 年 9 月初版。

13. 葉永芳，海商貿易判決資料彙編第二輯，臺北市：三民，民國 71 年 12 月初版。

二、大陸部分

(一)論著

1. 司玉琢，海商法問答，北京：人民交通出版社，1993 年 11 月一刷。

2. 司玉琢等，海商法詳論，大連：大連海事大學出版社，1995 年 10 月一版。

3. 李守芹，海事訴訟與海事法，北京：人民法院出版社，1992 年 2 月一版。

4. 吳煥寧主編，海商法教程，北京：中國政法大學出版社，1996 年 3 月一版。

5. 吳煥寧，海商法學（第二版），北京：法律出版社，1996 年 7 月一版。

6. 林鵬鳩、祝默泉主編，海事、海商文集，大連：大連海事大學出版社，2001 年 8 月一版。

7. 郭國汀，現代提單的法律與實務，大連：大連海運學院出版社，1990 年 3 月。

8. 郭瑜，提單法律制度研究，北京：北京大學出版社，1999 年 2 月二刷。

9. 張忠曄，（各國和地區）海商法比較，北京：人民交通出版社，1994 年 6 月一版。

10. 傅旭梅主編，中華人民共和國海商法詮釋，北京：人民法院出版社，1995 年 9 月。

11. W. Tetley、張永堅、胡正良、傅廷忠譯，海上貨損理賠，大連海運學院，1993 年 5 月一版。

(二)論文

1. 陳筱雨，「論提單的司法管轄權條款」，大連海運學院學報，第十二卷，1986 年 5 月。

(三)判例選集彙編

1. 金正佳，中國典型海事案例評析，北京：法律出版社，1998 年 11 月一版。
2. 金正佳，海事審判精選本，廣州海事法院編輯印，1999 年 5 月。
3. 廣州海事法院編，海事審判實務，海天出版社，1992 年 5 月一版。
4. 劉家琛主編，海商法案例選編，北京：法律出版社，1998 年 9 月一版。

(四)年刊

1. 金正佳，中國海事審判年刊，北京：人民交通出版社，1999 年 9 月一版。
2. 金正佳，中國海事審判年刊，北京：人民交通出版社，2000 年 10 月。
3. 金正佳，中國海事審判年刊，北京：人民交通出版社，2001 年 12 月。
4. 金正佳，中國海事審判年刊，北京：人民交通出版社，2002 年 1 月。

三、英文部分

1. R.H. Brown "Dictionary of Marine Insurance Terms"風行出版社出版、民國 69 年。

2. H. Holman "Handy Book for Shipowners and Masters" Tindall Riley & Company, 1964, sixteenth edition.

3. Patrick Griggs and Richard Williams "Limitation of Liability for Maritime Claims", Lloyd's of London Press Ltd., 1991 second edition.

4. J. Bes "Chartering and Shipping Terms", Barker & Howard Ltd., 1975 nineth edition.

5. "Comments of National Associations and Observers on the Consultation Paper" by Baltic and International Maritime Conference, December of 2001.

6. Yearbook 2000 of Singapore 1 published on the website of Comite Maritime International.

7. Newsletters of Comite Maritime Interational published on the website of Comite Maritime International.

附錄一
一九二四年載貨證券統一規定公約（海牙規則）

一九二四年八月二五日簽

第 一 條　本公約內用語之意義如左：

　　　　(一)「運送人」包括與託運人訂立運送契約之船舶所有人或傭船人（船舶承租人）。

　　　　(二)「運送契約」僅指以載貨證券或有關海上貨運任何相似之權利文件所訂之契約；包括在傭船契約情形下或依傭船契約所發之證券文件，而該項證券文件自簽發時起用以規律運送人與持有人間之關係者。

　　　　(三)貨物包括物品、器皿、商品，及除牲口以外之一切其他物件，暨依契約得裝載於甲板之貨品。

　　　　(四)「船舶」指用於海上運送貨物之任何船舶。

　　　　(五)「貨物運送」包括自貨物裝載上船至貨物自船舶卸載之期間。

第 二 條　除第六條規定之情形外，在每一海上貨物運送契約下，運送人就貨物之裝載、搬移、堆存、運送、保管、看守，及卸載所負之責任與義務，與享受之權利及免責，應依後開之規定。

第 三 條

一、運送人於發航前及發航時,應就左列事項為必要之注意:
　(一)使船舶有適航能力。
　(二)適當配置船舶之海員、設備及供應。
　(三)使貨艙、冷藏室,及其他供載運貨物部分,適合並安全於受載、運送,及保存。

二、除第四條另有規定外,運送人應適當並注意於裝載、搬移、堆存、運送、保管、看守,及貨物之卸載。

三、運送人或船長或運送人之代理人收受貨物後,因託運人之請求,應發給載貨證券。該載貨證券載明之事項中應包括:
　(一)為識別所必要之主要標誌。是項標誌應與託運人於裝載開始前書面所提供者相同,但以是項標誌係印於或以其他方法明確顯示於未經包裝之貨物或經包裝貨物之箱皮或包皮上,並能保持清晰可辨直至航行終了者為限。
　(二)依其情形,託運人書面所提供之包或件之個數或數量或重量。
　(三)貨物之表面狀態或情況。
　但運送人、船長,或運送人之代理人有正當理由,對於任何標誌、個數、數量、或重量,疑其非正確代表實際收受之貨物,或無合理方法予以核對者,得不予載明於載貨證券。

四、此項載貨證券應作為依照前項(一)(二)(三)款所記載之貨物已經運送人收受之表面證據。

五、託運人應視為已向運送人保證其所提供之標誌、個數、數量或重量在裝運時之正確。託運人並應賠償運送人因是項提供細目之不正確所致或所生之一切損失、損害及費用。運送人此項請求賠償權利，不得用以限制運送人依運送契約對託運人以外之其他人所負之責任及義務。

六、貨物依照運送契約移轉於有受領權人保管之下以前或當時，除非已為滅失或毀損及滅失或毀損大概性質之通知，如滅失或毀損為不顯著者，或於三日內以書面送達運送人或其在卸載港之代理人，則是項移轉應為運送人已依照載貨證券記載交付貨物之表面證據。

如貨物之情況，業經與受領人共同檢驗及檢查者，書面通知可不必為之。

在所有情形下，除非訴訟於貨物交付或應行交付之日起一年內提起，運送人及船舶應予解除所有關於滅失或毀損之責任。

貨物實際有或疑有滅失或毀損者，運送人及受貨人應互予他方以檢查及查點貨物之便利。

七、貨物裝載後，運送人、船長，或運送人之代理人，因託運人之請求，發給託運人之載貨證券，應為「裝船」載貨證券。但如託運人已事前取得是項貨物之權利文件者，託運人應將此項文件繳還，以換取「裝船」載貨證券。此際，依運送人之選擇，此項權利文件得於裝運港由運送人、船長，或其代理人，將業經裝載該貨物之船名、裝載日加以註明，此項權利文件若經如此註明，如並載明第三條第三

項所述之事項，應就本條之目的，視為已構成一「裝船」載貨證券。

八、運送契約內任何條款、條件或約定，免除運送人或船舶因疏忽、過失或本條所規定責任及義務之未履行所生對於貨物或與之有關之滅失或毀損之責任者『或減損其責任以致低於本公約規定者』，保險契約利益歸屬於運送人或類似之條款，應視為免除運送人責任之條款。

第 四 條

一、因船舶無適航能力所生或所致之滅失或毀損，除係由於運送人方面缺乏必要之注意，未依第三條第一項之規定，使船舶有適航能力，確使船舶配置適當之海員設備及供應，並使貨艙、冷藏室及其他供載運貨物部分，適合並安全於受載、運送、及保存者外，運送人或船舶均不負責任。因船舶無適航能力致有滅失或毀損時，運送人或其他人主張本條所規定之免責者，應就已為必要之注意負舉證之責。

二、因左列事由所生或所致之滅失或毀損，運送人或船舶均不負責任：

㈠船長、海員、引水人，或運送人之受僱人於航行上或船舶管理上之行為、疏忽，或過失。

㈡失火。但係由運送人之實際過失或知情者，不在此限。

㈢海上或其他可供航行水面上之危險或意外事故（Periles dangers and accidents）。

㈣天災。

㈤戰爭。

㈥公共敵人之行為。

㈦君主、統治者，或人民之拘捕或管制，或依法律程序之扣押。

㈧檢疫限制。

㈨託運人或貨物所有人或其代理人或代表之行為或不行為。

㈩罷工、封閉、停工、強制休工，不問其原因為何，亦無論其為全部性或為局部性。

㈠暴動及民變。

㈡救助或意圖救助海上人命或財產。

㈢因貨物之固有瑕疵、性質或缺點所生之體積或重量之消耗或其他滅失或毀損。

㈣包裝不固。

㈤標誌不充足或不適當。

㈥以相當注意所不能發見之潛在瑕疵。

㈦非因運送人之實際過失或知情，或非因其代理人或使用人之過失或疏忽，所生之其他事由。但主張免責者，對於運送人無實際過失或不知情，並其代理人使用人亦無過失或疏忽，應負舉證之責。

三、運送人或船舶所受之滅失或毀損非由於託運人、其代理人或其受僱人之行為，過失或疏忽所生者，託運人不負責任。

四、為救助或企圖救助海上人命或財產之變更航程，或任何合理之變更航程，不得視為本公約或運送契約之違反，因此所致之任何滅失或毀損，運送人不負

責任。

五、對於貨物或與其有關之滅失或毀損，運送人或
船舶在任何情形所負之賠償責任，就每件或每單
位，應不超過一百英鎊或等值之其他貨幣之金
額。但貨物之性質及價值於裝運前已經託運人聲
明，並記載於載貨證券者，不在此限。

前項聲明，如經記載於載貨證券上，應為表面證
據，但對於運送人並無拘束力或確定性。運送
人、船長，或運送人之代理人得與託運人另以契
約訂定最高賠償額，但不得低於上開之金額。載
貨證券所列貨物之性質或價值如係託運人故意虛
報者，運送人或船舶對於該貨物或與其有關之滅
失或毀損，不負責任。

六、貨物具有易燃性、易爆性或危險性，如運送
人、船長或運送人之代理人知悉其性質或特質即
不同意予以裝運者，得於卸載前任何時間，在任
何地點，予以起程，或予以毀滅，或使之變為無
害，而不負賠償責任。所有因此項貨物之裝運直
接或間接所生或所致之損害及費用，託運人並負
賠償之責。若此類貨物，其性質係經知悉，經同
意予以裝載運者，對於船舶或其貨載有危險時，
運送人仍得於任何地點予以起陸，或予以毀滅，
或使變為無害，運送人除係由於共同海損者外，
亦不負賠償責任。

第 五 條　運送人得任意拋棄依本公約得享有之任何或全部權利，
及免責之全部或一部分，或增加依本公約應承受之任何

責任及義務，但是項拋棄或增加應列入發給託運人之載貨證券。本公約之規定應不適用於傭船契約，但在傭船契約之情形下而發給載貨證券者，該載貨證券應符合本公約之規定。本公約之規定不得作為禁止於載貨證券內列入有關共同海損之任何合法條款。

第 六 條　上列各條雖有規定，運送人、船長或運送人之代理人，與託運人就任何特定之貨物，仍得任意訂立協議，就運送人對於是項貨物之責任及義務，及運送人關於是項貨物之權利及免責，或在不牴觸公共政策之範圍內關於運送人對適航性之責任，或運送人之受僱人或代理人對於海上運送物之裝載、搬運、堆存、運送、保管、看守及卸載應為之照顧或注意等條款，另為訂定；但以在此種情形載貨證券未曾簽發或不予簽發，又協議之條款係列入一屬於不得轉讓文件並如此註明之收據者為限。

照前項所訂立之協議應具有完全之法律效力。

但本條應不適用於通常貿易過程中所為之普通商業性運送。本條應僅適用於其他運送；因其運送財物之特性或情況，或完成運送所處之環境、條件，或情勢，係有正當理由需為特殊協議者。

第 七 條　本公約之規定並不阻止運送人或託運人，就海上運送之貨物於裝載上船以前及自船上卸載以後，對於貨物或與之有關之保管、看守及搬運上之滅失或毀損，運送人或船舶所負之責任及義務，訂立任何協議、條款、條件、保留或免除。

第 八 條　本公約之規定，不影響有關海船所有人責任限制之現行
　　　　　法律所定運送人之權利及責任。

第 九 條　本公約所述之貨幣單位係指其黃金價值。
　　　　　締約國非以英鎊為貨幣單位者，保留其權利，得以本公
　　　　　約所表示之英鎊數額，就整數折合成本國貨幣。
　　　　　國內法得為債務人保留權利，依照船舶到達有關貨物卸
　　　　　載港之日之折合率，以國內貨幣清償其債務。

第 十 條　本公約之規定，應適用於在任一締約國內簽發之載貨證
　　　　　券。

第十一條　在本公約簽字後不逾兩年之期間內，比利時政府應諮詢
　　　　　準備批准之締約國對批准已否決定。批准書應於上述政
　　　　　府間議定之日存放於布魯塞爾。最初批准書於存放時，
　　　　　應作成書面記錄由相關國之代表及比利時外交部長加以
　　　　　簽署。
　　　　　嗣後批准書之存放，應連同批准書以書面照會比利時政
　　　　　府。
　　　　　最初存放批准書之記錄，以及前項所述之照會，連同相
　　　　　關批准書，應由比利時政府抄具副本立即經由外交途
　　　　　徑，轉知各簽署國或加入國。在轉知前項照會時，並應
　　　　　由比利時政府同時告知收到批准書之日期。

第十二條　未經簽署之國家不論已否參加布魯塞爾國際會議，均得
　　　　　加入本公約。
　　　　　凡願加入之國家，應以書面連同加入書通知比利時政

府，該項加入書應存放於比利時政府檔案。

比利時政府應立時將其通知抄具正式副本轉知各簽署國或加入國，並敘明收到通知之日期。

第十三條　締約國在簽字、批准，或加入時，得聲明本公約之接受，不包括其主權或權力所屬任何或全體自治領土，或殖民地、海外管領地、保護國，或其他領域。各該地域得嗣後分別加入，亦得依照規定分別退出。

第十四條　在參加最初批准之國家間，本公約自批准記錄程序之日起一年後生效。嗣後批准或加入，以及依第十三條規定而參加者，自批准書依第十一條第二項第十二條第二項經比利時政府收到六個月後生效。

第十五條　締約國之一有欲退出本公約者，其退出應以書面通知比利時政府，由比利時政府隨以副本抄知其他國家，並敘明收到日期。其退出僅對該退出國有效，並自比利時政府接到通知之一年後生效。

第十六條　任一締約國為謀修正本公約有召集新會議之權

行使前項權利之國家，應將意願經由比利時政府轉知其他各國，並由其籌備召集會議。

一九二四年八月二十五日訂於布魯塞爾。繕寫一份。

本公約簽約議定書並列有左列條款：

締約國為實施本公約得賦賦予本公約以法律效力，或依適當立法程序，將本公約之規定，納入國家立法。

締約國得保留權利：

㈠訂定有第四條第二項第三款至第十六款所述之情形，載貨證券之持有人應使有權證實，因運送人個人過失或其使用人不屬於第一款之過失所生之滅失毀損，運送之責任。

㈡第六條適用於國家沿海貿易範圍內之所有種類之貨物，但不受該條最後一項所定之限制。

附錄二
一九二四年海船所有人責任限制統一公約

1924 年 8 月 25 日訂於布魯賽爾

第 一 條 海船所有人對於下列事項之責任，以相等於船舶價值、運費、及其附費總額為限：

1. 船長、海員、引水人、或執行船舶業務之其他人員，於陸地或水上執行船舶業務時，因其行為或過失所加損害於第三人之賠償。

2. 交付於船長運送之貨物，或船上任何物品或財產所受損害之賠償。

3. 本於載貨證券所生之債務。

4. 於履行契約中因航行過失所造成之賠償。

5. 除去沉船及其相關之任何義務。

6. 救助及撈救之任何報酬。

7. 在共同海損中屬於船舶所有人因分擔之部分。

8. 船長在船籍港外，因保持船舶或繼續航行之需要，於職權範圍內所訂契約或所為行為而生之債務，但以其需要非由於發航時配備缺陋或給養不足而生者為限。

但前項第 1 款至第 5 款之責任，仍以不超過按船舶噸位每噸八英磅計算之金額為限。

第 二 條 前條責任限制於下列情形不適用之：

1. 本於船舶所有人之行為或過失所生之債務。

2. 前條第 8 項所定之債務，經船舶所有人明示允許或承認者。

3. 本於海員及執行船舶業務時之其他人員之僱傭契約所生之債務。

船舶所有人或共有人為船長者，除因其自己之航行過失及服務船舶人員之過失所致之損害賠償外，對因自己過失不得主張其限制責任。

第 三 條　船舶所有人如以船舶價值、運費、及其附屬費限制其責任者，應證明其價值。

船舶價值之估計，以下列時期之船舶狀態為準：

1.因碰撞或其他事變之一切有關債權，包括自事變後以迄到達第一港期間內所有契約之債權，及因事變所生共同海損之債權，其估價依船舶到達第一港時之狀態。

如再到達第一港前，因另一與前事變完全不同之新事變致減低船舶價值者，事項因新事變所致之減損，於估定關於前項事變債權之船舶價值時，不予計入。

2.關於貨載之債權，或本於載貨證券而生之債權，且非前項規定者，其估價依船舶於到達目之港時，或航行中斷地之狀態。

如貨載應送達於數個不同之港埠，而損害係因同一原因而生者，其估價依船舶於到達該數港中之第一港時之狀態。

3.關於第一條所規定之其他債權，其估價依船舶航行完成時之狀態。

第 四 條　第一條所稱之運費包括旅客票價在內，無論船舶屬任何類型，均定為船舶在發航時之百分之十。縱船舶於事變發生時未有運費收入者亦同。

第 五 條　第一條所稱之附屬費指：

1.船舶發航後受有實質損害而未經修復者，其應得之損害賠償。

2.船舶發航後受有實質損害而未經修復者，其應得之共

　　　　　同海損分擔額。

　　　　　保險賠償金以及獎金、津貼及其他國家補助金均不得視
　　　　　為附屬費。

第 六 條　因同一事變而生之數債權，及非因事變，但應依在一港
　　　　　之狀態估計船舶之價值以計算其債權者，在船舶所有人
　　　　　限制責任之金額內。應依優先權之位次受清償。

　　　　　於分配前項金額時，個締約國有管轄權之法院所為之裁
　　　　　判，應視為債權之證明。

第 七 條　因船長、海員、引水人，或其他人員因執行船舶業務之
　　　　　行為或過失，致有生命之喪失，或身體之傷害者，船舶
　　　　　所有人對被害人或其代表人，於前列個條規定之責任限
　　　　　度外，更按船舶噸位每噸八英鎊計算之金額內負其責
　　　　　任。同一事故之諸被害人或其代表人之債權統就上開金
　　　　　額內受償。

　　　　　如被害人或其代表人於上述金額內未獲全部清償者，其
　　　　　未清償之部分與其他債權，於前列個條所述之責任限度
　　　　　金額內依優先權之位次受償。

　　　　　旅客對運送船舶之債權，亦適用前述責任限制；但不適
　　　　　用於海員及其他服務於船舶人之死傷事件。此等因死傷
　　　　　所生之訴訟權利仍依船籍國國內法之規定。

第 八 條　船舶被扣押，經就相等於責任限度總額之金額提供擔保
　　　　　者，視為受責任限制之諸債權之利益。

　　　　　該船嗣後再被扣押時，如船舶所有人於接受該法院管轄
　　　　　之際，證明其已就相等於責任限度之金額提供擔保，其

擔保係可令人滿意，及其債權人確可獲得擔保之利益者，法院得命令釋放。

如擔保就一較小金額提供，或擔保係數連續事件所需者，其效果依當事人間之協議或法院定之，以期確保未超過責任限額。

如不同之債權人在不同國家之法院內進行訴訟，船舶所有人得於個繫屬法院請求就全部損害賠償及債務通盤考慮，期不超過責任限度，不被超過。

為實施上開規則之程序及時限問題，依國內法定之。

第 九 條　因第一條規定事項而訴訟或程序進行中者，法院依船舶所有人之聲請，得命令該船舶所有人除該有關之船舶與其運費及附屬費之程序外，對該船舶所有之其他程序中止進行一足夠之時間，俾使船舶出賣及以其收入分配於諸債權人。

第 十 條　非所有人而使用船舶之人，或船舶承租人，就第一條所列舉之事項負責任者，本公約之規定亦適用之。

第十一條　本公約所稱之噸位，依下列方式計算之：
方估算淨噸位時，如為蒸汽機船舶及其他動力推動之船舶，指其淨噸位加自總噸位計算淨噸位時因機器間空間所減除之數。
如為帆船指其淨頓數。

第十二條　本公約之條款應由締約國適用於引用責任限制之他締約國船舶，以及國內法規定之其他情形。

前項所定之原則，並不影響締約國不以本公約之利益給予非締約國人民之權利。

第十三條 本公約不適用於軍艦及專用於公務之政府船舶。

第十四條 前開諸規定，不得視為對國內法所定法院管轄權、訴訟程序、或執行方法有任何影響。

第十五條 本公約所稱之貨幣單位均指其黃金價值。

締約國不以英鎊為貨幣單位者，保留其權利，得以金鎊數以整數折合為本國貨幣。

國內法得保留許其債務人依第三條所定之日之折合率，有以本國貨幣清償債務之權。

第十六條 在本公約簽字後最多兩年內，比政府應諮詢對宣布準備批准之締約國以決定該約是否生效。其批准書應於相關政府協議之日存放於布魯塞爾。第一次批准書之存放，應作成書面記錄，由相關締約國之代表及比利時外交部長簽署之。

嗣後批准書應以書面照會連同批准文件送比利時政府。前項記錄及照會，連同批准書應由比政府抄錄正式副份，經由外交途徑轉至簽字國或加入國。並同時敘明收到日期。

第十七條 未經簽署之國家，不論有無代表出席布魯塞爾之國際會議，均得加入本公約。

凡願加入者，應備具加入書，以書面照會比利時政府，

並將其加入書存放於比政府檔案。

比利時政府應隨以該加入書之副份抄送各簽字國或加入國，並敘明收到日期。

第十八條　締約國在簽字、批准、或加入時，得聲明本公約之接受，不包括任何或全體自治領域，或殖民地，海外管領地，保護國，或其主權或權力所屬之其他領域。各締約國嗣後得代表該地域各別加入，亦得代表各該地域依照規定，分別退出。

第十九條　在參加最初批准之國家間，本公約自批准記錄完成之日起一年後生效。嗣後批准或加入，以及依第十八條規定參加者，自批准書依第十六條第 2 項及第十七條第 2 項經比利時政府收到六個月後生效。

第二十條　締約國之一有欲退出本公約者，其退出應以書面通知比利時政府，由比政府隨以副本抄知其他國家，並敘明收到日期。

其退出僅對該退出國有效，並自比政府接到通知之一年後生效。

第二十一條　任一締約國為謀修本公約有召集新會議之權。

行使前項權利之國家，應將其意願於一年前經由比利時政府轉知其他各國，並由其籌備召集會議。

附加條款　1910 年 9 月 23 日簽訂之船舶碰撞統一規定公約第五條規定，前因該公約附加條款經予從緩實施，應即適用於

受本公約拘束之國家。

1924 年 8 月 25 日簽訂於布魯塞爾。繕寫一份。

簽定議定書

於簽署船舶所有人責任限制統一公約時，下列簽署全權代表同時採納下列議定書事效，其效力與公約正本之效力相同；議定書內並列有下列款項：

1.締約國保留權利，就加於港埠、碼頭及航道工作物之損害，及除去沈船之費用，得不許以船舶價值，附屬費及運費為責任限度，或保留權利對於上述事項，僅以基於互惠者，方予適用公約。

然雙方仍同意，除移去沈船之費用外，前項賠償仍不得超過每噸八英鎊之最高限制。

2.締約國保留權利以決定船舶非用於運送人員並未滿三百噸者，其船舶所有人對於生命之喪失，及身體之傷害，依本公約之規定負其責任，但得不適用第七條第1項之規定。

1924 年 8 月 25 日簽訂於布魯塞爾。繕寫一份。

附錄三
一九五七年船舶所有人責任限制公約

1957 年 10 月 10 日訂於布魯賽爾

第 一 條

1.海船舶所有人對由於下列事故所引起之請求,除引起
請求之事故是出於船舶所有人之實際過失或私謀以
外,都可以根據本規則第三條限制其責任。上述事故
是:

(1)船上所載之任何人之死亡或人身傷害,以及船上任
何財物之滅失及損害。

(2)由於應由船舶所有人對其行為、疏忽或過失負責之
在船上或不在船上之任何人之行為、疏忽或過失所
引起之陸上或水上任何其他人之死亡或人身傷害,
任何其他財產之滅失或損害,或任何權利之侵犯。
但對於後一種人之行為、疏忽或過失,船舶所有人
僅在其行為、疏忽或過失是在駕駛或管理船舶時,
或在貨物裝船、運輸或卸船、以及在旅客上船、乘
客或上岸時發生,才有權限制其責任。

(3)與清除船舶?骸有關之法律所加於和由於或有關浮
起、清除或毀壞任何沉沒、擱淺或背棄船舶〈包括
船上任何物件〉而發生任何義務或責任,以及由於
港口工程、港池或航道所造成之損害引起之任何義
務與責任。

2.在本公約中,「人身請求」是指由於死亡或人身傷害
而發生之請求;「財物請求」是指本條第 1 項所述以
外之一切其他請求。

3.在本條第 1 項所述情況下,即使其責任是由於他對船
舶具有所有權、占有權、保管權或控制權而發生之,
而在船舶所有人方面,或在船舶所有人應對其行為負
責之一些人方面。並無疏忽行為之證明,船舶所有人

亦應有限制其責任之權利。

4.本條不適用於：

　　⑴救助方面之請求或共同海損分擔之請求。

　　⑵船長、船員、船舶所有人所雇在船上之任何雇傭人員，或船舶所有人所雇其職務與船舶有關之雇用人員提出之請求：包括其繼承人、私人代表或家屬之請求在內，如果對於這類請求，根據船舶所有人與上述雇用人員之間之服務契約所適用之法律，船舶所有人不得限制其責任；或根據這種法律，只能以較本公約第三條所訂者為高之金額限制其責任。

5.如船舶所有人有權就同一事件向請求人提出請求，雙方提出之請求應相互抵銷，而本公約之規定只適用於其中之差額〈如有〉。

6.對於引起請求之事故，是否由於船舶所有人之實際過失或私謀所引起之舉證責任問題，須根據法庭地法決定。

7.要求責任限制之行為，並不構成對於責任之承認。

第 二 條

1.本公約第三條所規定之責任限制，應適用於在任何個別場合發生之人身請求和財產請求之總額，但對於在任何其他個別場合已經發生或可能發生之任何請求，不考慮在內。

2.當在任何個別場合發生之請求總額，超過第三條規定之責任限制時，可將代表這項責任限制之總數，作為一單獨之限額基金。

3.如何設立之基金，只能用以支付與能夠要求責任限制

有關之請求。

4.基金設立以後，如該限額基金確為請求人之利益所用，請求人不得就其對該項基金之請求，對船舶所有人所有任何其他財產，行使任何權利。

第 三 條

1.船舶所有人根據第一條規定，可以限制其責任之金額為：

(1)事件僅發生財產債權，按船舶噸位計算，每噸賠償總額為 1,000 法郎。

(2)事件僅發生人身債權，按船舶噸位計算，每噸賠償總額為 3,100 法郎。

(3)如事故既引起人身請求，又引起財務請求，則按船舶噸位計算，每噸賠償總額為 3,100 法郎，其中第一部分以每噸 2,100 法郎計算之款項，應專門用於之付人身請求，而第二部分以每噸 1,000 法郎計算之款項，則用於支付財物請求。但如第一部分款項不足以支付全部身請求，這種請求之未付差額，應與財物請求按比例排列，以第二部分基金支付。

2.對於每一部分限額基金，應按照已經成立之請求數額之比例，分配給請求人。

3.如在分配基金以前，船舶所有人對於第一條第 1 項所述任何請求，已經支付全部或一部分款項，則對該項基金來說，該船舶所有人應按比例安排在已由其償付之請求人相同之地位，參加分配，但其數額僅以由其償付之請求人，根據基金所在國國內法有權向他要求償還之數額為限。

4.如船舶所有人提出，他對於第一條第 1 項所述請求之全部或一部分款項，將在日後被強制支付，基金所在國之法院或其他主管當局，得發布命令，將一筆足夠之款項暫時存放，以便船舶所有人能在日後按前款所述方式，就該項基金滿足他之請求。

5.為了按照本條規定確定船舶所有人限額，不足三百噸之船舶應為三百噸。

6.本條所述法郎，應視為指含 65.5 毫克千分之九百之純今之貨幣單位而言。本條第 1 項所述之數額，應在要求限制其責任之國家，按船舶所有人設立限額基金、支付款項或提出根據該國法律等於支付款項之保證之日期，根據上述貨幣單位之價值折合為該國貨幣。

7.本功約所述船舶噸位應按下列方式計算：

(1)於蒸氣機船或其他動機帆船，應採用淨噸，加上為確定淨噸額從總噸中減去之機艙所占空間。

(2)對於一切船舶，應採用淨噸。

第 四 條　在不妨礙本公約第三條第 2 項之條件下，關於設立和分配限額基金之規則，以及一切程序規則，應受基金所在國家之法律約束。

第 五 條

1.當船舶所有人有權根據本公約限制其責任，而其所擁有之船舶或另一艘船舶或其他財產，已在一個締約國管轄區域內被扣，或為避免被扣已經提出保證金或其他擔保，如能確定該船舶所有人已經提出充分保證金或保全，其數額相等於他在本公約規定下所應承擔之

全部責任限制額,而這樣提出之保證或其他保全,對於請求人之利益,按照其應享之權利,又真實有用,則該締約國之法庭或其他主管部門得下令將上述船舶或其他財產,或所提出之保全發還。2.在本公約第1項所述情況下,如已在下列港口提交保證金或其他保全,則該法院或其他主管機關應根據本條第1項所述條件,下令放還船舶、保證金或其他保全,這些港口是:

(1)引起請求之事故發生之港口;

(2)如事故不在港內發生,則為事故發生之第一個停泊港;

(3)如果請求是人身請求,則為旅客上岸港或卸貨港。

3.如已經提出之保證金或其他保全之數額,少於本公約所規定之全部責任限額,在對其差額提出充分之保證金或其中保全之情況下,本條第1、2項之規定同樣適用。

第 六 條

1.在本公約內,船舶所有人之責任,包括船舶本身之責任在內。

2.除本條第3項另有規定外,本公約之條款應與適用於船舶所有人本身同樣,適用於船舶之承租人、經理人和營運人,以及船長、船員和為船舶所有人、承租人、經理人或營運人服務之其他僱傭人員;但對於發生一個特色場合之人身請求和財物請求,船舶所有人和上述一切其他人員之責任限額總數,不得超過根據本公約第三條所確定之金額。

3.對船長或船員提出訴訟時，即使引起索賠之事故是由於其中一人或數人之實際過失或私謀而發生，他們亦可限制其責任。但如船長或船員同時是船舶之所有人、共有人、承租人、經理人或營運人，則僅在其行為、疏忽或過失是該有關人員以該船船長或船員身分作出時，才能適用本款規定。

第 七 條　當船舶所有人或根據第六條規定具有與船舶所有人相同權利之任何人，在一個締約國之法庭上限制或要求限制其責任，或要求放還被扣船舶或其他財產，或在該國管轄區域內提交之保證金或其他保全時，本公約應予適用。

但每一締約國對於任何非締約國，或根據第五條規定要求限制其責任，或放還其被扣船舶或其他財產，或其提交之保證金或其他保全時，不經常住在某一締約國或在某一締約國內沒有主要營業所之任何人，或要求限制其責任或將其釋放，而在上述期間未懸掛締約國國旗之任何船舶，都有權剝奪其根據本公約應享之全部或一部分權益。

第 八 條　個締約國保留確定某種其他類型船舶得與海船同樣適用本公約之權利。

第 九 條　本公約應由出席第十屆海洋法外交會議個國簽字。

第 十 條　本公約須經批准。批准文件應送交比利時政府保存，並由比利時政府通過外交途徑，將個批准書之收存情況通

知所有簽字國和參加國。

第十一條

1. 本公約應自至少收到十份批准書之日起六個月後生效。在這些批准書之中，至少應有五份係由擁有 100 萬或 100 萬總噸以上船舶之國家所交存。

2. 在本條第 1 項所規定公約生效之批准書收存之日以後，對於批准本公約之每一簽字國，本公約應自其批准書交存六個月後生效。

第十二條

未參加第十屆海洋法外交會議之國家，都可以參加本公約，表示加入之文件應交比利時政府保存，並由比利時政府將這項文件之交存情況，通過外交途徑通知個簽字國和參加國。

對於參加國，本公約應自該國交存加入文件之日起六個月後生效，但生效日期不得早於第十一條第 1 項所規定之公約生效日期。

第十三條

每一締約國都有權在本公約對該固生效以後之任何時期退出本公約，但這種退出僅在自比利時政府收到退出本公約通知之日起一年後，方為有效。比利時政府應通過外交途徑將此項通知告知所有簽字國和參加國。

第十四條

1. 任何締約國都可以在其批准或加入本公約當時或此後任何時期，以送交比利時政府之書面聲明宣布，本公約之適用範圍即應自比利時政府收到該項通知之日起

六個月以後擴大至通知中所述領土，且不得早於本公約對該國生效之日期。

2. 根據本條第 1 項宣布將本公約之適用範圍擴大至國際關係方面由其負責之領土之締約國，得在此後任何時期通過送交比利時政府之通知，宣布本公約不再擴大用於上述領土。這種退應自比利時政府收到上述通知之日起一年後生效。

3. 比利時政府應通過外交途徑，將其收到本條所述通知之情況告知所有簽字國和參加國。

第十五條　任何締約國都可以在本公約對該國生效三年後或此後任何時期，要求召集會議，以便考慮對本公約進行修改。欲行使這一權利之任何締約國，應將此事通知比利時政府，比利時政府應於此後六個月內召集會議。

第十六條　在批准或加入本公約個國之間，本公約應代替並廢除 1924 年 8 月 25 日在布魯塞爾簽署之統一海船船舶所有人責任限制之部分規定之國際公約。

經正式授權之個各全權代表特簽署本公約，以昭信守。本公約於 1957 年 10 月 10 日在布魯塞爾簽訂，正本一份，用英文和法文寫成，兩種文本具有同等效力。公約正本存於比利時政府檔案庫，經過核証無差之副本由比利時政府分發。

下列全權代表，經正式授權，已在本議定書上簽字，以資證明。

1957 年 10 月 10 日簽訂於布魯塞爾。以法文和英文寫成，兩種文本具有同等效力。

本議定書單獨一份存放於比利時政府檔案室，並由比利時政府分發核對無誤之副本。

簽字議定書

1. 任何國家在簽署或加入此公約，可以發表為本公約第二條之保留，其他之保留則不被許可。

2. 以下所列則是可以保留之事項：

   (1)保留排除適用第一條第 1 項第(3)款；

   (2)保留國內法之限制責任之特殊條款來規範 300 噸以下船舶之權利。

   (3)保留籍由授與法之拘束力或內國之立法，以適當之立法及公約之條款，來影響公約之權利。

附錄四
一九七六年海事求償責任限制公約

1976 年 11 月 19 日訂於倫敦

本公約締約國，認識到通過協議確定關於海事索賠責任限制之部分統一規則之需要，已決定為此目之而締結一項公約，並已就此達成協議如下：

第一章　責任限制之權利

第 一 條　有權享受責任限制之人

　　　　　1.下述定義中所指之船舶所有人和救助人，可以根據本公約規定，對第二條所列索賠，限制其責任。

　　　　　2.「船舶所有人」一詞，是指海運船舶之所有人、承租人、經理人和營運人。

　　　　　3.「救助人」是指從事與救助作業直接相關之服務工作之任何人。救助作業包括第二條第 1 項第(4)(5)(6)款所述作業。

　　　　　4.如果第二條所規定之任何索賠，是向船舶所有人或救助人對其行為、疏忽或過失有責任之任何人提出之，這種人便有權享受本公約所規定之責任限制。

　　　　　5.就本公約而言，船舶所有人之責任，應包括對船舶本身提起訴訟案件中之責任。

　　　　　6.對於按本公約規定須受責任限制之索賠承擔責任之保險人，有權與被保險人本人在同一限度內享受本公約之利益。

　　　　　7.援用責任限制之行為，並不構成對責任之承認。

第 二 條　須受責任限制之索賠

　　　　　1.除按第三條和第四條之規定外，下列索賠，無論其責任之根據如何，均需受責任限制之制約：

　　　　　　(1)有關在船上發生與船舶營運或救助作業直接相關之

人身傷亡或財產之滅失或損失（包括對港口工程、港池、航道或助航設施之損害），以及由此引起之相應損失之索賠；

(2)有關海上貨物、旅客或其行李運輸之延遲所引起之損失之索賠；

(3)有關與船舶營運或救助作業直接相關之侵犯除契約權利之外之權利引起之其他損失之索賠；

(4)有關沈沒、遇難、擱淺或被棄船舶（包括船上之任何物件）之起浮、清除、清除、毀壞或使之變為無害之索賠；

(5)有關船上貨物之清除、毀壞或使之變為無害之索賠；

(6)有關責任人以外之任何人，為避免或減少責任人按本公約定可限制其責任之損失所採取之措施，以及由此措施而引起之進一步損失之索賠。

2.第 1 項所列各項索賠，即使以追償請求或者根據契約要求賠償之方式或其他方式提出，也應受責任限制之制約。

但第 1 項第(4)、(5)和(6)款所列索賠，在其涉及與責任人所定契約中所載報酬問題時，應不受責任限制之制約。

第 三 條　不受責任限制之索賠

本公約之規則不適用於：

1.有關救助或共同海損分攤之索賠；

2.有關 1969 年 11 月 29 日國際油污損害民事責任公約之規定，或實施中之該公約修正案或議定書中所載油污

損害之索賠；

3.根據管轄或禁止核能損害責任限制之任何國際公約或國內法提出之索賠；

4.對核子船舶所有人提出之核子損害索賠；

5.所任職務與船舶或救助作業有關之船舶所有人或救助人之雇用人員，包括他們之繼承人、親屬或有權提出索賠要求之其他人員所提出之索賠，如果按照船舶所有人或救助人同雇用人之間之服務合同所適用之法律，船舶所有人或救助人無權在此類索賠方面限制其責任，或者根據此項法律，偶允許將其責任限制在較本公約第六條規定之額度為高時。

第 四 條　不得享受責任限制之行為

如經證明，損失是由於責任人本身故意行為造成這一損失，或者明知可能造成這一損失而輕率地採取之行為或不為所引起，該責任人便無權限制其責任。

第 五 條　反索賠

如果按照本公約規定有權享受責任限制之人，就同一事件向索賠人提出索賠，則雙方提出之索賠應相互抵銷，而本公約之規定則偶適用於其間之差額（如有差額）。

第二章　責任限制

第 六 條　一般限制

1.除第七條所列者外，在任一具體情況下提出之索賠之責任限制，應按下列方法計算：

　　(1)有關人身傷亡之索賠：

(i)凡噸位不超過 500 噸之船舶，為 333000 計算單位；

(ii)凡噸位超過 500 噸之船舶，除第(i)項外，還應增加下列數額：

自 501 噸至 3000 噸，每噸為 500 計算單位；

自 3001 噸至 30000 噸，每噸為 333 計算單位；

算 30001 噸至 70000 噸，每噸為 250 計算單位；

超過 70000 噸，每噸為 167 計算單位。

(2)有關其他方面之索賠：

(i)凡噸位不超過 500 噸之船舶，為 167000 計算單位；

(ii)凡噸位超過 500 噸之船舶，除第(i)項外，還應增加下列數額：

自 501 噸至 30000 噸，每噸每 167 計算單位；

自 30000 噸至 70000 噸，每噸為 125 計算單位；

超過 70000 噸，每噸為 83 計算單位。

2.但是，如果依照第 1 項第(1)款計算之那部分款額不敷支付全部索賠，則依照第 1 項第(2)款計算之數額，應用以支付第 1 項第(1)款下所未支付之差額，而此項未支付差額應同第 1 項第(2)款之索賠按比例取償。

3.但是，在無損於按第 2 項提出之有關人身傷亡之索賠權利之情況下，締約國可在國內法中規定，對港口工程、港地、航道和助航設施之損害所提出之索賠，應依該法規定而享有較第 1 項第(2)款所載其他索賠優先受償之權利。

4.凡不從任何船舶進行施救工作之救助人，或者只是在對之進行施救工作之船上作業之救助人，其責任限制

應按噸位為 1500 噸之船舶計算。

5.就本公約而言，船舶噸位應為根據《1969 年國際船舶噸位丈量公約》附件 1 中所載噸位丈量規則計算之總噸位。

第 七 條　旅客索賠之責任限制

1.對於在任一具體情況下提出之有關船上旅客人身傷亡之索賠，船舶所有人之責任限制，為 46666 計算單位乘以船舶證書上規定之該船載客定額所得之數額，但不得超過 25000000 計算單位。

2.就本條而言，「船上旅客人身傷亡之索賠」，是指該船所載下列任何人所提出或代其提出之任何此種索賠，即：

(1)根據旅客運輸契約而載運者；或

(2)經承運人同意，隨同照料貨物運輸契約中所載車輛或活動物者。

第 八 條　計算單位

1.上述第六條、第七條所述計算單位，是指國際貨幣基金組織所規定之特別提款權。第六條、第七條所述數額，應按照責任限制基金設立之日、付款之日或根據該國法律與此項付款等值之擔保提出之日該國貨幣之價值，折算成謀求責任限制所有國家之本國貨幣。凡屬國際貨幣基金組織成員國之本公約締約國，其以特別提款權表示之本國貨幣之價值，應按國際貨幣基金組織在上述日期在進行營業和交易中適用之現行定價辦法計算。非屬國際貨幣基金組織成員國之本公約締

約國，期以特別提款權表示之本國貨幣之價值，應按
該締約國確定之辦法計算。

2.但是，非屬國際貨幣基金組織成員國，且其法律不允
許實施本條第1項規定辦法之國家，可在簽字並無保
留地批准、接受或認可之時，或在批准、接受、認可
或加入之時，或在此後任何時期宣布將在其領土內適
用之本公約所規定之責任限制，確定如下：

⑴有關第六條第1項第⑴款：(i)凡噸位不超過 500 噸
之船舶，為 5000000 貨幣單位；

(ii)凡噸位不超過 500 噸之船舶，除第(i)項外，還應
增加下列數額：

自 501 噸至 3000 噸，每噸為 7500 貨幣單位；

自 3001 噸至 30000 噸，每噸為 5000 貨幣單位；

自 30001 噸至 70000 噸，每噸為 3750 貨幣單位；

超過 70000 噸，每噸為 2500 貨幣單位。

⑵有關第六條第1項第⑵款：

(i)凡噸位不超過 500 噸之船舶，為 2500000 貨幣單
位；

(ii)凡噸位超過 500 噸之船舶，除第(i)項外，還應增
加下列數額：

自 501 噸至 30000 噸，每噸為 2500 貨幣單位；

自 30001 噸至 70000 噸，每噸為 1850 貨幣單位；

超過 70000 噸，每噸為 1250 貨幣單位。

⑶有關第七條第1項，為 700000 貨幣單位乘以船舶
證券上規定之載客定額所得之數額，但不得超過
375000000 貨幣單位。

第六條第2項和第3項之規定，相應地適用於本項

第⑴和第⑵款。

3. 上述第 2 項所指貨幣單位，相當於純度為千分之九百之黃金 65.5 毫克。將第 2 項規定之貨幣單位數額折算成國家貨幣時，應按有關國家之法律辦理。

4. 第 1 項末句所述計算辦法和第 3 項所述折算辦法，應能使第六條和第七條所述數額在以締約國本國貨幣計算時，盡可能表示出上述條款中按計算單位計算時之同一真實價值。締約國在簽字並無保留地批准、接受或認可之時，或在交存第十六條所指文件之時，應視情況向本公約保管人提交第 1 項所述計算辦法，或第 3 項所述折算結果，並在其變更時做出相應之通知。

第 九 條 索賠總額

1. 根據第六條規定之責任限制，應適用於下列各項索賠總額：

⑴ 第第一條第 2 項所指任何人以及他或他們對其行為、疏忽或過失負責之任何人提出索賠；

⑵ 對從另一艘船舶進行施救工作之該船船舶所有人，和從這種船舶進行施救工作之救助人，以及他或他們對其行為、疏忽或過失負責之任何人提出索賠；

⑶ 對不是從另一艘船舶進行施救工作之救助人，或者只是在對之進行施救工作之船上作業之救助人，以及他或他們對其行為、疏忽或過失負責之任何人提出索賠。

2. 按第七條規定之責任限制，適用於可能在任何特定情況下，就第一條第 2 項所述有關第七條所指船舶之負有賠償責任之任何人，以及他或他們對其行為、疏忽

或過失負責之任何人提出之各項索賠之總額。

第　十　條　　沒有設立責任限制基金之責任限制

1.儘管第十一條所述責任限制基金尚未設立，也可以援引責任限制。但是，締約國可在其國內法中規定，當在其法院審理須受責任限制之索賠時，只有在責任人已按本公約規定設計責任限制基金，或在援用責任限制權利時設立該項基金，才能援用責任限制之權利。

2.如在沒有設立責任限制基金之情況下援用責任限制，應相應之適用第十二條之規定。

3.根據本條規定發生之訴訟程序問題，應按受理訴訟之締約國本國法律決定。

第三章　責任限制基金

第十一條　　基金之設立

1.被認定負有責任之任何人，可在提出責任限制索賠訴訴之任何締約國法院或其他主管當局，設立基金。此項基金應為按照第六條和第七條規定適用於對該責任者提出索賠之金額，加上從事故發生引起責任之日起至基金設立之日止之利息。此項基金僅可用於支付援用責任限制之賠償。

2.設立基金可以儲存專款，或提出為設立基金之締約國法律所允許並經法院或其他主管當局認可之擔保。

3.由第九條第 1 項第(1)、(2)或第(3)款所述當事人之一或其保除人所設立之基金，應被認為是由第 1 項第(1)或第(3)款或第 2 項所述所有當事人。

第十二條　基金之分配

　　1.根據第六條第1項、第2項和第3項及第七條之規定，基金應在索賠人之間，依其對該基金確立之索賠額，按比例分配。

　　2.如在基金分配前，責任人或其保險人已就對該基金之索賠付款結案，則他在已付金額範圍內，應依代位權獲得此受償人根據本公約所可享有之權利。

　　3.本條第2項所規定之代位權，也可由該項所述者之外之人在其已付贈償金額內行使，但僅以所適用之國內法允許行使此種代位權為限。

　　4.如果責任人或任何其他人認定，假若賠償金在基金分配之前即已付出，他便可能在基金分配之後某日被強制支付賠償金額之全部或一部，而根據本條第2項及第3項，該人對此項賠償本可享有代位權，則基金設在國之法院或主管當局可下令暫時撥出一個足夠數額，以便該人在上述日期對此基金行使其索賠權。

第十三條　其他法律行為之禁止

　　1.如果責任限制基金已按第十一條之規定設立，則已向基金提出索賠之任何人，不得針對該項索賠而對由其設立或以其名義設立基金之人之任何其他財產，行使任何權利。

　　2.責任限制基金已按第十一條規定設立之後，則以其名義設立基金之人所屬任何船舶或其財產，凡是因向基金提出索賠而已依締約國管轄權予以扣押或扣留之屬於基金設立人名下之任何船舶或其他財產，或是由他提交之抵押品，均可由該國法院或其主管當局下令開

釋或退還。而如果此項基金已在下列地點設立，則應
一律發出此種開釋命令：

(1)已在事故發生港設立，而如事故發生在港外，則已
在下一停靠港設立；

(2)對於人身傷亡之索賠，已在登陸港設立；

(3)對於貨損，已在卸貨港設立；

(4)已在執行扣押之國家設立。

3.第 1 項和第 2 項之規則，僅在索賠人向管理責任限制
基金之法院就該基金提出索賠，而且就該索賠而言，
確有基金可用，並可自由劃撥時，才可適用。

第十四條　法律管轄

關於責任限制基金之設立與分配規則，以及與其有關之
一切程序規則，除按本章規定辦理外，應受基金設在國
法律管轄。

第四章　適用範圍

第十五條

1.第是第一條所指之任何人，當其謀求在締約國法院獲
得責任限制，或謀求開釋在此類國家管轄下之船舶或
其他財產，或退還其所提交之任何抵押品時，均適用
本公約，然而，當本公約規則在締約國法院被援用
時，如果第一條所指之任何人，在締約國並無常住地
點，或在締約國並無主要營業處所，或為其謀求責任
限制或開釋之任何船舶在當時並非懸掛締約國國旗
時，各締約國可以全部或部分排除其對公約之適用。

2.締約國可以通過國內法之具體規定，使責任限制制度

適用於下列船舶:

(1)按照該國法律規定,意欲在其內陸水域航行之船舶;

(2)小於 300 噸之船舶。締約國在行使本款規定之任選權時,應將國內法規定之責任限制或者並無此種規定之事實,通知本約保管人。

3.締約國可以通過國內法之具體規定,使責任限制制度適用於毫不涉及其他締約國國民利益之索賠。

4.締約國法院在下列情況下,不應使本公約適用於為鑽探而建造或改建並從事鑽探作業之船舶:

(1)當該國已根據國內法規定制訂一項高於本公約第六條規定之責任限制時;或者

(2)當該國已成為調節有關這種船舶責任制度之一項國際公約之締約國時。

在適用本項第(1)款之情況下,該締約國應相應之通知本公約之保管人。

5.本公約不適用於:

(1)氣墊船;

(2)用於勘探或開採海底自然資源或其底土之浮動平台。

第五章　最後條款

第十六條　簽字、批准和加入

1.本公約自 1977 年 2 月 1 日起至 1977 年 12 月 31 日止,在政府間海事協商組織(以下簡稱「海協」)總部向所有國家開放,以供簽字,並在其後繼續開放,以供加入。

2.各國可以通過下列方式成為本公約締約國：

(1)簽字並無保留地批准、接受或認可；或者，

(2)簽字並須經批准、接受或認可，隨後予以批准、接受或認可；或者，(3)加入。3.批准、接受、認可或加入本公約，應向「海協」秘書長（以下簡稱）「秘書長」）交存一份載有上述意圖之正式文件。

第十七條　生效 1.本公約自十二個國家已在本公約簽字並無保留地批准、接受或許可，或者已經交存所需批准、接受、許可或加入文件之日一年後次月第一日起生效。

2.對於在本公約生效條件已得到滿足之後但卻在生效之日以前交存批准、接受、許可或加入文件，或者簽字並無保留地批准、接受或許可之國家，其批准、接受、許可或加入或者其簽字並無保留地批准、接受、或許可等項，應自本公約生效之日或簽字之日，或交存文件之日第九十天後次月第一日起生效，二者之中以較遲者為准。

3.對於任何一個在本公約生效之後成為本公約締約國之國家，本公約應自該國交存其文件之日九十天後次月第一日起生效。

4.對於批准、接受、許可或加入本公約之國家之間關係，本公約應取代並廢止 1957 年 10 月 10 日在布魯賽爾簽訂之《海上船舶所有人責任限制公約》和 1924 年 8 月 25 日在布魯塞爾簽訂之《關於統一海上船舶所有人責任限制某些規則之國際公約》。

第十八條　保留

1. 任何國家均可在簽字、批准、接受、許可或加入本公約時，保留不適用第二條第 1 項第(4)款和第(5)款之權利。但對本公約之實質性條款，不得作任何其他保留。

2. 在簽字時所作之保留，須在批准、接受或許可時予以確認。

3. 對本公約作出保留之任何國，均可在任何時日通過寄交秘書長之通知而予以撤銷。這種撤銷，應自通知收到之日起生效。如果該通知聲稱，對於保留之撤銷應自通知中具體規定之日期起生效，而這一日期又較秘書長收到通知之日為遲，則撤銷應自這一較遲日期生效。

第十九條 退出

1. 締約國可在本公約對該國生效之日一年後之任何時日，退出本公約。

2. 退出本公約，應向秘書長交存一份文件。

3. 退出本公約，應自交存退出通知之日一年後次月第一日起，或自該通知中所載較此為長之期限起生效。

第二十條 訂正和修正

1. 修訂或修正本公約之會議，可由「海協」召開。

2. 經不少於三分之一締約國要求，「海協」應召開本公約締約國會議，修訂或修正本公約。

3. 凡在本公約之修正案生效之日以後交存之任何批准、接受、許可或加入文件，除非已在文件中表示相反意願，便應視為適用於修正後之本公約。

第二十一條　對限額和計算單位或貨幣單位之修改

1.儘管有第二十條之規定，「海協」仍可依照本條第2項和第3項之規定，召開專門會議，改變本公約第六條和第七條以及第八條第2項規定之限額，或以其他單位代替第八條第1項和第2項規定之兩個單位，或其中之一。只有在其實際價值發生顯著變化時，才能對限額作出改變。

2.經不少於四分之一之締約國要求，「海協」應召開上述會議。

3.改變限額或以其他計算單位代替原有單位之決定，應由上述會議到會開投票之締約國三分之二多數作出。

4.凡在修正案生效後交存其批准、接受、許可或加入本公約之文件國家，應適用修正後之本公約。

第二十二條　保管

1.本公約應由秘書長保管。

2.秘書長應當：

(1)向被邀請出席海事索賠責任限制會議之所有家和加入本公約之任何其他國家，分送經過核證無誤之本公約副本；

(2)通知已簽署或加入本公約之所有國家：

(i)每一新之簽署和每一文件交存事項以及對其所作任何保留及其日期；

(ii)本公約或本公約之任何修正案之生效日期；

(iii)任何退出本公約事項及其生效日期；

(iv)依照第二十條或第二十一條規定通過之任何

修正案；

(v)由本公約任何條文所要求之任何通知事項。

3.本公約一經生效，秘書長便應依照聯合國憲章第
一〇二條，將一份該核證無誤之本公約副本‥送交
聯合國秘書長登記並公布。

第二十三條　語　言

本公約以英文、法文、俄文和西班牙文寫成，正本共
一份，每種文本具有同等效力。

1976 年 11 月 19 日訂於倫敦。

為此而被正式授權之下列具名者，特簽署本公約，以
昭信守。

附錄五
一九六八年海牙威士比規則

統一載貨證券規則國際公約修訂議定書

（簡稱一九六八年布魯塞爾議定書，又稱海牙‧威斯比規則，或威斯比規則）
（一九六八年二月二十三日於布魯塞爾簽署）

本議訂書締約國鑑於一九二四年八月二十五日於布魯塞爾所簽訂之統一載貨證券規則國際公約宜加修改，爰經同意修訂如下：

第 一 條

第一款：原文第三條第四項增列下文：『但載貨證券已轉讓與善意第三人者，不得提出反證。』

第二款：原文第三條第六項第四款應予刪除，並以下文代替：
『除第六項所增第二項補充規定外，自交貨日或應交貨日起一年內倘不提起訴訟，運送人及船舶在任何情況下均應免除對貨物之一切責任，但於起訴之事由發生後，此一期間如經當事人同意得予延長。』

第三款：原文第三條第六項之後，增加第六項之一：
『如未超過受訴法院之允許期間，前項規定之一年期限雖已屆滿，仍得向第三人提起損害賠償之訴。但法院所允許之期間，應自賠償請求人對其請求已經獲得解決或自傳訊送達之日起計算，不得少於三個月。』

第 二 條　原文第四條第五項應予刪除，並以下文代替：

㈠除非託運人於裝運前已將貨物之性質與價值聲明並載於載貨證券者,運送人或船舶對於貨物之滅失或損害責任,在任何情況下,應就每一件或每一單位,按不得超過相當一〇、〇〇〇法郎之金額,或貨物毛重每公斤,按不得超過相當三十法郎之金額為限,擇其較高限額適用之。

㈡賠償總金額應參照依據契約約定之時間與地點卸載或應予卸載之時間與地點市價,計算該項貨物之價值。貨物之價值,應依據商品交易所市價;如無商品交易所市價,應依據當時市價;如無商品交易所市價,亦無當時市價,則應參考同性質與品質之其他貨物一般價值確定之。

㈢為固定貨物而使用貨櫃、貨架或類似之運送容器時,載貨證券內所列裝在此等運送容器內之件數或單位之數目,應視為本項所指之件數或單位之數目,但如約定上述之運送容器為件數或單位時,不在此限。

㈣稱一法郎者,係指一個單位含有黃金重量六五‧五公絲(毫克),其成色為千分之九百。判定給付賠償金額換算本國通貨之日期應依受訴法院之法律。

㈤如經證明損害係由運送人出諸故意、或輕率且明知損害可能發生損害之行為或不行為所致者,運送人及運送船舶不得享受本款所規定責任限制之權益。

㈥本項第㈠款所規定之聲明,如經記載於載貨證券之內,視為表面證據,但對運送人並無至高的拘束力或絕對性。

㈦運送人,船長或運送人之代理人及託運人之間可協議訂定本項第㈠款所規定以外之其他最高額,但另約定

之最高限額不應低於該款所規定之其它限額。

㈧如託運人於載貨證券中故意誤記貨物之性質或價值者，運送人及船舶無論在任何情況下，對其貨物或與之有關之滅失或損害均不負責。

第 三 條　原文第四條及第五條之間，增加第四條之一：

㈠關於運送合約內所載貨物之滅失或損害，向運送人提出之訴訟，無論係基於契約或侵權行為，本公約所規定之抗辯及責任之限制，均得適用。

㈡倘此項訴訟係對運送人之受僱人或代理人（該受僱人或代理人非獨立之承攬人）提起者，該受僱人或代理人得引用本公約內運送人所得引用抗辯及責任限制之規定。

㈢運送人及該等受僱人與代理人賠償金額之總和，不得超過本公約所規定之限額。

㈣但如經證明損害係由受僱人或代理人出諸造成損害之故意、或輕率且明知損害可能發生所為之行為或不行為所致者，該受僱人或代理人不得引用本條之規定。

第 四 條　原文第九條，以下列文字代替之：

『國際公約或內國法規定關於核子損害責任之規定不受本公約之限制』。

第 五 條　原文第十條刪除，以下列文字代替之：

『無論船舶、運送人、受貨人，或其他有關人員之國籍為何，本公約各條款於下列情形之一者，適用於兩國港口間貨運之每一載貨證券：

㈠載貨證券係在一締約國內簽發者，或

㈡運送係自一締約國內之港口出發者，或

㈢載貨證券中所包含或得以證明之契約規定本公約之規定或任何批准國家之內國立法，對是項契約有約束者。

每一締約國均得對於上述之載貨證券適用本公約各條款之規定。

本條不限制締約國對於上款所述以外之載貨證券適用本公約之規定。

第 六 條　本議定書各締約國之間，應將公約與議定書視為單一文書合併參閱與解釋。

本議定書之締約國，對由本公約締約國而非本議定書締約國所簽發之載貨證券，無適用本議定書規定之義務。

第 七 條　本議定書各締約國之間，任何一方依本公約第十五條之規定廢止本公約時，在任何情形下不得解釋為對本議定書所修訂公約之廢止。

第 八 條　兩個或兩個以上締約國間對本公約之解釋或適用發生之一切爭議，未能經協商解決者，得依一方之聲請提付仲裁。如自聲請仲裁之日起六個月內，爭議雙方不能對仲裁之組成達成協議時，其中任何一方，得依國際法院之規章，將是項爭議提請國際法院裁決之。

第 九 條

一、每一締約國，在簽署或批准本議定書或加入時，得

聲明其不受本議定書第八條之約束，其他締約國對
於提出此項保留之締約國，亦不受該條之約束。

二、依第一項提出保留之締約國，得隨時通知比利時政
府撤銷此項保留。

第　十　條　本議定書應開放於予一九六八年二月二十三日以前批准
本公約或加入本公約之國家，以及國際海事法外交會議
第十二次大會（一九六七－一九六九年）之與會國簽署
之。

第十一條

一：本議定書應經批准。

二：非本公約之締約國批准本議定書者，具有加入本公
約之效力。

三：批准書應存放於比利時政府。

第十二條

一：未派代表出席海事法外交會議第十二次大會之國
家，聯合國會員國，或專門機構之會員國得加入本
議定書。

二：加入本議定書者，具有加入本公約之效力。

三：加入文書應存放於比利時政府。

第十三條

一：本協議書於批准書或加入文書已達十件者，自存放
之日起三個月後生效，但其中至少須有存放文書五
件之國家各擁有船舶噸位等於或超過一百萬總噸。

二：批准或加入本議定書之國家，以其批准或加入文書
送交存放之日後，決定本條第一項生效之日期，本
議定書於其批准或加入文書送交存放三個月後生
效。

第十四條

一：任何締約國得通知比利時政府廢止本議定書。

二：此項廢止具有廢止本公約之效力。

三：議定書之廢止，自比利時政府收到通知之日起一年
後生效。

第十五條

一：任何締約國得簽署、批准或加入時或其後隨時以書
面通知比利時政府，聲明其主權所及之領土或依國
際關係由其負責之領土，適用現行之本議定書。

本議定書於比利時政府收到是項通知之日起三個月
後對其所指定之領土有適用之效力，但生效日不得
在議定書對其本國生效日之前。

二：如本公約對此等領土尚不適用時，本公約亦將延伸
適用之。

三：依本條第一項提出聲明之締約國，得於其後隨時通
知比利時政府，聲明在議定書停止對該領土生效。
此項廢止聲明，於比利時政府收到是項通知之日起
一年後生效；該聲明亦適用於本公約。

第十六條　締約國得賦予本議定書法律效力，或將本議定書所採用
之規定，以適當之各別立法形式納入各內國法，而使本

議定書生效。

第十七條　比利時政府，應將下列事項通知曾派遣代表出席國際海
事法外交會議第十二次大會（一九六七－一九六八）之
國家加入本議定書之國家，及本公約之締約國：

一：依第十條、第十一條及第十二條所收到之簽署、批
准及加入等文書。

二：依第十三條之規定本議定書之生效日期。

三：依第十五條之規定有關領土適用該條之通知。

四：依第十四條之規定所收到之廢止通知。

本議定書爰經下列全權代表簽字，以昭信守。

本議定書於一九六八年二月二十三日訂於布魯塞爾，本
議定書制成一份，其法文及英文本各具有相同效力載於
同一文件內，該項文件應存放於比利時政府檔案庫，認
證副本得由比利時政府簽發之。

附錄六
一九七八年聯合國海上貨物
運送公約

（漢堡規則）

序言

　　本公約各締約國認識到通過協議確定一些關於海上貨物運送的規則，是合乎需要的，決定為此目的締結一個公約，協議如下：

第一部分　總　則

第　一　條　定　　義

　　　　在本公約內：

　　　　1.「運送人」是指本人或以其名義與託運人訂立海上貨物運送合同的任何人。

　　　　2.「實際運送人」是指受運送人委託執行貨物的運送或部分運送的任何人，包括受委託執行此種運送的任何他人。

　　　　3.「託運人」是指本人或以其名義或其代表與運送人訂立海上貨物運送合同的任何人，或指本人或以其名義或其代表實際把海上運送合同所涉貨物交付給運送人的任何人。

　　　　4.「收貨人」是指有權提取貨物的人。

　　　　5.「貨物」包括活的動物：如果貨物歸併在集裝箱、貨

盤或類似載貨物件,或另加包裝,而此種載貨物件或包裝物件是由託運人供給,則「貨物」並包括此種載貨物件或包裝物件在內。

6.「海上運送合同」是指規定運送人收取運費而承擔由海上自一港口運送貨物至另一港口的任何合同;但是,除牽涉到海上運送之外還牽涉到使用某些其他方法運送的合同,僅在它與海上運送有關的範圍內,才視為本公約目的的海上運送合同。

7.「提單」是指作為海上運送合同和運送人接收或裝載貨物的證明的文件,運送人承擔對交出此項文件者交付貨物。此種文件中所載貨物應交付指定人,或候命交付或交付提單持有人的規定構成此種承擔。

8.「書面」除其他方式外,包括電報及專線電報。

第 二 條　適用範圍

1.本公約的規定適用於兩個不同國家間的一切海上運送合同,如果:

(a)海上運送合同所規定的裝貨港位於締約國,或

(b)海上運送合同所規定的卸貨港位於締約國,或

(c)海上運送合同所規定的任擇卸貨港之一是實際卸貨港,而該港位於締約國,或

(d)提單或作為海上運送合同的證明的其他文件是在締約國發給,或

(e)提單或作為海上運送合同的證明的其他文件規定本公約的規定或任何國家實施本公約規定的立法對合同適用。

2.本公約的規定的適用不考慮船舶、運送人、實際運送

人、託運人、收貨人或任何其他關係人的國籍。

3.本公約的規定不適用於租船合同。但按照租船合同而
發給提單時，如該提單規定運送人與非租船人的提單
持有人間的關係，本公約的規定即適用於該提單。

4.如合同規定將來在一約定期間對貨物為一系列的運
送，本公約的規定適用於每一次運送。但根據租船合
同而為運送時，則適用本條第 3 款的規定。

第 三 條　公約的解釋

在解釋和適用本公約的規定時，應注意本公約的國際性及促進
劃一的需要。

第二部分　運送人的責任

第 四 條　擔負責任的期間

1.在本公約下，運送人對於貨物在裝貨港、在運送途中
及在卸貨港由其掌管的全部期間，擔負責任。

2.為本條第 1 款的目的，運送人在以下所述起迄期間視
為掌管貨物：

(a)自他從以下的人、當局或其他第三方接收貨物之時
起：

㈠託運人或代表他行事的人；或

㈡依據裝貨港適用的法律或規章，貨物必須交其裝
船的當局或其他第三方；

(b)其他依以下方式交付貨物之時為止：

㈠把貨交給收貨人；或

㈡收貨人不自運送人收受貨物時，按照合同或卸貨
港適用的法律或特定行業慣例，把貨物留給收貨

人處置；或

㈢把貨物交給依據卸貨港適用的法律或規章貨物必須交給的當局或其他第三方。

3.本條第 1 及第 2 款提及運送人或收貨人時，除運送人或收貨人外，並指運送人或收貨人的受雇人或代理人。

第 五 條　責任的基礎

1.運送人對於貨物的損失或損壞以及延遲交付所引起的損害，如引致損失、損壞或延遲的事件發生於第四條所訂明的貨物由他掌管的期間，須負賠償責任，但運送人能證明本人、其受雇人或代理人為避免該事件發生及其後果曾採取所能合理要求的一切措施者，不在此限。

2.貨物未於明白約定的期限內，或在並無此種約定時，未於考慮到實際情況、可以合理要求勤勉運送人遵守的期限內，在海上運送合同所規定的卸貨港交付，即為延遲交付。

3.有權對貨物的損失要求賠償的人，在貨物未按照第四條的要求於本條第 2 款所規定的交付期限屆滿後連續六十日內交付時，可視為貨物已損失。

4.(a)運送人對於以下的貨物損失、損壞或延遲交付，負賠償責任：

㈠因火災而引致的貨物的損失或損壞或延遲交付，如要求賠償人能證明火災是由於運送人、其受雇人或代理人的過失或疏忽所致。

㈡要求賠償人證明由於運送人、其受雇人或代理人在

採取可以合理要求的一切措施以撲滅火災和防止或減輕其後果方面的過失或疏忽而引起的損失、損壞或延遲交付。

(b)於船上發生火災而影響到貨物時，如果要求賠償人或運送人要求，必須按照海運慣例，對火災的起因和情況進行調查，調查員的報告副本應依要求送交運送人和要求賠償人。

5.關於活的動物，運送人對於此類運送固有的任何特別危險所引起的損失、損壞或延遲交付不負賠償責任。如果運送人能證明他已遵行託運人所給予他的關於動物的任何特別指示，而且按照實際情況，損失、損壞或延遲交付可以歸因於此種危險時，除經證明損失、損壞或延遲交付的全部或一部是由於運送人、其受雇人或代理人的過失或疏忽所造成外，應即推定損失、損壞或延遲交付是由於此種危險所引致。

6.除為分擔共同海損外，運送人對於因挽救海上人命的措施或挽救海上財產的合理措施而引起的損失、損壞或延遲交付，不負賠償責任。

7.運送人、其受雇人或代理人的過失或疏忽與另一原因結合而產生損失、損壞或延遲交付時，運送人僅對於損失、損壞或延遲交付可以歸因於此種過失或疏忽的限度內負賠償責任，但運送人須證明不可歸因於此種過失或疏忽的損失、損壞或延遲交付的數額。

第 六 條　責任的限度

1.(a)運送人按照第五條的規定對於貨物的損失或損壞引起的損害所負的賠償責任，限於相當於所損失或損壞

的貨物每包或其他貨運單位八三五記帳單位或總重量
每公斤二‧五記帳單位的數額，以較高的數額為準。

(b)運送人按照第五條的規定對於延遲交付所負的賠償
責任，限於相當於對延遲的貨物所應支付的費二倍
半的數額，但不得超過按照海上貨物運送合同所應
支付的運費總額。

(c)運送人根據本款(a)和(b)項的總共賠償責任，無論如
何不得超過根據本款(a)項對於貨物的全部損失引起
的賠償責任所將規定的限度。

2.為計算按照本條第 1 款(a)項的規定哪一個數額較高的
目的，應適用下列規則：

(a)使用集裝箱、貨盤或類似載貨物件歸併貨物時，提
單內或未發給提單時作為海上運送合同證明的任何
其他文件內列明包裝在這種載貨物件內的包或其他
貨運單位視為包或貨運單位。除上述情況外，這種
載貨物件內的貨物視為一個貨運單位。

(b)於載貨物件本身損失或損壞時，如該載貨物件並非
運送人所擁有或供給，則視為一個單獨的貨運單
位。

3.記帳單位是指第二十六條所述的記帳單位。

4.運送人和託運人可以協議訂定超過第 1 款所規定的責
任限度。

第 七 條　對非基於合同的要求權的適用

1.本公約規定的辯護理由和責任限度適用於因海上運送
合同所包括的貨物的損失或損壞以及延遲交付而對運
送人提起的任何訴訟，不論這種訴訟是根據合同、侵

權行為或其他。

2.對運送人的受雇人或代理人提起這種訴訟時，這種受雇人或代理人如能證明他是證明他是在他的雇用範圍內行事，則有權利用運送人根據本公約有權引用的辯護理由和責任限度。

3.除第八條規定的情況外，可向運送人和本條第 2 款所稱任何人取得補償的數額總計，不得超過本公約所規定的責任限度。

第 八 條　限制責任權利的喪失

1.如經證明損失、損壞或延遲交付是由於運送人有意造成這種損失、損壞或延遲所作出的行為或不行為而產生，或由於運送人明知可能造成這種損失、損壞或延遲而冒險作出的行為或不行為所產生，則運送人無權享受第六條所規定的責任限度的利益。

2.儘管有第七條第 2 款的規定，如經證明損失、損壞或延遲交付是由於運送人的受雇人或代理人有意造成這種損失、損壞或延遲所作出的行為或不行為而產生，或由於他明知可能造成這種損失、損壞或延遲而冒險作出的行為或不行為所產生，則該受雇人或代理人無權享受第六條所規定的責任限度的利益。

第 九 條　艙面載貨

1.運送人只有按照同託運人的協議或特定行業慣例，或依據法定規章的要求，才有權將貨物裝載在艙面。

2.如運送人和託運人約定貨物應當或可以裝載在艙面，運送人必須在提單或作為海上運送合同證明的其他

文件上列入此種聲明。如無此種聲明，運送人員應擔負證明曾就裝載在艙面取得協議的責任；但運送人無權引用這種協議來對抗善意取得提單的第三方，包括收貨人。

3.違反本條第 1 款的規定將貨物裝載在艙面，或運送人按照本條第 2 款不得引用裝載在艙面的協議時，儘管有第五條第 1 款的規定，運送人仍須對單獨由於裝載在艙面而導致的貨物的損失或損壞以及延遲交付擔負賠償責任，其限度視情況分別按照本公約第六或第八條的規定決定。

4.違反將貨物裝載在艙內的明確協議而將貨物裝載在艙面，視為第八條意義範圍內的運送人的行為或不行為。

第 十 條　運送人和實際運送人的責任

1.運送人將運送或其一部分委託實際運送人執行時，不論根據海上運送合同是否有此自由，運送人仍須按照本公約的規定對全部運送負責。關於實際運送人所執行的運送，運送人須對實際運送人及其受雇人和代理人在雇用範圍內的行為或不行為擔負責任。

2.本公約關於運送人責任的一切規定亦適用於實際運送人對其所執行的運送所負的責任。如對實際運送人的受雇人或代理人提起訴訟時，應適用第七條第 2 和 3 款和第八條第 2 款的規定。

3.運送人據以承擔本公約所未課加的義務或放棄本公約所賦予的權利的任何特別協議，非經實際運送人以書面明示同意，不得對他發生影響。無論實際運送人是

否如此同意，運送人仍受由於這種特別協議而導致的義務或放棄權利的拘束。

4. 如果運送人和實際運送人都擔負責任，則在這種限度內，他們應共同和各別擔負責任。

5. 可向運送人、實際運送人和他們的受雇人和代理人取得補償的數額總計，不得超過本公約所規定的責任限度。

6. 本條的規定不妨礙運送人和實際運送人之間的任何追索權。

第十一條　聯運運送

1. 儘管有第十條第 1 款的規定，海上運送合同明確規定該合同所包括的運送的某一特定部分由運送人以外的指定之人執行時，該合同可以同時規定運送人對在這一部分運程中貨物在實際運送人掌管期間發生的事故所造成的損失、損壞或延遲交付不負責任。但是，任何限制或排除這種責任的規定概屬無效，如果不能在根據第二十一條第 1 或第 2 款具有管轄權的法院對實際運送人提起司法訴訟的話，運送人應擔負證明任何損失、損壞或延遲交付是由這種事故所造成的責任。

2. 實際運送人須按照第十條第 2 款的規定，對貨物在他掌管的期間發生的事故所造成的損失、損壞或延遲交付擔負責任。

第三部分　託運人的責任

第十二條　通　　則

託運人對運送人或實際運送人遭受的損失或船舶遭受的

損害不負賠償責任，除非這種損失或損害是由於運送人、其受雇人或代理人的過失或疏忽所造成。託運人的受雇人或代理人對這種損失或損害也不負賠償責任，除非這種損失或損害是由於他自己的過失或疏忽所造成。

第十三條　關於危險貨物的特別規則

1.託運人對危險貨物必須以適當方式附加危險的標記或簽條。

2.託運人將危險貨物交給運送人或實際運送人時，必須將貨物的危險特性告知他，必要時並告知應採取的預防措施。如託運人不這樣做，而此種運送人或實際運送人又未從其他方面得知貨物的危險特性，則：

(a)託運人對運送人和任何實際運送人由於運送這種貨物而引起的損失負賠償責任，及

(b)對這種貨物，可視情況需要，隨時予以起卸、銷毀，或使其成為無害，而不需給付補償。

3.任何人如在運送期間明知貨物的危險特性而加以接管，即不得援引本條第 2 款的規定。

4.如本條第 2 款(b)項的規定不適用或不能加以援引，而危險貨物對生命或財產構成實際危險時，可視情況需要，將貨物起卸、銷毀或使其成為無害，而不需給付補償，除非有分擔共同海損的義務存在，或運送人按照第五條的規定負有賠償責任。

第四部分　運輸文件

第十四條　提單的發給

1.運送人或實際運送人接管貨物時，運送人經託運人請

求，必須向託運人發給提單。

2.提單可由經運送人授權的人員簽名。由運送貨物船舶的船長簽名的提單視為代表運送人簽名。

3.提單上的簽名可採取手寫、影印、打孔、印章、代號等方式或以任何其他機械或電子方法為之，但需不牴觸提單發給地國家的法律。

第十五條　提單的內容

1.提單除其他事項外必須載明下列各項目：

(a)貨物的一般性質、辨認貨物必需的主要標記、適用時關於貨物危險特性的明白聲明、包數或件數，及貨物的重量或用其他方法表明的數量等等託運人提供的所有這些細節；

(b)貨物的外表狀況；

(c)託運人姓名和主要營業所；

(d)託運人姓名；

(e)託運人指定收貨人時的收貨人；

(f)海上運送合同規定的裝貨港及運送人在裝貨港接收貨物的日期；

(g)海上運送合同規定的卸貨港；

(h)提單原本如超過一份，應列明份數；

(i)提單發給地點；

(j)運送人或代表運送人行事者的簽名；

(k)收貨人應付的運費金額或由收貨人支付運費的其他指示；

(l)第二十三條第 3 款所指的聲明；

(m)適用時貨物應該或可以裝載在艙面運送的聲明；

(n)當事雙方如明白約定在卸貨港交付貨物的日期或期間，應列明該日期或期間；

(o)如按照第六條第4款協議訂定的任何加高的責任限度，應列明該限度。

2.貨物裝船後，如託運人要求時，運送人必須向託運人發給「裝船」提單，該提單除載列根據本條第1款所需載列的項目外，並須說明貨物已裝上指定的船舶及裝載日期。如運送人先前已向託運人發給關於這些貨物的提單或其他所有權文件，託運人經運送人請求，必須將此種文件交還，換取「裝船」提單。運送人為滿足託運人發給「裝船」提單的要求，可將先前發給的任何文件加以修改，但修改後的文件必需列入「裝船」提單所需載有的全部資料。

3.提單如漏載本條所述項目之一項或多項，不影響此項文件作為提單的合法性，但仍須符合第一條第7款所載列的要件。

第十六條　提單：保留作為證據的效力

1.如運送人或代表運送人發給提單的其他人員知悉或有適當理由懷疑提單所載關於貨物一般性質、主要標記、包數或件數、重量或數量的細節並不正確代表實際接收的貨物，或在發給「裝船」提單的情況，並不正確代表實際裝載的貨物，或他缺乏適當的方法來核對這些細節，運送人或此種其他人員必須在提單內記入一項保留，詳細說明這些不正確情形、懷疑的理由，或適當核對方法的缺乏。

2.運送人或代表運送人發給提單的其他人員未在提單上

註明貨物的外表狀況時，視為他在提單上註明貨物外表狀況良好。

3.除已對其提出本條第 1 款准許的保留的細節及依照該項保留的限度外：

(a)提單為運送人接收提單所描述貨物的表面證據，如發給「裝船」提單時，則為運送人裝載提單所描述貨物的表面證據；及

(b)運送人所提出與此相反的證據不得接受，如果提單已轉讓給真誠信賴提單中對貨物的描述行事的第三方，包括收貨人。

4.未按第十五條第 1 款(k)項規定載明運費或以其他方式指示運費由收貨人支付，亦未載明在裝貨港發生的滯期費由收貨人支付的提單，為收貨人無需支付運費或滯期費的表面證據。但運送人所提出與相反的證據不得接受，如果提單已轉讓給真誠信賴提單上未載有任何此種指示而行事的第三方，包括收貨人。

第十七條 託運人的保證

1.託運人應視為已向運送人保證他所提供列入提單的有關貨物的一般性質、標記、件數、重量和數量的細節正確不誤。託運人必須賠償運送人因為這些細節不正確而引起的損失。託運人即使已將提單轉讓，仍須負賠償責任。運送人獲得此種賠償的權利，絕不減少他根據海上運送合同對託運人以外的任何人所負的賠償責任。

2.託運人承擔賠償運送人因運送人或代表其行事者未就託運人所提供列入提單的細節或貨物外表狀況提出保

留而發給提單所引起的損失的任何保證書或協定，對於受讓提單的任何第三方，包括收貨人，不生效力。

3. 此種保證書或協定對託運人有效，除非運送人或代表其行事者略去本條第 2 款所稱的保留是意圖欺騙信賴提單內對貨物的描述行事的第三方，包括收貨人。在後項情形下，如所略去的保留，牽涉託運人所提出供列入提單的細節，運送人即無權依本條第 1 款要求託運人給予賠償。

4. 在本條第 3 款所稱的意圖欺騙的情況下，運送人不享有本公約所規定的責任限度的利益，而須對第三方、包括收貨人因信賴提單內對貨物的描述行事而遭受的損失，負賠償責任。

第十八條 提單以外的文件

運送人發給提單以外的文件作為收到待運送的貨物證明時，此種文件為訂立海上運送合同和運送人接收其中所描述貨物的表面證據。

第五部分　要求權和訴訟

第十九條 損失、損壞或延遲的通知

1. 除非收貨人至遲於貨物移交給收貨人之日後第一個工作日給予運送人以損失或損壞的書面通知，詳細說明此種損失或損壞的一般性質，此種貨物的移交即為運送人交付運輸文件內所描述的貨物，或於未發給此種文件時，完好無損地交付貨物的表面證據。

2. 於損失或損壞不顯著時，如在貨物移交給收貨人之日後連續十五日內未給予書面通知，則本條第 1 款的規

定應相應地適用。

3.如貨物的狀況曾於其移交給收貨人時,由當事各方進行聯合調查或檢驗,則無需就進行此種調查或檢驗時所查明的損失或損壞給予書面通知。

4.於有發生任何實際損失或損壞或擔心發生任何損失或損壞時,運送人和收貨人必須給予彼此以檢驗和清點貨物的一切合理的便利。

5.對延遲交付所引起的損失,無需給付賠償,除非在貨物移交給收貨人之日後連續六十日內給予運送人以書面通知。

6.貨物如係由實際運送人交付,根據本條給予他的任何通知與給予運送人具有同等效力,同時,給予運送人的任何通知亦與給予此種實際運送人具有同等效力。

7.除非運送人或實際運送人至遲於損失或損害發生後連續九十日內或按照第四條第2款交付貨物後連續九十日內,以較後日期為準,給予託運人以損失或損害的書面通知,詳細說明此種損失或損害的一般性質,否則,未給予這種通知即為運送人或實際運送人並無因為託運人或其受雇人或代理人的過失或疏忽而遭受任何損失或損害的表面證據。

8.為本條的目的,給予代表運送人或實際運送人行事的人、包括船長或船舶負責人,或給予代表託運人行事的人的通知,分別視為給予運送人、實際運送人或託運人。

第二十條　訴訟時效

1.有關按照本公約運送貨物的任何訴訟如不在兩年期內

採取司法或仲裁程序，即失去時效。

2.時效期間於運送人交付貨物或部分貨物之日開始，如貨物未交付，則自貨物應當交付之最後一日開始。

3.時效期間開始之日不算入此種期間內。

4.被要求賠償的人可於時效期間進行中隨時向要求賠償人提出書面聲明將此種期間延長。此種期間並可再以一次或多次聲明予以延長。

5.在以上各款規定的時效期間屆滿後，仍可對認為負有賠償責任者提出要求賠償的訴訟，但此項訴訟必須在提起訴訟地國家法律准許的限期內提起。但准許的限期不得少於九十日，自提起此項要求賠償訴訟者已解決索償要求或對其本人所提訴訟的傳票送達之日起算。

第二十一條　管　轄

1.為進行有關按照本公約運送貨物的司法程序，原告可自由選擇在依法院所在地國家的法律為具有管轄權、下列地點之一並在其管轄區域內的法院提起訴訟：

(a)被告主要營業所，或於無主要營業所時，其通常住所；或

(b)訂立合同地點，但須被告在該地設有營業所、分所或代理處，該合同即係通過後者而訂立；或

(c)裝貨港或卸貨港；或

(d)海上運送合同中為此目的而指定的任何另外的地點。

2.(a)儘管有本條上列各項規定，仍可在締約國內運送

船舶或同一船主的任何其他船舶被依照該國適用的法律規則或適用的國際法規則加以扣留的任何港口或地點的法院提起訴訟。但在這種情況下，經被告聲請時，要求賠償人必須將訴訟移往他選擇的本條第 1 款所指的管轄法院之一為要求權的裁定，但在轉移訴訟前，被告必須提供足夠的保證金，以確保在訴訟中以後可能判給要求賠償人的任何金額的償付。

(b)一切有關保證金是否足夠的問題應由扣留港口或地點的法院裁定。

3.有關按照本公約運送貨物的司法訴訟不得在本條第 1 或第 2 款所未明確規定的地點提起。本款的規定不妨礙締約國對臨時或保護措施的管轄權。

4.(a)如已在按本條第 1 或第 2 款規定有管轄權的法院提起訴訟，或此種法院已宣告判決，相同當事雙方即不得基於同一理由提起新訴訟，除非受理第一次訴訟法院的判決在提起新訴訟地國家內不能執行；

(b)為本條的目的，為取得執行判決而採取措施，不視為提起新訴訟；

(c)為本條的目的，按照本條第 2 款(a)項將訴訟移往同一國家的另一法院或移往另一國家的法院，不視為提起新訴訟。

5.儘管有以上各款的規定，在海上運送合同下的要求權發生後當事各方所訂立的指定要求賠償人可提起訴訟的地點的協定應屬有效。

第二十二條　仲　裁

1. 在本條規定的限制下，當事各方可以具有書面證明的協議，規定有關按照本公約運送貨物可能發生的任何爭端應提交仲裁。

2. 如租船合同，載有由於該合同引起的爭端應提交仲裁的條款，而依據租船合同發給的提單，並未載有規定此種條款對提單持有人具有約束力的特別注釋時，運送人不得對善意取得提單的持有人援引此一條款。

3. 仲裁程序應由要求賠償人自由選擇在下列地點之一進行：

    (a) 一國的某一地點，下列處所或港口即設在或位於該國領土內：

    ㈠被告主要營業所，或於無主要營業所時，其通常住所；或

    ㈡訂立合同地點，但須被告在該地設有營業所、分所或代理處，該合同即係通過後者而訂立；或

    ㈢裝貨港或卸貨港；或

    (b) 仲裁條款或協定為此目的而指定的任何地點。

4. 仲裁員或仲裁法庭應適用本公約的規則。

5. 本條第 3 和第 4 款的規定視為每一仲裁條款或協定的一部分，這種條款或協定與此兩款不符的任何規定一概無效。

6. 本條各款不影響在海上運送合同下的要求權發生後當事各方所訂立的仲裁協定的效力。

第六部分　補充條款

第二十三條　合同規定

1.海上運送合同、提單或作為海上運送合同證明的任何其他文件內所載的任何規定，在其直接或間接減損本公約的規定的範圍內概屬無效。此種規定的無效不影響合同或由合同構成其一部分的文件的其他規定的效力。將貨物的保險利益讓與運送人的條款，或任何類似條款，概屬無效。

2.儘管有本條第 1 款的規定，運送人仍可增加其在本公約下的責任和義務。

3.發給提單或作為海上運送合同證明的任何其他文件時，必須在其中載入一項聲明，說明該項運送須遵從本公約的規定，這些規定使對它們加以減損而有害於託運人或收貨人的任何合同規定成為無效。

4.對貨物要求賠償的人由於本條使某項合同規定成為無效或因漏載本條第 3 款所指聲明而遭受損失時，運送人必須在為按照本公約規定對任何貨物的損失或損壞以及延遲交付給予要求賠償人賠償所需要的限度內給付賠償。此外，運送人並須對要求賠償人為行使其權利所引起的費用給付賠償，但在援引上項規定的訴訟中所引起的費用，應按照提起訴訟地國家的法律決定。

第二十四條　共同海損

1.本公約各條款不妨礙海上運送合同或國內法中關於評定共同海損的規定的適用。

2.除第二十條外，本公約中有關運送人對貨物損失或損壞的賠償責任的規定，同樣決定收貨人是否可拒絕分擔共同海損，和運送人對收貨人繳付的任何此種分擔額或支付的任何救難費用所負的賠償責任。

第二十五條　其他公約

1.本公約不改變有關遠洋輪船船主責任限度的國際公約或國內法中所規定的運送人、實際運送人及他們的受雇人和代理人的權利和義務。

2.本公約第二十一條和第二十二條的規定不妨礙在本公約締結之日已生效的有關該兩條所處理事項的任何其他多邊公約的強制性規定的適用，如果爭端所涉當事各方的主要營業所均設在此種其他公約的締約國內。但是，本款不影響本公約第二十二條第4款的適用。

3.關於核子事件所造成的損害，如核子裝置操作人根據下列公約或國內法負有賠償責任時，本公約規定下的賠償責任不發生：

(a)經一九六四年一月二十八日附加議定書修正的一九六○年七月二十九日關於核能方面對第三者賠償責任的巴黎公約或一九六三年五月二十一日關於核子損害的民事賠償責任的維也納公約，或

(b)規定對此種損害的賠償責任的國內法，但此種法律須在各方面都與巴黎公約或維也納公約同樣有利於可能遭受損害者。

4.對於運送人根據有關海上運送旅客及其行李的國際公約或國內法應負責任的任何行李的損失、損壞或

延遲交付，本公約規定下的賠償責任不發生。

5.本公約各條款，不妨礙締約國適用在本公約締結之
日已生效的強制性地適用於主要以海上運輸以外的
另一種運輸方式運送貨物的合同的任何其他國際公
約。這一規定對此種國際公約其後的任何訂正或修
正亦適用。

第二十六條　記帳單位

1.本公約第六條所述的記帳單位是國際貨幣基金組織
所規定的特別提款權。第六條所述的數額應按一國
國家貨幣在宣告判決日或在當事各方議定的日期時
的價值換算為該國國家貨幣。凡為國際貨幣基金組
織成員的締約國，其國家貨幣按特別提款權計算的
價值，應照國際貨幣基金組織在上述日期時對其
業務和交易所採用的定價方法計算。非國際貨幣基
金組織成員的締約國，其國家貨幣按特別提款權計
算的價值，應按照該國決定的方法計算。

2.但是，非國際貨幣基金組織成員而且其本國法律亦
不容許適用本條第 1 款規定的國家，可在簽字時，
或在批准、接受、贊同或加入時或在其後任何時
候，聲明本公約所規定的、適用於其本國領土的責
任限度，應訂定如下：每包貨物或其他貨運單位為
一二、五〇〇個貨幣單位或貨物總重量每公斤為三
七·五個貨幣單位。

3.本條第 2 款所述的貨幣單位等於六十五點五毫克含
千分之九百純金的黃金。第 2 款所述數額應按照有
關國家的法律換算為國家貨幣。

4.進行本條第 1 款最後一句所述計算及第 3 款所述換
　算時，所用方法須能在最大程度上以締約國國家貨
　幣表示第六條內數額以記帳單位表示的相同實際價
　值。締約國在簽字時或在交存其批准書、接受書、
　贊同書或加入書時，或在利用本條第 2 款所規定的
　選擇時，以及在計算方法或換算結果有改變時，必
　須按情況把依照本條第 1 款決定的計算方法或本條
　第 3 款所述換算結果，通知保管人。

第七部分　　最後條款

第二十七條　保管人
　　　　　　　茲指定聯合國秘書長為本公約保管人。

第二十八條　簽字、批准、接受、贊同、加入
　　　　　　　1.本公約在紐約聯合國總部開放給所有國家簽字，直
　　　　　　　　至一九七九年四月三十日為止。
　　　　　　　2.本公約須經簽字國批准、接受或贊同。
　　　　　　　3.一九七九年四月三十日以後，本公約開放給非簽字
　　　　　　　　國的所有國家加入。
　　　　　　　4.批准書、接受書、贊同書和加入書應交存於聯合國
　　　　　　　　秘書長。

第二十九條　保　留
　　　　　　　對本公約不得提出保留。

第 三 十 條　生　效
　　　　　　　1.本公約在第二十件批准書、接受書、贊同書或加入

書交存之日起滿一年後接著的月份第一日起生效。

2.對於在第二十件批准書、接受書、贊同書或加入書
交存之日後始成為本公約締約國的國家,本公約在
以該國名義交存適當文件之日起滿一年後接著的月
份第一日起生效。

3.每一締約國對在本公約對該國生效之日或其後訂立的
海上運送合同應適用本公約的規定。

第三十一條 退出其他公約

1.一九二四年八十五日於布魯塞爾簽訂的關於統一某
些提單規則的國際公約(一九二四年公約)的任何
締約國,在成為本公約締約國時,必須通知作為一
九二四年公約保管機關的比利時政府,聲明退出該
公約,並聲明自本公約對該國生效之日起生效。

2.本公約按照第三十條第 1 款規定生效時,本公約保
管人必須把生效日期和公約已對其生效的締約國國
名通知作為一九二四年公約保管機關的比利時政
府。

3.本條第 1 和第 2 款的規定,對一九六八年二月二十
三日簽訂的──修正一九二四年八月二十五日於布
魯塞爾簽訂的關於統一某些提單規則的國際公約議
定書──各締約國,相應地適用。

4.儘管有本公約第二條的規定,為本條第 1 款的目的,
一個締約國如認為合乎需要,可以延緩退出一九二
四年公約和經過一九六八年議定書修改的一九二四
年公約,但最遲不得超過五年,從本公約生效之日
起算。在這種情況下,它應把它的意思通知比利時

政府。在此一過渡期間，它必須對締約國適用本公約，而不適用任何其他公約。

第三十二條 訂正和修正

1. 經本公約至少三分之一締約國的要求，保管人應召開締約國會議，以訂正或修正公約。

2. 在本公約的修正案生效後交存的任何批准書、接受書、贊同書或加入書，視為適用於經修正的公約。

第三十三條 修訂數額限度和記帳單位或貨幣單位

1. 儘管有第三十二條的規定，保管人應按照本條第 2 款的規定，召開專為修改第六條和第二十六條第 2 款內所定數額的目的或為第二十六條第 1 和第 3 款內所定單位兩者或其中之一改以別的單位代替的目的的會議。數額只有在它的實際價值發生重大變化時才得加以修改。

2. 保管人經至少四分之一締約國要求，應召開修訂會議。

3. 會議的任何決定必須以與會國家三分之二多數作出。修正案由保管人送請所有締約國接受，並通知公約所有簽字國。

4. 所通過的任何修正案在其獲得三分之二締約國接受之日起滿一年後接著的月份第一日起生效。接受應把表示接受的正式文件交存於保管人。

5. 在修正案生效後，已接受修正案的締約國，在它同未在修正案通過後六個月內通知保管人稱不受該修正案約束的締約國間的關係上，有權適用經修正的

公約。

6.在本公約的修正案生效後交存的任何批准書、接受書、贊同書或加入書，視為適用於經修正的公約。

第三十四條　退　　出

1.締約國可以隨時以書面通知保管人退出本公約。

2.退出於保管人收到通知之日起滿一年後接著的月份第一日起生效。如通知內明定一段更長期間，則於保管人收到通知後該段更長期間屆滿時起生效。

一九七八年三月三十一日訂於漢堡，正本一分，其阿拉伯文本、中文本、英文本、法文本、俄文本和西班牙文本都具有同等效力。

下列全權代表，經各自政府正式授權，在本公約上簽字，以資證明。

附錄七
中華人民共和國海商法

一九九二年十一月七日第七屆全國人民代表大會常務委員會第二十八次會議通過
一九九二年十一月七日中華人民共和國主席令第六十四號公布一九九三年七月一
日起施行

第一章　總　則

第 一 條　為了調整海上運輸關係、船舶關係，維護當事人各方的
合法權益，促進海上運輸和經濟貿易的發展，制定本
法。

第 二 條　本法所稱海上運輸，是指海上貨物運輸和海上旅客運
輸，包括海江之間、江海之間的直達運輸。
本法第四章海上貨物運輸合同的規定，不適用於中華人
民共和國港口之間的海上貨物運輸。

第 三 條　本法所稱船舶，是指海船和其他海上移動式裝置，但是
用於軍事的、政府公務的船舶和 20 總噸以下的小型船
艇除外。
前款所稱船舶，包括船舶屬具。

第 四 條　中華人民共和國港口之間的海上運輸和拖航，由懸掛中
華人民共和國國旗的船舶經營。但是，法律、行政法規

另有規定的除外。

非經國務院交通主管部門批准，外國籍船舶不得經營中華人民共和國港口之間的海上運輸和拖航。

第 五 條　船舶經依法登記取得中華人民共和國國籍，有權懸掛中華人民共和國國旗航行。

船舶非法懸掛中華人民共和國國旗航行的，由有關機關予以制止，處以罰款。

第 六 條　海上運輸由國務院交通主管部門統一管理，具體辦法由國務院交通主管部門制定，報國務院批准後施行。

第二章　船　舶

第一節　船舶所有權

第 七 條　船舶所有權，是指船舶所有人依法對其船舶享有占有、使用、收益和處分的權利。

第 八 條　國家所有的船舶由國家授予具有法人資格的全民所有制企業經營管理的，本法有關船舶所有人的規定適用於該法人。

第 九 條　船舶所有權的取得、轉讓和消滅，應當向船舶登記機關登記；未經登記的，不得對抗第三人。

船舶所有權的轉讓，應當簽訂書面合同。

第 十 條　船舶由兩個人以上的法人或者個人共有的，應當向船舶

登記機關登記；未經登記的，不得對抗第三人。

第二節　船舶抵押權

第十一條　船舶抵押權，是指抵押權人對於抵押人提供的作為債務
　　　　擔保的船舶，在抵押人不履行債務時，可以依法拍賣，
　　　　從賣得的價款中優先受償的權利。

第十二條　船舶所有人或者船舶所有人授權的人可以設定船舶抵押
　　　　權。船舶抵押權的設定，應當簽訂書面合同。

第十三條　設定船舶抵押權，由抵押權人和抵押人共同向船舶登記
　　　　機關辦理抵押權登記；未經登記的，不得對抗第三人。
　　　　船舶抵押權登記，包括下列主要項目：
　　　　㈠船舶抵押權人和抵押人的姓名或者名稱、地址；
　　　　㈡被抵押船舶的名稱、國籍、船舶所有權證書的頒發機
　　　　　關和證書號碼；
　　　　㈢所擔保的債權數額、利息率、受償期限。
　　　　船舶抵押權的登記狀況，允許公眾查詢。

第十四條　建造中的船舶可以設定船舶抵押權。
　　　　建造中的船舶辦理抵押權登記，還應當向船舶登記機關
　　　　提交船舶建造合同。

第十五條　除合同另有約定外，抵押人應當對被抵押船舶進行保
　　　　險；未保險的，抵押權人有權對該船舶進行保險，保險

費由抵押人負擔。

第十六條 船舶共有人就共有船舶設定抵押權,應當取得持有三分之二以上份額的共有人的同意,共有人之間另有約定的除外。

　船舶共有人設定的抵押權,不因船舶的共有權的分割而受影響。

第十七條 船舶抵押權設定後,未經抵押權人同意,抵押人不得將被抵押船舶轉讓給他人。

第十八條 抵押權人將被抵押船舶所擔保的債權全部或者部分轉讓他人的,抵押權隨之轉移。

第十九條 同一船舶可以設定兩個以上抵押權,其順序以登記的先後為準。

同一船舶設定兩個以上抵押權的,抵押權人按照抵押權登記的先後順序,從船舶拍賣所得價款中依次受償。同日登記的抵押權,按照同一順序受償。

第二十條 被抵押船舶滅失,抵押權隨之消滅。由於船舶滅失得到的保險賠償,抵押權人有權優先於其他債權人受償。

第三節　船舶優先權

第二十一條 船舶優先權,是指海事請求人依照本法第二十二條的規定,向船舶所有人、光船承租人、船舶經營人提出

海事請求，對產生該海事請求的船舶具有優先受償的權利。

第二十二條　下列各項海事請求具有船舶優先權：

(一)船長、船員和在船上工作的其他在編人員根據勞動法律、行政法規或者勞動合同所產生的工資、其他勞動報酬、船員遣返費用和社會保險費用的給付請求；

(二)在船舶營運中發生的人身傷亡的賠償請求；

(三)船舶噸稅、引航費、港務費和其他港口規費的繳付請求；

(四)海難救助的救助款項的給付請求；

(五)船舶在營運中因侵權行為產生的財產賠償請求。

載運 2,000 噸以上的散裝貨油的船舶，持有有效的證書，證明已經進行油污損害民事責任保險或者具有相應的財務保證的，對其造成的油污損害的賠償請求，不屬於前款第(五)項規定的範圍。

第二十三條　本法第二十二條第一款所列各項海事請求，依照順序受償。但是，第(四)項海事請求，後於第(一)項至第(三)項發生的，應當先於第(一)項至第(三)項受償。

本法第二十二條第一款第(一)、(二)、(三)、(五)項中有兩個以上海事請求的，不分先後，同時受償；不足受償的，按照比例受償。第(四)項中有兩個以上海事請求的，後發生的先受償。

第二十四條　因行使船舶優先權產生的訴訟費用，保存、拍賣船舶

和分配船舶價款產生的費用，以及為海事請求人的共
同利益而支付的其他費用，應當從船舶拍賣所得價款
中先行撥付。

第二十五條 船舶優先權先於船舶留置權受償，船舶抵押權後於船
舶留置權受償。
前款所稱船舶留置權，是指造船人、修船人在合同另
一方未履行合同時，可以留置所占有的船舶，以保證
造船費用或者修船費用得以償還的權利。船舶留置權
在造船人、修船人不再占有所造或者所修的船舶時消
滅。

第二十六條 船舶優先權不因船舶所有權的轉讓而消滅。但是，船
舶轉讓時，船舶優先權自法院應受讓人申請予以公告
之日起滿六十日不行使的除外。

第二十七條 本法第二十二條規定的海事請求權轉移的，其船舶優
先權隨之轉移。

第二十八條 船舶優先權應當通過法院扣押產生優先權的船舶行
使。

第二十九條 船舶優先權，除本法第二十六條規定的外，因下列原
因之一而消滅：
㈠具有船舶優先權的海事請求，自優先權產生之日起
　滿一年不行使；
㈡船舶經法院強制出售；

㈢船舶滅失。

　　前款第㈠項的一年期限，不得中止或者中斷。

第 三 十 條　本節規定不影響本法第十一章關於海事賠償責任限制
　　　　　　規定的實施。

第三章　船　員

第一節　一般規定

第三十一條　船員，是指包括船長在內的船上一切任職人員。

第三十二條　船長、駕駛員、輪機長、輪機員、電機員、報務員，
　　　　　　必須由持有相應適任證書的人擔任。

第三十三條　從事國際航行的船舶的中國籍船員，必須持有中華人
　　　　　　民共和國港務監督機構頒發的海員證和有關證書。

第三十四條　船員的任用和勞動方面的權利、義務，本法沒有規定
　　　　　　的，適用有關法律、行政法規的規定。

第二節　船　長

第三十五條　船長負責船舶的管理和駕駛。
　　　　　　船長在其職權範圍內發布的命令，船員、旅客和其他
　　　　　　在船人員都必須執行。
　　　　　　船長應當採取必要的措施，保護船舶和在船人員、文
　　　　　　件、郵件、貨物以及其他財產。

第三十六條 為保障在船人員和船舶的安全，船長有權對在船上進行違法、犯罪活動的人採取禁閉或者其他必要措施，並防止其隱匿、毀滅、偽造證據。

船長採取前款措施，應當製作案情報告書，由船長和兩名以上在船人員簽字，連同人犯送交有關當局處理。

第三十七條 船長應當將船上發生的出生或者死亡事件記入航海日誌，並在兩名證人的參加下製作證明書。死亡證明書應當附有死者遺物清單。死者有遺囑的，船長應當予以證明。死亡證明書和遺囑由船長負責保管，並送交家屬或者有關方面。

第三十八條 船舶發生海上事故，危及在船人員和財產的安全時，船長應當組織船員和其他在船人員盡力施救。在船舶的沉沒、毀滅不可避免的情況下，船長可以作出棄船決定；但是，除緊急情況外，應當報經船舶所有人同意。

棄船時，船長必須採取一切措拖，首先組織旅客安全離船，然後安排船員離船，船長應當最後離船。在離船前，船長應當指揮船員盡力搶救航海日誌、機艙日誌、油類記錄簿、無線電台日誌、本航次使用過的海圖和文件，以及貴重物品、郵件和現金。

第三十九條 船長管理船舶和駕駛船舶的責任，不因引航員引領船舶而解除。

第 四 十 條　船長在航行中死亡或者因故不能執行職務時，應當由駕駛員中職務最高的人代理船長職務；在下一個港口開航前，船舶所有人應當指派新船長接任。

第四章　海上貨物運輸合同

第一節　一般規定

第四十一條　海上貨物運輸合同，是指承運人收取運費，負責將託運人託運的貨物經海路由一港運至另一港的合同。

第四十二條　本章下列用語的含義：

（一）「承運人」，是指本人或者委託他人以本人名義與託運人訂立海上貨物運輸合同的人。

（二）「實際承運人」，是指接受承運人委託，從事貨物運輸或者部分運輸的人，包括接受轉委託從事此項運輸的其他人。

（三）「託運人」，是指：

1.本人或者委託他人以本人名義或者委託他人為本人與承運人訂立海上貨物運輸合同的人；

2.本人或者委託他人以本人名義或者委託他人為本人將貨物交給與海上貨物運輸合同有關的承運人的人。

（四）「收貨人」，是指有權提取貨物的人。

（五）「貨物」，包括活動物和由託運人提供的用於集裝貨物的集裝箱、貨盤或者類似的裝運器具。

第四十三條　承運人或者託運人可以要求書面確認海上貨物運輸合

同的成立。但是，航次租船合同應當書面訂立。電
報、電傳和傳真具有書面效力。

第四十四條 海上貨物運輸合同和作為合同憑證的提單或者其他運
輸單證中的條款，違反本章規定的，無效。此類條款
的無效，不影響該合同和提單或者其他運輸單證中其
他條款的效力。將貨物的保險利益轉讓給承運人的條
款或者類似條款，無效。

第四十五條 本法第四十四條的規定不影響承運人在本章規定的承
運人責任和義務之外，增加其責任和義務。

第二節　承運人的責任

第四十六條 承運人對集裝箱裝運的貨物的責任期間，是指從裝貨
港接收貨物時起至卸貨港交付貨物時止，貨物處於承
運人掌管之下的全部期間。承運人對非集裝箱裝運的
貨物的責任期間，是指從貨物裝上船時起至卸下船時
止，貨物處於承運人掌管之下的全部期間。在承運人
的責任期間，貨物發生滅失或者損壞，除本節另有規
定外，承運人應當負賠償責任。
前款規定，不影響承運人就非集裝箱裝運的貨物，在
裝船前和卸船後所承擔的責任，達成任何協議。

第四十七條 承運人在船舶開航前和開航當時，應當謹慎處理，使
船舶處於適航狀態，妥善配備船員、裝備船舶和配備
供應品，並使貨艙、冷藏艙、冷氣艙和其他載貨處所

適於並能安全收受、載運和保管貨物。

第四十八條　承運人應當妥善地、謹慎地裝載、搬移、積載、運輸、保管、照料和卸載所運貨物。

第四十九條　承運人應當按照約定的或者習慣的或者地理上的航線將貨物運往卸貨港。

船舶在海上為救助或者企圖救助人命或者財產而發生的繞航或者其他合理繞航，不屬於違反前款規定的行為。

第 五 十 條　貨物未能在明確約定的時間內，在約定的卸貨港交付的，為遲延交付。

除依照本章規定承運人不負賠償責任的情形外，由於承運人的過失，致使貨物因遲延交付而滅失或者損壞的，承運人應當負賠償責任。

除依照本章規定承運人不負賠償責任的情形外，由於承運人的過失，致使貨物因遲延交付而遭受經濟損失的，即使貨物沒有滅失或者損壞，承運人仍然應當負賠償責任。

承運人未能在本條第一款規定的時間屆滿六十日內交付貨物，有權對貨物滅失提出賠償請求的人可以認為貨物已經滅失。

第五十一條　在責任期間貨物發生的滅失或者損壞是由於下列原因之一造成的，承運人不負賠償責任：

㈠船長、船員、引航員或者承運人的其他受僱人在駕

　　駛船舶或者管理船舶中的過失；

㈡火災，但是由於承運人本人的過失所造成的除外；

㈢天災，海上或者其他可航水域的危險或者意外事故；

㈣戰爭或者武裝衝突；

㈤政府或者主管部門的行為、檢疫限制或者司法扣押；

㈥罷工、停工或者勞動受到限制；

㈦在海上救助或者企圖救助人命或者財產；

㈧託運人、貨物所有人或者他們的代理人的行為；

㈨貨物的自然特性或者固有缺陷；

㈩貨物包裝不良或者標誌欠缺、不清；

㈤經謹慎處理仍未發現的船舶潛在缺陷；

㈤非由於承運人或者承運人的受僱人、代理人的過失造成的其他原因。

承運人依照前款規定免除賠償責任的，除第㈡項規定的原因外，應當負舉證責任。

第五十二條　因運輸活動物的固有的特殊風險造成活動物滅失或者損害的，承運人不負賠償責任。但是，承運人應當證明業已履行託運人關於運輸活動物的特別要求，並證明根據實際情況，滅失或者損害是由於此種固有的特殊風險造成的。

第五十三條　承運人在艙面上裝載貨物，應當同託運人達成協議，或者符合航運慣例，或者符合有關法律、行政法規的規定。

承運人依照前款規定將貨物裝載在艙面上，對由於此種裝載的特殊風險造成的貨物滅失或者損壞，不負賠償責任。

承運人違反本條第一款規定將貨物裝載在艙面上，致使貨物遭受滅失或者損壞的，應當負賠償責任。

第五十四條 貨物的滅失、損壞或者遲延交付是由於承運人或者承運人的受僱人、代理人的不能免除賠償責任的原因和其他原因共同造成的，承運人僅在其不能免除賠償責任的範圍內負賠償責任；但是，承運人對其他原因造成的滅失、損壞或者遲延交付應當負舉證責任。

第五十五條 貨物滅失的賠償額，按照貨物的實際價值計算；貨物損壞的賠償額，按照貨物受損前後實際價值的差額或者貨物的修復費用計算。

貨物的實際價值，按照貨物裝船時的價值加保險費加運費計算。

前款規定的貨物實際價值，賠償時應當減去因貨物滅失或者損壞而少付或者免付的有關費用。

第五十六條 承運人對貨物的滅失或者損壞的賠償限額，按照貨物件數或者其他貨運單位數計算，每件或者每個其他貨運單位為 666.67 計算單位，或者按照貨物毛重計算，每公斤為 2 計算單位，以二者中賠償限額較高的為準。但是，託運人在貨物裝運前已經申報其性質和價值，並在提單中載明的，或者承運人與託運人已經另行約定高於本條規定的賠償限額的除外。

貨物用集裝箱、貨盤或者類似裝運器具集裝的，提單中載明裝在此類裝運器具中的貨物件數或者其他貨運單位數，視為前款所指的貨物件數或者其他貨運單位數；未載明的，每一裝運器具視為一件或者一個單位。

裝運器具不屬於承運人所有或者非由承運人提供的，裝運器具本身應當視為一件或者一個單位。

第五十七條 承運人對貨物因遲延交付造成經濟損失的賠償限額，為所遲延交付的貨物的運費數額。貨物的滅失或者損壞和遲延交付同時發生的，承運人的賠償責任限額適用本法第五十六條第一款規定的限額。

第五十八條 就海上貨物運輸合同所涉及的貨物滅失、損壞或者遲延交付對承運人提起的任何訴訟，不論海事請求人是否合同的一方，也不論是根據合同或者是根據侵權行為提起的，均適用本章關於承運人的抗辯理由和限制賠償責任的規定。

前款訴訟是對承運人的受僱人或者代理人提起的，經承運人的受僱人或者代理人證明，其行為是在受僱或者受委託的範圍之內的，適用前款規定。

第五十九條 經證明，貨物的滅失、損壞或者遲延交付是由於承運人的故意或者明知可能造成損失而輕率地作為或者不作為造成的，承運人不得援用本法第五十六條或者第五十七條限制賠償責任的規定。

經證明，貨物的滅失、損壞或者遲延交付是由於承運

人的受僱人、代理人的故意或者明知可能造成損失而輕率地作為或者不作為造成的，承運人的受僱人或者代理人不得援用本法第五十六條或者第五十七條限制賠償責任的規定。

第 六 十 條　承運人將貨物運輸或者部分運輸委託給實際承運人履行的，承運人仍然應當依照本章規定對全部運輸負責。對實際承運人承擔的運輸，承運人應當對實際承運人的行為或者實際承運人的受僱人、代理人在受僱或者受委託的範圍內的行為負責。

雖有前款規定，在海上運輸合同明確約定合同所包括的特定的部分運輸由承運人以外的指定的實際承運人履行的，合同可以同時約定，貨物在指定的實際承運人掌管期間發生的滅失、損壞或者遲延交付，承運人不負賠償責任。

第六十一條　本章對承運人責任的規定，適用於實際承運人。對實際承運人的受僱人、代理人提起訴訟的，適用本法第五十八條第二款和第五十九條第二款的規定。

第六十二條　承運人承擔本章未規定的義務或者放棄本章賦予的權利的任何特別協議，經實際承運人書面明確同意的，對實際承運人發生效力；實際承運人是否同意，不影響此項特別協議對承運人的效力。

第六十三條　承運人與實際承運人都負有賠償責任的，應當在此項責任範圍內負連帶責任。

第六十四條　就貨物的滅失或者損壞分別向承運人、實際承運人以及他們的受僱人、代理人提出賠償請求的，賠償總額不超過本法第五十六條規定的限額。

第六十五條　本法第六十條至第六十四的規定，不影響承運人和實際承運人之間相互追償。

第三節　託運人的責任

第六十六條　託運人託運貨物，應當妥善包裝，並向承運人保證，貨物裝船時所提供的貨物的品名、標誌、包數或者件數、重量或者體積的正確性；由於包裝不良或者上述資料不正確，對承運人造成損失的，託運人應當負賠償責任。

　　　　　　　承運人依照前款規定享有的受償權利，不影響其根據貨物運輸合同對託運人以外的人所承擔的責任。

第六十七條　託運人應當及時向港口、海關、檢疫、檢驗和其他主管機關辦理貨物運輸所需要的各項手續，並將已辦理各項手續的單證送交承運人；因辦理各項手續的有關單證送交不及時、不完備或者不正確，使承運人的利益受到損害的，託運人應當負賠償責任。

第六十八條　託運人託運危險貨物，應當依照有關海上危險貨物運輸的規定，妥善包裝，作出危險品標誌和標籤，並將其正式名稱和性質以及應當採取的預防危害措施書面通知承運人；託運人未通知或者通知有誤的，承運人

可以在任何時間、任何地點根據情況需要將貨物卸
下、銷毀或者使之不能為害，而不負賠償責任。託運
人對承運人因運輸此類貨物所受到的損害，應當負賠
償責任。

承運人知道危險貨物的性質並已同意裝運的，仍然可
以在該項貨物對於船舶、人員或者其他貨物構成實際
危險時，將貨物卸下、銷毀或者使之不能為害，而不
負賠償責任。但是，本款規定不影響共同海損的分
攤。

第六十九條　託運人應當按照約定向承運人支付運費。

託運人與承運人可以約定運費由收貨人支付；但是，
此項約定應當在運輸單證中載明。

第 七 十 條　託運人對承運人、實際承運人所遭受的損失或者船舶
所遭受的損壞，不負賠償責任；但是，此種損失或者
損壞是由於託運人或者託運人的受僱人、代理人的過
失造成的除外。

託運人的受僱人、代理人對承運人、實際承運人所遭
受的損失或者船舶所遭受的損壞，不負賠償責任；但
是，這種損失或者損壞是由於託運人的受僱人、代理
人的過失造成的除外。

第四節　運輸單證

第七十一條　提單，是指用以證明海上貨物運輸合同和貨物已經由
承運人接收或者裝船，以及承運人保證據以交付貨物

的單證。提單中載明的向記名人交付貨物，或者按照指示人的指示交付貨物，或者向提單持有人交付貨物的條款，構成承運人據以交付貨物的保證。

第七十二條　貨物由承運人接收或者裝船後，應託運人的要求，承運人應當簽發提單。

提單可以由承運人授權的人簽發。提單由載貨船舶的船長簽發的，視為代表承運人簽發。

第七十三條　提單內容，包括下列各項：

㈠貨物的品名、標誌、包數或者件數、重量或者體積，以及運輸危險貨物時對危險性質的說明；

㈡承運人的名稱和主營業所；

㈢船舶名稱；

㈣託運人的名稱；

㈤收貨人的名稱；

㈥裝貨港和在裝貨港接收貨物的日期；

㈦卸貨港；

㈧多式聯運提單增列接收貨物地點和交付貨物地點；

㈨提單的簽發日期、地點和份數；

㈩運費的支付；

㈠承運人或者其代表的簽字。

提單缺少前款規定的一項或者幾項的，不影響提單的性質；但是，提單應當符合本法第七十一條的規定。

第七十四條　貨物裝船前，承運人已經應託運人的要求簽發收貨待運提單或者其他單證的，貨物裝船完畢，託運人可以

將收貨待運提單或者其他單證退還承運人，以換取已裝船提單；承運人也可以在收貨待運提單上加註承運船舶的船名和裝船日期，加註後的收貨待運提單視為已裝船提單。

第七十五條　承運人或者代其簽發提單的人，知道或者有合理的根據懷疑提單記載的貨物的品名、標誌、包數或者件數、重量或者體積與實際接收的貨物不符，在簽發已裝船提單的情況下懷疑與已裝船的貨物不符，或者沒有適當的方法核對提單記載的，可以在提單上批註，說明不符之處、懷疑的根據或者說明無法核對。

第七十六條　承運人或者代其簽發提單的人未在提單上批註貨物表面狀況的，視為貨物的表面狀況良好。

第七十七條　除依照本法第七十五條的規定作出保留外，承運人或者代其簽發提單的人簽發的提單，是承運人已經按照提單所載狀況收到貨物或者貨物已經裝船的初步證據；承運人向善意受讓提單的包括收貨人在內的第三人提出的提單所載狀況不同的證據，不予承認。

第七十八條　承運人同收貨人、提單持有人之間的權利、義務關係，依據提單的規定確定。

收貨人、提單持有人不承擔在裝貨港發生的滯期費、虧艙費和其他與裝貨有關的費用，但是提單中明確載明上述費用由收貨人、提單持有人承擔的除外。

第七十九條 提單的轉讓，依照下列規定執行：

(一)記名提單：不得轉讓；

(二)指示提單：經過記名背書或者空白背書轉讓；

(三)不記名提單：無需背書，即可轉讓。

第 八 十 條 承運人簽發提單以外的單證用以證明收到待運貨物的，此項單證即為訂立海上貨物運輸合同和承運人接收該單證中所列貨物的初步證據。

承運人簽發的此項單證不得轉讓。

第五節　貨物交付

第八十一條 承運人向收貨人交付貨物時，收貨人未將貨物滅失或者損壞的情況書面通知承運人的，此項交付視為承運人已經按照運輸單證的記載交付以及貨物狀況良好的初步證據。

貨物滅失或者損壞的情況非顯而易見的，在貨物交付的次日起連續七日內，集裝箱貨物交付的次日起連續十五日內，收貨人未提交書面通知的，適用前款規定。

貨物交付時，收貨人已經會同承運人對貨物進行聯合檢查或者檢驗的，無需就所查明的滅失或者損壞的情況提交書面通知。

第八十二條 承運人自向收貨人交付貨物的次日起連續六十日內，未收到收貨人就貨物因遲延交付造成經濟損失而提交的書面通知的，不負賠償責任。

第八十三條　收貨人在目的港提取貨物前或者承運人在目的港交付
　　　　　貨物前，可以要求檢驗機構對貨物狀況進行檢驗；要
　　　　　求檢驗的一方應當支付檢驗費用，但是有權向造成貨
　　　　　物損失的責任方追償。

第八十四條　承運人和收貨人對本法第八十一條和第八十三條規定
　　　　　的檢驗，應當相互提供合理的便利條件。

第八十五條　貨物由實際承運人交付的，收貨人依照本法第八十一
　　　　　條的規定向實際承運人提交的書面通知，與向承運人
　　　　　提交書面通知具有同等效力；向承運人提交的書面通
　　　　　知，與向實際承運人提交書面通知具有同等效力。

第八十六條　在卸貨港無人提取貨物或者收貨人遲延、拒絕提取貨
　　　　　物的，船長可以將貨物卸在倉庫或者其他適當場所，
　　　　　由此產生的費用和風險由收貨人承擔。

第八十七條　應當向承運人支付的運費、共同海損分攤、滯期費和
　　　　　承運人為貨物墊付的必要費用以及應當向承運人支付
　　　　　的其他費用沒有付清，又沒有提供適當擔保的，承運
　　　　　人可以在合理的限度內留置其貨物。

第八十八條　承運人根據本法第八十七條規定留置的貨物，自船舶
　　　　　抵達卸貨港的次日起滿六十日無人提取的，承運人可
　　　　　以申請法院裁定拍賣；貨物易腐爛變質或者貨物的保
　　　　　管費用可能超過其價值的，可以申請提前拍賣。
　　　　　拍賣所得價款，用於清償保管、拍賣貨物的費用和運

費以及應當向承運人支付的其他有關費用；不足的金額，承運人有權向託運人追償；剩餘的金額，退還託運人；無法退還、自拍賣之日起滿一年又無人領取的，上繳國庫。

第六節　合同的解除

第八十九條　船舶在裝貨港開航前，託運人可以要求解除合同。但是，除合同另有約定外，託運人應當向承運人支付約定運費的一半；貨物已經裝船的，並應當負擔裝貨、卸貨和其他與此有關的費用。

第 九 十 條　船舶在裝貨港開航前，因不可抗力或者其他不能歸責於承運人和託運人的原因致使合同不能履行的，雙方均可以解除合同，並互相不負賠償責任。除合同另有約定外，運費已經支付的，承運人應當將運費退還給託運人；貨物已經裝船的，託運人應當承擔裝卸費用；已經簽發提單的，託運人應當將提單退還承運人。

第九十一條　因不可抗力或者其他不能歸責於承運人和託運人的原因致使船舶不能在合同約定的目的港卸貨的，除合同另有約定外，船長有權將貨物在目的港鄰近的安全港口或者地點卸載，視為已經履行合同。

船長決定將貨物卸載的，應當及時通知託運人或者收貨人，並考慮託運人或者收貨人的利益。

第七節　航次租船合同的特別規定

第九十二條　航次租船合同，是指船舶出租人向承租人提供船舶或者船舶的部分艙位，裝運約定的貨物，從一港運至另一港，由承租人支付約定運費的合同。

第九十三條　航次租船合同的內容，主要包括出租人和承租人的名稱、船名、船籍、載貨重量、容積、貨名、裝貨港和目的港、受載期限、裝卸期限、運費、滯期費、速遣費以及其他有關事項。

第九十四條　本法第四十七條和第四十九條的規定，適用於航次租船合同的出租人。
　　本章其他有關合同當事人之間的權利、義務的規定，僅在航次租船合同沒有約定或者沒有不同約定時，適用於航次租船合同的出租人和承租人。

第九十五條　對按照航次租船合同運輸的貨物簽發的提單，提單持有人不是承租人的，運運人與該提單持有人之間的權利、義務關係適用提單的約定。但是，提單中載明適用航次租船合同條款的，適用該航次租船合同的條款。

第九十六條　出租人應當提供約定的船舶；經承租人同意，可以更換船舶。但是，提供的船舶或者更換的船舶不符合合同約定的，承租人有權拒絕或者解除合同。
　　因出租人過失未提供約定的船舶致使承租人遭受損失

的，出租人應當負賠償責任。

第九十七條 出租人在約定的受載期限內未能提供船舶的，承租人有權解除合同。但是，出租人將船舶延誤情況和船舶預期抵達裝貨港的日期通知承租人的，承租人應當自收到通知時起四十八小時內，將是否解除合同的決定通知出租人。

因出租人過失延誤提供船舶致使承租人遭受損失的，出租人應當負賠償責任。

第九十八條 航次租船合同的裝貨、卸貨期限及其計算辦法，超過裝貨、卸貨期限後的滯期費和提前完成裝貨、卸貨的速遣費，由雙方約定。

第九十九條 承租人可以將其租用的船舶轉租；轉租後，原合同約定的權利和義務不受影響。

第 一 百 條 承租人應當提供約定的貨物；經出租人同意，可以更換貨物。但是，更換的貨物對出租人不利的，出租人有權拒絕或者解除合同。

因未提供約定的貨物致使出租人遭受損失的，承租人應當負賠償責任。

第一百零一條 出租人應當在合同約定的卸貨港卸貨。合同訂有承租人選擇卸貨港條款的，在承租人未按照合同約定及時通知確定的卸貨港時，船長可以從約定的選卸港中自行選定一港卸貨。承租人未按照合同約定及

時通知確定的卸貨港，致使出租人遭受損失的，應當負賠償責任。出租人未按照合同約定，擅自選定港口卸貨致使承租人遭受損失的，應當負賠償責任。

第八節　多式聯運合同的特別規定

第一百零二條　本法所稱多式聯運合同，是指多式聯運經營人以兩種以上的不同運輸方式，其中一種是海上運輸方式，負責將貨物從接收地運至目的地交付收貨人，並收取全程運費的合同。

前款所稱多式聯運經營人，是指本人或者委託他人以本人名義與託運人訂立多式聯運合同的人。

第一百零三條　多式聯運經營人對多式聯運貨物的責任期間，自接收貨物時起至交付貨物時止。

第一百零四條　多式聯運經營人負責履行或者組織履行多式聯運合同，並對全程運輸負責。

多式聯運經營人與參加多式聯運的各區段承運人，可以就多式聯運合同的各區段運輸，另以合同約定相互之間的責任。但是，此項合同不得影響多式聯運經營人對全程運輸所承擔的責任。

第一百零五條　貨物的滅失或者損壞發生於多式聯運的某一運輸區段的，多式聯運經營人的賠償責任和責任限額，適用調整該區段運輸方式的有關法律規定。

第一百零六條 貨物的滅失或者損壞發生的運輸區段不能確定的，多式聯運經營人應當依照本章關於承運人賠償責任和責任限額的規定負賠償責任。

第五章　海上旅客運輸合同

第一百零七條 海上旅客運輸合同，是指承運人以適合運送旅客的船舶經海路將旅客及其行李從一港運送至另一港，由旅客支付票款的合同。

第一百零八條 本章下列用語的含義：

㈠「承運人」，是指本人或者委託他人以本人名義與旅客訂立海上旅客運輸合同的人。

㈡「實際承運人」，是指接受承運人委託，從事旅客運送或者部分運送的人，包括接受轉委託從事此項運送的其他人。

㈢「旅客」，是指根據海上旅客運輸合同運送的人；經承運人同意，根據海上貨物運輸合同，隨船護送貨物的人，視為旅客。

㈣「行李」，是指根據海上旅客運輸合同由承運人載運的任何物品和車輛，但是活動物除外。

㈤「自帶行李」，是指旅客自行攜帶、保管或者放置在客艙中的行李。

第一百零九條 本章關於承運人責任的規定，適用於實際承運人。本章關於承運人的受僱人、代理人責任的規定，適用於實際承運人的受僱人、代理人。

第一百一十條　旅客客票是海上旅客運輸合同的憑證。

第一百一十一條　海上旅客運輸的運送期間，自旅客登船時起至旅客離船時止。客票票價含接送費用的，運送期間並包括承運人經水路將旅客從岸上接到船上和從船上送到岸上的時間，但是不包括旅客在港站內、碼頭上或者在港口其他設施內的時間。

旅客的自帶行李，運送期間同前款規定。旅客自帶行李以外的其他行李，運送期間自旅客將行李交付承運人或者承運人的受僱人、代理人時起至承運人或者承運人的受僱人、代理人交還旅客時止。

第一百一十二條　旅客無票乘船、越級乘船或者超程乘船，應當按照規定補足票款，承運人可以按照規定加收票款；拒不交付的，船長有權在適當地點令其離船，承運人有權向其追償。

第一百一十三條　旅客不得隨身攜帶或者在行李中夾帶違禁品或者易燃、易爆、有毒、有腐蝕性、有放射性以及有可能危及船上人身和財產安全的其他危險品。

承運人可以在任何時間、任何地點將旅客違反前款規定隨身攜帶或者在行李中夾帶的違禁品、危險品卸下、銷毀或者使之不能為害，或者送交有關部門，而不負賠償責任。

旅客違反本條第一款規定，造成損害的，應當負賠償責任。

第一百一十四條　在本法第一百一十一條規定的旅客及其行李的運送期間，因承運人或者承運人的受僱人、代理人在受僱或者受委託的範圍內的過失引起事故，造成旅客人身傷亡或者行李滅失、損壞的，承運人應當負賠償責任。

請求人對承運人或者承運人的受僱人、代理人的過失，應當負舉證責任；但是，本條第三款和第四款規定的情形除外。

旅客的人身傷亡或者自帶行李的滅失、損壞，是由於船舶的沉沒、碰撞、擱淺、爆炸、火災所引起或者是由於船舶的缺陷所引起的，承運人或者承運人的受僱人、代理人除非提出反證，應當視為其有過失。

旅客自帶行李以外的其他行李的滅失或者損壞，不論由於何種事故所引起，承運人或者承運人的受僱人、代理人除非提出反證，應當視為其有過失。

第一百一十五條　經承運人證明，旅客的人身傷亡或者行李的滅失、損壞，是由於旅客本人的過失或者旅客和承運人的共同過失造成的，可以免除或者相應減輕承運人的賠償責任。

經承運人證明，旅客的人身傷亡或者行李的滅失、損壞，是由於旅客本人的故意造成的，或者旅客的人身傷亡是由於旅客本人健康狀況造成的，承運人不負賠償責任。

第一百一十六條　承運人對旅客的貨幣、金銀、珠寶、有價證券或者其他貴重物品所發生的滅失、損壞，不負賠償責任。

旅客與承運人約定將前款規定的物品交由承運人保管的，承運人應當依照本法第一百一十七條的規定負賠償責任；雙方以書面約定的賠償限額高於本法第一百一十七條的規定的，承運人應當按照約定的數額負賠償責任。

第一百一十七條　除本條第四款規定的情形外，承運人在每次海上旅客運輸中的賠償責任限額，依照下列規定執行：

㈠旅客人身傷亡的，每名旅客不超過46,666計算單位；

㈡旅客自帶行李滅失或者損壞的，每名旅客不超過833計算單位；

㈢旅客車輛包括該車輛所載行李滅失或者損壞的，每一車輛不超過333計算單位；

㈣本款第㈡、㈢項以外的旅客其他行李滅失或者損壞的，每名旅客不超過1,200計算單位。

承運人和旅客可以約定，承運人對旅客車輛和旅客車輛以外的其他行李損失的免賠額。但是，對每一車輛損失的免賠額不得超過117計算單位，對每名旅客的車輛以外的其他行李損失的免賠額不得超過13計算單位。在計算每一車輛或者每名旅客的車輛以外的其他行李的損失賠償數額時，應當扣除約定的承運人免賠額。

承運人和旅客可以書面約定高於本條第一款規定的賠償責任限額。

中華人民共和國港口之間的海上旅客運輸，承運人的賠償責任限額，由國務院交通主管部門制定，報國務院批准後施行。

第一百一十八條 經證明，旅客的人身傷亡或者行李的滅失、損壞，是由於承運人的故意或者明知可能造成損害而輕率地作為或者不作為造成的，承運人不得援用本法第一百一十六條和第一百一十七條限制賠償責任的規定。

經證明，旅客的人身傷亡或者行李的滅失、損壞，是由於承運人的受僱人、代理人的故意或者明知可能造成損害而輕率地作為或者不作為造成的，承運人的受僱人、代理人不得援用本法第一百一十六條和第一百一十七條限制賠償責任的規定。

第一百一十九條 行李發生明顯損壞的，旅客應當依照下列規定向承運人或者承運人的受僱人、代理人提交書面通知：

㈠自帶行李，應當在旅客離船前或者離船時提交；

㈡其他行李，應當在行李交還前或者交還時提交。

行李的損壞不明顯，旅客在離船時或者行李交還時難以發現的，以及行李發生滅失的，旅客應當

在離船或者行李交還或者應當交還之日起十五日內，向承運人或者承運人的受僱人、代理人提交書面通知。

旅客未依照本條第一、二款規定及時提交書面通知的，除非提出反證，視為已經完整無損地收到行李。

行李交還時，旅客已經會同承運人對行李進行聯合檢查或者檢驗的，無需提交書面通知。

第 一百二十 條　向承運人的受僱人、代理人提出的賠償請求，受僱人或者代理人證明其行為是在受僱或者受委託的範圍內的，有權援用本法第一百一十五條、第一百一十六條和第一百一十七條的抗辯理由和賠償責任限制的規定。

第一百二十一條　承運人將旅客運送或者部分運送委託給實際承運人履行的，仍然應當依照本章規定，對全程運送負責。實際承運人履行運送的，承運人應當對實際承運人的行為或者實際承運人的受僱人、代理人在受僱或者受委託的範圍內的行為負責。

第一百二十二條　承運人承擔本章未規定的義務或者放棄本章賦予的權利的任何特別協議，經實際承運人書面明確同意的，對實際承運人發生效力；實際承運人是否同意，不影響此項特別協議對承運人的效力。

第一百二十三條　承運人與實際承運人均負有賠償責任的，應當在

此項責任限度內負連帶責任。

第一百二十四條 就旅客的人身傷亡或者行李的滅失、損壞，分別向承運人、實際承運人以及他們的受僱人、代理人提出賠償請求的，賠償總額不得超過本法第一百一十七條規定的限額。

第一百二十五條 本法第一百二十一條至第一百二十四條的規定，不影響承運人和實際承運人之間相互追償。

第一百二十六條 海上旅客運輸合同中含有下列內容之一的條款無效：

㈠免除承運人對旅客應當承擔的法定責任；

㈡降低本章規定的承運人責任限額；

㈢對本章規定的舉證責任作出相反的約定；

㈣限制旅客提出賠償請求的權利。

前款規定的合同條款的無效，不影響合同其他條款的效力。

第六章　船舶租用合同

第一節　一般規定

第一百二十七條 本章關於出租人和承租人之間權利、義務的規定，僅在船舶租用合同沒有約定或者沒有不同約定時適用。

第一百二十八條 船舶租用合同，包括定期租船合同和光船租賃合

同，均應當書面訂立。

第二節　定期租船合同

第一百二十九條　定期租船合同，是指船舶出租人向承租人提供約定的由出租人配備船員的船舶，由承租人在約定的期間內按照約定的用途使用，並支付租金的合同。

第 一百三十 條　定期租船合同的內容，主要包括出租人和承租人的名稱、船名、船籍、船級、噸位、容積、船速、燃料消耗、航區、用途、租船期間、交船和還船的時間和地點以及條件、租金及其支付，以及其他有關事項。

第一百三十一條　出租人應當按照合同約定的時間交付船舶。
出租人違反前款規定的，承租人有權解除合同。
出租人將船舶延誤情況和船舶預期抵達交船港的日期通知承租人的，承租人應當自接到通知時起四十八小時內，將解除合同或者繼續租用船舶的決定通知出租人。
因出租人過失延誤提供船舶致使承租人遭受損失的，出租人應當負賠償責任。

第一百三十二條　出租人交付船舶時，應當做到謹慎處理，使船舶適航。交付的船舶應當適於約定的用途。
出租人違反前款規定的，承租人有權解除合同，

並有權要求賠償因此遭受的損失。

第一百三十三條　船舶在租期內不符合約定的適航狀態或者其他狀態，出租人應當採取可能採取的合理措施，使之儘快恢復。

船舶不符合約定的適航狀態或者其他狀態而不能正常營運連續滿二十四小時的，對因此而損失的營運時間，承租人不付租金，但是上述狀態是由承租人造成的除外。

第一百三十四條　承租人應當保證船舶在約定航區內的安全港口或者地點之間從事約定的海上運輸。

承租人違反前款規定的，出租人有權解除合同，並有權要求賠償因此遭受的損失。

第一百三十五條　承租人應當保證船舶用於運輸約定的合法的貨物。

承租人將船舶用於運輸活物或者危險貨物的，應當事先徵得出租人的同意。

承租人違反本條第一款或者第二款的規定致使出租人遭受損失的，應當負賠償責任。

第一百三十六條　承租人有權就船舶的營運向船長發出指示，但是不得違反定期租船合同的約定。

第一百三十七條　承租人可以將租用的船舶轉租，但是應當將轉租的情況及時通知出租人。租用的船舶轉租後，原

租船合同約定的權利和義務不受影響。

第一百三十八條　船舶所有人轉讓已經租出的船舶的所有權，定期租船合同約定的當事人的權利和義務不受影響，但是應當及時通知承租人。船舶所有權轉讓後，原租船合同由受讓人和承租人繼續履行。

第一百三十九條　在合同期間，船舶進行海難救助時，承租人有權獲得扣除救助費用、損失賠償、船員應得部分以及其他費用後的救助款項的一半。

第 一百四十 條　承租人應當按照合同約定支付租金。承租人未按照合同約定支付租金的，出租人有權解除合同，並有權要求賠償因此遭受的損失。

第一百四十一條　承租人未向出租人支付租金或者合同約定的其他款項的，出租人對船上屬於承租人的貨物和財產以及轉租船舶的收入有留置權。

第一百四十二條　承租人向出租人交還船舶時，該船舶應當具有與出租人交船時相同的良好狀態，但是船舶本身的自然磨損除外。
船舶未能保持與交船時相同的良好狀態的，承租人應當負責修復或者給予賠償。

第一百四十三條　經合理計算，完成最後航次的日期約為合同約定的還船日期，但可能超過合同約定的還船日期

的，承租人有權超期用船以完成該航次。超期期間，承租人應當按照合同約定的租金率支付租金；市場的租金率高於合同約定的租金率的，承租人應當按照市場租金率支付租金。

第三節　光船租賃合同

第一百四十四條　光船租賃合同，是指船舶出租人向承租人提供不配備船員的船舶，在約定的期間內由承租人占有、使用和營運，並向出租人支付租金的合同。

第一百四十五條　光船租賃合同的內容，主要包括出租人和承租人的名稱、船名、船籍、船級、噸位、容積、航區、用途、租船期間、交船和還船的時間和地點以及條件、船舶檢驗、船舶的保養維修、租金及其支付、船舶保險、合同解除的時間和條件，以及其他有關事項。

第一百四十六條　出租人應當在合同約定的港口或者地點，按照合同約定的時間，向承租人交付船舶以及船舶證書。交船時，出租人應當做到謹慎處理，使船舶適航。交付的船舶應當適於合同約定的用途。

出租人違反前款規定的，承租人有權解除合同，並有權要求賠償因此遭受的損失。

第一百四十七條　在光船租賃期間，承租人負責船舶的保養、維修。

第一百四十八條 在光船租賃期間，承租人應當按照合同約定的船舶價值，以出租人同意的保險方式為船舶進行保險，並負擔保險費用。

第一百四十九條 在光船租賃期間，因承租人對船舶占有、使用和營運的原因使出租人的利益受到影響或者遭受損失的，承租人應當負責消除影響或者賠償損失。

因船舶所有權爭議或者出租人所負的債務致使船舶被扣押的，出租人應當保證承租人的利益不受影響；致使承租人遭受損失的，出租人應當負賠償責任。

第一百五十條 在光船租賃期間，未經出租人書面同意，承租人不得轉讓合同的權利和義務或者以光船租賃的方式將船舶進行轉租。

第一百五十一條 未經承租人事先書面同意，出租人不得在光船租賃期間對船舶設定抵押權。

出租人違反前款規定，致使承租人遭受損失的，應當負賠償責任。

第一百五十二條 承租人應當按照合同約定支付租金。承租人未按照合同約定的時間支付租金連續超過七日的，出租人有權解除合同，並有權要求賠償因此遭受的損失。

船舶發生滅失或者失蹤的，租金應當自船舶滅失或者得知其最後消息之日起停止支付，預付租金

應當按照比例退還。

第一百五十三條　本法第一百三十四條、第一百三十五條第一款、第一百四十二條和第一百四十三條的規定，適用於光船租賃合同。

第一百五十四條　訂有租購條款的光船租賃合同，承租人按照合同約定向出租人付清租購費時，船舶所有權即歸於承租人。

第七章　海上拖航合同

第一百五十五條　海上拖航合同，是指承拖方用拖輪將被拖物經海路從一地拖至另一地，而由被拖方支付拖航費的合同。
　　　　　　　　本章規定不適用於在港區內對船舶提供的拖輪服務。

第一百五十六條　海上拖航合同應當書面訂立。海上拖航合同的內容，主要包括承拖方和被拖方的名稱和住所、拖輪和被拖物的名稱和主要尺度、拖輪馬力、起拖地和目的地、起拖日期、拖航費及其支付方式，以及其他有關事項。

第一百五十七條　承拖方在起拖前和起拖當時，應當謹慎處理，使拖輪處於適航、適拖狀態，妥善配備船員，配置拖航索具和配備供應品以及該航次必備的其他裝

置、設備。

被拖方在起拖前和起拖當時，應當做好被拖物的拖航準備，謹慎處理，使被拖物處於適拖狀態，並向承拖方如實說明被拖物的情況，提供有關檢驗機構簽發的被拖物適合拖航的證書和有關文件。

第一百五十八條　起拖前，因不可抗力或者其他不能歸責於雙方的原因致使合同不能履行的，雙方均可以解除合同，並互相不負賠償責任。除合同另有約定外，拖航費已經支付的，承拖方應當退還給被拖方。

第一百五十九條　起拖後，因不可抗力或者其他不能歸責於雙方的原因致使合同不能繼續履行的，雙方均可以解除合同，並互相不負賠償責任。

第 一百六十 條　因不可抗力或者其他不能歸責於雙方的原因致使被拖物不能拖至目的地的，除合同另有約定外，承拖方可以在目的地的鄰近地點或者拖輪船長選定的安全的港口或者錨泊地，將被拖物移交給被拖方或者其代理人，視為已經履行合同。

第一百六十一條　被拖方未按照約定支付拖航費和其他合理費用的，承拖方對被拖物有留置權。

第一百六十二條　在海上拖航過程中，承拖方或者被拖方遭受的損失，由一方的過失造成的，有過失的一方應當負

賠償責任；由雙方過失造成的，各方按照過失程度的比例負賠償責任。

雖有前款規定，經承拖方證明，被拖方的損失是由於下列原因之一造成的，承拖方不負賠償責任：

㈠拖輪船長、船員、引航員或者承拖方的其他受僱人、代理人在駕駛拖輪或者管理拖輪中的過失；

㈡拖輪在海上救助或者企圖救助人命或者財產時的過失。

本條規定僅在海上拖航合同沒有約定或者沒有不同約定時適用。

第一百六十三條 在海上拖航過程中，由於承拖方或者被拖方的過失，造成第三人人身傷亡或者財產損失的，承拖方和被拖方對第三人負連帶賠償責任。除合同另有約定外，一方連帶支付的賠償超過其應當承擔的比例的，對另一方有追償權。

第一百六十四條 拖輪所有人拖帶其所有的或者經營的駁船載運貨物，經海路由一港運至另一港的，視為海上貨物運輸。

第八章 船舶碰撞

第一百六十五條 船舶碰撞，是指船舶在海上或者與海相通的可航水域發生接觸造成損害的事故。

前款所稱船舶，包括與本法第三條所指船舶碰撞的任何其他非用於軍事的或者政府公務的船艇。

第一百六十六條　船舶發生碰撞，當事船舶的船長在不嚴重危及本船和船上人員安全的情況下，對於相碰的船舶和船上人員必須盡力施救。

碰撞船舶的船長應當盡可能將其船舶名稱、船籍港、出發港和目的港通知對方。

第一百六十七條　船舶發生碰撞，是由於不可抗力或者其他不能歸責於任何一方的原因或者無法查明的原因造成的，碰撞各方互相不負賠償責任。

第一百六十八條　船舶發生碰撞，是由於一船的過失造成的，由有過失的船舶負賠償責任。

第一百六十九條　船舶發生碰撞，碰撞的船舶互有過失的，各船按照過失程度的比例負賠償責任；過失程度相當或者過失程度的比例無法判定的，平均負賠償責任。

互有過失的船舶，對碰撞造成的船舶以及船上貨物和其他財產的損失，依照前款規定的比例負賠償責任。碰撞造成第三人財產損失的，各船的賠償責任均不超過其應當承擔的比例。

互有過失的船舶，對造成的第三人的人身傷亡，負連帶賠償責任。一船連帶支付的賠償超過本條第一款規定的比例的，有權向其他有過失的船舶

追償。

第一百七十條　船舶因操縱不當或者不遵守航行規章，雖然實際上
　　　　　　　沒有同其他船舶發生碰撞，但是使其他船舶以及
　　　　　　　船上的人員、貨物或者其他財產遭受損失的，適
　　　　　　　用本章的規定。

第九章　海難救助

第一百七十一條　本章規定適用於在海上或者與海相通的可航水
　　　　　　　　域，對遇險的船舶和其他財產進行的救助。

第一百七十二條　本章下列用語的含義：
　　　　　　　　㈠「船舶」，是指本法第三條所稱的船舶和與其
　　　　　　　　　發生救助關係的任何其他非用於軍事的或者政
　　　　　　　　　府公務的船艇。
　　　　　　　　㈡「財產」，是指非永久地和非有意地依附於岸
　　　　　　　　　線的任何財產，包括有風險的運費。
　　　　　　　　㈢「救助款項」，是指依照本章規定，被救助方
　　　　　　　　　應當向救助方支付的任何救助報酬、酬金或者
　　　　　　　　　補償。

第一百七十三條　本章規定，不適用於海上已經就位的從事海底礦
　　　　　　　　物資源的勘探、開發或者生產的固定式、浮動式
　　　　　　　　平台和移動式近海鑽井裝置。

第一百七十四條　船長在不嚴重危及本船和船上人員全安的情況

下，有義務盡力救助海上人命。

第一百七十五條　救助方與被救助方就海難救助達成協議，救助合同成立。

遇險船舶的船長有權代表船舶所有人訂立救助合同。遇險船舶的船長或者船舶所有人有權代表船上財產所有人訂立救助合同。

第一百七十六條　有下列情形之一，經一方當事人起訴或者雙方當事人協議仲裁的，受理爭議的法院或者仲裁機構可以判決或者裁決變更救助合同：

㈠合同在不正當的或者危險情況的影響下訂立，合同條款顯失公平的；

㈡根據合同支付的救助款項明顯過高或者過低於實際提供的救助服務的。

第一百七十七條　在救助作業過程中，救助方對被救助方負有下列義務：

㈠以應有的謹慎進行救助；

㈡以應有的謹慎防止或者減少環境污染損害；

㈢在合理需要的情況下，尋求其他救助方援助；

㈣當被救助方合理地要求其他救助方參與救助作業時，接受此種要求，但是要求不合理的，原救助方的救助報酬金額不受影響。

第一百七十八條　在救助作業過程中，被救助方對救助方負有下列義務：

㈠與救助方通力合作；

㈡以應有的謹慎防止或者減少環境污染損害；

㈢當獲救的船舶或者其他財產已經被送至安全地點時，及時接受救助方提出的合理的移交要求。

第一百七十九條 救助方對遇險的船舶和其他財產的救助，取得效果的，有權獲得救助報酬；救助未取得效果的，除本法第一百八十二條或者其他法律另有規定或者合同另有約定外，無權獲得救助款項。

第 一百八十 條 確定救助報酬，應當體現對救助作業的鼓勵，並綜合考慮下列各項因素：

㈠船舶和其他財產的獲救的價值；

㈡救助方在防止或者減少環境污染損害方面的技能和努力；

㈢救助方的救助成效；

㈣危險的性質和程度；

㈤救助方在救助船舶、其他財產和人命方面的技能和努力；

㈥救助方所用的時間、支出的費用和遭受的損失；

㈦救助方或者救助設備所冒的責任風險和其他風險；

㈧救助方提供救助服務的及時性；

㈨用於救助作業的船舶和其他設備的可用性和使用情況；

　　㈩救助設備的備用狀況、效能和設備的價值。

　　救助報酬不得超過船舶和其他財產的獲救價值。

第一百八十一條　船舶和其他財產的獲救價值，是指船舶和其他財產獲救後的估計價值或者實際出賣的收入，扣除有關稅款和海關、檢疫、檢驗費用以及進行卸載、保管、估價、出賣而產生的費用後的價值。

前款規定的價值不包括船員的獲救的私人物品和旅客的獲救的自帶行李的價值。

第一百八十二條　對構成環境污染損害危險的船舶或者船上貨物進行的救助，救助方依照本法第一百八十條規定獲得的救助報酬，少於依照本條規定可以得到的特別補償的，救助方有權依照本條規定，從船舶所有人處獲得相當於救助費用的特別補償。

救助人進行前款規定的救助作業，取得防止或者減少環境污染損害效果的，船舶所有人依照前款規定應向救助方支付的特別補償可以另行增加，增加的數額可以達到救助費用的百分之三十。受理爭議的法院或者仲裁機構認為適當，並且考慮到本法第一百八十條第一款的規定，可以判決或者裁決進一步增加特別補償數額；但是，在任何情況下，增加部分不得超過救助費用的百分之一百。

本條所稱救助費用，是指救助方在救助作業中直接支付的合理費用以及實際使用救助設備、投入救助人員的合理費用。確定救助費用應當考慮本

法第一百八十條第一款第㈧、㈨、㈩項的規定。

在任何情況下，本條規定的全部特別補償，只有在超過救助方依照本法第一百八十條規定能夠獲得的救助報酬時，方可支付，支付金額為特別補償超過救助報酬的差額部分。

由於救助方的過失未能防止或者減少環境污染損害的，可以全部或者部分地剝奪救助方獲得特別補償的權利。

本條規定不影響船舶所有人對其他被救助方的追償權。

第一百八十三條　救助報酬的金額，應當由獲救的船舶和其他財產的各所有人，按照船舶和其他各項財產各自的獲救價值占全部獲救價值的比例承擔。

第一百八十四條　參加同一救助作業的各救助方的救助報酬，應當根據本法第一百八十條規定的標準，由各方協商確定；協商不成的，可以提請受理爭議的法院判決或者經各方協議提請仲裁機構裁決。

第一百八十五條　在救助作業中救助人命的救助方，對獲救人員不得請求酬金，但是有權從救助船舶或者其他財產、防止或者減少環境污染損害的救助方獲得的救助款項中，獲得合理的份額。

第一百八十六條　下列救助行為無權獲得救助款項：
㈠正當履行拖航合同或者其他服務合同的義務進

行救助的,但是提供不屬於履行上述義務的特殊勞務除外;

㈡不顧遇險的船舶的船長、船舶所有人或者其他財產所有人明確的和合理的拒絕,仍然進行救助的。

第一百八十七條 由於救助方的過失致使救助作業成為必需或者更加困難的,或者救助方有欺詐或者其他不誠實行為的,應當取消或者減少向救助方支付的救助款項。

第一百八十八條 被救助方在救助作業結束後,應當根據救助方的要求,對救助款項提供滿意的擔保。

在不影響前款規定的情況下,獲救船舶的船舶所有人應當在獲救的貨物交還前,盡力使貨物的所有人對其應當承擔的救助款項提供滿意的擔保。

在未根據救助人的要求對獲救的船舶或者其他財產提供滿意的擔保以前,未經救助方同意,不得將獲救的船舶和其他財產從救助作業完成後最初到達的港口或者地點移走。

第一百八十九條 受理救助款項請求的法院或者仲裁機構,根據具體情況,在合理的條件下,可以裁定或者裁決被救助方向救助方先行支付適當的金額。

被救助方根據前款規定先行支付金額後,其根據本法第一百八十八條規定提供的擔保金額應當相應扣減。

第 一百九十 條　對於獲救滿九十日的船舶和其他財產，如果被救助方不支付救助款項也不提供滿意的擔保，救助方可以申請法院裁定強制拍賣；對於無法保管、不易保管或者保管費用可能超過其價值的獲救的船舶和其他財產，可以申請提前拍賣。

拍賣所得價款，在扣除保管和拍賣過程中的一切費用後，依照本法規定支付救助款項；剩餘的金額，退還被救助方；無法退還、自拍賣之日起滿一年又無人認領的，上繳國庫；不足的金額，救助方有權向被救助方追償。

第一百九十一條　同一船舶所有人的船舶之間進行的救助，救助方獲得救助款項的權利適用本章規定。

第一百九十二條　國家有關主管機關從事或者控制的救助作業，救助方有權享受本章規定的關於救助作業的權利和補償。

第十章　共同海損

第一百九十三條　共同海損，是指在同一海上航程中，船舶、貨物和其他財產遭遇共同危險，為了共同安全，有意地合理地採取措施所直接造成的特殊犧牲、支付的特殊費用。

無論在航程中或者在航程結束後發生的船舶或者貨物因遲延所造成的損失，包括船期損失和行市損失以及其他間接損失，均不得列入共同海損。

第一百九十四條　船舶因發生意外、犧牲或者其他特殊情況而損壞時，為了安全完成本航程，駛入避難港口、避難地點或者駛回裝貨港口、裝貨地點進行必要的修理，在該港口或者地點額外停留期間所支付的港口費，船員工資、給養，船舶所消耗的燃料、物料，為修理而卸載、儲存、重裝或者搬移船上貨物、燃料、物料以及其他財產所造成的損失、支付的費用，應當列入共同海損。

第一百九十五條　為代替可以列為共同海損的特殊費用而支付的額外費用，可以作為代替費用列入共同海損；但是，列入共同海損的代替費用的金額，不得超過被代替的共同海損的特殊費用。

第一百九十六條　提出共同海損分攤請求的一方應當負舉證責任，證明其損失應當列入共同海損。

第一百九十七條　引起共同海損特殊犧牲、特殊費用的事故，可能是由航程中一方的過失造成的，不影響該方要求分攤共同海損的權利；但是，非過失方或者過失方可以就此項過失提出賠償請求或者進行抗辯。

第一百九十八條　船舶、貨物和運費的共同海損犧牲的金額，依照下列規定確定：

（一）船舶共同海損犧牲的金額，按照實際支付的修理費，減除合理的以新換舊的扣減額計算。船舶尚未修理的，按照犧牲造成的合理貶值計

算，但是不得超過估計的修理費。

船舶發生實際全損或者修理費用超過修復後的船舶價值的，共同海損犧牲金額按照該船舶在完好狀態下的估計價值，減除不屬於共同海損損壞的估計的修理費和該船舶受損後的價值的餘額計算。

(二)貨物共同海損犧牲的金額，貨物滅失的，按照貨物在裝船時的價值加保險費加運費，減除由於犧牲無需支付的運費計算。貨物損壞，在就損壞程度達成協議前售出的，按照貨物在裝船時的價值加保險費加運費，與出售貨物淨得的差額計算。

(三)運費共同海損犧牲的金額，按照貨物遭受犧牲造成的運費的損失金額，減除為取得這筆運費本應支付，但是由於犧牲無需支付的營運費用計算。

第一百九十九條 共同海損應當由受益方按照各自的分攤價值的比例分攤。

船舶、貨物和運費的共同海損分攤價值，分別依照下列規定確定：

(一)船舶共同海損分攤價值，按照船舶在航程終止時的完好價值，減除不屬於共同海損的損失金額計算，或者按照船舶在航程終止時的實際價值，加上共同海損犧牲的金額計算。

(二)貨物共同海損分攤價值，按照貨物在裝船時的價值加保險費加運費，減除不屬於共同海損的

損失金額和承運人承擔風險的運費計算。貨物在抵達目的港以前售出的，按照出售淨得金額，加上共同海損犧牲的金額計算。

旅客的行李和私人物品，不分攤共同海損。

㈢運費分攤價值，按照承運人承擔風險並於航程終止時有權收取的運費，減除為取得該項運費而在共同海損事故發生後，為完成本航程所支付的營運費用，如上共同海損犧牲的金額計算。

第 二 百 條　未申報的貨物或者謊報的貨物，應當參加共同海損分攤；其遭受的特殊犧牲，不得列入共同海損。

不正當地以低於貨物實際價值作為申報價值的，按照實際價值分攤共同海損；在發生共同海損犧牲時，按照申報價值計算犧牲金額。

第二百零一條　對共同海損特殊犧牲和墊付的共同海損特殊費用，應當計算利息。對墊付的共同海損特殊費用，除船員工資、給養和船舶消耗的燃料、物料外，應當計算手續費。

第二百零二條　經利益關係人要求，各分攤方應當提供共同海損擔保。

以提供保證金方式進行共同海損擔保的，保證金應當交由海損理算師以保管人名義存入銀行。

保證金的提供、使用或者退還，不影響各方最終的分攤責任。

第二百零三條　共同海損理算，適用合同約定的理算規則；合同未約定的，適用本章的規定。

第十一章　海事賠償責任限制

第二百零四條　船舶所有人、救助人，對本法第二百零七條所列海事賠償請求，可以依照本章規定限制賠償責任。

　　　　　　　前款所稱的船舶所有人，包括船舶承租人和經營人。

第二百零五條　本法第二百零七條所列海事賠償請求，不是向船舶所有人、救助人本人提出，而是向他們對其行為、過失負有責任的人員提出的，這些人員可以依照本章規定限制賠償責任。

第二百零六條　被保險人依照本章規定可以限制賠償責任的，對該海事賠償請求承擔責任的保險人，有權依照本章規定享受相同的賠償責任限制。

第二百零七條　下列海事賠償請求，除本法第二百零八條和第二百零九條另有規定外，無論賠償責任的基礎有何不同，責任人均可以依照本章規定限制賠償責任：

　　　　　　　㈠在船上發生的或者與船舶營運、救助作業直接相關的人身傷亡或者財產的滅失、損壞，包括對港口工程、港池、航道和助航設施造成的損壞，以及由此引起的相應損失的賠償請求；

　　　　　　　㈡海上貨物運輸因遲延交付或者旅客及其行李運輸

因遲延到達造成損失的賠償請求；

㈢與船舶營運或者救助作業直接相關的，侵犯非合同權利的行為造成其他損失的賠償請求；

㈣責任人以外的其他人，為避免或者減少責任人依照本章規定可以限制賠償責任的損失而採取措施的賠償請求，以及因此項措施造成進一步損失的賠償請求。

前款所列賠償請求，無論提出的方式有何不同，均可以限制賠償責任。但是，第㈣項涉及責任人以合同約定支付的報酬，責任人的支付責任不得援用本條賠償責任限制的規定。

第二百零八條　本章規定不適用於下列各項：

㈠對救助款項或者共同海損分攤的請求；

㈡中華人民共和國參加的國際油污損害民事責任公約規定的油污損害的賠償請求；

㈢中華人民共和國參加的國際核能損害責任限制公約規定的核能損害的賠償請求；

㈣核動力船舶造成的核能損害的賠償請求；

㈤船舶所有人或者救助人的受僱人提出的賠償請求，根據調整勞務合同的法律，船舶所有人或者救助人對該類賠償請求無權限制賠償責任，或者該項法律作了高於本章規定的賠償限額的規定。

第二百零九條　經證明，引起賠償請求的損失是由於責任人的故意或者明知可能造成損失而輕率地作為或者不作為造成的，責任人無權依照本章規定限制賠償責任。

第二百一十條 除本法第二百一十一條另有規定外，海事賠償責任
限制，依照下列規定計算賠償限額：

(一)關於人身傷亡的賠償請求

　　1.總噸位 300 噸至 500 噸的船舶，賠償限額為
　　333,000 計算單位；

　　2.總噸位超過 500 噸的船舶，500 噸以下部分適
　　用本項第 1 目的規定，500 噸以上的部分，應
　　當增加下列數額：501 噸至 3,000 噸的部分，
　　每噸增加 500 計算單位；3,001 噸至 30,000 噸
　　的部分，每噸增加 333 計算單位；30,001 噸至
　　70,000 噸的部分，每噸增加 250 計算單位；超
　　過 70,000 噸的部分，每噸增加 167 計算單位。

(二)關於非人身傷亡的賠償請求

　　1.總噸位 300 噸至 500 噸的船舶，賠償限額為
　　167,000 計算單位；

　　2.總噸位超過 500 噸的船舶，500 噸以下部分適
　　用本項第 1 目的規定，500 噸以上的部分，應
　　當增加下列數額：501 噸至 30,000 噸的部分，
　　每噸增加 167 計算單位；30,001 噸至 70,000 噸
　　的部分，每噸增加 125 計算單位；超過 7,000
　　噸的部分，每噸增加 83 計算單位。

(三)依照第(一)項規定的限額，不足以支付全部人身傷
　　亡的賠償請求的，其差額應當與非人身傷亡的賠
　　償請求並列，從第(二)項數額中按照比例受償。

(四)在不影響第(三)項關於人身傷亡賠償請求的情況
　　下，就港口工程、港池、航道和助航設施的損害
　　提出的賠償請求，應當較第(二)項中的其他賠償請

求優先受償。

㈤不以船舶進行救助作業或者在被救船舶上進行救助作業的救助人，其責任限額按照總噸位為 1,500 噸的船舶計算。

總噸位不滿 300 噸的船舶，從事中華人民共和國港口之間的運輸的船舶，以及從事沿海作業的船舶，其賠償限額由國務院交通主管部門制定，報國務院批准後施行。

第二百一十一條　海上旅客運輸的旅客人身傷亡賠償責任限制，按照 46,666 計算單位乘以船舶證書規定的載客定額計算賠償限額，但是最高不超過 25,000,000 計算單位。

中華人民共和國港口之間海上旅客運輸的旅客人身傷亡，賠償限額由國務院交通主管部門制定，報國務院批准後施行。

第二百一十二條　本法第二百一十條和第二百一十一條規定的賠償限額，適用於特定場合發生的事故引起的，向船舶所有人、救助人本人和他們對其行為、過失負有責任的人員提出的請求的總額。

第二百一十三條　責任人要求依照本法規定限制賠償責任的，可以在有管轄權的法院設立責任限制基金。基金數額分別為本法第二百一十條、第二百一十一條規定的限額，加上自責任產生之日起至基金設立之日止的相應利息。

第二百一十四條　責任人設立責任限制基金後，向責任人提出請求
　　　　　　　　的任何人，不得對責任人的任何財產行使任何權
　　　　　　　　利；已設立責任限制基金的責任人的船舶或者其
　　　　　　　　他財產已經被扣押，或者基金設立人已經提交抵
　　　　　　　　押物的，法院應當及時下令釋放或者責令退還。

第二百一十五條　享受本章規定的責任限制的人，就同一事故向請
　　　　　　　　求人提出反請求的，雙方的請求金額應當相互抵
　　　　　　　　銷，本章規定的賠償限額僅適用於兩個請求金額
　　　　　　　　之間的差額。

第十二章　海上保險合同

第一節　一般規定

第二百一十六條　海上保險合同，是指保險人按照約定，對被保險
　　　　　　　　人遭受保險事故造成保險標的的損失和產生的責
　　　　　　　　任負責賠償，而由被保險人支付保險費的合同。
　　　　　　　　前款所稱保險事故，是指保險人與被保險人約定
　　　　　　　　的任何海上事故，包括與海上航行有關的發生於
　　　　　　　　內河或者陸上的事故。

第二百一十七條　海上保險合同的內容，主要包括下列各項：
　　　　　　　　㈠保險人名稱；
　　　　　　　　㈡被保險人名稱；
　　　　　　　　㈢保險標的；
　　　　　　　　㈣保險價值；
　　　　　　　　㈤保險金額；

㈥保險責任和除外責任；

㈦保險期間；

㈧保險費。

第二百一十八條　下列各項可以作為保險標的：

㈠船舶；

㈡貨物；

㈢船舶營運收入，包括運費、租金、旅客票款；

㈣貨物預期利潤；

㈤船員工資和其他報酬；

㈥對第三人的責任；

㈦由於發生保險事故可能受到損失的其他財產和產生的責任、費用。

保險人可以將對前款保險標的的保險進行再保險。除合同另有約定外，原被保險人不得享有再保險的利益。

第二百一十九條　保險標的的保險價值由保險人與被保險人約定。保險人與被保險人未約定保險價值的，保險價值依照下列規定計算：

㈠船舶的保險價值，是保險責任開始時船舶的價值，包括船殼、機器、設備的價值，以及船上燃料、物料、索具、給養、淡水的價值和保險費的總和；

㈡貨物的保險價值，是保險責任開始時貨物在起運地的發票價格或者非貿易商品在起運地的實際價值以及運費和保險費的總和；

㈢運費的保險價值，是保險責任開始時承運人應收運費總額和保險費的總和；

㈣其他保險標的的保險價值，是保險責任開始時保險標的的實際價值和保險費的總和。

第 二百二十 條　保險金額由保險人與被保險人約定。保險金額不得超過保險價值；超過保險價值的，超過部分無效。

第二節　合同的訂立、解除和轉讓

第二百二十一條　被保險人提出保險要求，經保險人同意承保，並就海上保險合同的條款達成協議後，合同成立。
保險人應當及時向被保險人簽保險單或者其他保險單證，並在保險單或者其他保險單證中載明當事人雙方約定的合同內容。

第二百二十二條　合同訂立前，被保險人應當將其知道的或者在通常業務中應當知道的有關影響保險人據以確定保險費率或者確定是否同意承保的重要情況，如實告知保險人。
保險人知道或者在通常業務中應當知道的情況，保險人沒有詢問的，被保險人無需告知。

第二百二十三條　由於被保險人的故意，未將本法第二百二十二條第一款規定的重要情況如實告知保險人的，保險人有權解除合同，並不退還保險費。合同解除前

發生保險事故造成損失的，保險人不負賠償責任。

不是由於被保險人的故意，未將本法第二百二十二條第一款規定的重要情況如實告知保險人的，保險人有權解除合同或者要求相應增加保險費。保險人解除合同的，對於合同解除前發生保險事故造成的損失，保險人應當負賠償責任；但是，未告知或者錯誤告知的重要情況對保險事故的發生有影響的除外。

第二百二十四條　訂立合同時，被保險人已經知道或者應當知道保險標的已經因發生保險事故而遭受損失的，保險人不負賠償責任，但是有權收取保險費；保險人已經知道或者應當知道保險標的已經不可能因發生保險事故而遭受損失的，被保險人有權收回已經支付的保險費。

第二百二十五條　被保險人對同一保險標的就同一個保險事故向幾個保險人重複訂立合同，而使該保險標的的保險金額總和超過保險標的的價值的，除合同另有約定外，被保險人可以向任何保險人提出賠償請求。被保險人獲得的賠償金額總和不得超過保險標的的受損價值。各保險人按照其承保的保險金額同保險金額總和的比例承擔賠償責任。任何一個保險人支付的賠償金額超過其應當承擔的賠償責任的，有權向未按照其應當承擔賠償責任支付賠償金額的保險人追償。

第二百二十六條 保險責任開始前，被保險人可以要求解除合同，但是應當向保險人支付手續費，保險人應當退還保險費。

第二百二十七條 除合同另有約定外，保險責任開始後，被保險人和保險人均不得解除合同。

根據合同約定在保險責任開始後可以解除合同的，被保險人要求解除合同，保險人有權收取自保險責任開始之日起至合同解除之日止的保險費，剩餘部分予以退還；保險人要求解除合同，應當將自合同解除之日起至保險期間屆滿之日止的保險費退還被保險人。

第二百二十八條 雖有本法第二百二十七條規定，貨物運輸和船舶的航次保險，保險責任開始後，被保險人不得要求解除合同。

第二百二十九條 海上貨物運輸保險公司合同可以由被保險人背書或者以其他方式轉讓，合同的權利、義務隨之轉移。合同轉讓尚未支付保險費的，被保險人和合同受讓人負連帶支付責任。

第 二百三十 條 因船舶轉讓而轉讓船舶保險合同的，應當取得保險人同意。未經保險人同意，船舶保險合同從船舶轉讓時起解除；船舶轉讓發生在航次之中的，船舶保險合同至航次終了時解除。

合同解除後，保險人應當將自合同解除之日起至

保險期間屆滿之日止的保險費退還被保險人。

第二百三十一條　被保險人在一定期間分批裝運或者接受貨物的，可以與保險訂立預約保險合同。預約保險合同應當由保險人簽預約保險單證加以確認。

第二百三十二條　應被保險人要求，保險人應當對依據預約保險合同分批裝運的貨物分別簽發保險單證。

保險人分別簽發的保險單證的內容與預約保險單證的內容不一致的，以分別簽發的保險單證為準。

第二百三十三條　被保險人知道經預約保險合同保險的貨物已經裝運或者到達的情況時，應當立即通知保險人。通知的內容包括裝運貨物的船名、航線、貨物價值和保險金額。

第三節　被保險人的義務

第二百三十四條　除合同另有約定外，被保險人應當在合同訂立後立即支付保險費；被保險人支付保險費前，保險人可以拒絕簽發保險單證。

第二百三十五條　被保險人違反合同約定的保證條款時，應當立即書面通知保險人。保險人收到通知後，可以解除合同，也可以要求修改承保條件、增加保險費。

第二百三十六條　一旦保險事故發生，被保險人應當立即通知保險人，並採取必要的合理措施，防止或者減少損失。被保險人收到保險人發出的有關採取防止或者減少損失的合理措施的特別通知的，應當按照保險人通知的要求處理。

被保險人違反前款規定所造成的擴大的損失，保險人不負賠償責任。

第四節　保險人的責任

第二百三十七條　發生保險事故造成損失後，保險人應當及時向被保險人支付保險賠償。

第二百三十八條　保險人賠償保險事故造成的損失，以保險金額為限。保險金額低於保險價值的，在保險標的發生部分損失時，保險人按照保險金額與保險價值的比例負賠償責任。

第二百三十九條　保險標的在保險期間發生幾次保險事故所造成的損失，即使損失金額的總和超過保險金額，保險人也應當賠償。但是，對發生部分損失後未經修復又發生全部損失的，保險人按照全部損失賠償。

第 二百四十 條　被保險人為防止或者減少根據合同可以得到賠償的損失而支出的必要的合理費用，為確定保險事故的性質、程度而支出的檢驗、估價的合理費

用，以及為執行保險人的特別通知而支出的費用，應當由保險人在保險標的損失賠償之外另行支付。

保險人對前款規定的費用的支付，以相當於保險金額的數額為限。

保險金額低於保險價值的，除合同另有約定外，保險人應當按照保險金額與保險價值的比例，支付本條規定的費用。

第二百四十一條　保險金額低於共同海損分攤價值的，保險人按照保險金額同分攤價值的比例賠償共同海損分攤。

第二百四十二條　對於被保險人故意造成的損失，保險人不負賠償責任。

第二百四十三條　除合同另有約定外，因下列原因之一造成貨物損失的，保險人不負賠償責任：

㈠航行遲延、交貨遲延或者行市變化；

㈡貨物的自然損耗、本身的缺陷和自然特性；

㈢包裝不當。

第二百四十四條　除合同另有約定外，因下列原因之一造成保險船舶損失的，保險人不負賠償責任：

㈠船舶開航時不適航，但是在船舶定期保險中被保險人不知道的除外；

㈡船舶自然磨損或者繡蝕。

運費保險比照適用本條的規定。

第五節 保險標的的損失和委付

第二百四十五條 保險標的發生保險事故後滅失，或者受到嚴重損壞完全失去原有形體、效用或者不能再歸被保險人所擁有的，為實際全損。

第二百四十六條 船舶發生保險事故後，認為實際全損已經不可避免，或者為避免發生實際全損所需支付的費用超過保險價值的，為推定全損。

貨物發生保險事故後，認為實際全損已經不可避免，或者為避免發生實際全損所需支付的費用與繼續將貨物運抵目的地的費用之合超過保險價值的，推定為全損。

第二百四十七條 不屬於實際全損和推定全損的損失，為部分損失。

第二百四十八條 船舶在合理時間內未從被獲知最後消息的地點抵達目的地，除合同另有約定外，滿兩個月後仍沒有獲知其消息的，為船舶失蹤。船舶失蹤視為實際全損。

第二百四十九條 保險標的發生推定全損，被保險人要求保險人按照全部損失賠償的，應當向保險人委付保險標的。保險人可以接受委付，也可以不接受委付，但是應當在合理的時間內將接受委付或者不接受委付的決定通知被保險人。

委付不得附帶任何條件。委付一經保險人接受，不得撤回。

第 二百五十 條　保險人接受委付，被保險人對委付財產的全部權利和義務轉移給保險人。

第六節　保險賠償的支付

第二百五十一條　保險事故發生後，保險人向被保險人支付保險賠償前，可以要求被保險人提供與確認保險事故性質和損失程度有關的證明和資料。

第二百五十二條　保險標的發生保險責任範圍內的損失是由第三人造成的，被保險人向第三人要求賠償的權利，自保險人支付賠償之日起，相應轉移給保險人。
被保險人應當向保險人提供必要的文件和其所需要知道的情況，並盡力協助保險人向第三人追償。

第二百五十三條　被保險人未經保險人同意放棄向第三人要求賠償的權利，或者由於過失致使保險人不能行使追償權利的，保險人可以相應扣減保險賠償。

第二百五十四條　保險人支付保險賠償時，可以從應支付的賠償額中相應扣減被保險人已經從第三人取得的賠償。
保險人從第三人取得的賠償，超過其支付的保險賠償的，超過部分應當退還給被保險人。

第二百五十五條 發生保險事故後，保險人有權放棄對保險標的的權利，全額支付合同約定的保險賠償，以解除對保險標的的義務。

保險人行使前款規定的權利，應當自收到被保險人有關賠償損失的通知之日起的七日內通知被保險人；被保險人在收到通知前，為避免或者減少損失而支付的必要的合理費用，仍然應當由保險人償還。

第二百五十六條 除本法第二百五十五條的規定外，保險標的發生全損，保險人支付全部保險金額的，取得對保險標的的全部權利；但是，在不足額保險的情況下，保險人按照保險金額與保險價值的比例取得對保險標的的部分權利。

第十三章　時　效

第二百五十七條 就海上貨物運輸向承運人要求賠償的請求權，時效期間為一年，自承運人交付或者應當交付貨物之日起計算；在時效期間內或者時效期間屆滿後，被認定為負有責任的人向第三人提起追償請求的，時效期間為九十日，自追償請求人解決原賠償請求之日起或者收到受理對其本人提起訴訟的法院的起訴狀副本之日起計算。

有關航次租船合同的請求權，時效期間為二年，自知道或者應當知道權利被侵害之日起計算。

第二百五十八條　就海上旅客運輸向承運人要求賠償的請求權，時效期間為二年，分別依照下列規定計算：

(一)有關旅客人身傷害的請求權，自旅客離船或者應當離船之日起計算；

(二)有關旅客死亡的請求權，發生在運送期間的，自旅客應當離船之日起計算；因運送期間內的傷害而導致旅客離船後死亡的，自旅客死亡之日起計算，但是此期限自離船之日起不得超過三年；

(三)有關行李滅失或者損壞的請求權，自旅客離船或者應當離船之日起計算。

第二百五十九條　有關船舶租用合同的請求權，時效期間為二年，自知道或者應當知道權利被侵害之日起計算。

第　二百六十　條　有關海上拖航合同的請求權，時效期間為一年，自知道或者應當知道權利被侵害之日起計算。

第二百六十一條　有關船舶碰撞的請求權，時效期間為二年，自碰撞事故發生之日起計算；本法第一百六十九條第三款規定的追償請求權，時效期間為一年，自當事人連帶支付損害賠償之日起計算。

第二百六十二條　有關海難救助的請求權，時效期間為二年，自救助作業終止之日起計算。

第二百六十三條　有關共同海損分攤的請求權，時效期間為一年，

自理算結束之日起計算。

第二百六十四條　根據海上保險合同向保險人要求保險賠償的請求權，時效期間為二年，自保險事故發生之日起計算。

第二百六十五條　有關船舶發生油污損害的請求權，時效時間為三年，自損害發生之日起計算；但是，在任何情況下時效期間不得超過從造成損害的事故發生之日起六年。

第二百六十六條　在時效期間的最後六個月內，因不可抗力或者其他障礙不能行使請求權的，時效中止。自中止時效的原因消除之日起，時效期間繼續計算。

第二百六十七條　時效因請求人提起訴訟、提交仲裁或者被請求人同意履行義務而中斷。但是，請求人撤回起訴、撤回仲裁或者起訴被裁定駁回的，時效不中斷。請求人申請扣船之日起中斷。

自中斷時起，時效時間重新計算。

第十四章　涉外關係的法律適用

第二百六十八條　中華人民共和國締結或者參加的國際條約同本法有不同規定的，適用國際條約的規定；但是，中華人民共和國聲明保留的條款除外。

中華人民共和國法律和中華人民共和國締結或者

參加的國際條約沒有規定的，可以適用國際慣
例。

第二百六十九條　合同當事人可以選擇合同適用的法律，法律另有
規定的除外。合同當事人沒有選擇的，適用與合
同有最密切關係的國家的法律。

第 二百七十 條　船舶所有權的取得、轉讓和消滅，適用船旗國法
律。

第二百七十一條　船舶抵押權適用船旗國法律。
船舶在光船租賃以前或者光船租賃期間，設立船
舶抵押權的，適用原船舶登記國的法律。

第二百七十二條　船舶優先權，適用受理案件的法院所在地法律。

第二百七十三條　船舶碰撞的損害賠償，適用侵權行為地法律。
船舶在公海上發生碰撞的損害賠償，適用受理案
件的法院所在地法律。
同一國籍的船舶，不論碰撞發生在於何地，碰撞
船舶之間的損害賠償適用船旗國法律。

第二百七十四條　共同海損理算，適用理算地法律。

第二百七十五條　海事賠償責任限制，適用受理案件的法院所在地
法律。

第二百七十六條　依照本章規定適用外國法律或者國際慣例，不得違背中華人民共和國的社會公共利益。

第十五章　附　則

第二百七十七條　本法所稱計算單位，是指國際貨幣基金組織規定的特別提款權；其人民幣數額為法院判決之日、仲裁機構裁決之日或者當事人協議之日，按照國家外匯主管機關規定的國際貨幣基金組織的特別提款權對人民幣的換算辦法計算得出的人民幣數額。

第二百七十八條　本法自 1993 年 7 月 1 日起施行。

附錄八
臺灣海商法

民國十八年十二月三十日國民政府制定公布全文一百七十四條；並自中華民國二
十年一月一日施行
民國五十一年七月二十五日總統令修正公布全文一百九十四條
民國八十八年七月十四日總統令修正公布全文一百五十三條
民國八十九年一月二十六日總統令修正公布第七十六條條文

第一章　總則

第 一 條　本法稱船舶者，謂在海上航行，或在與海相通水面或水
中航行之船舶。

第 二 條　本法稱船長者，謂受船舶所有人僱用主管船舶一切事務
之人員；稱海員者，謂受船舶所有人僱用由船長指揮服
務於船舶上所有人員。

第 三 條　下列船舶除因碰撞外，不適用本法之規定：
一、船舶法所稱之小船。
二、軍事建制之艦艇。
三、專用於公務之船舶。
第一條規定以外之其他船舶。

第 四 條　船舶保全程序之強制執行，於船舶發航準備完成時起，
以迄航行至次一停泊港時止，不得為之。但為使航行可

能所生之債務，或因船舶碰撞所生之損害，不在此限。

國境內航行船舶之保全程序，得以揭示方法為之。

第 五 條 海商事件，依本法之規定，本法無規定者，適用其他法律之規定。

第二章 船舶

第一節 船舶所有權

第 六 條 船舶除本法有特別規定外，適用民法關於動產之規定。

第 七 條 除給養品外，凡於航行上或營業上必需之一切設備及屬具，皆視為船舶之一部。

第 八 條 船舶所有權或應有部分之讓與，非作成書面並依左列之規定，不生效力：

一、在中華民國，應申請讓與地或船舶所在地航政主管機關蓋印證明。

二、在外國，應申請中華民國駐外使領館、代表處或其他外交部授權機關蓋印證明。

第 九 條 船舶所有權之移轉，非經登記，不得對抗第三人。

第 十 條 船舶建造中，承攬人破產而破產管理人不為完成建造者，船舶定造人，得將船舶及業經交付或預定之材料，照估價扣除已付定金給償收取之，並得自行出資在原處完成建造。但使用船廠應給與報償。

第十一條　共有船舶之處分及其他與共有人共同利益有關之事項，應以共有人過半數並其應有部分之價值合計過半數之同意為之。

第十二條　船舶共有人有出賣其應有部分時，其他共有人，得以同一價格儘先承買。因船舶共有權一部分之出賣致該船舶喪失中華民國國籍時，應得共有人全體之同意。

第十三條　船舶共有人，以其應有部分供抵押時，應得其他共有人過半數之同意。

第十四條　船舶共有人，對於利用船舶所生之債務，就其應有部分，負比例分擔之責。

前項共有人對於發生債務之管理行為，曾經拒絕同意者，關於此項債務，得委棄其應有部分於他共有人而免其責任。

第十五條　船舶共有人為船長而被辭退或解任時，得退出共有關係，並請求返還其應有部分之資金。

前項資金數額，依當事人之協議定之，協議不成時，由法院裁判之。

第一項所規定退出共有關係之權，自被辭退之日起算，經一個月不可使而消滅。

第十六條　共有關係，不因共有人中一人之死亡、破產或禁治產而終止。

第十七條　船舶共有人，應選任共有船舶經理人，經營其業務，共有船舶經理人之選任，應以共有人過半數，並其應有部分之價值合計過半數之同意為之。

第十八條　共有船舶經理人關於船舶之營運，在訴訟上或訴訟外代表共有人。

第十九條　共有船舶經理人，非經共有人依第十一條規定之書面委任，不得出賣或抵押其船舶。
　　　　　　船舶共有人，對於共有船舶經理人權限所加之限制，不得對抗善意第三人。

第二十條　共有船舶經理人，於每次航行完成後，應將其經過情形，報告於共有人，共有人亦得隨時檢查其營業情形，並查閱帳簿。

第二十一條　船舶所有人對下列事項所負之責任，以本次航行之船舶價值、運費及其他附屬費為限：
　　　　　　一、在船上、操作船舶或救助工作直接所致人身傷亡或財物毀損滅失之損害賠償。
　　　　　　二、船舶操作或救助工作所致權益侵害之損害賠償。但不包括因契約關係所生之損害賠償。
　　　　　　三、沈船或落海之打撈移除所生之債務。但不包括依契約之報酬或給付。
　　　　　　四、為避免或減輕前二款責任所負之債務。
　　　　　　前項所稱船舶所有人，包括船舶所有權人、船舶承租人、經理人及營運人。

第一項所稱本次航行，指船舶自一港至次一港之航程；所稱運費，不包括依法或依約不能收取之運費及票價；所稱附屬費，指船舶因受損害應得之賠償。但不包括保險金。

第一項責任限制數額如低於下列標準者，船舶所有人應補足之：

一、對財物損害之賠償，以船舶登記總噸，每一總噸為國際貨幣基金，特別提款權五四計算單位，計算其數額。

二、對人身傷亡之賠償，以船舶登記總噸，每一總噸特別提款權一六二計算單位計算其數額。

三、前二款同時發生者，以船舶登記總噸，每一總噸特別提款權一六二計算單位計算其數額，但人身傷亡應優先以船舶登記總噸，每一總噸特別提款權一〇八計算單位計算之數額內賠償，如此數額不足以全部清償時，其不足額再與財物之毀損滅失，共同在現存之責任限制數額內比例分配之。

四、船舶登記總噸不足三百噸者，以三百噸計算。

第二十二條　前條責任限制之規定，於下列情形不適用之：

一、本於船舶所有人本人之故意或過失所生之債務。

二、本於船長、海員及其他服務船舶之人員之僱用契約所生之債務。

三、救助報酬及共同海損分擔額。

四、船舶運送毒性化學物質或油污所生損害之賠償。

五、船舶運送核子物質或廢料發生核子事故所生損害之賠償。

六、核能動力船舶所生核子損害之賠償。

第二十三條 船舶所有人，如依第二十一條之規定限制其責任者，對於本次航行之船舶價值應證明之。

船舶價值之估計，以下列時期之船舶狀態為準：

一、因碰撞或其他事變所生共同海損之債權，及事變後以迄於第一到達港時所生之一切債權，其估價依船舶於到達第一港時之狀態。

二、關於船舶在停泊港內發生事變所生之債權，其估價依船舶在停泊港內事變發生後之狀態。

三、關於貨載之債權或本於載貨證券而生之債權，除前二款情形外，其估價依船舶於到達貨物之目的港時，或航行中斷地之狀態，如貨載應送達於數個不同之港埠，而損害係因同一原因而生者，其估價依船舶於到達該數港中之第一港時之狀態。

四、關於第二十一條所規定之其他債權，其估價依船舶航行完成時之狀態。

第二節　海事優先權

第二十四條 下列各款為海事優先權擔保之債權，有優先受償之權：

一、船長、海員及其他在船上服務之人員，本於僱傭契約所生之債權。

二、因船舶操作直接所致人身傷亡，對船舶所有人賠償請求。

三、救助之報酬、清除沈船費用及船舶共同海損分擔

　　　　　　　額之賠償請求。

　　　　四、因船舶操作直接所致陸上或水上財物毀損滅失，
　　　　　　對船舶所有人基於侵權行為之賠償請求。

　　　　五、港埠費、運河費、其他水道費及引水費。

　　　前項海事優先權之位次，在船舶抵押權之前。

第二十五條　建造或修繕船舶所生債權，其債權人留置船舶之留置
　　　　　　權位次，在海事優先權之後，船舶抵押權之前。

第二十六條　本法第二十二條第四、五、六款之賠償請求，不適用
　　　　　　本法有關海事優先權之規定。

第二十七條　依第二十四條之規定，得優先受償之標的如下：

　　　　一、船舶、船舶設備及屬具或其殘餘物。

　　　　二、在發生優先債權之航行期內之運費。

　　　　三、船舶所有人因本次航行中船舶所受損害，或運費
　　　　　　損失應得之賠償。

　　　　四、船舶所有人因共同海損應得之賠償。

　　　　五、船舶所有人在航行完成前，為施行救助所應得之
　　　　　　報酬。

第二十八條　第二十四條第一項第一款之債權，得就同一僱傭契約
　　　　　　期內所得之全部運費，優先受償，不受前條第二款之
　　　　　　限制。

第二十九條　屬於同次航行之海事優先權，其位次依第二十四條各
　　　　　　款之規定。

一款中有數債權者，不分先後，比例受償。

第二十四條第一項第三款所列債權，如有二個以上屬於同一種類，其發生在後者優先受償。救助報酬之發生應以施救行為完成時為準。

共同海損之分擔，應以共同海損行為發生之時為準。

因同一事變所發生第二十四條第一項各款之債權，視為同時發生之債權。

第 三 十 條　不屬於同次航行之海事優先權，其後次航行之海事優先權，先於前次航行之海事優先權。

第三十一條　海事優先權，不因船舶所有權之移轉而受影響。

第三十二條　第二十四條第一項海事優先權自其債權發生之日起，經一年而消滅。但第二十四條第一項第一款之賠償，自離職之日起算。

第三節　船舶抵押權

第三十三條　船舶抵押權之設定，應以書面為之。

第三十四條　船舶抵押權，得就建造中之船舶設定之。

第三十五條　船舶抵押權之設定，除法律別有規定外，僅船舶所有人或受其特別委任之人始得為之。

第三十六條　船舶抵押權之設定，非經登記，不得對抗第三人。

第三十七條　船舶共有人中一人或數人，就其應有部分所設定之抵押權，不因分割或出賣而受影響。

第三章　運送

第一節　貨物運送

第三十八條　貨物運送契約為下列二種：
一、以件貨之運送為目的者。
二、以船舶之全部或一部供運送為目的者。

第三十九條　以船舶之全部或一部供運送為目的之運送契約，應以書面為之。

第 四 十 條　前條運送契約應載明下列事項：
一、當事人姓名或名稱，及其住所、事務所或營業所。
二、船名及對船舶之說明。
三、貨物之種類之數量。
四、契約期限或航程事項。
五、運費。

第四十一條　以船舶之全部或一部供運送之契約，不因船舶所有權之移權而受影響。

第四十二條　運送人所供給之船舶有瑕疵，不能達運送契約之目的時，託運人得解除契約。

第四十三條　以船舶之全部供運送時，託運人於發航前得解除契約。但應支付運費三分之一，其已裝載貨物之全部或一部者，並應負擔因裝卸所增加之費用。

前項如為往返航程之約定者，託運人於返程發航前要求終止契約時，應支付運費三分之二。

前二項之規定，對於當事人之間，關於延滯費之約定不受影響。

第四十四條　以船舶之一部供運送時，託運人於發航前，非支付其運費之全部，不得解除契約。如託運人已裝載貨物之全部或一部者，並應負擔因裝卸所增加之費用及賠償加於其他貨載之損害。

前項情形，託運人皆為契約之解除者，各託運人僅負前條所規定之責任。

第四十五條　前二條之規定，對船舶於一定時間內供運送或為數次繼續航行所訂立之契約，不適用之。

第四十六條　以船舶之全部於一定時期內供運送者，託運人僅得以約定或以船舶之性質而定之方法，使為運送。

第四十七條　前條託運人，僅就船舶可使用之期間，負擔運費。但因航行事變所生之停止，仍應繼續負擔運費。

前項船舶之停止，係因運送人或其代理人之行為或因船舶之狀態所致者，託運人不負擔運費，如有損害，並得請求賠償。

船舶行蹤不明時，託運人以得最後消息之日為止，負

擔運費之全部，並自最後消息後，以迄於該次航行通常所需之期間應完成之日，負擔運費之半數。

第四十八條　以船舶之全部或一部供運送者，託運人所裝載貨物，不及約定之數量時，仍應負擔全部之運費。但應扣除船舶因此所減省費用之全部，及因另裝貨物所取得運費四分之三。

第四十九條　託運人因解除契約，應付全部運費時，得扣除運送人因此減省費用之全部，及另裝貨物所得運費四分之三。

第 五 十 條　貨物運達後，運送人或船長應即通知託運人指定之應受通知人或受貨人。

第五十一條　受貨人怠於受領貨物時運送人或船長得以受貨之費用，將貨物寄存於港埠管理機關或合法經營之倉庫並通知受貨人。

受貨人不明或受貨人拒絕受領貨物時，運送人或船長得依前項之規定辦理，並通知託運人及受貨人。

運送人對於前二項貨物有下列情形之一者，得聲請法院裁定准予拍賣，於扣除運費或其他相關之必要費用後提存其價金之餘額：

一、不能寄存於倉庫。

二、有腐壞之虞。

三、顯見其價值不足抵償運費及其他相關之必要費用。

第五十二條　以船舶之全部或一部供運送者，運送人非於船舶完成裝貨或卸貨準備時，不得簽發裝貨或卸貨準備完成通知書。

　　　　　　裝卸期間自前項通知送達之翌日起算，期間內不工作休假日及裝卸不可能之日不算入。但超過合理裝卸期間者，船舶所有人得按超過之日期，請求合理之補償。

　　　　　　前項超過裝卸期間，休假日及裝卸不可能之日亦算入之。

第五十三條　運送人或船長於貨物裝載後，因託運人之請求，應發給載貨證券。

第五十四條　載貨證券，應載明下列各款事項，由運送人或船長簽名：

　　　　　　一、船舶名稱。

　　　　　　二、託運人之姓名或名稱。

　　　　　　三、依照託運人書面通知之貨物名稱、件數或重量，或其包裝之種類、個數及標誌。

　　　　　　四、裝載港及卸貨港。

　　　　　　五、運費交付。

　　　　　　六、載貨證券之份數。

　　　　　　七、填發之年月日。

　　　　　　前項第三款之通知事項，如與所收貨物之實際情況有顯著跡象，疑其不相符合，或無法核對時，運送人或船長得在載貨證券內載明其事由或不予載明。

　　　　　　載貨證券依第一項第三款為記載者，推定運送人依其

記載為運送。

第五十五條　託運人對於交運貨物之名稱、數量，或其包裝之種
　　　　　　類、個數及標誌之通知，應向運送人保證其正確無
　　　　　　訛，其因通知不正確所發生或所致之一切毀損、滅失
　　　　　　及費用，由託運人負賠償責任。
　　　　　　運送人不得以前項託運人應負賠償責任之事由，對抗
　　　　　　託運人以外之載貨證券持有人。

第五十六條　貨物一經有受領權利人受領，推定運送人已依照載貨
　　　　　　證券之記載，交清貨物。但有下列情事之一者，不在
　　　　　　此限：
　　　　　　一、提貨前或當時，受領權利人已將毀損滅失情形，
　　　　　　　　以書面通知運送人者。
　　　　　　二、提貨前或當時，毀損滅失經共同檢定，作成公證
　　　　　　　　報告書者。
　　　　　　三、毀損滅失不顯著而提貨後三日內，以書面通知運
　　　　　　　　送人。
　　　　　　四、在收貨證件上註明毀損或滅失者。
　　　　　　貨物之全部或一部毀損、滅失者，自貨物受領之日或
　　　　　　自應受領之日起，一年內未起訴者，運送人或船舶所
　　　　　　有人解除其責任。

第五十七條　運送人或船舶所有人所受之損害，非由於託運人或其
　　　　　　代理人受僱人之過失所致者，託運人不負賠償責任。

第五十八條　載貨證券有數份者，在貨物目的港請求交付貨物之

人，縱僅持有載貨證券一份，運送人或船長不得拒絕交付。不在貨物目的港時，運送人或船長非接受載貨證券之全數，不得為貨物之交付。

二人以上之載貨證券持有人請求交付貨物時，運送人或船長應即將貨物按照第五十一條之規定寄存，並通知曾為請求之各持有人，運送人或船長，已依第一項之規定，交付貨物之一部後，他持有人請求交付貨物者，對於其賸餘之部分亦同。

載貨證券之持有人有二人以上者，其中一人先於他持有人受貨物之交付時，他持有人之載貨證券對運送人失其效力。

第五十九條 載貨證券之持有人有二人以上，而運送人或船長尚未交付貨物者，其持有先受發送或交付之證券者，得先於他持有人行使其權利。

第 六 十 條 民法第六百二十七條至第六百三十條關於提單之規定，於載貨證券準用之。

以船舶之全部或一部供運送為目的之運送契約另行簽發載貨證券者，運送人與託運人以外載貨證券持有人間之關係，依載貨證券之記載。

第六十一條 以件貨運送為目的之運送契約或載貨證券記載條款、條件或約定，以減輕或免除運送人或船舶所有人，對於因過失或本章規定應履行之義務而不履行，致有貨物毀損、滅失或遲到之責任者，其條款、條件或約定不生效力。

第六十二條　運送人或船舶所有人於發航前及發航時，對於下列事
項，應為必要之注意及措置：
一、使船舶有安全航行之能力。
二、配置船舶相當船員、設備及供應。
三、使貨艙、冷藏室及其他供載運貨物部分適合於受
載、運送與保存。
船舶於發航後因突失航行能力所致之毀損或滅失，運
送人不負賠償責任。運送人或船舶所有人為免除前項
責任之主張，應負舉證之責。

第六十三條　運送人對於承運貨物之裝載、卸載、搬移、堆存、保
管、運送及看守，應為必要之注意及處置。

第六十四條　運送人知悉貨物為違禁物或不實申報物者，應拒絕載
運。其貨物之性質足以毀損船舶或危害船舶上人員健
康者亦同。但為航運或商業習慣所許者，不在此限。
運送人知悉貨物之性質具易燃性、易爆性或危險性並
同意裝運後，若此貨物對於船舶或貨載有危險之虞
時，運送人得隨時將其起岸、毀棄或使之無害，運送
人除由於共同海損者外，不負賠償責任。

第六十五條　運送人或船長發見未經報明之貨物，得在裝載港將其
起岸，或使支付同一航程同種貨物應付最高額之運
費，如有損害並得請求賠償。
前項貨物在航行中發見時，如係違禁物或其性質足以
發生損害者，船長得投棄之。

第六十六條　船舶發航後，因不可抗力不能到達目的港而將原裝貨
　　　　　　物運回時，縱其船舶約定為去航及歸航之運送，託運
　　　　　　人僅負擔去航運費。

第六十七條　船舶在航行中，因海上事故而須修繕時，如託運人於
　　　　　　到達目地港前提取貨物者，應付全部運費。

第六十八條　船舶在航行中遭難或不能航行，而貨物仍由船長設法
　　　　　　運到目地港時，如其運費較低於約定之運費者，託運
　　　　　　人減支兩運費差額之半數。
　　　　　　如新運費等於約定之運費，託運人不負擔任何費用，
　　　　　　如新運費較高於約定之運費，其增高額由託運人負擔
　　　　　　之。

第六十九條　因下列事由所發生之毀損或滅失，運送人或船舶所有
　　　　　　人不負賠償責任：
　　　　　　一、船長、海員、引水人或運送人之受僱人，於航行
　　　　　　　　或管理船舶之行為而有過失。
　　　　　　二、海上或航路上之危險、災難或意外事故。
　　　　　　三、非由於運送人本人之故意或過失所生之火災。
　　　　　　四、天災。
　　　　　　五、戰爭行為。
　　　　　　六、暴動。
　　　　　　七、公共敵人之行為。
　　　　　　八、有權力者之拘捕、限制或依司法程序之扣押。
　　　　　　九、檢疫限制。
　　　　　　十、罷工或其他勞動事故。

十一、救助或意圖救助海上人命或財產。

十二、包裝不固。

十三、標誌不足或不符。

十四、因貨物之固有瑕疵、品質或特性所致之耗損或其他毀損滅失。

十五、貨物所有人、託運人或其代理人、代表人之行為或不行為。

十六、船舶雖經注意仍不能發現之隱有瑕疵。

十七、其他非因運送人或船舶所有人本人之故意或過失及非因其代理人、受僱人之過失所致者。

第七十條　託運人於託運時故意虛報貨物之性質或價值，運送人或船舶所有人對於其貨物之毀損或滅失，不負賠償責任。

除貨物之性質及價值於裝載前，已經託運人聲明並註明於載貨證券者外，運送人或船舶所有人對於貨物之毀損滅失，其賠償責任，以每件特別提款權六六六‧六七單位或每公斤特別提款權二單位計算所得之金額，兩者較高者為限。

前項所稱件數，係指貨物託運之包裝單位。其以貨櫃墊板或其他方式併裝運送者，應以載貨證券所載其內之包裝單位為件數。但載貨證券未經載明者，以併裝單位為件數。其使用之貨櫃係由託運人提供者，貨櫃本身得作為一件計算。

由於運送人或船舶所有人之故意或重大過失所發生之毀損或滅失，運送人或船舶所有人不得主張第二項單位限制責任之利益。

第七十一條　為救助或意圖救助海上人命、財產，或因其他正當理由偏航者，不得認為違反運送契約，其因而發生毀損或滅失時，船舶所有人或運送人不負賠償責任。

第七十二條　貨物未經船長或運送人之同意而裝載者，運送人或船舶所有人，對於其貨物之毀損或滅失，不負責任。

第七十三條　運送人或船長如將貨物裝載於甲板上，致生毀損或滅失時，應負賠償責任。但經託運人之同意並載明於運送契約或航運種類或商業習慣所許者，不在此限。

第七十四條　載貨證券之發給人，對於依載貨證券所記載應為之行為，均應負責。
前項發給人，對於貨物之各連續運送人之行為，應負保證之責。但各連續運送人，僅對於自己航程中所生之毀損滅失及遲到負其責任。

第七十五條　連續運送同時涉及海上運送及其他方法之運送者，其海上運送部分適用本法之規定。
貨物毀損滅失發生時間不明者，推定其發生於海上運送階段。

第七十六條　本節有關運送人因貨物滅失、毀損或遲到對託運人或其他第三人所得主張之抗辯及責任限制之規定，對運送人之代理人或受僱人亦得主張之。但經證明貨物之滅失、毀損或遲到，係因代理人或受僱人故意或重大過失所致者，不在此限。

　　　　　　前項之規定，對從事商港區域內之裝卸、搬運、保
　　　　　　管、看守、儲存、理貨、穩固、墊艙者，亦適用之。

第七十七條　載貨證券所載之裝載港或卸貨港為中華民國港口者，
　　　　　　其載貨證券所生之法律關係依涉外民事法律適用法所
　　　　　　定應適用法律。但依本法中華民國受貨人或託運人保
　　　　　　護較優者，應適用本法之規定。

第七十八條　裝貨港或卸貨港為中華民國港口者之載貨證券所生之
　　　　　　爭議，得由我國裝貨港或卸貨港或其他依法有管轄權
　　　　　　之法院管轄。
　　　　　　前項載貨證券訂有仲裁條款者經契約當事人同意後，
　　　　　　得於我國進行仲裁，不受載貨證券內仲裁地或仲裁規
　　　　　　則記載之拘束。
　　　　　　前項規定視為當事人仲裁契約之一部。但當事人於爭
　　　　　　議發生後另有書面合意者，不在此限。

第二節　旅客運送

第七十九條　旅客之運送，除本節規定外，準用本章第一節之規
　　　　　　定。

第 八 十 條　對於旅客供膳者，其膳費應包括於票價之內。

第八十一條　旅客於實施意外保險之特定航線及地區，均應投保意
　　　　　　外險，保險金額載入客票，視同契約，其保險費包括
　　　　　　於票價內，並以保險金額為損害賠償之最高額。

前項特定航線地區及保險金額。由交通部定之。

第八十二條 旅客除前條保險外,自行另加保意外險者,其損害賠償依其約定。但應以書面為之。

第八十三條 運送人或船長應依船票所載,運送旅客至目的港。

運送人或船長違反前項規定時,旅客得解除契約,如有損害,並得請求賠償。

第八十四條 旅客於發航二十四小時前,得給付票價十分之二,解除契約;其於發航前因死亡、疾病或其他基於本身不得已之事由,不能或拒絕乘船者,運送人得請求票價十分之一。

第八十五條 旅客在船舶發航或航程中不依時登船,或船長依職權實行緊急處分迫令其離船者,仍應給付全部票價。

第八十六條 船舶不於預定之日發航者,旅客得解除契約。

第八十七條 旅客在航程中自願上陸時,仍負擔全部票價,其因疾病上陸或死亡時,僅按其已運送之航程負擔票價。

第八十八條 船舶因不可抗力不能繼續航行時,運送人或船長應設法將旅客運送至目的港。

第八十九條 旅客之目的港如發生天災、戰亂、瘟疫,或其他特殊事故致船舶不能進港卸客者,運送人或船長得依旅客

之意願，將其送至最近之港口或送返乘船港。

第 九 十 條　運送人或船長在航行中為船舶修繕時，應以同等級船
舶完成其航程，旅客在候船期間並應無償供給膳宿。

第九十一條　旅客在船舶抵達目的港後，應依船長之指示即行離
船。

第三節　船舶拖帶

第九十二條　拖船與被拖船如不屬於同一所有人時，其損害賠償之
責任，應由拖船所有人負擔。但契約另有訂定者，不
在此限。

第九十三條　共同或連接之拖船，因航行所生之損害，對被害人負
連帶責任。但他拖船對於加害之拖船有求償權。

第四章　船舶碰撞

第九十四條　船舶之碰撞，不論發生於何地，皆依本章之規定處理
之。

第九十五條　碰撞係因不可抗力而發生者，被害人不得請求損害賠
償。

第九十六條　碰撞係因於一船舶之過失所致者，由該船舶負損害賠
償責任。

第九十七條　碰撞之各船舶有共同過失時，各依其過失程度之比例
　　　　　　負其責任，不能判定其過失之輕重時，各方平均負其
　　　　　　責任。
　　　　　　有過失之各船舶，對於因死亡或傷害所生之損害，應
　　　　　　負連帶責任。

第九十八條　前二條責任，不因碰撞係由引水人之過失所致而免
　　　　　　除。

第九十九條　因碰撞所生之請求權，自碰撞日起算，經過兩年不行
　　　　　　使而消滅。

第一百條　　船舶在中華民國領海內水港口河道內碰撞者，法院對
　　　　　　於加害之船舶，得扣押之。
　　　　　　碰撞不在中華民國領海內水港口河道內，而被害者為
　　　　　　中華民國船舶或國民，法院於加害之船舶進入中華民
　　　　　　國領海後，得扣押之。
　　　　　　前兩項被扣押船舶得提供擔保，請求放行。
　　　　　　前項擔保，得由適當之銀行或保險人出具書面保證代
　　　　　　之。

第一百零一條　關於碰撞之訴訟，得向下列法院起訴：
　　　　　　一、被告之住所或營業所所在地之法院。
　　　　　　二、碰撞發生地之法院。
　　　　　　三、被告船舶籍港之法院。
　　　　　　四、船舶扣押地之法院。
　　　　　　五、當事人合意地之法院。

第五章　海難救助

第一百零二條　船長於不甚危害其船舶、海員、旅客之範圍內,對於淹沒或其他危難之人應盡力救助。

第一百零三條　對於船舶或船舶上財物施以救助而有效果者,得按其效果請求相當之報酬。

　　　　　　　　施救人所施救之船舶或船舶上貨物,有損害環境之虞者,施救人得向船舶所有人請求與實際支出費用同額之報酬;其救助行為對於船舶或船舶上貨物所造成環境之損害已有效防止或減輕者,得向船舶所有人請求與實際支出費用同額或不超過其費用一倍之報酬。

　　　　　　　　施救人同時有前二項報酬請求權者,前項報酬應自第一項可得請求之報酬中扣除之。

　　　　　　　　施救人之報酬請求權,自救助完成日起二年間不行使而消滅。

第一百零四條　屬於同一所有人之船舶救助,仍得請求報酬。

　　　　　　　　拖船對於被拖船施以救助者,得請求報酬。但以非為履行該拖船契約者為限。

第一百零五條　救助報酬由當事人協議定之,協議不成時,得提付仲裁或請求法院裁判之。

第一百零六條　前條規定,於施救人與船舶間,及施救人間之分配

報酬之比例，準用之。

第一百零七條 於實行施救中救人者，對於船舶及財物救助報酬金，有參加分配之權。

第一百零八條 經以正當理由拒絕施救，而仍強為施救者，不得請求報酬。

第一百零九條 船舶碰撞後，各碰撞船舶之船長於不甚危害其船舶、海員或旅客之範圍內，對於他船船舶船長、海員及旅客、應盡力救助。

各該船長，除有不可抗力之情形外，在未確知繼續救助為無益前，應停留於發生災難之處所。

各該船長，應於可能範圍內，將其船舶名稱及船籍港並開來及開往之處所，通知於他船舶。

第六章　共同海損

第 一百十 條 稱共同海損者，謂在船舶航程期間，為求共同危險中全體財產之安全所為故意及合理處分，而直接造成之犧牲及發生之費用。

第一百十一條 共同海損以各被保存財產價值與共同海損總額之比例，由各利害關係人分擔之。因共同海損行為所犧牲而獲共同海損補償之財產，亦應參與分擔。

第一百十二條 前條各被保存財產之分擔價值，應以航程終止地或

放棄共同航程時地財產之實際淨值為準，依下列規定計算之：

一、船舶以到達時地之價格為準。如船舶於航程中已修復者，應扣除在該航程中共同海損之犧牲額及其他非共同海損之損害額。但不得低於其實際所餘殘值。

二、貨物以送交最後受貨人之商業發票所載價格為準，如無商業發票者，以裝船時地之價值為準，並均包括應支付之運費及保險費在內。

三、運費以到付運費之應收額，扣除非共同海損費用為準。

前項各類之實際淨值，均應另加計共同海損之補償額。

第一百十三條　共同海損犧牲之補償額，應以各財產於航程終止時地或放棄共同航程時地之實際淨值為準，依下列規定計算之：

一、船舶以實際必要之合理修繕或設備材料之更換費用為準。未經修繕或更換者，以該損失所造成之合理貶值。但不能超過估計之修繕或更換費用。

二、貨物以送交最後受貨人商業發票價格計算所受之損害為準，如無商業發票者，以裝船時地之價值為準，並均包括應支付之運費及保險費在內。受損貨物如被出售者，以出售淨值與前述所訂商業發票或裝船時地貨物淨值之差額為準。

三、運費以貨載之毀損或滅失致減少或全無者為準。但運送人因此減省之費用，應扣除之。

第一百十四條 下列費用為共同海損費用：

一、為保存共同危險中全體財產所生之港埠、貨物處理、船員工及船舶維護所必需之燃、物料費用。

二、船舶發生共同海損後，為繼續共同航程所需之額外費用。

三、為共同海損所墊付現金百分之二之報酬。

四、自共同海損發生之日起至共同海損實際收付日止，應行收付金額所生之利息。

為替代前項第一款、第二款共同海損費用所生之其他費用，視為共同海損之費用。但替代費用不得超原共同海損費用。

第一百十五條 共同海損因利害關係人之過失所致者，各關係人仍應分擔之。但不影響其他關係人對過失之負責人之賠償請求權。

第一百十六條 未依航運習慣裝載之貨物經投棄者，不認為共同海損犧牲。但經撈救者，仍應分擔共同海損。

第一百十七條 無載貨證券亦無船長收據之貨物，或未記載於目錄之設備屬具，經犧牲者，不認為共同海損。但經撈救者，仍應分擔共同海損。

第一百十八條　貨幣、有價證券或其他貴重物品者，經犧牲者，除已報明船長者外，不認為共同海損犧牲。但經撈救者，仍應分擔共同海損。

第一百十九條　貨物之性質，於託運時故意為不實之聲明，經犧牲者，不認為共同海損。但經保存者，應按其實在價值分擔之。

貨物之價值，於託運時為不實之聲明，使聲明價值與實在價值不同者，其共同海損犧牲之補償額以金額低者為準，分擔價值以金額高者為準。

第一百二十條　船上所備糧食、武器、船員之衣物、薪津、郵件及無載貨證券之旅客行李、私人物品皆不分擔共同海損。

前項物品如被犧牲，其損失應由各關係人分擔之。

第一百二十一條　共同海損之計算，由全體關係人協議定之。協議不成時，得提付仲裁或請求法院裁判之。

第一百二十二條　運送人或船長對於未清償分擔額之貨物所有人，得留置其貨物。但提供擔保者，不在此限。

第一百二十三條　利害關係人於受分擔額後，復得其船舶或貨物之全部或一部者，應將其所受之分擔額返還於關係人。但得將其所受損害及復得之費用扣除之。

第一百二十四條　應負分擔義務之人，得委棄其存留物而免分擔海

損之事。

第一百二十五條 因共同海損所生之債權，自計算確定之日起，經
過一年不行使而消滅。

第七章　海上保險

第一百二十六條 關於海上保險，本章無規定者，適用保險法之規
定。

第一百二十七條 凡與海上航行有關而可能發生危險之財產權益，
皆得為海上保險之標的。
海上保險契約，得約定延展加保至陸上、內河、
湖泊或內陸水道之危險。

第一百二十八條 保險期間除契約另有訂定外，關於船舶及其設備
屬具，自船舶起錨或解纜之時，以迄目的港投錨
或繫纜之時，為其期間；關於貨物，自貨物離岸
之時，以迄目的港起岸之時，為其期間。

第一百二十九條 保險人對於保險標的物，除契約另有規定外，因
海上一切事變及災害所生之毀損滅失及費用，負
賠償責任。

第 一百三十 條 保險事故發生時，要保人或被保險人應採取必要
行為，以避免或減輕保險標的之損失，保險人對
於要保人或被保險人未履行此項義務而擴大之損

失，不負賠償責任。

保險人對於要保人或被保險人，為履行前項義務所生之費用，負償還之責，其償還數額與賠償金額合計雖超過保險標的價值，仍應償還之。

保險人對於前項費用之償還，以保險金額為限。但保險金額不及保險標的物之價值時，則以保險金額對於保險標的之價值比例定之。

第一百三十一條　因要保人或被保險人或其代理人之故意或重大過失所致之損失，保險人不負賠償責任。

第一百三十二條　未確定裝運船舶之貨物保險，要保人或被保險人於知其已裝載於船舶時，應將該船舶之名稱、裝船日期、所裝貨物及其價值，立即通知於保險人。不為通知者，保險人對未為通知所生之損害，不負賠償責任。

第一百三十三條　要保人或被保險人於保險人破產時，得終止契約。

第一百三十四條　船舶之保險人以保險人責任開始之船舶價格及保險費，為保險價額。

第一百三十五條　貨物之保險以裝載時、地之貨物價格、裝載費、稅捐、應付之運費及保險費，為保險價額。

第一百三十六條　貨物到達時應有之佣金、費用或其他利得之保險

以保險時之實際金額，為保險價額。

第一百三十七條　運費之保險，僅得以運送人如未經交付貨物即不
得收取之運費為之，並以被保險人應收取之運費
及保險費為保險價額。
前項保險，得包括船舶之租金及依運送契約可得
之收益。

第一百三十八條　貨物損害之計算，依其在到達港於完好狀態下所
應有之價值，與其受損狀態之價值比較定之。

第一百三十九條　船舶部分損害之計算，以其合理修復費用為準。
但每次事故應以保險金額為限。
部分損害未修復之補償額，以船舶因受損所減少
之市價為限。但不得超過所估計之合理修復費
用。
保險期間內，船舶部分損害未修復前，即遭遇全
損者，不得再行請求前項部分損害未修復之補償
額。

第　一百四十　條　運費部分損害之計算，以所損運費與總運費之比
例就保險金額定之。

第一百四十一條　受損害貨物之變賣，除由於不可抗力或船長依法
處理者外，應得保險人之同意。並以變賣淨額與
保險價額之差額為損害額，但因變賣後所減省之
一切費用，應扣除之。

第一百四十二條　海上保險之委付，指被保險人於發生第一百四十三條至第一百四十五條委付原因後，移轉保險標的物之一切權利於保險人，而請求支付該保險標的物全部保險金額之行為。

第一百四十三條　被保險船舶有下列各款情形之一時，得委付之：
一、船舶被捕獲時。
二、船舶不能為修繕或修繕費用超過保險價額時。
三、船舶行蹤不明已逾二個月時。
四、船舶被扣押已逾二個月仍未放行時。
前項第四款所稱扣押不包含債權人聲請法院所為之查封、假扣押及假處分。

第一百四十四條　被保險貨物有下列各款情形之一時，得委付之：
一、船舶因遭難，或其他事變不能航行已逾二個月而貨物尚未交付於受貨人、要保人或被保險人時。
二、裝運貨物之船舶，行蹤不明，已逾二個月時。
三、貨物因應由保險人負保險責任之損害，其回復原狀及繼續或轉運至目的地費用總額合併超過到達目的地價值時。

第一百四十五條　運費之委付，得於船舶或貨物之委付時為之。

第一百四十六條　委付應就保險標的物之全部為之。但保險單上僅

有其中一種標的物發生委付原因時，得就該一種
標的物為委付請求其保險金額。

委付不得附有條件。

第一百四十七條　委付經承諾或經判決為有效後自發生委付原因之
日起，保險標的物即視為保險人所有。

委付未經承諾前，被保險人對於保險標的物之一
切權利不受影響。保險人或被保險人對於保險標
的物採取救助、保護或回復之各項措施，不視為
已承諾或拋棄委付。

第一百四十八條　委付之通知一經保險人明示承諾，當事人均不得
撤銷。

第一百四十九條　要保人或被保險人，於知悉保險之危險發生後，
應即通知保險人。

第　一百五十　條　保險人應於收到要保人或被保險人證明文件後三
十日內給付保險金額。

保險人對於前項證明文件如有疑義，而要保人或
被保險人提供擔保時，仍應將保險金額全部給
付。

前項情形，保險人之金額返還請求權，自給付後
經過一年不行使而消滅。

第一百五十一條　要保人或被保險人，自接到貨物之日起，一個月
內不將貨物所受損害通知保險人或其代理人時，

視為無損害。

第一百五十二條　委付之權利，於知悉委付原因發生後，自得為委之日起，經過二個月不行使而消滅。

第八章　附則

第一百五十三條　本法自公布日施行。

附錄九
日本國際海上貨物運送法

（昭和 32，六‧一三）

法一七二

施行：昭和二三‧一‧一（昭和三二外告一五八）

第 一 條　【適用範圍】

本法適用於裝載港或卸載港在國外之船舶貨物運送。

第 二 條　【定義】

①本法所謂「船舶」係指商法（明治三十二年法律第四十八號）第六矮百八十四條第一項規定之船舶而言，但同條第二項之「舟」除外。

②本法所謂「運送人」係指從事前條運送之船舶所有人、船舶承租人及傭船人而言。

③本法所謂「托運人」係指委託前條運送之傭船人及托運人而言。

第 三 條　【關於貨物之注意義務】

①運送人對於自己或其使用人就貨物之接受、裝載、推存、運送、保管、卸載及交貨因怠於注意所生貨物之滅失，損傷或遲到，應負損害賠償責任。

②前項規定，不適用於船長、海員、引水人及其運送人之使用人因關於航行或處理船舶之行為或船舶火災

（基於運送人之故意或過失所發生者除外）所發生之損害。

第 四 條

①運送人非證明已盡前條之注意，不得免除同條之責任。

②運送人證明下列事實及貨物之損害係因其事實而通常能發生時，得不受前項規定之拘束，免除條責任。但經證明如盡同條注意即能避免其損害，而並未盡其注意時不在此限：

一、海上或其他可航水域特有之危險

二、天災

三、戰爭、暴動或內亂

四、海?行為，其他類似行為

五、裁判上之查封，檢疫上之限制，其他依公權力之處分

六、托運人或貨物所有人或其使用人之行為

七、同盟罷工、怠業、工作處所之封鎖，其他爭議行為

八、在海上救助人命或財產之行為，或因此所引起之變更預定航線或基於其他正當理由之變更預定航線

九、貨物之特殊性質或不外露之瑕疵

十、貨物包裝或標誌表示之不完全

十一、起重機，其他類似設備之勿外露之缺陷

③前項規定不妨第九條規定之適用。

第 五 條　【關於有安全航行能力之注意義務】

①運送人對於自己或其使用人在發航時就下列事項因怠於注意所生貨物之滅失、損傷或遲到，應負損害賠償之責任：

一、使船舶有安全航行之能力

二、配置相當船員、設備、及補給需要品

三、使貨艙、冷藏室及其他供載運貨物部分適合於受載、運送與保存

②運送人非證明已盡前項之注意者，不得免除同項之責任。

第 六 條　【載貨證券之交付義務】

①運送人、船長或運送人之代理人因託運人之請求，於貨物裝載後應即發給一份或數份記載已裝載之旨之載貨證券（以下稱為「載載貨證券」）。在貨物受取後裝載前，因託運人之請求應交付記載已受取之旨之證券（以下稱為「受載載貨證券」）一份或數份。

②受取載貨證券經發給時，非以全部受取載貨證券交換，不得請求發給裝載載貨證券。

第 七 條　【載貨證券之作成】

①載貨證券應記載下列事項（受取載貨證券時第七款及第八款除外）並由運送人、船長或運送人之代理人簽名或記名蓋章：

一、貨物之種類

二、貨物之體積或重量或包裝或個數及貨物之標誌

三、由外部所識別之貨物狀態

四、託運人之姓名或商號

五、受貨人之姓名或商號

六、運送人之姓名或商號

七、船舶之名稱及國籍

八、裝載港及裝載之年月日

九、卸載港

十、運費

十一、作成數份載貨證券時其份數

十二、作成地及作成年月日

②與受取載貨證券交換，請求發給裝載載貨證券時，得在其受取載貨證券上記載完成裝載之文義，並簽名或蓋章，以代裝載載貨證券。此時，應記載前項第七款第八款之事項。

第 八 條　【託運人之通知】

①前條第一項第一款及第二款所列事項，如託運人以書面通知時，應依其通知記載之。

②前項之規定，於有充分裡理由相信同項通知非正確者及無適當方法確認同項通知為正確者，不適用之。關於貨物之標誌，其表示非保留至貨物或其容器或包裝於航海終了時尚能判明者亦同。

③託運人對於運送人應擔保第一項之通知為正確。

第 九 條　【載貨證券之不實記載】

載貨證券之記載與事實不符時，運送人對於其記載非證明已盡注意者，不得以其記載與事實不符對抗載貨證券之善意持有人。

第 十 條　【準用規定】

商法第五百七十三條至第五百七十五條、第五百八十四條及第七百七十五條之規定準用於本法載貨證券。

第十一條　【危險品之處分】

　　①有引火性、爆炸性或其他危險性之貨物於裝載時，運送人、船長及運送人之代理人不知其性質者，得隨時卸載，破壞或使之成為無害。

　　②前項規定不妨運送人對於託運人之損害賠償之請求。

　　③引火性、爆炸性或其他危險性貨物，於裝載時運送人、船長及運送人之代理人知其性質者，危害船舶或裝載貨物之虞發生時，得卸載，破壞或使之成為無害。

　　④運送人對於因第一項或前項之處分致使該貨物發生損害時，不負賠償責任。

第十二條　【受貨人等之通知義務】

　　①貨物之一部滅失或毀損時，受貨人或載貨證券持有人於受貨時應就其滅失或毀損概況以書面通知運送人，但該滅失或毀損如不能即刻發現時，於受貨之日起三天內發出其通知為足。②無前項之通知時，推定貨物係無滅失、損害已交付。

　　③前二項之規定於貨物之狀態在交付時經當事人會同確認者不適用之。

　　④對於貨物有有滅失或毀損之疑問時，運送人與受貨或載貨證券持有人就檢點貨物應相互予以必要之便利。

第十三條　【責任限度】

①運送人對於運送貨物之責任，每一包或每一單位以十
萬元（日幣）為限。

②前項規定，於貨物種類及價格在委託運送時，由託運
人通知且交付載貨證券時並記載於貨卷證載者不適用
之。

③前項情形於託運人故意通知顯著超過實價之價額時，
運送人對於貨物之損害不負賠償責任。

④第二項情形，託運人故意通知顯著低於實價之價額
時，就貨物有關之損害，以其通知之價額視為貨物之
價額。

⑤前二項規定於運送人有惡意時，不適用之。

第十四條　【責任之消滅】

運送人就有關貨物之責任，自貨物交付之責任（全部滅
失者，自應交付之日）起一年以內未受裁判上之請求
時，歸於消滅。但運送人有惡意時不在此限。

第十五條　【特約禁止】

①違反第三條至第五條、第八條、第九條或第十二條至
前條規定之特約而對於託運人、受貨人或載貨證券持
有人不利益者無效。將因貨物之保險契約所生之權利
讓與運送人之契約及其他類似之契約亦同。

②前項規定不妨為不利於運送人之特約。於此情形，託
運人得請求其特約記載於載貨證券。③第一項規定不
適用於因貨物裝載前或卸載後之事實所生之損害。

④就前項損害訂有第一項之特約，其特約未記載於載貨

證券者，運送人不得以該特約對抗載貨證券持有人。

第十六條　【禁止特約之特例】

前條第一項之規定於以船舶之全部或一部為運送契約之標的者，不適用之。但運送人與載貨證券持有人間之關係，不在此限。

第十七條　前條規定，於因貨物之特殊性質或狀態或運送之特殊事情而認為免除運送人有關貨物之責任或予減清為相當者準用之。

第十八條

①第十五條第一項之規定於生物、動物之運送及裝載於甲板貨物之運送不適用之。

②就前項之運送訂定第十五條第一項之特約時，其特約未載於載貨證券者，運送人不得以對抗其持有人。裝載於甲板貨物之運送，在載貨證券無此記載時亦同。

第十九條　【船舶先取特權】

①以船舶之全部或一部為運送契約之目的，而傭船人再與第三者訂定運送契約時，對於因屬於船長職務範圍內所生貨物之損害有請求賠償權者，就其債權於船舶及附屬物上有先取特權。

②前項先取特權與商法第八百四十二條之先取特權競合時，同項先取特權之優先權順位與該條第九款之先取特權同一順位。

③商法第八百四十四條第二項及第三項、第八百四十五

條、第八百四十六條、第八百四十七條第一項及第八
百四十九條之規定於第一項之先取特權準用之。

第二十條 【商法之適用等】

①第一條之運送,除商法第七百三十八條、第七百三十
九條、第七百五十九條及第七百六十六條至第七百七
十六條之規定外,適用同法之規定。

②商法第五百七十六條及第五百七十八條至第五百八十
三條之規定,於第一條之運送準用之。

第二十一條 【郵件之運送】

本法律不適用於郵件之運送。

附則

①本法律,自一九二四年八月二十五日在北京布魯塞爾簽定
關切載貨證券統一規則之國際條約對日本國發生效力之日
(昭和三十三年一月一日)起施行。

②本法律,對本法律施行前所訂運送之契約不適用之。

③關於本法律之適用,以政令所定本國之地域,暫時視為在
本國外。

附錄十
德國商法第四編海商法譯文

第一章　總　則

第四七四條，第四七五條（刪）。

第四七六條　（航海中之利益及損失）船舶或其一部分在航海中轉讓時，關於讓與人與受讓人間之關，係除別有約定外，航海中之利益歸屬於受讓人，航海中之損失，亦由受讓人負擔之。

第四七七條　（讓與人對於第三人之義務）船舶或其一部分之轉讓，不變更讓與人對於第三人之對人義務。

第四七八條　（屬具）所有附置於船上之物，視為船舶之屬具。記載於船舶屬具目錄之物而有疑義時，推定為船舶之屬具。

第四七九條　（修繕不能，修繕無價值）見本法第四編。
　　　一、對於船舶修繕如全部不能時，或船舶現在地不能修繕，而可能修繕之港口，不能使其到達時，該船舶視為無適合於修繕之能力。
　　　二、修繕費用，如新舊不相抵換，超出修繕前價額四分之三時，視為無修繕價值，其船舶推定為無適

航能力。在航海中發生性能不適航時，在發航當時之價額；或原係不堪航行船舶，在其航行前之價額；或經必要艤裝者，其艤裝後之價額，均視為修繕前之價額。

第四八〇條 （船籍港）船舶從事航海業務所依賴之港，視為船籍港。

船舶在船籍港內停泊時，有關本法之規定，各州對於船籍港得依其管轄地區之全部或一部，制定施行規則。

第四八一條 （船員）稱船員者謂船長，船舶職員，船舶屬員，及所有船舶上之其他組成員。

第四八二條 （對於發航準備完成之船舶，禁止強制拍賣）依強制執行而為之強制拍賣，不得施於出航準備業已完成之船舶。亦不得實施假扣押。

為使航行而負之債務，對該債務施行強制執行或假扣押時，不適用前項之規定。

第四八三條 （歐洲港）本法第四編所稱歐洲港，與歐洲以外港口加以區別時，地中海黑海及亞述海之港口，均視為歐洲港。

第二章　船舶所有人及船舶共有體

第四八四條 （船舶所有人）稱船舶所有人者，謂供自己航海營業所用之船舶，享有其所有權之人。

第四八五條　（對於船員之過失責任）船員或引水人在船內執行職
務之際，因過失致第三人受有損害時，船舶所有人負
賠償之責。但船舶所有人如為海上運送人，對於載貨
之利害關係人，除因船員過失負有限度之責任外，仍
負其他責任。

第四八六條　（船舶所有人之限制責任）船舶所有人對於下列第三
者之請求權，不負對人責任，僅就本次船舶及運費負
其責任：
一、船長基於法定權限因法律行為所生之請求權。但
基於船舶所有人之特別委任者，不在此限。
二、因履行船舶所有人所締結之契約，屬於船長職務
範圍內者，凡因契約不履行，不完全履行，或履
行有瑕疵所生之請求權。且其不履行，不完全履
行，或履行有瑕疵，亦不問是否由船員之過失。
三、因船員或引水人在船內執行業務上之過失所生之
請求權。
前項第一款第二款之規定，如船舶所有人自己履行契
約不問有無過失，或履行契約有特別擔保者，不適用
之。

第四八七條　（船舶所有人之無限責任）對於船員基於僱傭契約及
雇入契約所生之債權，船舶所有人之責任，不僅以船
舶及運費為限，應負對人責任。

第四八八條　（船籍港之裁判籍）船舶所有人以所有人身分不問負
有對人責任或其責任範圍是否僅以船舶及運費為限，

對於船舶所有人之一切請求，得向船籍港之管轄法院提起訴訟。

第四八九條 （船舶共有體之概念）船舶屬於二人以上所共有者，於使用於航海上在共同計算營利時，視為成立船舶共有體。

船舶屬於公司之場合，不適用關於船舶共有體之規定。

第四九〇條 （船舶共有人間之法律關係）船舶共有人相互間之法律關，係依其事先所締結之契約定之。除有合意規定外，適用下列各條之規定。

第四九一條 （決議）船舶共有體之業務，依船舶共有人之決議定之。決議以議決權之多數定之。議決權之多寡，以船舶共有人在總額中之持有部份計算之。在二人以上之決議，行使自己議決權時，各個持有部分之合計超出總額二分之一者，對於決議視為多數。

以變更船舶共有契約為目的，或違反船舶共有契約之規定，或船舶共有體目的以外之決議，均須船舶共有人全體之同意。

第四九二條 （船舶管理人）為船舶共有體之經營，經船舶共有人過半數之決議，得選任共有人中之一人為船舶管理人。（船舶指圖人，船舶配置人）如選任船舶共有人以外之人為船舶管理人，應經共有人全體之同意。

船舶管理人之何時解任，以過半數之決議行之。但不

妨礙其依契約上報酬所為之請求。

第四九三條　（船舶管理人之代理權）基於選任之船舶管理人，在對於第三人之關，係凡於執行船舶共有體通常業務時所為之一切法律行為及法律的行為，均屬其應有之權限。

前項權限指船舶之艤裝、保存、及運送行為，暨運送費、艤裝費用、與海損費用之保險，以及關於執行通常業務上之金錢受領。

船舶管理人對於船舶共有體訴訟上之所有事項，有代理之權。

船舶管理人有選任解任船長之權限。船長應服從船舶管理人之指揮。因之船舶共有人之單獨指揮，可不予服從。

除以船舶共有體或船舶共有人名義所負之證券債務，或借貸債務，船舶或其持有部分之出賣與擔保，以及船舶或其持有部分之保險，船舶管理人須有特別授權外，其餘均視為船舶管理人之應有權限。

第四九四條　（船舶共有體之義務）船舶管理人在其權限內所為之法律行為，船舶共有人之名稱雖屬未經表示，船舶共有體對第三人取得權利，並負擔義務。

船舶共有體依船舶管理人所為之法律行為而負擔義務時，船舶共有人所負之責任，與自己所為法律行為同一限度。

第四九五條　（代理權之限制）第四九三條關於船舶管理人權限限

制之規定，以第三人於成立法律行為時所明知者為限，船舶共有體得對抗該第三人。

第四九六條 （業務執行權限之範圍）船舶管理人對於船舶共有體所規定之權限範圍，負有遵守之義務。

船舶管理人應服從船舶共有體所為之決議並實行之。除前項外，新的航海及計劃，非屬普通程度之修繕，以及船長之選任解任，事前須先保留請求船舶共有體之決議，船舶管理人對於船舶共有體之關係，在解釋上應依第四九三條規定之權限。

第四九七條 （注意義務）船舶管理人執行船舶共有體之業務，負有船舶所有人通常應行注意事項之義務。

第四九八條 （記帳之義務）船舶管理人關於自己執行船舶共有體之業務，應以特別帳簿記載之，並應保存其相關之證據書類。船舶管理人基於各共有人之請求，對於船舶共有體，尤其關於船舶航海艤裝及其他一切狀況，應提出報告。船舶管理人並應依各共有人之請求，將有關船舶共有體之帳簿、書類、及證書交其閱覽。

第四九九條 （計算書提出）船舶管理人其於船舶共有體之決議，無論何時，負有提出計算書之義務。計算書或對其業務管理經多數共有人承認者，不得謂為妨礙少數共有人行使其本身權利。

第五〇〇條 （共有人之分擔）各船舶共有人對於船舶共有體之費

用，尤其關於船舶之艤裝費用，及修繕費用，應依其持有部分比例分擔之。船舶共有人延遲給付自己之分擔額時，如其他共有人為遲延共有人墊付金錢時，延遲共有人對墊款人應負支付利息之義務。如為船舶持有部分被保險利益發生而代共有人墊款時，延遲共有人應賠償其保險費用。

第五〇一條　（船舶持有部分之委付）開始新航海，或航海終了後，船舶之修繕，或船舶共有體對債權人僅就船舶與運費負責部份之償，還而有所決議時，各船舶共有人如不同意上項決議，將自己持有部分，不請求對價而委付者，對於實行決議之必要給付，免其責任。

船舶共有人欲行使其權利時，應自決議之日起三日內通知其他共有人與船舶管理人。若對本決議未經出席，亦無代理人出席者，於通知決議後三日內，履行裁判所或公證人之手續，並須宣告其旨意。

船舶持有部分經委付後，按船舶總噸比例歸屬於其他船舶共有人。

第五〇二條　（利益及損失之分配）利益及損失之分配，依船舶持有部分之價額行之。

利益與損失之計算，以及遇有支付利益之場合，於每次船舶返回船籍港後，或於航海終了到達其他港口，而船員已終止雇用後行之。

此外於前項時期以前，所收入之金錢，以備作日後之支出，或各船舶共有人對船舶共有體除無須扣除擔保者外之請求權，各船舶共有人得依其持有部分之價額

暫行比例分配，並支付之。

第五〇三條　（船舶持有部分之讓與）各船舶共有人雖無其他共有
人之同意，得於任何時日讓與其持有部分之一部或全
部。其讓與應登記於船舶登記簿。

如因船舶持有部分之讓與，而喪失德意志國旗揭揚權
時，須得其他共有人全體之同意，方得為之。關於船
舶持有部分擔保，適用權利擔保之規定。

第五〇四條　（讓與人與受讓人之責任）船舶共有人讓與自己之持
有部分時，在讓與人及受讓人未經通知其他共有人或
船舶管理人以前，讓與人對於其他共有人之關係，仍
應視為船舶共有人，因之在通知前所發生之一切義
務，對其他共有人負其責任。

但取得船舶持有部分之受讓人，對於其他共有人之
關，係自取得讓與之日起，即時負有船舶共有人應盡
之義務。

取得船舶部分之受讓人，對於船舶共有契約條款中之
經已決議事項及其經已執行之業務，必須作與讓與人
相同之承認。

其他共有人對於讓與人所發生之船舶共有的一切義
務，得與受讓人持有部分互為沖鎖，但不妨礙受讓人
對讓與人關於瑕疵擔保權利之行使。

第五〇五條　（共有體組織人之變更——死亡、破產）船舶共有人
之變更，不影響船舶共有體之繼續。船舶共有人之死
亡或開始辦理破產之手續，均不作為船舶共有體解散

之原因。

由於船舶共有人方面之解約告知，或船舶共有人之除名，均不予承認。

第五○六條　（依據決議之解散，船舶之讓與）船舶共有體之解放，得經多數議決之決議定之。船舶之讓與，與解散之決議同。

船舶共有體經決議解散或讓與時，該船舶須經公開方式標售之，並應於未經締結任何航海契約，且須停泊於船籍港或內地各港時行之。但宣告（四七九條）船舶不堪修繕，或已無修繕價值時，雖經締有運送契約或在國外，仍得標售之。倘不願照此規定辦理者，須經船舶共有人之合意行之。

第五○七條　（船舶共有人對外責任）船舶共有人發生對人責任時，僅就船舶共有中持有部分額之比例，對第三者負其責任。

船舶共有中持有部分如經讓與時，在讓與與第五○四條所定通知期間之間，有關持有部分發生對人義務時，由讓與人及受讓人負其責任。

第五○八條　（船籍港之裁判籍）對具有船舶共有人資格之一切請求，不問提出者為其他共有人或第三者，均得向船籍港（四八○條）之管轄裁判所提起訴訟。

對單獨一人或數人之船舶共有人提起訴訟時，適用前項之規定。

第五〇九條　（建造船舶共有體）經共同計劃建造使用於航海之船
　　　　　　舶，對於二人或二人以上之合意，適用第四九〇條，
　　　　　　第四九一條，第五〇〇條，第五〇五條，及第五〇七
　　　　　　條一項之規定。船舶完工時，承建人交出驗收之同
　　　　　　時，除適用前項規定外，第五〇三條，第五〇四條，
　　　　　　第五〇六條及第五〇七條二項之規定亦適用之。有關
　　　　　　建造費事項適用第五〇〇條之規定。

　　　　　　船舶管理人一職，於船舶完成前得選任之。經選用後
　　　　　　於就任同時，即享有有關經營船舶共同體之權利與應
　　　　　　盡之義務。

第五一〇條　（非所有人使用船舶）由於自己計劃，為營利使用於
　　　　　　航海非屬自己所有之船舶，並由自己指揮或委由船長
　　　　　　指揮者，對於第三者之關係，視為船舶有人。船舶所
　　　　　　有人，基於船舶使用上，取得船舶債權人之請求權
　　　　　　後，不得妨礙其請求權之實行。但對船舶所有人以船
　　　　　　舶作不正當或債權人作惡意使用時，不在此限。

第三章　船　　長

第五一一條　（注意義務）船舶之指揮人（船長）執行所有職務
　　　　　　時，尤其對於履行本身契約，須負普通船長應行注意
　　　　　　之義務。其因自己之過失所生之損害，尤其本及次章
　　　　　　所定對船長違反所課義務而生之損害，由船長負其全
　　　　　　責。

第五一二條　（船長對船舶所有人、載貨利害關係人、旅客、船員

及船舶債權人之責任）船長之前項責任，不僅祇對船舶所有人負之，對於僱船人、送貨人、受貨人、旅客、船員，以及基於信用行為所生之船舶債權人，尤其對於冒險借貸債權人，其責任仍然存在。

船長基於船舶所有人之指揮而為之行為，對於前項以外人等，仍不能免其責任。

船舶所有人基於事實報告而予指揮時，該所有人負有對人義務。

第五一三條　（對適航能力等之注意）船長於開航前對於適航能力狀態所需之設備及其裝艤，船員之充實與必需品儲藏之準備，以及有關船舶船員及裝載作為證據之必要書冊於船內妥予置備等等，均須加以注意。

第五一四條　（對於裝卸之注意）船長對於裝卸裝置之適應性，及海員習慣上之適當處理，應予注意，如需裝貨人特別處理之場合亦同。

第五一五條　（外國法令之注意）船長對於適用有關外國警察租稅及關稅法令時，因未遵守各該法令所生之損害，應予賠償。

因載運戰時禁制品所生之損害，船長不論知悉與否亦負賠償之責。

第五一六條　（航海之遲延）船長對於船舶發航之準備完成後，應盡速開始發航。

船長因疾病或其他事由雖無法指揮船舶，船舶之發航

或繼續航行均不得遲延。船長並應於時間及情事許可
範圍內立即通知船舶所有人以俟其指示。在候示期間
仍應為適當措置。萬一無法辦到時，應派任人員代行
其職務。船長僅對代行人員之選任上有過失為限，負
其責任。

第五一七條 （船長親任船舶指揮）自裝載開始，迄卸貨終了，船
長非在緊急場合，不得與大副同時離船。船長於上述
場合，應先就船舶職員及其他船員中任命代行人。
前項規定，自裝載開始，迄卸貨終了，船舶停泊於不
安全之港口，或不安全之停泊地時，亦適用之。在急
迫危險之際，或在航行之中，船長應在船內。
但不得以緊急之必要，船長應在船內。

第五一八條 （對人責任）船長於危險場合，雖得於適當時，召集
船舶職員，舉行船舶會議，但其決議無拘束力，船長
仍就自己之措施，負其責任。

第五一八條 （航海日誌）各船舶應備具日誌記事。自貨物及壓艙
物開始裝入以後，所有航海重要事項均記載之。
日誌在船長監督下，由大副記載之。大副因故不能執
行職務時，由船長任命適當人員在船長監督下記載
之。

第五二〇條 日誌應依次記載左列事項：
風向及氣候狀況
船舶所取航路及其進航距離。

測得之緯度及經度

抽水機檢查船底污水之狀態。

除上列外並應記載列事項：

測深器測得之水深。

雇用引水人時引水人之到達及離去時日。

船員之異動。

船舶會議之決議。

記錄所有船舶或載貨發生之事故。

再船內發生之犯罪行為與其處罰以及出生死亡均應記載於日誌。

記載除有特別事故外，應每日為之。

船長及大副應於日誌內署名。

第五二一條　省法對於小型輪船（沿海區域及同等性質之船舶）得規定免備航海日誌。

第五二二條　（海難事故報告書）船舶或載貨遇有減失毀損，以及航海中因此所發生之其他一切損失，應於到達避難港後，由船長在所有船員或多數船員之協助下，提出海難報告書。

海難報告書應於到達目的港，如目的港有二處以上，應於船舶發生事故後首先到達之目的港立即作成之。如在避難港修繕或有卸貨行為時，應於避難港作成。未到達目的港而航海終了時，應於最先到達適當地作成之。

船長死亡不能作成海難報告書時，居於次位之船舶職員依其職權負有作成之義務。

第五二三條　（海難報告書之記載事項）海難報告書應將航海重要事故，尤其對於防止或減少損害所指示之方法，凡有關遭遇事故之完全經過，應明白記載之。

第五二四條　（對裁判所提出海難報告書）依據本法所規定之海難報告書，航海日誌、全部船員名簿，應呈送管轄裁判所。

裁判所於海難報告書提出後應儘速受理之。

對於海難報告書所決定之審問日，除別有猶豫情事外，應以適當方法公告之。

船舶及載貨之利害關係人，以及因發生事故之利害關係，其本人或代理人得對海難報名書共同到庭辯護。

海難報名書應基於航海日誌作成之。如遇不能提示航海日誌，或航海日誌內無記載時，應聲敘其理由。

第五二五條　（裁判所之審問）裁判官對於已出庭之船員或其他船員，得審問認為適當之事項。裁判所為達成案件更為明確之目的起見，得囑船長或其他所有船員對於本案之確切問題進行答辯，船長及已到庭之其他船員，應宜誓其證言並無虛偽。

對海難報名書所審問之實情，作為原本加以保存，所有認證之謄本，如經利害關係人提出要求，應即交付之。

第五二六條　（在船籍港內船長對船舶所有人代理權之限制）船舶在船籍港內，船長所為之法律行為，以任意代理權及有其他特別債務原因存在場合為限，由船舶所有人負

責。

船長在船籍港內仍有雇用海員之權限。

第五二七條　（船籍港外對船舶所有人之代理權）船舶在船籍港外時，船長基於任命得代船舶所有人為船舶之艤裝，海員之雇用，必需品之貯藏，船舶之保存行為，以及其他因航海與第三者間所發生之一切法律行為。

前項權限及於運送契約之締結，暨與船長職務有關之訴訟行為。

第五二八條　（信用行為之代理權）以保存船舶及繼續航行之必要場合為限，並為充實其需要之必要限度內，船長有舉債賒欠或其類似信用行為之權。冒險借貸僅以航海所必要並為充實其需要之必要限度者為限，船長得以契約為之。

不論實際已否使用，或多種信用行為中所選擇者是否適當，以及船長所處分之資金是否遵照指示而為之者，均不影響法律行為之效力。但有惡意之第三者時，不在此限。

第五二九條　（以船舶所有人之人的信用為內容之代理權之否定）依照船舶所有人之人的信用所為之法律行為，尤以代負船舶所有人之支票上債務責任，僅以授與任意代理權（第四八六條第一項第一款）者為限，船長有其權限。

船長以接受船舶所有人之指示，或職務上之份內事，對第三者以船舶所有人之對人責任作為理由為不充

分。

第五三〇條　（出賣船舶之權限）船舶遇有急迫情事，以經當地裁判所聽取專家意見，及如當地駐有德國領事並徵詢該領事意見，認為確有必要者為限，船長有出賣船舶之權限。

第五三一條　（法定代理權之限制）船舶所有人給予船長法定權限所加之限制，如已為第三人所明知時，船舶所有人對於船長未依限制行為，得提出抗辯。

第五三二條　（事務管理）船長未有特別委任，為船舶所有人之計算，而以自己財產墊付，或負擔債務，對船舶所有人求償時，不得視為第三人以上之求償權利。

第五三三條　（基於船長之法律行為船舶所有人之責任）船長不論已否表明船舶所有人之名稱，凡以船舶指揮人之資格，就其法定權限內所為之法律行為，船舶所有人因而得對第三人取得權利，並就船舶及運費負船舶所有人之責任。

船長不因其法律行為對第三者負擔債務。

但船長為履行擔保或愈越權限者不在此限。

本條亦不排除第五一一條及第五一二條船長之責任。

第五三四條　（對船舶所有人船長之權利義務）對於船舶所有人船長之權限範圍，依第五二六條至第五三〇條之規定。但船舶所有人限制其權限者，不在此限。

船長對於船舶狀態，有關航海事件，締結契約，提起訴訟等，均應隨時通知船舶所有人。所有重要事件，尤其如第五二八條第五三〇條所規定者，以及變更航海，中止航海，或非通常之修繕購入，如情事許可，應求得船舶所有人之指示。

非通常之修繕與購入，以有不得已之情形為限，船長得以處分船舶所有人之財產為之。

船長因需金錢支付必要費用，而舉行冒險借貸，或採取出賣次要船舶屬具與貯藏品以外之方法，猶感不敷調度時，應採對船舶所有人損害最少之方法為之。

船長於歸航船籍港後，對於已往每次之請求，應向船舶所有人提出計算書。

第五三五條　（為貨載利害關係人之管理）船長在航海中為貨載利害關係人之利益，及貨載之最善狀態，應妥為注意。

為防止或減少損害之必要措施時，船長以貨載利害關係人之代理人身分維護其利益。如情勢許可，須請求其指示，如其指示適合實情，應從其指示，否則應基於自己之判斷處置之，但應特別注意將發生之事故及所採措施，迅速通知貨載利害關係人。

船長遇以上場合，將貨載一部或全部卸載，如貨物有急迫變質，或因顯然無法防止其損害而賣卻，或為保存及繼續運送為調度資金而冒險借貸，或為扣留捕獲而抗議，或無其他方法而處理載貨時，得於裁判上或裁判外請求返還。

第五三六條　（變更航線）原定航路發生故障時，船長應依有關指

示，得採取其他航路繼續航行，調節其所需時間較短或較長於預定航線，並得返回發航港。

第五三七條 （對貨載利害關係人本身負責之信用行為，無法定代理權）船長對貨載利害關係人本身負責之法律行為，雖有第五三五條情形，僅於授有任意代理權始得為之。

第五三八條 （關於貨載之處分權限）除有第五三五條情形外，船長以在繼續航海之必要情形下，得就貨載舉行冒險貸借，或出賣貨載之一部分，或因使用而處分之。

第五三九條 （共同海損）有共同海損必要行為之原因發生，船長採取各種應付措施時，應就利害關係人負擔損害之最少方法為之。

第五四〇條 （共同海損以外場合之處分權）雖無共同海損之情形，而船長以無其他方法充必要費用，或縱有其他方法，但使船舶所有人負擔不均衡之損害時為限，船長得就貨載舉行冒險貸借，或出賣一部分，或因使用而處分之。

遇前項情形，船長得同時以貨載，船舶，及運費為限，供冒險貸借目的之用。

船長在出賣前，應選擇冒險貸借，但其結果使船舶所有人負擔不均衡之損失者不在此限。

第五四一條 （船舶所有人之拘束及賠償義務）以貨載舉行冒險貸

借，或出賣一部分，或因使用而處分，或有第五四〇條情形時，均視為船舶所有人計算所為之信用行為。船舶所有人應支付之賠償金，適用第六五八條之規定。在貨物出賣時，如其淨得價金超過第六五八條之價額時，依淨得價金賠償之。

第五四二條　第五三五條，第五三八條至第五四〇條之情形，關於船長所為法律行為之效力，適用第五二八條第二項之規定。

第五四三條　（載貨利害關係人之酬謝）船長對於傭船人，託運人，受貨人之酬謝，或運費加成，或其他報酬，或賠償，或運費以外之其他任何名義，均應作為船舶所有人之收入入帳。

第五四四條　（船長不得裝載私貨）船長未得船舶所有人之同意，不得裝載個人私貨，如有違反，船長應對船舶所有人按裝船地裝船時以及航海中該項貨物之最高運價賠償之。船舶所有人有高出該項運價之損害者，並得請求賠償。

第五四五條　（船長之解任）縱有相反之約定，船舶所有人得將船長隨時解僱。但不妨害船長損害賠償之請求。

第五四六條　（因不稱職，或違反職責時之請求權）船長因不稱職或未能完成職責之事由而解僱時，其薪給及其他約定之一切報酬，可領至解僱之日為止。

第五四七條　（因偶然事故解僱時之請求權）船長受命為特定之航
海時，如因戰爭，出入港之禁止，封鎖，輸出入之禁
止，或其他因船舶或貨載之事故不能開航或繼續航行
而解僱者，船長可受領其薪給及其他約定之一切報
酬。其未約定期間並尚未就航者，因上述事由而解
僱，與述所領受者同。

遇前項情形，船長在中途解僱者，除上述外，船長得
就送還受僱港或給付相當費用，擇一請求。船長於船
舶滅失時，對於遇難生還後因而失業之各日，得請求
相當日數薪給之津貼，但以二個月之薪給總額為限。
本法規定之送還給付請求權，包括船長在航海中之膳
食及送還其手攜行李。

第五四八條　（其他場合之請求權）船長之僱傭未定期間者，在實
行航海後，如因第五四六條第五四七條規定以外之原
因而解僱時，船長除基於第五四七條規定權利外，得
受領一個月薪給及依船員法第七三條計算送還目的港
推定期間之賠償津貼。

第五四九條　（總括薪給）未定薪給期間而以全航程約定為總括給
付時，遇有第五四六條至五四八條情形，就其總括薪
額與所給付之勞務及實行航海之部分比例定其相當薪
給。對於各月薪給依其航海平均期間包括船舶狀態及
卸載期間計算之。以日計算薪給時，依每月三十日計
算之。

第五五〇條　（送還請求權）船舶未回至船籍港前，船長又為未定

期僱傭，為往復航海時，得就僱傭港為止之送還給
付，及航海中之薪給，或與其相當之費用，擇一請
求。

第五五一條　（船長解約之通知）未定期受僱之船長，於出航後，
至船舶歸航船籍港或國內港並卸載終了時，船長應繼
續從事其應盡職務。

但船舶在歐洲港口或歐洲以外之港口，自最初出航
起，前者經過二年，後者經過三年，得為解約之通
知，請求解僱。在上述情形下，船長對於船舶所有人
認有補充必要延長期間時，在此期中，應繼續盡其職
責，但在任何情形下，應完成本次之航海。

通知解約後，船舶所有人即時命令返航時，船長應負
船舶返航之義務。

第五五二條　（船長為共有人時）船長因其他船舶共有人所為之合
意，對該船舶為共有人之一，自應持有船舶共有權。
此時如與船長自由意思相反而被解任時，由於船長之
請求，其他船舶共有人應即支付經專家決定認可之評
定價額，並應接受其持有之共有權。船長行使權利之
意思表示，如無正當理由以致遲延時，其權利因之而
消滅。

第五五三條　（船長疾病或傷害時，船舶所有人之義務）船長就職
後，因疾病或傷害有治療之必要，或因此不堪執行職
務之情形時，不問船上抑或服務航海中，船舶所有人
有負擔看護及恢復健康費用之義務。船長在國外就

職，於僱傭關係發生前已罹疾病或傷害致不能從事航海時，船舶所有人對其疾病或傷害不負擔義務。

疾病療養係包括病人之看護，及治療處置。所謂治療處置，指醫師處置，藥劑，及通常治療方法之費用均屬之。凡此在船舶內均應常備，並於港內停泊時作一切調度。

船舶停泊國內港時，以船長已從事執行其職務為限，船長得由船舶所有人負擔其治療處置費用或由疾病保險人負擔療養擇一為之。但因船內醫師或特約醫師呈現無法利用之狀態，或病人之行動，在職務上不容許駐留，或危及治療成功之情形時，船舶所有人得將船長向疾病保險人送達之。

船長在國外時，在病院內之看護及治療處置費用，船舶所有人得向病院支付之。在撤離船舶地區或病院所在地，居有與船長共同生活之家屬時，以符合國家保險秩序法第一八四條第三項之條件為限，得不經船長之同意，送入醫院治療之。遇有國家保險秩序法第一八四條第三項第一號第二號第四號之情形時，病院內之看護費用，應儘量由船舶所有人支付之。

對於因疾病或傷害滯留國外之船長，經其本人及負責治療醫師或船員局之同意，得送還德國港口。遇未經船長表示同意，或無正當理由拒絕送還時，滯在地船員局得聽取醫師之意見，代替船長之同意。

船長無正當理由拒絕接受病院提供之治療處置及看護者，在其拒絕期間，對免費治療喪失請求權。並將拒絕期間併入所定治療期間計算。

上項治療在國內港撤離船舶時，即告終止。但因中斷

而有危險時，在疾病保險管轄負責人通知承諾疾病保險給付為止，應為其繼續治療。

在國外因船長之疾病或傷害，不能離開船舶時，在船長離去後之期間，應負擔其治療費。但此項治療自離開船舶後經過二十六星期而終止。未屆滿上述期限，而送還國內或已歸國者，其治療亦終止。

船長之疾病既未依國家保險秩序法而投保，又未從事航海者，於疾病或傷害，得經過二十六星期而終止，其他場合，自離開船舶後，經過二十六星期亦告終止。

因職務上之事故而傷害者，災害保險之管轄負責人以開始履行保險給付之事項通知船舶所有人時，對負傷者之治療給付遂告終止。

船長與船舶所有人間因治療之紛爭，最初之裁決，應先由船員局定之。

第五五三甲條　（送還）船長於不能歸航船籍港或僱傭港時，得就送還給付（五四七條）或領取相當費用擇一請求之。

第五五三乙條　（疾病中之薪給）薪給包括其他一切名稱之約定給與，生病或受傷之船長，得領受下列各項：

船長尚未執行航海時，至其解僱時止。

船長已出航時，至其離船時止。

進入病院者，不得減額支付。

船長為防衛船舶而受傷者，得請求相當報酬，必要時得訴請裁判官決定之。

第五五三丙條　（有犯罪行為時無請求權）因犯罪行為或因違法行
　　　　　　　為放棄職務而罹病或受傷者，船長不適用第五五三條
　　　　　　　至第五五三乙條之規定。

第五五四條　（船長之死亡）船長就職後而死亡者，至死亡日止，
　　　　　　船舶所有人應支付其約定之薪給及包括一切名稱船長
　　　　　　因防衛船舶而死亡者，除上述外，並應支付相當報
　　　　　　酬。

第五五五條　（船舶滅失時船長之權利與義務）船舶雖經滅失，船
　　　　　　長應準備海難報告書，並於可能範圍內，尤須注意船
　　　　　　舶所有人利益之義務。船長於此項期間有請求繼續支
　　　　　　付薪給及償還其生活費用之權利。除上述外，並得就
　　　　　　送還給付（第五四七條）或因送還所需相當費用擇一
　　　　　　請求之。

第四章　物品運送行為

第五五六條　（海上物品運送契約之種類）物品運送契約不外左列
　　　　　　二種：
　　　　　　一、對船舶之全部，或比例的一部分，或其特定船艙
　　　　　　　　為約定者。
　　　　　　二、對件貨為約定者。

第五五七條　（傭船契約）以船舶之全部，或比例的一部分，或其
　　　　　　特定艙位為運送契約時，各當事人得請求對方作成相
　　　　　　關契約證書（傭船契約證書）。

第五五八條　（船室）全部傭船時，不包含船室在內。但以未經傭船人同意為限，船室內不得裝載任何物品。

第五五九條　（對於海上運送人之適航能力及裝載能力之責任）不論何種運送契約，海上運送人對於船舶具有適航能力之狀態下，應為適當之裝備、艤裝，充實船員、必需品之充分準備（適航能力）以及包括冷藏室之船艙在內，適於受取、輸送、保管之狀態（裝載能力）均應注意。

海上運送人因適航能力及裝載能力之瑕疵，致生損害時，應對載貨利害關係人負責。但其瑕疵至發航時為止，海上運送人以通常注意而不能發現者，不在此限。

第五六〇條　（裝船場所）船長為受取載貨，將其船舶依傭船人指定之場所，傭船人有二人以上時，應依其共同指定之場所停泊之。

無適時指示，或各傭船人未能指示同一場所，或因船舶吃水，船舶安全，場所規則，或其他準備等，不能適合其指示時，船長應將船舶停泊於習慣上用為裝船之場所。

第五六一條　（交接費用及裝船費用）依契約，或裝船港裝船場所之規則，無契約與規則時，依該港裝船場所之習慣。

以別無規定為限，傭船人或託運人之貨物，至交接於船舶為止之費用，海上運送人不負擔之。但在船內砌裝之費用，應由海上運送人負擔。

第五六二條 （換裝貨物）海上運送人對於傭船人依約申請換裝向同一提貨港輸送之貨物時，如本身立場並無困難，有承諾之義務。

如該貨物非惟與契約種類或部類不同，且須特別指定者，不適用前項規定。

第五六三條 （傭船人及託運人對於數量通知之責任）傭船人及託運人對於海上運送人就貨物體積、數量、重量、標誌所為之通知，負有真實之責任。因通知不真實所致之損害，對海上運送人分別負賠償責任。依第五一二條第一項對第三人因此所致損失，以負有過失責任為限，亦負賠償責任。

海上運送契約對傭船人或託運人以外之第三人所負之義務，不受前項之影響。

第五六四條 （對於狀態通知之責任，禁制品）關於貨物種類狀態之通知不確實，傭船人或託運負過失責任時，對於海上運送人及第五一二條第一項規定之第三人，因通知不確實所致之損害，負賠償責任。

傭船人或託運人對於戰時禁制品，或禁止輸出、輸入、通過之貨物，違法裝載時，尤其違反關於警察、租稅或海關法令者，適用前項之規定。

傭船人或託運人縱得船長同意所為之行為，本不免除本人對第三人所負之責任。

傭船人或託運人不得以貨物沒收，引為拒絕支付運費之理由。

貨物有危及船舶或其載貨時，船長得將貨物起岸。遇

有危險急迫情形時，並得拋棄之。

第五六四甲條　（對於偷運貨物之責任）不使船長知曉之貨物裝入船內，並有第五六四條情形，因而發生損害時，持入者負賠償責任。船長得將其貨物起岸。如對船舶或其他貨載有急迫危險時並得拋棄之。如船長已將貨物保管於船舶內時，按裝船地裝船當時同樣航海同樣貨物所約定之最高運費支付之。

第五六四乙條　（對於危險性貨物之責任）　將燃燒性爆炸性或其他危險性貨物裝入船內，而船長不知有此等貨物或其危險種類與狀態時，傭船人或託運人雖無過失，仍負第五六四條所規定之責任。

　　船長此時得於任何時間，任何場所，為除去其危險，有將其卸載或廢棄或以其他方法處置之權。

　　船長知悉貨物之危險種類與狀態而同意裝載時，如該貨物有對船舶或其他貨物發生危險時，船長亦有以同樣方法處置之權限。遇此情形，海上運送人及船長不負損害賠償義務。有共同海損情形時，亦並不影響有關損害分擔之規定而適用之。

第五六四丙條　（船長之承認）遇第五六四條至第五六四乙條情形，海上運送人或船舶代理人之承認，視同船長之承認。

第五六五條　（裝入他船之禁止）海上運送人未得傭船人之許諾，無將貨物裝入他船之權利。違反此項規定時，因此所

發生之損害，海上運送人負賠償責任。雖未裝他船因
而發生損害應歸責於傭船人時，不在此限。

發航後遇有緊急情形，以他船代替者，不適用第一項
之規定。

第五六六條 （裝載甲板之禁止）未得託運人之同意，不得將貨物
裝載甲板上，或懸吊船側。

以省法有關裝載甲板之規定為限，得依本條訂定對於
沿岸航海不適用之規定。

第五六七條 （裝船期間，延遲期間，延期費）在全部傭船時，船
長對於受取貨物之準備完成後，應立即通知傭船人。
裝船期間自通知之翌日起開始。

雖已超過裝船期間，海上運送人於有約定時，應再行
停泊（延遲期間）。

對於裝船期間，以無相反之約定為限，不得請求特定
報酬。反之傭船人對於延遲期間，應給與海上運送人
報酬。

第五六八條 （裝船期間及延遲期間之日數）裝船期間之日數，於
契約上無約定時，依裝貨港之地方規則，無此規則
時，依該港之地方習慣定之。當地無此習慣時，以適
應情事所需之期間為裝貨期間。

約定延遲期間而未約定日數者，其期間為十四日。

僅以契約決定延期時，視同未定日數延遲期間之合
意。

第五六九條　（延遲期間之開始）裝船期間之日數，或裝船期間應行終了之日，契約已有規定者，遲延期間以銜接裝貨期間之終了時開始。

若契約無規定時，以海上運送人對傭船人通知裝貨期間終了後開始。並以認為裝貨期間將行屆滿之日，在裝貨期間內，再行通知傭船人。於此場合，裝貨期間屆滿後，或曾約定延遲期間時，於延遲期間屆滿後，海上運送人無再等待裝貨之義務，但在裝貨期間或延遲期間終了前至少三日，應將逾期不再等待之意，通知傭船人。

倘不作前項之通知，而於事後通知裝貨期間或延遲期間者，自通知到達之日起，經過三日後，作為終了。第一項第二項所揭載之三日，均以不中斷依曆日連續計算。

第五七一條　（海上運送人對期間屆滿之通知）第五六九條，第五七〇條所規定海上運送人之通知，無特別形式之拘束。傭船人受領通知拒絕為滿意之確認時，海上運送人得以傭船人之費用，使作成關於受領有公證力之文書。

第五七二條　（延遲費之數額）延遲費無契約規定時，得依公平裁量定之。

前項裁量應顧及個別情形，尤其如船員之薪額，膳食費用，以及海上運送人因此所短收之運費。

第五七三條　（裝船期間與延遲期間之計算）應按日數以不中斷之

連續順序為之。星期日休假日及因傭船人之偶然事故，致妨貨物之交接日，均應計算在內。

但因風向氣候或其他任何偶然事故以致：一、不僅約定貨物，所有各種貨物之裝船，二、貨載之受取，均有妨礙者，其日數不計算之。

第五七四條　（延遲裝船時之延期費）海上運送人不問貨物之種類如何，因交付延遲，而有延期停泊之必要時，雖在裝貨期間內所發生者，得請求延期費。但由於船舶延遲受取致有延期停泊必要時，對於所生延遲日數，不得請求延期費。

第五七五條　（地方習慣）裝船期間之日數，依第五六八條適用地方規則或地方習慣時，在裝船期間之計算上，以地方規則或地方習慣無不同之規定為限，適用第五七三條第五七四條之規定。

第五七六條　（期間屆滿後之延遲拒絕）海上運送人至約定之特定日為止，裝船應告終了。所有各裝貨物因向船舶交接之障礙（第五七三條第二項第一款）於裝船期間屆滿後，無延遲義務。

第五七七條　（第三人向船舶交接之延遲）海上運送人自第三人應為受取貨物時，已依地方慣行方法，發出裝船準備之通知，而第三人行蹤不明，或拒絕交貨時，應將其情形立即通知傭船人，並待至裝船期間屆滿時為止，雖有延遲期間之約定，無延遲義務。但傭船人或其委任

代理人在裝船期間內，對海上運送人有不同之指示者，不在此限。

裝船期間與卸載期間未經分開，僅作概括規定時，遇第一項揭載情形，以二分之三期間，視為裝船期間。

第五七八條　（一部分裝船）海上運送人循傭船人之請求。雖依約未予全部裝船，應照發航。海上運送人之全部運費，及有延遲費者之延遲費，因部分裝船以全部運費之擔保債權不存在時為限，得請求提供其他方法之擔保。此外海上運送人因一部分裝貨而發生之附帶費用，傭船人並應償還之。

第五七九條　（停泊期間屆滿後海上運送人之權利）海上運送人於有等待義務裝船期間（停泊期間）屆滿為止，傭船人未能完成裝船時，以傭船人未經解約為限，海上運送人得照發航，並得行使第五七八條所規定之債權。

第五八〇條　（傭船人之解約權，空船運費）傭船人在發航前，不論為單程航海，或往復航海，得解除契約，但負支付約定運費半數之義務。

左列場合，在本條之意義上，視為已經發航：

一、傭船人對於船長之發航已表承認者。

二、傭船人已向船舶交裝貨物全部或一部，且已屆滿停泊期間者。

第五八一條　（傭船人解約時，海上運送人之附帶請求權）貨物交付於船舶後，傭船人行使第五八〇條之權利時，傭船

人應負擔裝費與卸貨之費用，卸貨以不在裝船期間內為限，並支付延遲費，其卸貨須儘量以迅速方法為之。

海上運送人為卸貨為之停泊，停泊期間雖經屆滿，仍應承諾之。對於停泊期間屆滿後之期間，海上運送人得請求延遲費。逾停泊期間所生之損害，以超出延遲費額為限，並得請求賠償。

第五八二條　（由於海上運送人航海開始後，傭船人之解約）在第五八〇條所指之航海開始後，傭船人支付全部運費，暨海上運送人之其他債權（第六一四條）及第六一五條所規定之債權，或於提供擔保交妥後，得請求解約並卸貨。

在卸貨時，不獨因此所生之一切附帶費用，即連海上運送人為卸貨而停泊所受之損害，傭船人均應賠償之，海上運送人為卸貨目的，不負變更航程或航行港之義務。

第五八三條　（三分之二之空載運費）船舶對於復航貨物，不問為傭船，或為履行契約受取載貨自他港為航海時，或兩者兼有之情形下，復航或自裝船港之航海，具有第五八〇條意義之開始前，傭船人通知解約時，應負擔運費全額之三分之二之空載運費。

第五八四條　（全額之空載運費）在往復航海之傭船人，關於最後之航海部分，依第五八〇條之意義，在航海開始前通知解約者，海上運送人得受取作為空載之全額運費。

但海上運送人因解約結果節省之費用，且自其他方面
獲得機會有運費收入事實存在時，得扣除適當數字之
減額。

前項減額，不論情形如何，不得超過運費之半數。

第五八五條　（裝船延遲後海上運送人之權利）停泊期間屆滿為
止，傭船人尚未向船舶交付任何貨物時，海上運送人
對運送契約之義務，已不受拘束。如傭船人已解除契
約時（第五八○條，第五八三條，第五八四條）海上
運送人得對傭船人行使同樣請求權。

第五八六條　（計算空載運費，不考慮其他運費，航海雖已中止之
空載費。空載費與其他請求權之併存）在計算空載運
費上，海上運送人對其他貨物所受取之運費，應不計
算在內。但第五八四條第一項之規定，不妨礙其適
用。

第五八七條　（一部傭船契約及船艙傭船契約）以船舶之一部分或
特定船艙為傭船契約時，除左列事項外，適用第五六
七條至第五八六條之規定：

一、海上運送人基於以上各規定，就空載運費中雖應
　　以受取一部分為滿足時，仍得受取全部運費。但
　　傭船人全部解約，或未交付貨物於船舶時，不在
　　此限。

　　但海上運送人對於未交付貨物而另又依約支取貨
　　物之運費者，應就全額運費中扣除之。

二、遇有第五八一條，第五八二條情形，傭船人因航

海延遲所生之結果，或有換裝之必要時，未得其他所傭船人之同意，不得請求卸載。此外傭船人不僅以卸載所生之費用為限，並應負損害賠償之義務。傭船人行使全部解約權時，第五八一條第五八二條之規定適用之。

第五八八條　（件貨運送）以件貨為運送契約之目的時，託運人依船長之指示，應立即實行裝貨。託運人延遲時，海上運送人無等待交貨於船舶之義務。發航時雖未裝貨，託運人應支付運費全額。但海上運送人對於未裝之貨物，而另又定約載貨取得之運費，應從未裝貨物運費中扣除之。

海上運送人對於遲延託運人將行使運費請求權時，應於發航前通知託運人。怠於通知者其請求權消滅。此項通知，適用第五七一條之規定。

第五八九條　（件貨託運人之解約）裝船後託運人支付全額運費外，並支付海上運送人之其他一切債權（第六一四條）及第六一五條所示之債權，或提供擔保後，第五九〇條　（由裁判上之發航日期）船舶備裝件貨，而未定發航時期時，由託運人之申請，裁判官基於事實，應作不再延遲之發航日期之決定。

第五九一條　（關於運送之文書）不論何種運送契約，傭船人或託運人在交付貨物於船舶期間內，應該船舶運貨之一切必要文書，於裝船同時交付於船長。

第五九二條　（卸貨場所）船長交貨於受貨人，或交付於二人以上之受貨人時，應依受貨人全體所指示之場所，停泊其船舶卸貨。

未於適當時期指示，或全體受貨人未能指示同一場所，或因船舶吃水，船舶安全，場所規則，場所設備，不許可依其指示者，船長應依地方習慣上所用之卸貨場所停泊之。

第五九二條　（卸貨場所）船長交貨於受貨人，或交付於二人以上之受貨人時，應依受貨人全體所指示之場所，停泊其船舶卸貨。

未於適當時期指示，或全體受貨人未能指示同一場所，或因船舶吃水，船舶安全，場所規則，場所設備，不許可依其指示者，船長應依地方習慣上所用之卸貨場所停泊之。

第五九三條　（卸貨費用）契約或卸貨港之地方規則如均不存在，以卸貨港之地方習慣別無規定時，自船舶卸貨之費用，由海上運送人負擔之。其他卸貨費手，由所有人受貨人負擔之。

第五九四條　（全部傭船時之卸貨、卸貨期間、延遲期間、延期費）全部傭船時，船長應將完成準備卸貨之意，立即通知受貨人。

船長不能確知受貨人所在時，依當地方式公告之。

卸貨期間自通知之翌日起算。

超過卸貨期間以有約定為限，不得請求特別報酬。反

之對於延遲期間承認海上運送人有報酬請求權（延期費）。

卸貨期間以無相反約定為限，不得請求特別報酬。反之對於延遲期間承認海上運送人有報酬請求權（延期費）。

延期費之數額，適用第五七二條之規定。

第五九五條 （卸貨期間及延遲期間之日數）卸貨期間之日數，於契約無規定時，依卸貨港之地方規則，如無地方規則時，以卸貨場所之地方習慣定之。如地方習慣亦不存在時，得以適合於情事之期間，認為卸貨期間。

契約雖有規定延遲,而未定延遲期間之日數者，其延遲期間為十四日。

契約僅規定延期費，而未定延遲期間之日數者，視為有延期之同意。

第五九六條 （延遲期間之開始）契約內定有卸貨期間之日數，或卸貨期間之終了日時，延遲期間以銜接卸貨期間之屆滿為開始。

若契約未經規定時，延遲期間以海上運送人於通知受貨人卸貨期間終了後開始。海上運送人於卸貨期間內，得將認為卸貨期間終了之日，預為通知受貨人。在此情形下，卸貨期間之終了，及延遲期間之開始，海上運送人無重新通知之必要。

第二項規定海上運送人之通知，適用第五七一條之規定。

第五九七條　（卸貨期間及延遲期間之計算）卸貨期間及延遲期間之計算，應按日數以不中斷之連續順序為之。星期日休假日及因受貨人之偶然事故，致礙貨物之卸載日，均應分別計算在內。

但因風向氣候或其他任何偶然事故以致：

一、不僅船內所裝貨物，所有各船舶貨載之起岸，或

二、由船舶卸貨，均有妨礙者，其日數不計算之。

第五九八條　（卸貨延遲時之延期費）凡自各種貨載之船舶，因起岸發生障礙，海上運送人對於應行延期停泊之日數，縱使障礙發生於卸貨期間內，有延期費之請求權。反之，如因自船內搬貨發生障礙，雖於延遲期間以內發生者，對於延期停泊之日數，不支付延期費。

第五九九條　（地方習慣）依第五九五條以地方規則或地方習慣決定卸貨期間之日數時，卸貨期間之計算，以地方規則或地方習慣別無規定為限，第五九七條第五九八條之規定適用之。

第六○○條　（期間經過後之拒絕停泊）海上運送人約定卸貨至特定之日必須終了時，所有貨物因起岸發生障礙（第五九七條第二項第一款）海上運送人不負延期停泊之義務。

第六○一條　（提存）受貨人聲明準備卸貨，並已超過其應遵行遵守之卸貨期間時，船長得通知受貨人，將其貨物提存於倉庫營業人之倉庫，或以其他可靠方法提存之。

受貨人拒絕領貨，或依第五九四條規定之通知，而無
受領之意思表示，或受貨人之所在不明時，船長得執
行上述之方法，但負有同時通知傭船人或託運人之義
務。

第六○二條　（提存時海上運送人之請求權）因受貨人之延遲，或
因提存手續，船長無任何過失，而超過卸貨期間時，
海上運送人得請求延期費（第五九四條）但對於超過
期間，以契約上無延遲期間為限，不妨礙較延期費更
高額損害賠償請求權之行使。

第六○三條　（一部傭船及船艙傭船）第五九四條至第六○二條之
規定，對於船舶一部分或特定船艙之傭船適用之。

第六○四條　（件貨運送時之卸載）受貨人應依船長之指示，立即
卸載。船長不能確知受貨人所在，應依當地慣行方
式，將其指示公告之。船長對於提存貨物之權利與義
務，適用第六○一條之規定。第六○一條所定對於傭
船人或託運人之通知，得依當地慣行方式以公告為
之。
因受貨人之延遲，或因提存手續，對於船舶超過應為
卸貨期間之日數，海上運送人得請求延期費（第五九
四條），且不妨礙較延期費更高額損害賠償請求權之
行使。

第六○五條　（件貨之再運送契約）以船舶之全部，一部，或特定
船艙為傭船，而傭船人就件貨簽訂再運送契約時，海

上運送人之權利與義務，適用第五九四條至第六○二條之規定。

第六○六條　（海上運送人之責任）海上運送人對於貨物之裝入、裝出、運送、處理及卸貨之際，負有海上運送人通常注意之義務。海上運送人自貨物收取後，迄交付時為止，其間如發生滅失毀損，應負損害賠償之責。但其滅失毀損，已盡海上運送人之通常注意，而不能避免時，不在此限。

第六○七條　（對於受雇人行為之責任）海上運送人對於自己所雇用者及船員之過失，一如自己過失，應負同一責任。損害之發生由於船舶之指揮，或其船舶處理行為或火災所致者，海上運送人僅就自己之過失，負其責任。以載貨利益為主所為之處置，不屬於船舶處理行為。

第六○八條　（責任之除外）海上運送人對於左列事由所生之損害不負責任。
一、海上或其他航行水上之危險或災者。
二、戰爭、變亂、敵人行為、政府處分、及依檢疫所為之限制。
三、法院扣押。
四、罷工、工作場所封閉、或其他勞動障害。
五、貨物託運人、所有人、或其代理人、代表人之作為不作為。
六、為救助海上之生命財產或救助作業。
七、貨物體積或重量之消耗，或隱藏瑕疵，或其固有

之性質或狀態。

因第一項所載某一危險事故發生，而發生損害時，其損害推定為該危險事故所致。

應由海上運送人負責之事由所致者，縱能證明發生危險事由時，仍不免除其責任。

第六〇九條　（傭船人或託運人之通知虛偽時，免除責任）關於載貨證券上貨物之種類價額，傭船人或託運人故意為虛偽之通知者，海上運送人不負任何責任。

第六一〇條　（損害之確定）受貨人在受取貨物前，為確定貨物之狀態、體積、件數、重量、受貨人與船長得受有權機關或其所任命之專家檢查之。並應儘可能會同對方為之。

第六一一條　（損害通知）貨物於滅失或毀損時，基於運送契約具有受取貨物之權利人，至遲應於取貨之當時，以書面通知海上運送人或其卸貨港之代理人。滅失或毀損不能從外表判明時，應於取貨後三日內發送通知。此項通知應將滅失或毀損之全般情形記載之。

貨物之狀態體積、件數、或重量至遲須在第一項第一款規定之時期，會同雙方當事人，經有權機關或其任命之專家點驗確定者，無通知之必要。

貨物之滅失或毀損未經通知，亦未點驗確定者，海上運送人視為已依載貨證券所載交清貨物，並對貨物滅失或毀損，雖有舉證，仍予推定為海上運送人不能負責之事由所致之損害。

第六一二條　（除斥期間）貨物之交付，自交付時起一年內，其請求權在裁判上不為主張時，海上運送人對於貨物毀損之一切責任免除之。

第六一三條　（檢查費用）檢查費用由申請人負擔之。
　　　　　　　檢查由受貨人申請，滅失或毀損又被發現，因而海上運送人應負擔損害賠償時，其檢查費用由海上運送人負擔之。

第六一四條　（受貨人之支付義務，海上運送人之交付義務）受貨人因受取貨物，應依運送契約所載，或載貨證券所規定，支付運費及其他一切報酬，及有延遲時之延期費，以及償還墊付之關稅及其他墊款，並對其他受貨人所負債務負履行之義務。
　　　　　　　海上運送人於受貨人支付運費及履行其他債務後應將貨物交付之。

第六一五條　（海上運送人之留置權）貨物負擔之共同海損分擔額，海難之救助撈救費，以及冒險借貸金，迄支付清楚，或提供擔保時為止，海上運送人無交付貨物之必要。
　　　　　　　船舶所有人在冒險借貸計算上，於貨物交付前，就貨物對於冒險借貸債務之責任解除後，不妨礙應行注意之海上運送人所應履行之義務時，適用前項之規定。

第六一六條　（以貨物代替運費之支付）海上運送人不問貨物有無腐敗或毀損，對於以貨物代替運費之支付者，無承諾

義務。

但以容器裝載之液體物,在航海途中全部或大部分滲漏時,對於海上運送人之運費或其他債權(第六一四條),得移轉其貨物,以代支付。

海上運送人依不負漏損之合意,或「漏損免責」之條款,不視為妨害前項權利之行使。但該項液體容器同時置於受貨人保管下者,其權利消滅。

運費作總括約定,僅有若干液體容器之全部或大部分滲漏時,得移轉其貨物,以代替運費及其他海上運送人債權之比例成數。

第六一七條　(對於滅失之貨物免除支付)對於不論因何事故而滅失之貨物,不支付運費。其已支付者,以無相反之約定為限,應返還之。

前項規定,對以船舶全部、一部分或特定船艙為傭船時適用之。上項傭船之運費為總括約定時,對於貨物一部分之滅失,得請求運費之比例減額。

第六一八條　(例外)貨物由其自然性質,尤以因其本質所生之腐敗、消耗、或通常滲漏而消滅,不能交付時,仍應支付運費。動物在途中死亡者亦同。

遇有共同海損情形時,關於犧牲貨物之運費,其賠償範圍,依有關共同海損之規則定之。

第六一九條　(通常之運費)對於為運送而接受之貨物未經約定運費時,應支付裝船港裝船時之通常運費。

為運送而接受之貨物超過傭船人約定之數量時,其運

費應依約定運費比例支付之。

第六二〇條　（依交付時之貨物數量決定運費）運費依約定之體積、重量、或數量有疑義時，依交付時之體積、重量、或數量定之，不以裝船之當時為準。

第六二一條　（運費之附帶費用不需負擔）運費外之酬謝、加成、及其類似費用，以無特約為限，不得請求。

引水費、港稅、燈塔費、拖船費、檢疫費、破冰通航費及其他類似之經常或臨時航海費用，以無相反之約定為限，採取使發生此項費用之處置，基於運送契約，不負義務時，仍僅由海上運送人負擔之。

遇有共同海損情形，關於保全貨物，救助及避難費用支出之規定，不妨礙依本條第二項之適用。

第六二二條　（期間傭船）傭船依約定有期間者，以別無約定為限，傭船費以船長為接受裝貨或空船發航，發出一切齊備之通知之翌日起算。但在空船航海情形，未於通知之翌日發航時，自發航之日起算。

期間傭船以卸貨完了之日為終了。

非由於海上運送人之過失，而航海延遲或中斷者，在其間之傭船費應繼續支付之。但不妨礙第六三七條第六三八條規定之適用。

第六二三條　（海上運送人之法定質權）海上運送人為第六一四條所揭示之債權，視為有貨物上之質權。貨物在留置中或提存中，其質權仍存續。貨物雖已交付終了，其質

權仍然存續，但以貨物交付終了後三十日內，且其貨物尚為受貨人所占有，向裁判所確認質權者為限。

依第三六六條第三項，第三六八條對陸上運送人質權適用之條文，對海上運送人亦適用之。民法第一二三四條第一項規定出賣質物之預告，及民法第一二二七條第一二四一條規定之通知，均應向受貨人為之。不知受貨人所在，或拒絕受領貨物時，預告及通知應向託運人為之。

第六二四條 （爭議金額之提存）海上運送人之債權如有爭議，其爭議金額已提存於公家機關，海上運送人有交付貨物之義務。

貨物交付後，海上運送人有提供相當擔保，支取提存金之權利。

第六二五條 （傭船人等僅對交貨後之利得負責任）海上運送人於交付貨物後，對於受貨人所具有自己之債權（第六一四條），不得向傭船人或託運人收取。傭船人或託運人僅以因海上運送人所受損失之利得為限，認有償還請求權。

第六二六條 （海上運送人出賣質物後傭船人等之責任）海上運送人未將貨物交付，而行使出賣質物之權利，其出賣所得不足抵償時，海上運送人以基於本人與傭船人或託運人間之契約不足清償為限，得向傭船人或託運人收取之。

第六二七條　（受貨人不為受貨時，傭船人之全部責任）受貨人不為受領貨物時，傭船人或託運人對於海上運送人依約應得之運費及其他債權有清償之義務。

由傭船人或託運人受領貨物時，第五九二條至第六二四條及第六五八條至第六六一條關於受貨人之規定適用之。於此情形，海上運送人為基於第六二三條第六二四條之債權，對貨物有留置權、質權、及第六一五條所揭示之權利。

第六二八條　（發航前船舶或貨物之滅失）發航前因有左列事由之偶然事故，運送契約之一方對他方不負損害賠償之義務，其契約並失其效力。

一、船舶滅失時，尤其

船舶破毀時，

船舶堪修繕，或已宣告無修繕價值（第四七九條）在後一情形，立即以公開方法出賣時，船舶被掠奪時，船舶被拿捕或扣留，因而正式宣告捕獲時，或

二、在運送契約上非僅某一種類或某一部分，尤其特定貨物已滅失時，或

三、運送契約未指明特定貨物，而在裝船後或裝船時，船長在裝船場所受取後而滅失時。

遇第一項第三款情形，貨物在停泊期間（第五七九條）內滅失時，傭船人或託運人立時表示交付其他貨物以代替滅失貨物，並以停泊期間內開始交貨為限，其契約不為失效。傭船人或託運人能在短時間內儘力將其他貨物裝船完畢，關於裝船

所增加之費用自應負擔之。且以超過停泊期間為限，對海上運送人因此所生之損害，應賠償之。

第六二九條 （發航前戰爭開始，政府之處分）各契約當事人於左列情形，不負損害賠償義務，且有解約權利。

一、在發航前

禁止船舶出入港口，或為本國或外國之服役而被徵明時，

目的地之通商被禁止時，

裝船港或目的港被封鎖時，

依運送契約所為之船舶運送，貨物自裝船港輸出或由目的港輸入被禁止時，

此外依政府處分，船舶之出港，或航海，或依運送契約向船舶交付之貨物，被禁止發送時，

凡遇以上情形，以預料政府處分不能於極短時期內解決時為限，賦予解約權。

二、發航前戰爭開始，因之其船舶暨依運送契約應行裝運之貨物以及締約雙方，經已不能認為尚有自由，且有被拿捕之危險時。

依第五二六條賦與僱船人或託運人權利之行使，不因本條之規定而有妨礙。

第六三○條 （發航後之船舶滅失、比率運費）船舶發航後，因某一偶然事故致滅失時（第六二八條第一項一款）運送契約即告終了。但以僱船人或託運人因搶救貨物為限，應支付全航程已航行部份之比率運費。

比率運費以搶救貨物之價額限度內支付之。

第六三一條　（比率運費之計算）比率費之計算，除不僅已經航行之距離與必須航行之距離為比率外，其已航行部份之附帶費用及消費期間以及危險暨困難之平均率，與未經航行部份之平均率，均予列入計算之內。

第六三二條　（運送契約解除後，船長義務之存續）船舶滅失後，縱令利害關係人不在現場，惟為裝船利益船長應行注意之義務，不因運送契約之解除而有變更（第五三五條至第五三八條）。因此船長於急迫場合，雖於事前無法聯繫，但為適應事實，估計利害關係人之計算，以載貨換裝他船運往目的港，或送倉庫保管，或為出賣。其為繼續運送或送倉庫保管時，為保全貨物而調度必需之資金，出賣載貨一部，便利繼續運送時，以載貨全部或一部為冒險借貸契約者，於有權利之同時仍負有義務。

第六三三條　（發航後之載貨滅失）發航後貨物如因偶然事故致滅失者，其運送契約隨之終了。契約之一方對他方均不負損害賠償義務。對第六一八條規定，以無相反之約定為限，不需支付運費之**全部或一部**。

第六三四條　（發航後之政府處分，戰爭開始）發航後第六二九條所列舉之某一事故發生時，各當事人得在不負損害賠償義務下解除契約。

　　　　　　但第六二九條第一項第一款所定某一事故發生時，如船舶停泊於歐洲某一港口者，應候三個月，停泊於歐洲以外某一港口者五個月，以待障礙之消除。

俟上述期間屆滿後，方得解約。船長於停泊某一港口中遭遇上項障礙時，前項期間自接獲通報之日，在其他場合，以知有障礙後，自船舶最初入港之日起算。

如無其他約定，在解約之意思表示時，船舶得於停泊港內實行卸貨。

傭船人對於已經航海部分，負支付比例運費之義務。船舶因障礙而返回發航港或其他港口時，比例運費之計算，以船舶到達目的港最近地點所經之距離為其中止港。

雖有上述情形，船長在解除運送契約之前後，為載貨利益仍負第五三五條至第五三七條第六三二條所規定之注意義務。

第六三五條 （因政府處分之停泊費用）船舶在發航前之裝船港，或發航後之中途港或避難港，已接受裝費，而因第六二九條之列舉事由，不得不停泊時，其停泊費用，雖船舶未發生共同海損亦不問嗣後契約有無解除或完全履行，得依共同海損原則，由運費及貨載分擔之。第七〇六條第四款第二段所揭示之一切費用，均算入停泊費用之類。但入港費與出港費僅以中途因障礙而出入避難港者，方得算入。

第六三六條 （載貨之一部滅失或航海障礙）僅貨載之一部分，在發航前因發生某一偶然事故，而涉及全部貨載者，如依第六二八條第六二九條解除契約，或當事人有意解約時，傭船人在不使海上運送人立場有所困難為限，

有改裝其他貨物以代替約定貨物之權利（第五六二條）。或負償還約定運費之半額及海上運送人其他債權之義務後，得行使解約權利（第五八〇條第五八一條）。關於行使此等權利，事前應行遵守之期間，對傭船人不受拘束。但傭船人應立時有行使此兩權利中任擇一種之意思表示。如傭船人為換裝貨物之選擇，應於最短期間內為之，並應負擔有關裝裝之附帶費用。因裝船超過停泊期間為限，對海上運送人因此所生之損害應賠償之。

傭船人未行使上兩項權利時，傭船人對於發生事故之一部分貨物，應支付全額運費。凡因戰爭或因禁止輸出輸入或因政府其他處分等，致一部分貨載不能自由運送時，傭船人應領回其貨物。

偶然事故發生於發航以後，致發生事故之部分貨物，船長認為應在目的港以外之港口卸貨而停泊，或不停泊而繼續航行時，傭船人應對該部分支付全額運費。關於第六一七條第六一八條之規定，不妨礙其適用。

第六三六甲條　（繞航）船長為救助海上人命或財產之目的，或自其他正當可行航路脫離原有航線時，對於當事人間之權利及義務不生任何影響。尤其海上運送人對於因此所生之損害，不負責任。

第六三七條　（其他航海事故）除第六二九條至第六三六條情形外，發航前或發航後，因自然現象及其他偶然事故所發生之停泊，對當事人間之權利及義務不生任何影響。但契約有明定目的，因此項停泊致不能達成時，

不在此限。再傭船人預料因偶然事故所生長時間之停泊時，在停泊中以自己之危險及費用，欲將既經裝船之貨物作適時移裝時，得將其貨物卸載，傭船人未作移裝者，應支付全額運費。凡此情形，傭船人因自己移裝行為所生之損害應賠償之。

第六三八條　（航海中之修繕）船舶在航海中必須修繕時，傭船人或就船舶所在地支付全額運費及海上運送人之其他債權（第六一四條），並支付或提供擔保第六一五條所揭示之債權，對全部解約，或等待修繕，具有選擇之權利。如選擇後者，運費有約定期間時，對於修繕期間不需支付運費。

第六三九條　（運送契約終了時之卸貨費用及港埠費用）運送契約基於第六二八條至第六三四條而解除時，自船舶之卸貨費用由海上運送人，其他卸貨費用由傭船人負擔之。但其事故僅與裝貨有關係時，卸貨之一切費用，由傭船人負擔之。第六三六條情形僅關一部分之裝貨而被卸貨時亦同。又同條為卸貨於某一港口而應行進港時，傭船人應負擔港埠費用。

第六四〇條　（往復航海）第六二八條至第六三九條對於船舶向裝船港承載貨物而空船回航時，亦適用之。於此情形，自裝船港發航時，即視為航海開始。船舶到達裝船港後，雖在發航前而解除契約時，海上運送人對其回航有按比例運費之原則計算其損害賠償請求權。

對於往復航海之其他情形，第六二八條至第六三九條

於契約之性質及內容無相反規定為限適用之。

第六四一條　（一部傭船及船艙傭船，件貨運送契約）契約無關船舶全部，僅涉及船舶之一部分或特定船艙或件貨時，左列例外適用第六二八條至第六四〇條之規定。

　　一、在第六二九條第六三四條情形，各當事人於障礙發生後，未即計及障礙之時日而得解除契約時。

　　二、在第六三六條之情形，傭船或託運人不得行使契約解除之權利時。

　　三、在第六三七條情形，授權其他傭船人或託運人賦予中途卸貨之權利為限，視為傭船人或託運人之所為。

　　四、在第六三八條情形，以其貨物於修繕中不問如何被卸載為限，傭船人或託運人支付運費全額及其他債權，得以之交換為載貨之解約。

　　對於第五八七條第五八九條之規定，不妨礙其適用。

第六四二條　（載貨證券）海上運送人於貨物裝船後之同時，如託運人將交貨時領取之臨時收據，或備運載貨證券（第五項）提出要求交換，應依託運人請求之份數，立即發給載貨證券（裝船載貨證券）。

　　所有載貨證券之複本應用同一文字，並於各份上載明發給複本之份數。

　　託運人遇海上運送人請求時，應於載貨證券之謄本上署名，並予交還海上運送人。

　　船長及其他各船舶所有人暨業經授權之代理人，縱無海上運送人之特別授權，仍得發行載貨證券。

載貨證券以得託運人之同意，為接受運送，對於收到
待運而尚未裝船之貨物，亦得發結。

（備運載貨證券）備運載貨證券記入裝船之年月日與
船舶名稱者，視同裝船載貨證券。

第六四三條　（載貨證券之記載事項）載貨證券應載明左列事項為
其內容：

一、海上運送人之名稱，

二、船長姓名，

三、船舶之名稱及國籍，

四、託運人之名稱，

五、受貨人之名稱，

六、裝船港，

七、卸貨港或卸貨港指定之接受地，

八、裝船或備運所收貨物之種類、體積、件數、重
量、記號、及可自外部觀察之打包及狀態。

十、證券發行地及其年月日，

十一、發給之複本份數。

第六四四條　（載貨證券所載之海上運送人名義不確實或脫漏）船
長或其他船舶所有人之代理人於發行載貨證券而未記
載海上運送人之名稱時，以船舶所有人視為海上運送
人。

海上運送人之名稱記載不真實時，船舶所有人對受貨
人因記載不實所生之損害，負賠償責任。

第六四五條　（關於貨物之記載）貨物之體積、件數、或重量，及

其記號，與可自外部觀察之打包及其狀態，得依託運人之請求，就託運人在裝貨開始前書面通知之範圍，記載於載貨證券。

前項規定不適用於左列情形：

一、貨物本體上或包裝之容器或箱上，未以印戳或其方法作成於航海終了前不致消失之記號者。

二、海上運送人有相當理由推定託運人之通知不正確，或海上運送人對於託運人之通知絕無核對機會者。

第六四六條　（託運人之通知）在第六四五條第二項情形，有記載恰當追加條款時，得照託運人通知之原樣記載之。

第六四七條　（指示載貨證券）載貨證券於無相反之約定時，依託運人之請求，發行受貨人指示或無記名指示式之證券。在發行無記名指示式時，其指示解釋為託運人之指示。

載貨證券亦得以海上運送人或船長名義為受貨人作成之。

第六四八條　（為受貨應具之資格）依載貨證券應行交付貨物之人，或作成之載貨證券為指示式時，載貨證券背書之受讓人，為有受領貨物之資格。

載貨證券發行複本數份時，僅對其有資格一份之持有人，可交付其貨物。

第六四九條　（二人以上之載貨證券持有人）二人以上均具載貨證

　　　　　　券持有人之資格為請求時，船舶均應拒絕之，將其貨物交營業倉庫，或其他可靠方法提存之，並提示其所採處置理由，對請求人負有通知之義務。

　　　　　　船長就其處置及理由得以具有公證力之文書作成之。因此所生之費用連同運費對貨物得留置之。

第六五〇條　（交付證券）對於依載貨證券取得受貨資格者，其交付之證券，船長或海上運送人之代理人為運送而受取貨物之同時取得該貨物之權利，與貨物之交付具有同一效力。

第六五一條　（複本數份之特例）作成指示式之載貨證券發行數份時，一份之持有人得依第六五〇條之規定，主張載貨證券之交付效力。因之在其他複本持有人行使請求權以前，以複本一份基於第六四八條自船長取得受領貨物之利益，不認為侵害。

第六五二條　（載貨證券持有人有數人時之順位）在船長尚未交付貨物以前，有二人以上之載貨證券持有人請求對貨物主張權利時，以在相互間為限，就二份以上載貨證券交付在前者，有受貨之資格，最先取得複本者，視為優先。複本向不同之地點發出者，以發出時間之先後決定之。

第六五三條　（以載貨證券為收據）貨物得僅以認可之載貨證券數份中之一份交換之。

第六五四條　（以載貨證券全份交換貨物為限之情形）作成指示式
之載貨證券在發行時，指明對於返還貨物於託運人或
依其指示交貨者，船長於收回載貨證券全部份數時為
限，應依從之。

載貨證券持有人在船舶到達目的港前請求交貨時，適
用前項之規定。

船長如有違反以上規定之行為，海上運送人對載貨證
券之正當持有人負責。

非指示式之載貨證券，如已得託運人或證券上載明受
貨人之同意，雖未面交載貨證券之複本，亦得將貨物
返還或交付之。但載貨證券之複本全份未收回時，海
上運送人為防止可能發生之損害，得於事前請求提供
擔保。

第六五五條　（運送契約雖經解除仍適用）運送契約在到達目的港
前，雖因偶然事故依第六二八條至第六四一條而解
約，第六五四條仍適用之。

第六五六條　（載貨證券在法律上之效力）海上運送人與受貨人間
之法律關，係依載貨證券定之。

載貨證券尤其用以證明海上運送人關於第六四三條第
八款第六六〇條推定其已依證券所載受取貨物。但此
項規定於左列各項不適用之。

一、依第六四六條在載貨證券上之追加條款已有附記
時。

二、依載貨證券如以包裝或密封器冊所盛之貨物交付
於船長，而關於內容曾以追加條款附記「內容不

知」或其類似文字時。

海上運送人與備船人或託運人間之法律關係依運送契約定之。

第六五七條　（關於數量之記載）依貨物之數量（體積件數或重量）約定其運費，且於載貨證券內亦有數量之記載，於載貨證券別無規定時，其運費計算以記載之數量為準。依第六四六條所為之追加條款，對運費不得解釋為別有規定。

在運費引用運送契約之場合，關於卸貨期間，延遲期間及延期費之約定，不得解釋為包括在引用契約之內。

第六五八條　（滅失時依買賣價格賠償）有第六〇六條第六〇七條情形，對於貨物之全部或一部滅失應行賠償時，海上運送人應於船舶開始卸貨時，以其目的地同一種類狀態貨物之通常市場價格或買賣價格賠償之。如未在目的地卸貨，以船舶到達目的地時之該貨價格計算。因滅失而免付之關稅與其他費用及運費，從賠償額中扣除之。

船舶未到達貨物之目的時，得以航海之終了地代之。航海因船舶之滅失而終了時，得以貨載之保管地為目的地。

第六五九條　遇第六〇六條第六〇七條情形，對損害貨物應行賠償時，海上運送人對於受損貨物賣出之價格，與未受損貨物在船舶於目的地卸貨時之通常市價或買賣價格間

所發生之差額，應賠償之。

因損害而免付之關稅及其他費用，於賠償額中扣除之。

第六六〇條　（責任之最高額）託運人在裝貨開始前，未將貨物之種類及價額通知，亦未記載於載貨證券時，海上運送人無論於任何情形下，對於各包件或各單位所負責任以一二五〇馬克最高金額為限。

第六六一條　（公錢債務）民間第二四四條適用之。但船舶到達目的地時，得依當對匯兌率折合之。第六五八條第二項準用之。

第六六二條　（強行法）載貨證券在發行時，

第五五九條（適航能力及載貨能力），

第五六三條第二項及第六〇六條至第六〇八條（損害賠償義務），

第六一一條，第六一二條（損害檢查），

第六五六條（載貨證券之推定證據力），及

第六六〇條（責任金額），

基於上述各條有關海上運送人之義務，不得於事前以法律行為免除或限制之。基於上述各條義務對於船舶債權人所生之權利亦同。對於海上運送人保險請求權移轉之合意，或所有類似之合意，視為免除責任之合意。

第六六三條　（有關責任認可之合意）第六六二條不妨礙為共同海

損情形所為之合意。

該條除上述外，不適用於左列事項：

一、生活動物，或在載貨證券上載明裝在甲板上且係依照實行者所為之契約。

二、在裝貨前或卸貨後海上運送人負擔義務者。

三、關於船舶運送不依通常商業交易習慣之合意，或因貨載之特殊性質或狀態，或船舶運送之特殊事由所為認為正當之合意，而此等合意已載入載貨證券，並記明「禁止指示」字樣者。

四、傭船契約（第五五七條）。

第六六三甲條　（船艙傭船與強行法）在船艙傭船而發行載貨證券時，其載貨證券自移轉於第三人時起，適用第六六二條之規定。

第六六三乙條　（對於郵件除外）依德國郵國政所定，對於海上貨物運送，不適用本章之規定。

第五章　爲旅客運送之運送行爲

第六六四條　（載人運送契約無移轉性）在旅客運送契約中，旅客之姓名經指定時，旅客對其運送權利，不移轉於他人。

第六六五條　（船長之指示）旅客對於船長有關船舶秩序之一切指示，負有服從之義務。

第六六六條　（旅客之延遲）旅客於發航後未適時乘船，船舶未待該旅客而發航，或繼續航海時，該旅客應支付全額運費。

第六六七條　（旅客之解約、死亡、障礙事故）旅客於發航前為解除運送契約之意思表示，或旅客死亡、疾病、或因身體上所發生之偶然事故而要求解約時，旅客僅應支付運費之半額。

發航後為解約之意思表示，或因發生前項某一揭示事故時，應支付全額運費。

第六六八條　（船舶之滅失）因偶然事故致船舶滅失時，其旅客運送契約失其效力（第六二八條第一項第一款）。

第六六九條　（戰爭開始、政府之處分）戰爭開始，船舶認為已無自由，且有被拿捕之顯著危險時，或因政府有關船舶某一處分，致停止航海時，旅客得解除契約。

因前項揭示之某一情形而中止航海，或因船舶僅以運送貨物為主，且以非由海上運送人之過失，而無法運送貨物，致不得不中止計畫時，海上運送人亦認有解約權。

第六七〇條　（損害賠償義務之不存在，中途為止之運送）凡依第六六八條第六六九條而於所有情形下解除旅客運送契約者，各當事人對於他方不負損害賠償之義務。

但於發航後始行解除契約時，旅就全航程中已經航行部分比例支付其運費。

應行支付之金額，其計算依第六三一條之規定。

第六七一條 （船舶之修繕）船舶在航海途中不得不修繕時，旅呌願等待其修繕者，仍應支付運費全額。旅客願待其修繕者，海上運送人迄再出航止，不需旅客之特別報酬，並應供給其住宿。關於旅客運送契約中之膳食，海上運送人應繼續履行其義務。

但海上運送人於不損害旅客在其他契約上之權利，以同等良好之便船通告運往目的港，經旅客拒絕利用時，此後至再出航止，旅客不得請求供給膳宿。

第六七二條 （旅客手提物之免費運送）旅客依運送契約得攜入船內之手提物，如對其運送別無約定時，除旅客運費外，不需支付特別報酬。

第六七三條 （旅客手提乏運送）對於旅客攜入船內之手提物，第五六一號，第五九三六一七條之規定適用之。

旅客手提物如交付於船長或其為接受之手提物任命之第三人後，對其滅失毀損，適用第六〇六條第六〇八條，第六一〇條至六一三條之規定。

對於貴重品、藝術品、貨幣及有價證券，以交付於船長或其任命之第三人時，曾將該物品之種類及價格當面通知者為限，海上運送人負其責任。

旅客對於攜入船內之一切物品，除上述外，第五六三條至第五六五條，第六十九條之規定適用之。

第六七四條 （旅客死亡時之手提物）旅客死亡時船長對其遺存船

內之手提物為適應情況，應為繼承人之利益，負有以適當方法保管之義務。

第六七五條　（為運送旅客之傭船）船舶為運送旅客而由第三人傭船，或為船舶全部，一部，或特定人數之旅客，不問其運送方法如何，對於海上運送人與第三者間之法律關係在事物性質上許可範圍內適用第四章之規定。

第六七七條　（對旅客運費適用運費法）本編以下各章所稱運費，以無相反規定為限，應解釋為包括旅客運費。

第六七八條　（移民法）有關移民制度之州法，縱其內容為私法規定，不妨礙本章規飲適用。

第六章　冒險借貸

第六七九條　（概念）本法稱冒險借貸者，指船長基於本法賦與之權限，為確認特定報酬，就船舶運費及貨載三項，對其中之一項或二項以上，設定質權之下，所為之金錢借貸行為而言，並約定俟船舶到達航海（冒險借貸航海）終了地後，債權人為滿足其請求權得僅就質物（冒險借貸之對象）供清償之合意。

一、船舶在船籍港外，依第五二八條第五三八條至第五四〇條第五四二條之規定，為實行航海之目的時。

二、在航海中依第五三五條，第五四二條及第六三二條之規定，為貨載利害關係人之單獨利益而保全

其貨載及繼續運送之目的時。

在第一項第二款情形，船長僅得就貨載為冒險借貸。如在其他所有情形時，船長以僅就船舶或運費或以船舶與運費，作共同擔保之情形下為限，得以貨載作冒險借貸。

以船舶為冒險借貸而對運費未有表示時，其冒險借貸應不包括運費。但以船舶及貨載為冒險借貸時，對運費視同共同擔保。

就運費為冒險借貸時，以遇上危險為限，更應承認其運費。

對於尚未航海部分之運費，亦得冒險借貸。

第六八一條　（冒險借貸報酬）對於冒險借貸報酬額應無限制，悉依當事人之合意。

對於報酬以無相反之約定為限，視為包括利息。

第六八二條　（冒險借貸證書）在冒險借貸時，船長應發行冒險借貸證書。其未能發行此項證書，船長為適應需要，純以信用行為為之者，承認貸款人具有債權人之權利。

第六八三條　（冒險借貸證書之記載事項）冒險借貸之貸款人得請求於冒險借貸證書上記載下列事項：

一、冒險借貸債權人之名稱，

二、冒險借貸之本金金額，

三、冒險借貸之報酬額或對債權人應行支付之金額總數。

四、就冒險借貸之擔保物品，應明載之，

五、載明船舶及船長，

六、因冒險借貸施行之航海，

七、冒險借貸債務之支付期日，

八、應行支付地點，

九、表示冒險借貸之證書辭句，或負擔冒險借貸債務之宣告，或其他充分表示冒險借貸存在之聲明，

十、冒險借貸契約上之必要事項，

十一、證書發行之年月日及地點，十二、船長署名。

船長之署名，基於請求以具有公證力之方式為之。

第六八四條　（作為指示證券之冒險借貸證書）依貸款人之請求以無相反之約定為限，冒險借貸證書得以債權人指示或無記名指示式作成之。以無記名指示作成者，解釋為貸款人之指示。

第六八五條　（書面所載必要事項之推定）冒險借貸書在發行制，對本行為須經德國領事，無領事時經證書發行地之裁判所，或其他有關機關，或以此等機關均不存在為限，由船舶職員以文書證明者，對船長所為之行為，以證明之本事件為限，推定為職權內之行為，並承認其反證。

第六八六條　（冒險借貸證書之複本）冒險借貸之貸款人得請求發行冒險借貸證書二份以上之複本。

發行二份以上之複本時，各份均應記載其發行之份數。

船長所為之冒險借貸行為，就一般性或以本事件為

限,未具備權限之抗辯,對被背書人之主張亦適用
之。

第六八七條　（支付地,支付期日,利息）冒險借貸債務,以冒險
借貸證書內無相異之記載為限,應於船舶到達目的港
八日內支付之。
包括報酬在內之冒險借貸債務全額,其利息自支付期
日起算。如其報酬係約定期間計算者不適用之。依期
間計算之報酬,應繼續至冒險借貸之本金清償為止。

第六八八條　（冒險借貸證書複本持有人之資格）在支付期日對於
僅持冒險借貸證書複本一份之正當持有人,不得拒絕
支付冒險借貸債務。
僅以複本為請求者得支付之,但須在原複本上記載收
訖之證明。

第六八九條　（二人以上證券持有人請求支付時之提存）二人以上
之冒險借貸證書複本正當持有人請求支付時,可拒絕
其請求,如擔保冒險借貸之目的物經已解除擔保,可
以金錢提存於公立機關,如上述提存無法實施時,再
以其他確實方法提存之。但應將其處置理由通知持有
複本之請求人。
無法向公立機關提存時,提存人對其處置及理由得使
作成具有證力之證書,但因此所生之費用,並得從冒
險借貸債務中扣除之。

第六九〇條　（冒險借貸之海損）冒險借貸之債權人不負擔共同海

損或單獨海損。

但擔保冒險借貸之目的物因共同海損或單獨海損對冒險借貸之債權以不敷清償為限，對因此所生之損害，債權人應負擔之。

第六九一條　（冒險借貸擔保物之責任）擔保冒險借貸之目的物，各個就冒險借貸債務之全部對債權人負其責任。

舉行冒險借貸之船舶於到達目的港之同時，債權人得對擔保冒險借貸之目的物，使實施假扣押。其為獲得假扣押命令，無須說明假扣押理由。

第六九二條　（船長有防止損害及保全之義務）船長對於擔保冒險借貸之目的物，應注意損害之防止與保全。船長如無緊急理由，對於冒險借貸債權人之危險，不得較締約時預計者更有增加，或加變更之結果之行為。

船長違反本條規定時，對冒險借貸債權人因此所生之損害，負其責任。（第五一二條）

第六九三條　（冒險借貸航海之變更）船長對冒險借貸之航海任意變更，或任意離開正當航路，並於航海終了後不為債權人利益著想，致使冒險借貸之擔保物發生新的某種海上危險時，以債權人認為擔保物不敷清償為限，對債權人負個人責任。但不敷清償非由於變更原航路及新海上危險所致者，不在此限。

第六九四條　（供冒險借貸擔保目的之貨載之交付）船長對於供冒險借貸擔保目的之貨載，在清償或提供擔保前，不得

以全部或一部交付於債權人。違反此項規定時，債權
人基於交付之貨物，在交付時約可獲得清償之限度
內，由其個人負責。

推定債權人為已受到全部清償。

第六九五條　（船舶所有人之責任）船舶所有人遇第六九二條至第
六九四條情形，命令船長行為時，第五一二條第二項
第三項之規定適用之。

第六九六條　（對債權人之償還）冒險借貸債務到期未能清償時，
債權人得就冒險借貸之擔保物取得清償。其清償適用
強制執行之規定。

關於船舶及運費之訴，得向船長或船舶所有人提起
之。對於船長所為之判決，其效力及於船舶所有人。

關於貨載之訴，在交付前得對船長提起之。

供冒險借貸擔保目的之貨載，對善意占有人之第三人
有所損害時，債權人不得行使其權利。

第六九七條　（受貨人之有限責任）供冒險借貸擔保目的之貨物，
於受領之際，明知該項貨物已作冒險借貸債務擔保之
受貨人，如因債務關係未能交貨時，對基於就物清償
之債權人，在提貨當時價格之限度內，負個人之義
務。

第六九八條　（冒險借貸航海之廢止或中止）冒險借貸之航海，在
發航前廢止其計劃者，債權人得就締約地請求立即支
付其冒險借貸債務。但債權人之冒險借貸報酬，應比

例減額。其減額以經過之危險對承擔之危險為比率基準。

冒險借貸之航海，非在目的港而終了時，其冒險借貸之報酬，不予減額。在該港內得於約定支付期間屆滿後，或合約上並無此期限之規定時，於屆滿第八日後支付之。其期間自航海終了之確定日起算。

以基於不牴觸第一項第二項之規定為限，適用第六八八條至第六九七條之規定。

第六九九條　（船長同時為所有人依指示所為之行為）船長同時為船舶或貨載之雙方共有人或單獨所有人或基於利害關係之特別指示而締結冒險借貸者，不妨礙本章規定之適用。

第七章　海　　損

第一節　共同海損及單獨海損

第七〇〇條　（共同海損）為避免船舶及貨載某一共同危險為目的，由船長對船舶或貨載，或兩者同時故意所為之一切加害處分，因而發生意外損害，以及為實施上述目的所發生之費用，均謂之共同海損。

共同海損由船舶、運費及貨載共同負擔之。

第七〇一條　（單獨海損）不屬於共同海損情事所發生之損害及費用，而其費用亦不以第六二一條所揭示者為限，單獨海損由船舶及貨載所有人各自單獨負擔之。

第七〇二條 （第三人或利害關係人之過失）危險之發生，不僅由
於第三人所為之過失為限，其由利害關係所為之過失
者，關於共同海損之規定，不妨礙其適用。

因上述過失應行負責之利害關係人，不僅自己所受損
害不得請求賠償，其他損害依共同海損之分擔規定，
對分擔義務人所受之損失，仍負分擔義務之責。

危險由於某一船員過失以致時，船舶所有人就過失之
結果，依四八五條及第四八六條負責。

第七〇三條 （經被撈救有效時為限，分擔海損）船舶及貨載雙方
之全部或一部，僅於確被撈救有效時，分擔共同海
損。

第七〇四條 （事後單獨海損之發生與分擔義務）因目的物獲救應
行分擔之義務，如該目的物於事後發現為單獨海損以
全部滅失之情況為限，其義務全部消滅。

第七〇五條 （事後共同海損之發生與賠償請求權）關於共同海損
之損害賠償請求權，如其受損害之目的物，其後發生
單獨海損，不關係新受損害，或全部滅失，設前後事
故不相關連，即令前一損害並未發生，但以後一損害
發生於前一事故之後者為限，其請求權消滅。

但在後一事故發生前，為修繕受損之目的物已經支付
費用時，對此項費用仍有賠償請求權。

第七〇六條 （共同海損之成立）有左列情形，同時備具第七〇〇
條及第七〇二條所規定之要件時，以別無規定為限，

成立共同海損：

一、實行將物品，船舶一部分或屬具投棄，帆桅切斷，纜或帆切斷，錨、錨鍊或鍊鎖強行拖引或切斷時。以上船舶或貨載之本身損害，及因實施處置所生之損害均屬共同海損。

二、為減輕吃水貨載之全部或一部改裝駁船時。

駁船費暨改裝駁船或裝回船內時，貨載或船舶所生之損害以及貨載在駁船內所受之損害，均屬共同海損。通常航海過程中必須減輕船舶吃水時，不視為共同海損。

三、為避免沉沒或拿捕為目的，故意將船舶擱淺時為限。

因擱淺所生損害包括拖回損害及其拖回費用，均屬共同海損。

為避免沉沒而擱淺之船舶，發見不能拖回，或拖回後而修繕不能（第四七九條）時，不得行使共同海損之分擔。

非為由於避免船舶及貨載危險，而故意擱淺船舶時，因擱淺所生之損害，不屬於共同海損。

但因拖回所使用之費用，及為拖回目的故意加諸船舶或貨載之損害，屬於共同海損。

四、船舶於繼續航海之際受有威脅，為避免船舶及貨載之共同危險，而進入避難港時，尤其船舶在航行中受有損害為修繕必要而入港時。

在此種情形下，入港及出港費用，船舶本身所生之停泊費用，停舶中支給船員之待遇及膳食，船員必須離開船舶在陸上所支付之住宿費用，此外

因進入避難港而必須將其貨載卸下時，自船舶卸載及再行裝返船內之費用，以及迄重行裝返船內時為止之陸上保管費用，以上均屬共同海損。所有停泊費用，自進入避難港後，以對於具有正常理由之繼續期間為限，均應算入，船舶因修繕必要為理由進港時，迄於修繕終了時之限度為止，其停泊費用，均應列入。

船舶修繕費用，以因共同海損中本身損害所為之修繕為限，屬於共同海損。

五、船舶對敵人或海盜施以防衛時。

在防衛中所加於船舶及貨載之損害，消耗之彈藥，及船員為防衛而傷亡之治療費喪葬費，暨依本法第五五三條第五五四條及船員法第四九條第五一條所支付之報酬，均構成共同海損。

六、船舶為敵人或海盜扣留而買回其船舶或貨載時。

此項為買回所交付之價款，人質之扶養，及為買回所生之費用，均構成共同海損。

七、為共同海損之賠償，在航海中調撥必要金錢所生之損失及費用時，以及利害關係人間因理算所生之費用時。

此項損失及費用亦屬共同海損。

尤其航海中賣卻貨物之損失，為調撥金錢而冒險借貸者，其冒險借貸之利息，如非屬冒險借貸而保險者，其保險費，勘查損害費，及為理算共同海損之費用，以上所列損失及費用，均屬共同海損。

第七〇七條　（單獨海損之場合）左列情形，不屬於共同海損者，視為單獨海損。

　　一、航海中基於單獨海損之必要而調撥金錢者，因此所生之損失及費用。

　　二、請求返還之費用。如船舶及貨載共同請求返還，而雙方請求均有成就時亦同。

　　三、因張帆所生船舶、屬具、及貨載之損害。為避免擱淺拿捕而張帆時亦同。

第七〇八條　（置於損害計算以外之物）在共同海損時，有關左列目的物之毀損及滅失，於計算損害時，置於估價以外。

　　一、未裝入甲板下側貨物，但依德國州法規定以容許裝在甲板上者為限，本規定不適用於沿海航行。（第五六六條）

　　二、未發行載貨證券，且未經紀載於載貨目錄或載貨明細書之貨物。

　　三、未對船長作適當通知之貴重品、藝術品、貨幣及有價證券。

第七〇九條　（船舶損害之查定）船舶或船舶屬具所生之損害，屬於共同海損者，其在航海中施行修繕，應在修繕地，且於修繕前，其他場合在航海終了地，由專家加以調查或評價。此項損害查定，其必要之修繕費用應以估價金額為其內容。在航海中為修繕者，其實際修繕費用，以在估價金額以上時為限，作為損害計算之基準。如以在航海中無法修繕為限，以評價為損害計算

之唯一基準。

第七一○條　（對船舶損害賠償額之計算）在水上加予船舶之損害，如未滿一人時，依第七○九條規定所查定之全部修繕費用，視為應行給付之賠償額。

對船舶一部分之損害賠償，適用前項之規定。尤其金屬舷板及船舶屬具分別使用後，尚未滿一年者均適用之。在其他場合自全部修繕費中應拒除新舊間之差額三分之一，錨鎖扣六分之一，但對錨則不予扣除。

此外因換裝新件而有殘存之舊件時，其舊件之賣出所得，或其價值全額中再扣除其他。

前項扣除之同時，其扣除由於新舊換裝而起者，以後者先行扣除，從其餘額中再扣除其他。

第七一一條　（被犧牲貨物之損害賠償）對於被犧牲貨物之損害賠償，以船舶目的地，開始卸貨時之同一種類，同一狀態之貨物，依當地市場價格定之。

無市場價格，或關於市場價格，尤其因貨物狀態在適用上發生疑義時，其價格應由專家查定之。

因貨物減失而免付之運費關稅及其他費用，應於價格內扣除之。

為支付屬於共同海損費用而賣出之貨物，視為被犧牲之貨物（第七○六條第七款）。

第七一二條　（對於毀損貨物其損害賠償）對屬於共同海損之貨物，其損害賠償，依毀損狀態下在船舶目的地，開始卸貨時，由專家所查定之出售價格，與依第七一一條

核定之價格，扣除因損害而免付之關稅及其他費用，
兩者間之差額決定之。

第七一三條　（價格減少）共同海損事故之前，或在進行中，或在
其後，發生其他不屬於共同海損之事件，致價格減
少，或消滅時，計算損害賠償時（第七一一條第七一
二條）應將其扣除之。

第七一四條　（航海目的之不成就）航海未在船舶及貨載之目的終
了，而在其他地點終了時，關於在目的地損害賠償之
查定，以其新生地點代之。如因船舶滅失而航海終了
時，以貨載之保管地代之。

第七一五條　（損失運費之損害賠償）損失運費之損害賠償，以被
犧牲貨物於船舶到達目的地時，或未到達目的地，而
到達航海終了地時，所應行支付之運費額定之。

第七一六條　（海損之分擔）構成共同海損之損害全部，應依船舶
與貨載價格及運費額之比例，就船舶貨載與運費分擔
之。

第七一七條　（船舶之分擔）船舶包括屬具依左列價格分擔之。
一、航海終了，卸貨開始時狀態之價格。
二、計入共同海損之船舶及屬具損害額。
　　　自第一項第一款核定之價格中，如於海損事故
　　　後，曾予實施修繕，或作購換者，應扣除其殘存
　　　價格。

第七一八條　（貨載之分擔）貨載依左列價格分擔之。

　　　　　一、航海終了卸貨開始時之殘存貨物，或航海因船舶
　　　　　　滅失而終了時，（第七一四條）其保管之貨物。
　　　　　　在上述兩者場合，其貨物以在海損事故時保存於
　　　　　　船舶內或駁船內（第七〇六條第二款）者為限。

　　　　　二、被犧牲之貨物。（第七一一條）

第七一九條　（貨物之評價）分擔之查定，依左列評價。

　　　　　一、就未毀損之貨物，以航海終了，船舶開始卸貨時
　　　　　　之當地市場價格，或由專家查定之價格中（第七
　　　　　　一一條）並經將運費關稅及其他費用扣除後之價
　　　　　　格。倘航海因船舶滅失而終了時（第七一四條）
　　　　　　以其救助之時地為基準。

　　　　　二、航海中發生變質，或不屬共同海損而受損之受
　　　　　　貨，在其毀損狀態下，依本條第一款規定之時
　　　　　　地，由專家查定之賣買價格內扣除運費關稅及其
　　　　　　他費用後之價格。

　　　　　三、被犧牲之貨物，依第七一一條為賠償作共同海損
　　　　　　之計算額。

　　　　　四、屬於共同海損之被毀損貨物，依本條第二款在毀
　　　　　　損狀態下所查定之價格，及依第七一二條計入共
　　　　　　同海損之毀損差額。

第七二〇條　「投棄貨物經撈救後之分擔」貨物投棄後復經撈救
　　　　　時，以所有人請求賠償為限，該貨物對於當時或其後
　　　　　之共同海損分擔之。

第七二一條 （運費之分擔）運費依左列金額，分擔三分之一。

一、收得之總額。

二、依第七一五條計入共同海損之金額。

施客運費（第六七〇條）因船舶滅失而自短收額中，扣去不須未付之費用後分擔之。

第七二二條 （後發緊急事故所生債權之扣除）因後發緊急事故，致對方負有分擔義務之目的物，發生某種債權時，以就該目的物價格中扣除債權額為限，參加分擔。

第七二三條 （分擔義務之例外）左列各物不參加共同海損之分擔。

一、船舶之武器及食料。

二、船員之薪給及其持有物。

三、旅客之手攜物。

前項物件被犧牲或屬於共同海損而被毀損時，應依第七一一條至第七一五條規定，給予損害賠償。但貴重品、藝術品、貨幣及有價證券，以曾適時通知船長者（第六七三條第二款）為限，給予損害賠償。對於給予賠償之物應以計入共同海損之價格或差額，參加其分擔。

第七〇八條所揭示之目的物，以免除危險為限，負分擔義務。

冒險借貸金不負分擔義務。

第七二四條 （事後滅失）在共同海損事故之後，於航海終了卸貨開始前，負有分擔義務之目的物發生全部（第七〇四

條）或一部滅失，或致價格減少時，尤其依第七二二條所定對某種債權負擔債務時，依此就其殘存目的物所應支付之分擔金額，比例增加之。

滅失或價格減少於卸貨開始後發生者，原課該目的物之分擔額，以目的物尚不足以清償為限，免其分擔賠償義務。

第七二五條　（賠償權利人之船舶債權人權利及法定質權）賠償權利人就船舶及運費所應支付之分擔額，具有船舶債權人之權利。關於負有分擔義務之貨物，就其應行支付之分擔額，具有各個貨物上之質權。但此質權如在貨物交付後，是以損害善意占有之第三人者，不得行使其質權。

第七二六條　（對分擔額之有限責任）為支付分擔額，不因海損事故本體，發生個人義務。

受貨人於得知須繳付分擔金額領取附有分擔義務之貨物時，以交付貨物當時時價為限，負個人義務。如貨物未為交付時，則以該貨物可能構成之價格為限。

第七二七條　（決定損害與分擔）損害之決定與分擔，在目的地實行之。未到目的地者，於航海終了之港口行之。

第七二八條　（理算之立即開始）船長有立即開始使之理算共同海損之義務。違反其義務時，船長對各利害關係人負責。

共同海損之理算，未能適時開始時，各利害關係人得

聲請開始並督促之。

第七二九條　（理算人）在本法範圍內由常任理算人，或無常任時，由裁判所特別選任之理算人開始理算。

各利害關係人應就力之所及，將開始理算之必要文書，尤其傭船契約書，載貨證券及發送單，交付於理算人。

第七三〇條　（擔保之提供）依第七二七條在應舉行損害決定與分擔之港口內，為使船舶得以出航，貨載利害關係人於出航前，應對船舶應行支付之分擔額提供擔保。

第七三一條　（先交貨物之禁止，法定質權之行使）船長對於共同海損分擔額應行負責之貨物，在清償或提供擔保前（第六一五條），不得交付。違反時，船長對分擔額負個人責任。但貨物上之責任不因此而受影響。船舶所有人指示船長行為時，第五一二條第二項第三項之規定適用之。

損害賠償請求權人，對於負有分擔義務之貨物具有質權。海上運送人為請求權人之權益計，得實行之。由海上運送人實行此質權時，適用有關海上運送人為運費及附帶費用質權之規定。

第七三二條　（為繼續航海對貨載之使用）船長為繼續航海，且為不屬於共同海損之目的，而以貨載為冒險借貸之擔保，或出賣一部分，或為使用處分，致貨載利害關係人對其賠償請求權從船舶及運費中（第五四〇條第五

四一條）無法獲得償還，或不敷償還因而受有損害時，全部貨載利害關係人應依共同海損之原則分攤之。

對於損害之查定，在一切情形下，關於貨載利害關係人之分攤，尤其在第五四一條第二項第二款情形，悉以第七一一條所定損害賠償為基準。倘成立共同海損時，對於賣出之貨物，以其決定之損害賠償價格，定為參加分攤額（第七一八條）。

第七三三條　（依第六三五條第七三二條對使用貨物之分攤額及損害賠償）在第六三五條第七三二條情形下，應行支付之分攤額及所為之損害賠償，於所有法律關係上，依共同海損情形下之分攤額及損害賠償同一處理。

第二節　船舶因碰撞之損害

第七三四條　（因偶然事故之碰撞）船舶碰撞如因偶然事故或天災所致，或原因不明時，因此所致船舶或船內人與物之損害，不發生賠償請求權。第七三五條　（因船員過失所致之碰撞），因一方船員過失所致之碰撞，該船舶所有人負損害賠償義務。

第七三六條　（因雙方船員過失所致之碰撞）碰撞由於關係船舶雙方船員之過失所致時，此等船舶所有人對於船舶或其內裝物所受之損害，各依過失輕重，負比例賠償義務。無法定其輕重比例，或過失相等時，由此等船舶所有人負平均分攤之賠償義務。

因船內發生生命之死亡傷害，或礙及健康之損害，雖碰撞由於雙方過失所致，此等船舶所有人對被害人負連帶債務人之責任。但其相互間之關，係對於此類損害仍適用第一項之規定。

第七三七條　（強制引水人之過失）船舶在強制引水人指導之下，因引水人之過失碰撞者，船舶所有人不負責任。但因船員未履行其義務者，不在此限。

第七三九條　（內水航行船之適用）本節規定，對於內水航行船與事故有關時適用之。

船舶所有人以其船舶及運費為其責任限制之規定，及其責任基於契約之規定，以及對船員過失結果負責之規定，均不妨礙其適用。

第八章　海難中之撈救與救助

第七四〇條　（撈救、救助費）在海上危難中，船舶或船內之物，於脫離船員支配之後，為第三者占有，或經其撈救時（撈救）或在上述情形之外，船舶或船內之物，經第三者救出時（救助），依本章規定，發生撈救費或救助費之請求權。適用商法之船舶，縱使用於內水航行，遇有撈救或救助時，亦發生上項請求權。

第七四一條　（救助作業不奏效，救助費不存在）有給付之作業未能奏效時，不得請求撈救費或教助費。支付之金額在任何情形下，不得超過被撈救或救助目的物之價格。

第七四二條　（經拒絕後所為之救助，由於履行拖船契約之救助，其救助費均不存在）違反船長之明白拒絕，而對遇難船舶之船員亦無上項請求權。

拖船對其拖航之船舶或貨載施以撈救或救助者，以非為履行拖船契約之非常作業為限，得請求撈救費或救助費。

第七四三條　（第於同一船舶所有人其他船舶之撈救救助費）同一船舶所有人二船以上相互之撈救或救助，得請求撈救費或救助費。

第七四四條　（撈救救助費之決定）無當事人間之合意時，撈救費或救助之金額，應考慮當時情形，以公平判斷定之。

撈救費或救助費有二艘以上之船舶參加分配時，其比例亦可同樣決定。但不妨礙第七四九條之規定。

撈救費應以金錢定之。撈救費或救助費之參加人未能一致聲請時，不以撈救或救助目的物之價格，決定其比例。

第七四五條　（決定撈救救助費之重點）決定撈救費或救助費之金額時，應特別考慮下列各點：所得結果，從事作業者之努力與功績，被撈救或救助船舶及其內載之人或物所遭遇之危險，參加撈救或救助人本身及其船舶所受之危險，使用時間，所生之費用及損害，參加撈救或救助人所擔負之責任或遭遇其他損害之危險，參加人在遭遇危險時所使用之材料價格，此外根據當時情形，關於撈救船或救助船之特別目的，亦應考慮。

被撈救或救助目的物之價格，包括以二次為限之貨物運費或旅客運費請求權在內，亦得加以考慮。

第七四四條第二項關於分配之規定，本條準用之。

第七四六條　（附帶費用）撈救或救助費中，有關官署費用及手續費，由於目的物應付之關稅及其他租稅，暨目的物之保管、保存、估價、及移轉費用，均不包括在內。

第七四七條　（救助給付契約由於法院之變更或消滅）撈救或救助契約在危險時期及其影響下所締結，其同意條件顯失公平時，法院基於請求，得變更其契約，或宣告其無效。契約當事之一方，由於詐欺而締約時，或撈救救助費因作業關係所為之給付顯失妥當，或測定之高低與方向有失妥當時亦同。

第七四八條　（撈救人或救助人之過失或不正）撈救人或救助人因自己過失所生之必要性撈救或救助，或有竊盜隱匿及其他不正行為，應行負責時，其撈救費或救助費得減額支付，或全額拒絕支付。

第七四九條　（撈救救助費之分配）船舶或貨載之全部或一部因其他船舶之撈救或救助時，其撈救或救助費由船舶之所有人，船長，及其他船員依下列方法分配之。首先賠償該船舶因撈救或救助所生之損害及超過通常經營之費用，然後就其餘額，如為輪船，船舶所有人得三分之二，如為帆船，船舶所有人得二分之一。輪船船長及其他船員各得六分之一，帆船船長及其他船員各得

　　　　　　四分之一。

　　　　　　除船長外，應歸屬於船員之款額，應考慮各人物的及人的作業情形，就全體船員分配之。船長於航海終了前將參加人應得之分配額作成分配案以告示向船員行之。

　　　　　　於告示後對分配案有異議者，須向船員局提出，船員局於訊問關係人後，對於異議或其他分配應作成終局裁決。此項裁決不視為訴訟。船員局應將裁決書謄本儘速送達船舶所有人。

　　　　　　違反第一項及第二項規定之同意無效。

　　　　　　本條規定對於專用於救護之輪船及藉拖輪所為之撈救或救助，不適用之。

第七五〇條　（人命救助）於實施撈救或救助中，從事人命救助者，對於船舶及財物之救助報酬金，得請求公平分配。被救人不須支付撈救或救助費。

第七五一條　（救助金之法定質權及留置權）關於撈救及救助金，尤其撈救及救助費，債權人對於被撈救或救助之目的物，享有質權。同時在提供擔保前，對該目的物有留置權。

　　　　　　質權之實行，準用第六九六條之規定。

第七五二條　（船長之留置義務）對債權人清償，或提供擔保前，船長不得交付貨物之全部或一部。

　　　　　　違反時，船長對債權人基於交付之貨物，在交付時，得為清償之限度內，負對人義務。

第七五三條　（對於撈救及救助金之有限責任）由本船撈救或救助者，對於撈救及救助金之支付，不發生對人義務。

受貨人於取貨時明知該貨物必須支付撈救或救助金者，在該貨物交付前，應行償還之限度內，負有對人義務。受貨人於取貨後如有其他貨物，須分擔全部目的物之撈救或救助金時，受貨人所負償還責任，以不超過取得貨物所應分擔之金額為限。

第九章　船舶債權人

第七五四條　（船舶債權人權利之發生事由）左列債權認為船舶債權人之權利：

一、由於強制執行而被拍賣之船舶，在到達最後港口入港以後，關於該船舶所有屬具之看守及保管費用，不得作為強制執行費用。

二、關於船舶各稅，關於航海各稅，及港稅，尤其噸稅，燈塔費，檢疫費及入港稅。

三、基於船員僱傭契約及雇入契約所生之債權。

四、引水費，撈救救助金，應行收回費用，及返還請求費用。

五、船舶在共同海損中之應行分擔額。

六、以船舶為擔保之冒險借貸債權，以及船長在船籍港以外港口停泊中，基於其他信用行為必要時締結之債權，（第五二八條，第五四一條）船長對於該船舶是否為共同所有或單獨所有可不必過問。當船舶在船籍港外停泊中，為船舶安全保持及實行航海必要，且與船長資格及船長信用行為

無關之情形下，因交付或給付債權必要而發生之
行為，可視為上述基於信用行為所締結之債權。

七、貨載及第六七三條第二項所載旅客手提物，因未
能履行交付，或毀損所生之債權。海上運送人縱
非船舶所有人時亦同。

八、不屬於上列各款，船長基於船長身分之法定權
限。並無特別授權關係，因法律行為所生之債
權。（第四八六條第一項第一款），及不屬上列
各款以屬於船長職務內者為限，由於船舶所有人
締結之契約，因不履行，或不完全履行，或履行
有瑕疵所生之債權。（第四八六條第一項第二
款）。

九、由於船員過失所生之債權。（第四八五條第四八
六條第一項第三款），共有船舶或獨有船舶之船
員均同。

十、勞動傷害保險被保險人或其所組織之團體，由於
有關傷害保險規定，及保險機關由於有關廢疾保
險規定，對船舶所有人所生之債權。

第七五五條 （船舶債權人之法定質權）冒險借貸未就船舶設定擔
保時，船舶債權人就船舶及其屬具享有法定債權。
法定質權得對抗該船舶之所有第三占有者，並有追及
權。

第七五六條 （全部運費之追及）船舶債權人所有之法定質權，除
上述外，對於因航海所發生之全部運費有追及權。

第七五七條　（航海）船舶因重新艤裝而航海，或因新訂運送契約，或於全部貨載卸載後而開始航海，本章均解釋為航海。

第七五八條　（因薪給而生之法定質權得追及以前運費）在同一雇傭契約或雇入契約，在不同之航次中，第七五四條第三款所載之船舶債權人因後一航次所生之債權，對於以前航次之運費，並有法定質權。

第七五九條　（冒險借貸債權人之質權）依第六七九條冒險借貸債權人所屬之質權，對於適用於其他債權人法定質權之規定，亦適用之。但冒險借貸債權人之質權範圍，依冒險借貸契約之內容定之。

第七六〇條　（附屬於債權之質權）屬於船舶債權人之質權，對於本金、利息、冒險借貸報酬及費用，發生同一效力。

第七六一條　（船舶債權人之權利實行，被告資格）船舶債權人就船舶及運費實行其權利時，適用強制執行之規定。
不僅對船舶所有人得提起訴訟，對船長亦得為之，船舶停泊於船籍港時亦同。對船長所宣告之判決，對船舶所有人亦生效力。

第七六二條　（船舶所有人之對人義務）船舶債權人之權利在發生時或發生後，如船舶債權人之權利，併歸船舶所有人時，對此項債權所負之對人義務，不生影響。
前項規定，尤其對於船員基於雇傭契約及雇入契約所

生之債權適用之。

第七六三條　（船舶共有體）船舶屬於共有體與船舶屬於一人相同，以船舶及運費，對船舶債權人負責。

第七六四條　（強制拍賣及緊急賣出時，其質權消滅）船舶除在國內執行強制拍賣以外，船長因不得已事故，基於法定權限，將船舶實行賣出時（第五三〇條），船舶債權人對船舶之質權，因以消滅。

賣得之價金，在買主尚未支付，或尚存船長手中為限，對於船舶債權人得視為船舶之代位。

對於船舶之其他債權，本條亦適用之。

第七六五條　（船舶債權人不明之公示催告）除第七六四條所載情形外，船舶於移轉時，受讓人對於債權人不明之質權，有依公示催告程序，申請除斥之權利。

第七六六條　（看守及保管費用之優先順位）船舶到達最後港口入港以後之看守及保管費用（第七五四條第一款）優先於船舶債權人之其他所有債權。

第七六七條　（其他船舶債權人之優先順位）第七五四條第二款至第九款所載之債權，其最後航次所發生者（第七五七條），包括最後航次終了後所生之債權，優先於以前航次之債權。

最後航次之債權不存在時，以航次在後者優先於航次在前者。

但第七五四條第三款所舉之船舶債權人，其前一航次之優先債權，以同一雇傭契約或雇入契約而有不同之航次為限，與後一航次之優先債權有同一順位。

依第七五七條所謂之航海有二次以上，並以冒險借貸為內容時，冒險借貸債權最先發生者，其順位較在後發生者為後。

第七六八條　（同一航次之順位）關於同一航次可作為同樣處理之債權，其償還依左列順位：

一、關於船舶、航海、及海口之各種稅款。

二、船員基於雇傭契約及雇入契約之債權（第七五四條第三款）。

三、引水費、撈救救助金、應行收回費用、及返還請求費用（第七五四條第四款）、共同海損中船舶分擔額（第七五四條第五款）、船長因緊急情形所為之冒險借貸或其他信用行為所生之類似債權（第七五四條第六款）。

四、貨載或旅客手提物因未交付或毀損所生之債權。

五、第七五四條第八款第九款所載之債權。

第七六九條　（其他順位）第七六八條第一款第二款第五款中列舉之債權，載在同一款內者，有同一順位之權利。但第七六八條第三款所載之債權，在後發生之債權較在前發生者為優先。同時發生者有同一順位之權利。船長迫於必要情事而為種種行為時（第七五四條第六款）因此所發生之債權，視為同時發生。

基於信用行為之債權，尤其第七六八條第三款所載之

債權，如為清償發生在前之債權而締結之冒險借貸契約，或船長為延遲支付日期，或為確認發生在前之債權，或基於更新契約所生之債權，縱為繼續航海所為之信用行為，或為必要情形所訂立之契約，僅以發生在前之債權得有優先順位。

第七七○條　（有關社會保險補償債權之後順位性）第七五四條第十款所載之債權，不論發生時間之先後，其順位在船舶債權人其他所有債權之後。

第七七一條　（運費上之質權）船舶債權人對於運費上之質權（第七五六條）其效力僅以運費尚未支付或為船長所持有者為限。

第七六六條至七七○條之順位規定，對運費上之質權適用之。

運費移轉時，在運費尚未支付或為船長所持有者為限，船舶債權人得對新債權人主張其質權。

船舶所有人對船舶債權人之質權因有全部或一部喪失時，應就其所已收之運費，負對人責任，即依法定順位，各船舶債權人，就已收運費分配應得之限度內，對各船舶債權人負對人責任。

船舶所有人對於裝運自己貨物，應按裝船地裝船時之通常運費，負前項同一之對人責任。

第七七二條　（船舶移轉後船舶所有人之責任）對運費之質權，如船舶所有人使用運費向一人或二人以上之債權人清償時對於享有優先權之其他債權人，以有故意將其除外

為限，負其責任。

第七七三條　（船舶所有人對優先權人之責任）遇第七六四條第七六五條情形，基於強制拍賣、出賣、或公示催告程序，玫質權消滅者，船舶所有人對於船舶債權人在其收得之出賣價金限度內，或對於該航次之債權人（第七七一條第七七二條）在其收得之運費限度內，同負對人責任。

第七七四條　（重新航海時船舶所有人之責任）船舶所有人知有船舶債權人之債權存在，應就船舶及運費負一切責任，因之船舶重新航海（第七五七條）不適合於船舶債權人之利益時，依船舶發航時之價格及其法定分配順位所應得之金額限制度內，船舶所有有人對該債權人負對人責任。

債權人之分配額推定為應受全部清償。

船舶所有人因收得運費，對債權人所負之對人責任（第七七一條），不妨礙本條規定之適用。

第七七五條　（船舶債權人於賠償時之法律上地位）船舶債權人對共同海損情形下因犧牲或損害之賠償，得視為備賠目的物之代位。

船舶滅失或毀損之損害發生，或因貨物之滅失毀損致有喪失運費之損害發生，係由於行為人之違法行為所致者，該行為人對船舶所有人損害賠償之支付亦同。

船舶所有人於收到此項賠償，或補償或收得運費時（第七七一條第七七二條），就其收得之限度內，對

船舶債權人負對人責任。

第七七六條　（船舶債權人質權之優先順位）船舶債權人實行質權，如同時有其他質權或其他債權時，以船舶債權人優先。

第七七七條　（對貨物之質權）運費、冒險借貸款、共同海損分擔額、撈救及救助金、（第六二三條第六七九條七二五條第七五一條）對貨物上有追及效力之質權中，運費質權之順位在其他所有質權之後，而所有其他質權中，以發生在後者較之發生在前者為優先。同時發生者，有同一優先權。船長因同一緊急事由所為行為而生之債權，視為同時發生。

因共同海損及違法行為而滅失或毀損時，適用第七七五條之規定。又船長為避免或減少滅失，依第五三五條第三項規定而出賣時，適用第七六四條之規定。又自行計算賣價而出賣者，於收得價金時，適用第七七三條之規定。

第十章　對於航海危險之保險

第一節　總　　則

第七七八條　（保險標的）任何人對船舶或貨載有得以金錢估價之利益，而有航海危險存在時，均得為海上保險之標的。

第七七九條　（例）尤其左列事項得投付保險：

船舶

運費

旅客運送費

貨物

冒險借貸金

海損必要費

以船舶、運費、旅客運送費、或貨物為擔保之其他債權，貨物到達目的後為取得預期利益應付之手續費。

保險人承擔之危險（再保險）

對上項中之一項保險者，不包括其他各項之保險。

第七八〇條 （薪津債權無被保險性）船長及海員之薪津債權，不得投保。

第七八一條 （為自己或他人計算或未確定之保險）要保人為自己利益（為自己計算而保險）或為第三人利益（為他人計算而保險）均得投保。為第三人利益投保時，有無指定其為被保險人亦均無不可。

為自己計算，或為他人計算（為被保險利益關係人計算）尚未決定者，亦得投保。為他人計算之保險業經被承諾者，適用關為他人計算而保險之規定。

為他人計算，或為被保險利益關係人計算之保險，雖已被承諾，而在契約上未經明示時，得視為要保人為自己計算之契約。

第七八二條 （刪）

第七八三條　（由代理人保險）由被保險人之任意代理人，事務管理人或其他代理人以被保險人之名義，訂立保險契約時，本法不認代理人為要保人，亦不認該保險係為他人計算之保險。

是項保險對於被指定第三人之利益發生疑義時，推定為他人計算之保險。

第七八四條　（保險證券）由保險人署名關保險契約之證書（保險證券）經要保人之請求，保險人有交付之義務。

第七八五條　（被保險利益之缺乏）在訂立保險契約時，如意彌補之可能發生之損害，業已消滅，或已發生者，對保險契約之效力，不發生何等影響。

但當事人雙方知有此種情事時，其保險契約無效。

保險人一方對於意欲彌補之可能發生之損害，知其業已消滅，或要保人之一方對於意欲彌補之可能發生之損害，知其業已發生者，其契約對於不知情之對方無拘束力。遇有以上第二種情形，保險人除得主張保險無拘束力外，並得請求全部保險費。

代理人代要保人訂立契約時，適用第八〇六條第二項之規定，為他人計算之保險，適用第八〇七條之規定，兼有上述二項目的或包括其中一項目的之保險，適用第八一〇條之規定。

第七八六條　（保險價額，超額保險）投保標的物之總價額視為保險價額。

保險金額不得超過保險價額。

保險金額超過保險價額部分（超額保險）其保險在法律上無效。

第七八七條　（重複保險）同一保險標的，對同一危險，有二個以上保險，因之保險金額之總計，超過保險價額時，（重複保險）各保險人各依契約所定數額負支付義務。對於被保險人並各負連債務人之義務。但被保險人不得請求超過損害總額之賠償。

各保險人相互間依各個契約應行支付之數額，負比例分擔之義務。此等保險之有適用外國法時，該適用外國法之保險人在其依法有分擔義務之限度內，得對其他保險人為該項分擔額之請求。

被保險人以非法獲得財產上之利益為目的，而為重複保險時，其契約無效。保險人在立約時，以不知其為無效為限，得請求全部保險費。

第七八八條　（重複保險時保險金額之減額）要保人不知發生重複保險而立約時，要保人對各保險人之保險，應就各保險人之負擔關係，將保險金額比例核減，並得請求將保險費比例照減。

保險金額及保險費之減額，自保險開始生效。如對某一保險人之危險已在進行，再與其他保險人立約時，則保險人得收取相當之解約手續費。

此項請求減額之權利，要保人知有重複保險後，因延遲行使而消滅。

第七八九條　（通知義務）對同一危險，同一利益，向二個以上之

保險人訂立保險契約時，各保險人應立即通知其他保險人。

第七九〇條 （刪）第七九一條 （刪）第七九二條 （一部保險）保險金額未達保險價額時，在損害計算上，保險人僅對保險金額與保險價額之比例損害額負責。

第七九三條 （完成議價手續之保險單）保險價額經當事人間同意以一定之金額（議價）決 定時，（完成議價手續）此項議價可作為規定之保險價額。

但此項議價顯屬過當時，保險人得請求減低之。在契約訂立之際，倘因議價所生之預計利益超過商業計算上應得之利益時，保險人亦得請求減低此項議價。

載有初步議價條款之保險單，以在未改為確定議價前為限，得視為預約保險單（Open policy）。

關於運費保險，以保險單上有特別約定及保險人遇有損害賠償時為限，適用上項議價。

第七九四條 （個別議價）二個以上保險標的，或二個以上保險標的之總價，雖可作為單一契約處理，並包含在單一保險金額內，但此等標的如經約定個別議價時，則個別議價後之保險標的得視為個別保險。

第七九五條 （船舶之保險價額）船舶保險價額之議價，如當事人間對於個別基準未能同意時，以保險人負擔危險開始時，船舶所持有之價額為其保險價額。

本條規定對於船舶之保險價額已完成議價手續時亦適

用之。

第七九六條　（艤裝費用，船員薪給及保險費用）艤裝費用，船員薪給，及保險費，得與船舶同時投保，或一併在總運費內，或另行個別投付保險。此種保險以有特殊合意為限，解釋為連同船舶保險。

第七九七條　（運費保險）運費得在其總額限度內，投付保險。運送契約中所定之運費額，如未定運費，或由船舶所有人自行計算運費裝載貨物時，則以通常運費（六一九條解釋為運費保險之保險價額。）

第七九八條　（運費保險之範圍）在運費保險為全部保險或一部保險未經指定時，推定為運費全額保險。總運費或純運費未經指定時，推定為總運費保險。以往復航次合併之單一運費為投保之保險金額，而對往航之運費部分及復航之運費部分未經指定者，以往航運費二分之一與復航運費二分之一計算之。

第七九九條　（貨物之保險價額）貨物之保險價額如當事人間別無議價基準之合意時，以裝船地裝船時之貨物價額，包括保險費用及船舶航行終了之一切費用加入計算，視為保險價額。運費在航海中與到達目的之費用，以有約定為限，得加入計算。本條規定對貨物保險已完成議價手續者適用之。

第八〇〇條　（被保險利益中費用之節減）以艤裝費用或船員薪給
　　　　　　之個別保險，或以總運費保險，或在貨物保險中以運
　　　　　　費或航海中費用或到達目的之費用為保險時，保險人
　　　　　　對於費用，船員薪給，或運費因故減免支付之部分不
　　　　　　予賠償。

第八〇一條　（包括預期利益及手續費之保險）在貨物保險，貨物
　　　　　　之保險價額雖已經過議價，對於預期利益或手續費以
　　　　　　有契約規定為限，視為包括於保險之內。
　　　　　　包括預期利益之保險，如議定之保險價額未經額未經
　　　　　　指定任何部分相當於預期利益時，以貨物保險價額
　　　　　　（第七九九條）百分之十推定為預期利益之保險。
　　　　　　包括手續費之保險，適用第二項規定，以百分之十讀
　　　　　　為百分之二。

第八〇二條　（以保險價額之議價為保險金額）以預期利益或手續
　　　　　　費特別投保，而保險價額尚未完成議價致未能明確
　　　　　　時，得以保險價額之議價視為保險金額。

第八〇三條　（冒險借貸金之保險）包括冒險借貸報酬之冒險借貸
　　　　　　金，得為冒險借貸債權人而保險。
　　　　　　在冒險借貸金之保險，如擔保冒險借貸之標的物未有
　　　　　　表示時，推定以船舶，運費及貨載為共同標的物。如
　　　　　　事實上所有標的物未作冒險借貸之擔保時，僅保險人
　　　　　　得主張此項事實。

第八〇四條　（損害賠償請求權移轉於保險人）保險人已履行自己

債務，而被保險人對第三人有賠償請求權存在時，保
險人在其賠償損害之限度內，得繼承被保險人對第三
人之權利。但不妨礙第七七五條第二項及第七七七條
第二項規定之適用。

被保險人經保險人之請求時，關於承繼對第三人權利
具有公證力之承認證書交付之義務。但由保險人照付
所需費用。

被保險人因自己一切行為致侵害此項權利時，應負責
任。

第八〇五條　　（關於擔保權受讓之權利）提供海上危險債權擔保之
標的物，於投付保險後，遭受損害時，在保險人被保
險人在對保險人請求前，不得對債務人行使該項權
利。

第二節　立約時之告知

第八〇六條　　（關於一切危險情事之告知義務）不問為自己計算或
為他人計算而保險，在立約時，關於保險人判定危險
負擔應行明瞭之一切重要事項，足以影響契約上一般
或特殊條款所負之義務者，要保人應告知保險人。由
要保人之代理人訂立契約時，以代理人所知之情事告
知之。

第八〇七條　　（為他人計算而保險之告知義務）為他人計算而保險
時，在契約訂立之際，被保險人或中間受委託人所知
事項，必須通知保險人。

　　　　但被保險人或中間受委託人所知事實,在契約訂立以前,必須在一般方法以外,用非常方法通知保險契約者,而此項通知因而遲到時,則不在此限。

此外,此項保險如非由被保險人之委託,受理時被保險人並不知情,且當契約訂立之際,保險人已知並無委託事項之存在時,則被保險人所知事實之通知一節,亦不在此限。

第八〇八條　(未告知時之解約權)違反第八〇六條第八〇七條之規定,未以重要事項告知時,保險人得解除其契約。

要保人或利害關係人依第八〇六條第二項或第八〇七條所知之重要事實,惡竟規避,不為告知時亦同。

保險人知有未告知之事實,或其不告知非由其過失時,保險人不得認有解約權。

第八〇九條　(因告知不真實之解約權)保險人對於告知之重要事實有不真實時,得解除契約。

保險人知其為不真實,或不真實之告知非由過失時,不認為有解約權。

第八一〇條　(一部解約)關於保險標的物之一部分,已有解約權之前提事由存在時,保險人對其殘餘部分,以在同樣條件下可認為不與締約為限,保險人得對殘餘部分有解約權。

第八一一條　(解約期間,解約通知之對方,解約之法律上效力)解約須於一週之期限內為之。此項期間自保險人知有

違反告知義務時開始。

解約對要保人以意思表示為之。保險人雖在解約時，仍得收取全額保險費。已受領之賠償金應返還之，並自受領之日起支付利息。

保險人在應負責任之事故發生後，因違反告知義務之事實而解約時，如對保險事故之發生，及保險人之給付內容不生何等影響時，保險人仍有損害賠償義務。

第八一一甲條　（保險費之提高）違反告知義務而保險人之對方無過失責任，致保險人無解約權時，為考慮保險危險較重，如有加高保險費率方能相當情形，保險人得請求收取較高費率。立約時未將有關危險負擔之重要事項告知保險人，縱其事項為其對方所不知時亦同。

對於較高保險費之請求權，保險人自知有違反告知義務之事實時起，因一週期間內不行使而消滅。

第八一一乙條　（因詐欺而撤消）保險人因詐欺之契約撤消權，不妨礙其行使。

第三節　被保險人基於保險契約之義約

第八一二條　（保險費之支付期限）保險費以別無約定為限，於立約後，請求保險單時，於交付保險單時支付之。

要保人負支付保險費之義務。

第八一三條　（航海之變更）在危險對保險人開始進行前，以不同

之航海代替保險契約上之航海,自開航時起,保險人對船舶及運費之保險不負一切責任。其他保險,以變更航海之實行,未得被保險人或其委任人之同意為限,保險人對於變更航道之危險,仍應負責。

在危險對保險人開始進行後,變更保險契約上航海時,保險人對於變更航海後所發生之事故,不負責任。但變更之實行,未得被保險人或其委任人之同意,或其變更因緊急必要事故所發生者,保險人對變更後之事故,仍負責任。惟發生緊急必要事故之危險非保險人所負擔者不在此限。

決定駛入之目的港雖有異於契約所定,而此二目的港之航路並無區分時,得變更航海。此項規定對第一項及第二項之情形適用之。

第八一四條　（危險之變更）因被保險人或其委任人之同意,致發航或航海終了有不當延遲,或離開保險契約上航海之相當航路,或到達之港不在保險契約上航海範圍之應有方向,或被保險人以其他方法致增加或變更危險時,尤其有特約存在而未履行時,保險人對於其後發生之事故,不負責任。

但前項規定對下列情形不發生效力:

一、危險之增加或變更絕由其後事故發生所影響者。

二、危險之增加或變更已在危險對保險人開始進行之後,或因緊急必要而發生者。但發生緊急必要之危險,原非保險人所應負擔者,不在此限。

三、船長因人道關係不得已而離開航路者。

第八一五條　（船長姓名之表示）立約時雖表示船長姓名，此種單純表示，不包括該船必須由被表示船長指揮之約定。

第八一六條　（貨物以不同方法繼續運送）在貨物保險，貨物之運送以未依指定之船舶為限，保險人對於任何事故不負責任。但保險人負擔之危險既經開始以後，未經被保險人或其委任人之同意，以指定船舶以外之船舶繼續運送，或其他類似事故，保險人仍負契約責任，惟其事故非由保險人所應負擔之危險所致者，不在此限。

第八一七條　（船舶之通知）在貨物保險，由一船或二船以上裝運未有表示時，（未指定船舶或未指定名稱）被保險人於接到被保險貨物裝上船舶之通知時，應立即通知保險人。

怠於履行通知義務者，保險人對於貨物裝船後所發生之事故，不負一切責任。

第八一八條　（事故通知）要保人或被保險人知有保險之存在，則被保險人受到事故之通報時，應即通知保險人。違反此項規定者，保險人因未於適當時期內獲得通知，有將其損失從損害賠償金額內扣除之權利。

第八一九條　（救助義務、協商）被保險人在發生事故時，有用各種可能方法救助被保險物以防止損害擴張之義務。

如屬可能，被保險人所採之必要方法，應先與保險人協商。

第四節　危險之範圍

第八二〇條　（危險負擔之範圍，例）以別無規定為限，保險人依下列規定，或依契約，負擔船舶或貨載在保險期保險人尤其負擔下列危險：

一、海水之浸入、擱淺、破損、沉沒、火災、爆炸、觸雷、地震、冰雹等自然損害及其他海上事故之危險。由於第三人之過失而發生者亦同。

二、戰爭危險，或由於政府處分之危險。

三、基於對被保險人無債務關係第三人之聲請而發生假扣押之危險。

四、竊盜之危險及海賊，掠奪暨其他暴行之危險。

五、為繼續航海，以被保險貨物為擔保為之冒險借貸，或將該貨物出賣使用處分（第五三八條，至第五四一條第七三二條）之危險。

六、以保險標的所發生之損害為限，船員之不正行為或過失之危險。

七、船舶碰撞之危險，因碰撞致被保險人所生之直接損害，或因碰撞必須賠償第三人損害所生之任何間接損害。

第八二一條　（特定損害之除外）保險人對下列損害不負責任：

一、在船舶保險或運費保險：

船舶無適航能力之狀態，或無適當之艤裝，或適當之船員未能充實，或未備必要證書，因而航海所生之損害。

除船舶碰撞外，因船員對第三人之損害，致船舶所

有人應行負責（第四八五條第四八六條）所生之損害。

二、關於船舶保險：

船舶及屬具不超過通常使用上所生消耗之損害。

船舶及屬具因年齡、腐朽、或蟲蛀所生之損害。

三、關於貨物或運費之保險，因貨物固有性質之損害，尤其內部腐蝕、消耗、通常之漏損，及其類似情形，或因貨物包裝不完全或被鼠嚙所生之損害。但航海遲延致生保險人所負擔之危險時，以損害原因由於遲延者為限，本款所載之損害，應賠償之。

四、因被保險人之故意或過失所生之損害，被保險人因船舶駕駛上錯誤所生之損害，保險人應賠償之。但由於被保險人自己之惡意行為時，不在此限。

五、關於貨物或預期利益之保險，因託運人或受貨人或與貨物同行者之故意或過失所生之損害。

第八二二條　（對第三人發生請求權之保險請求權）被保險人對船長或其他人有損害賠償請求權時，保險人有賠償損害之義務。被保險人得先向保險人請求損害賠償。但被保險人對保險人為追求該項賠償請求權之效果，至少應於必要之協助。因之為保全該項請求權，被保險人應以保險人之費用，（第八一九）實施運費留置，船舶假扣押，或以其他適當方法處置之。

第八二三條　（船舶保險之開始與終了）在船舶航海保險，保險人

負擔之危險，自貨載或壓艙開始裝船之時起，如無貨
載或壓艙貨裝船時，自船舶發航時，起迄到達目的港
將貨載或壓艙貨卸完時止。

因被保險人卸貨不當而有延遲時，保險人所負之危
險，以無延遲存在應行卸貨終了時止。

卸貨終了前，為新的航海而有貨載或壓艙貨裝船時，
其危險自該項貨載或壓艙貨開始裝船時止。

第八二四條　（貨物、手續費及預期利益保險之開始與終了）以貨
物、預期利益、或貨載之手續費投付保險時，其危險
自載貨船舶或為裝貨目的所用之駁船離開陸地時起，
至該貨物到達目的港之陸地時止。

由於被保險人之卸貨不當延遲，或在貨物與預期利益
保險，由於被保險人或第八二一條第五款內所示任何
一人有不當延遲時，其危險負擔以無延遲存在，卸貨
應行終了時為止。

保險人對於裝船卸貨之際，依地方習慣應使用駁船
者，仍負擔其危險。

第八二五條　（運費保險之開始及終了）在運費保險，如運費從屬
於船舶者，關於發生危險之事故，以對航海中船舶保
險之開始與終了之同時，為運費危險之開始與終了。

如運費從屬於貨物者，關於發生危險之事故，以對航
海中貨物保險之危險開始與終了，為運費危險之開始
與終了。

旅客運費保險之危險，以船舶保險之危險開始與終了
之同時，為其開始與終了。

貨運費及客運費之保險人，以訂有貨物運送契約及旅客運送契約為限，於船舶發生事故時，負其責任。船舶運送自己貨物時，用船舶或駁船裝貨，以貨物離開陸地時為限。

第八二六條　（冒險借貸金及海損必要費保險之開始與終了）在冒險借貸金保險及海損必要保險，危險負擔自支付金錢時開始，如由被保險人自己支付海損必要費時，自危險成立時開始。因之危險負擔在擔保冒險借貸之目的物，或備付海損必要之目的物已經投保時，以該目的物危險之終了為終了。

第八二七條　（危險無中斷）保險人負擔之危險自開始後，在契約期間或投保之航海中，繼續而無中斷。尤其在避難港或中途港，船舶在停泊中之危險，及往復航程保險時，在往航目的港停泊中之危險，保險人均負擔之。貨物必需臨時起岸，或為船舶修繕而放置陸地時，保險人對於此項貨物或船舶在放置陸地期間，仍負擔其危險。

第八二八條　（因航海中止而保險終了）危險開始後，保險之航海，如因自由意志或強制中止時，關於危險之終了，即以航海終了之港口，代替目的港。

船舶之航海中止後，貨物以其他方法繼續運送目的港時，該貨物之危險既已開始，縱使運送之全部或一部為陸路運送，其危險負擔仍然繼續。保險人負擔繼運前卸貨費用，臨時倉庫寄存費用及繼續運送所增加之

費用。經由陸路繼續運送者亦同。

第八二九條 （危險之變更）第八二七條，第八二八條之規定，在
不牴觸第八一四條第八一六條之規定為限適用之。

第八三〇條 （保險期間之計算）以日、週、月或二月以上之月數
為期間內容，以計算保險之期間者，其保險自訂時之
計算以船舶所在地為標準。

第八三一條 （定期保險之延期）船舶為定期保險而約定期間終了
之際，船舶仍在般海中時，以無相反之約定為限，其
保險期延至船舶到達次一目的港為止。

如在該港卸貨者，至卸貨終了時止，（第八二三條）
但以船舶不再航海為限，被保險人對保險人得以意思
表示拒絕延期。

在延期時，被保險人對所延期間應繼續支付契約期間
之保險費。但船舶所在不明時，付至消息期待期間之
終了時為止。

延期已作拒絕表示時，如船舶所在不明期待消息之期
間超過保險期間時，不得對保險人基於所在不明主張
請求權。

第八三二條 （港之選擇）就二港以上中之某一港，或他港投付保
險者，被保險人得選擇其中之任何一港。以某一港及
他港或其他數港投付保險者，被保險人得以各該港為
其中途港。

第八三三條　（中途港之順序）以數港立約之保險，或被保險人保持數港為中途港之權利時，其順序有約定者依約定，無約定者，依航海情況之應有順序。但被保險人對所有各港不負均須靠港之義務。

保險單上記載之順序，以別無規定為限，得解釋為約定中途港之順序。

第八三四條　（海損分擔額、共同梅損所犧牲、救助費、海損精算費等由保險人負擔）保險人對下列各款項負其責任：

一、共同海損分擔額，被保險人自己基於損害額應行負擔之共同海損分擔額。依第六三五條第七三二條共同海損原則所查定之擔額，亦視為共同海損分擔額。

二、船舶所載不屬船舶所有之貨物，屬於共同海損所犧牲者。

三、此外為防止損害所必要而使用之費用（第八一九條）。縱使所採手段未生效果亦同。

四、屬於保險人負擔關於損害調查與決定之必要費用，尤其檢查、評價、出賣、及作成海損精算書之費用。

第八三五條　（根據海損精算書計算共同海損，精算書作成地法）根據共同海損分擔額，及引用共同海損原則查定海損分擔額時，保險人之義務，依國內或外國管轄地區及海損精算書決定之。因此，遭受共同海損損害之被保險人，對被保險人無權請求超過海損精算書所計算之損害金額。同時，保險人對於全部損害金額，尤其在

保險價額無法作為基準時，負有賠償責任。

如基於引用保險契約地法或其他法律得以成立共同海損之理由，但根據海損精算書作成地法不能解釋為共同海損時，被保險人不得對保險人提出損害賠償請求。

第八三六條 （保險人契約上之責任除外）保險人以基於保險契約上不負責任之事故為限，對於第八三五條所載擔額，不負責任。

第八三七條 （否認海損精算書之禁止及例外）依制定法或習慣法執行共同海損精算職務之人所作成之共同海損精算書，保險人不得以作成地法之不適合，及被保險人因而遭受損害為理由，加以否認。但其損害因被保險人過失，自己之權利保全有瑕疵所致者，不在此限。

被保險人對因損害而受益人之請求權有移轉於保險人之義務。

但被保險人所受之損害，在所有情況下，如依海損精算書作成地法，以賠償損害請求權不屬於被保險人，而是項損害得作為共同海損處理為限，保險人有對被保險人否認精算書之權利。

第八三八條 （為共同海損所受損害，保險人之責任限制）被保險人屬於共同海損所受之損害，或適用共同海損原則之損害，為決定與分擔損害目的之通常手續已開始後，屬於被保險人之賠償請求權進行訴訟程序時，以訴訟結果不得獲得賠償為限，保險人對於被保險人所支付

之賠償分擔額，負其責任。

第八三九條 （保險之全額責任）非因被保險人之過失而手續未開始時，被保險人對於保險人得依契約所約定，逕行請求損害全額。

第八四○條 （保險金額限度以內之責任）保險人僅在保險金額之限度內，對損害負其責任。

但保險人對第三四條第三款第四款所載之費用，縱其支付總額超過保險金額時，仍應賠償其金額。

發生某種事故結果，須支付各種費用時，例如收回物件費用，請求返還物件而支出之費用，或因事故受損害物件為回復現狀或修理而支出之代金，又如為達到上述目的而支出之海損必要費用，或被保險人業已支付之共同海損分擔金額，或由於支付是項分擔金額，被保險人之人的義務業已存在，因此以後發生新的事故時，保險人對於因以後事故所生之損害，無需顧慮將來發生屬於保險人負擔之費用及分擔金額，在保險金額之全額限度內負其責任。

第八四一條 （支付保險金全額後免其責任）保險人於事故發生後，支付全部保險金額者，基於保險契約之所有一切義務，尤其對於保險標的物之救助、保全、及收回之必要費用，有免除賠償義務之權利。事故發生之際，保險人所負擔之危險，如保險標的物已有一部分不存在時，則保險人行使前項權利，對該部分無比例支付保險金額之必要。

　　　　　　　　保險人不因支付保險金額對保險標的物取得任何請求
　　　　　　　　權。

　　　　　　　　縱支付保險金額而保險人行使第一項權利之意思表
　　　　　　　　示，在到達被保險人以前，所有保險標的物為救助、
　　　　　　　　保金、及收回所支付之費用，保險人仍負賠償義務。

第八四二條　（保險人解除責任意思表示之期間）保險人行使第八
　　　　　　　　四一條所載之權利時，應於接到被保險人將事故之狀
　　　　　　　　態，或其直接結果，及其他被保險人獲知之一切情事
　　　　　　　　通知後三日內，由保險人向被保險人為意思表示，未
　　　　　　　　為意思表示者，其權利消滅。

第八四三條　（一部保險之比例責任）未以全部價額投付保險時，
　　　　　　　　保險人對於第八三四條所載之分擔額，犧牲額及費
　　　　　　　　用，僅按保險金額與保險價額之比例，負其責任。

第八四四條　（既存之賠償義務，不因事後之新損害而排除）保險
　　　　　　　　人已存在之損害賠償義務，縱事後發生保險人所不負
　　　　　　　　擔危險之損害，不因其全損而消滅或變更。

第八四五條　（在保險價額百分之三以下之海損不賠償）除單獨海
　　　　　　　　損之損害調查及決定費用外，保險人對損害不超過保
　　　　　　　　險價額百分之三者，不予賠償。單獨海損超過百分之
　　　　　　　　三時，其賠償應包括百分之三在內。

　　　　　　　　對於保有定期航海保險或二次以上航海保險之船舶，
　　　　　　　　百分之三之計算以每一次航海為準。航海之意義依第
　　　　　　　　七五七條之規定。

第八四六條　（例外）保險人對於第八三四條第一款至第三款所載之分擔額，犧牲額及費用，雖未達到保險價額百分之三，亦應賠償。但此等分擔額、犧牲額、及費用，在核定依第八四五條所載百分之三損害時，不計算在內。

第八四七條　（依雙方約定不賠償之百分率）由於雙方約定保險人得免除賠償之特定百分率時，依契約上所定之百分率得代替第八四五條第八四六條所載百分之三免賠額，並得適用第八四五條及第八四六條之規定。

第八四八條　（「戰爭災害不擔保」約款）保險人已在契約上規定不擔保戰爭危險以及有關其他危險之保險繼續擔保直至戰爭災害開始為止時，保險人所負擔之危險，自戰爭危險給與航海影響開始之同時起作為終了。因此船舶在開航後或在繼續航海中，特別由於軍艦活動拿捕商船，或實施封鎖而受之妨礙，或為避免戰爭危險而延遲航期，或基於上述各種理由而離開原定航路，或船長因戰爭災害而喪失船舶指揮權即視為戰爭災害開始。

用「戰爭災害不擔保」約款締結保險契約時，可特予推定有本條第一項之約定。

第八四九條　（「限於負擔海上危險」約款）保險人雖不負擔戰爭危險，但其他一切危險縱在戰爭災害開始後，條款上仍約定應予負擔之情形下，如保險標的物已被作捕獲決定，或如戰爭危險倘不除去則保險人負擔之危險應

為終了時，保險人所負擔之危險得開始作為終了。依上述規定，保險人首先對基於戰爭危險所生之損害，尤其對於下列各款，不負責任：

被交戰國捕獲。

被軍艦或拿捕商船行動所拿捕、毀損、廢棄及掠奪。

基於扣留及返還請求，停泊之封鎖或命令離開封鎖港，或命令離開封鎖港，或因戰爭危險依自由意志停泊等所生之費用。

由於前款所稱停泊而生之損害即貨物之腐爛及消耗，卸貨及倉庫保管費用及危險，貨物之繼續運送費用。如有疑義時，發生之損害推定其非由戰爭危險所發生。

聯結列有「限於負擔海上危險」條款之契約，可特推定有本條第一項之約定。

第八五○條　（「到達」約款）用「個體保持到達」條款締結契約時，保險人負擔之危險以船舶拋錨或繫留於目的港之慣常或適當處所之同時，作為終了。因此保險人以下列情形為限，負其責任：

一、關於船舶保險，船舶全損或放棄（第八六一條）或由於到達目的港前所生事故致無法修理或無修理價值出賣時（第八七三條）。

二、關於貨物保險，貨物或貨物之一部，因事故不能到達目的港，尤其在到達目的港以前，因事故而出賣時，但貨物到達目的港時，保險人對於貨物分擔損失或因分攤損失結果而受之損失，不負責任。

此外保險人對於第八三四條所載之分擔額、犧牲額、及費用、在任何情形下無需負擔。

第八五一條　（「不擔保擱淺事故以外之之分損」約款）用不擔保擱淺事故以外之分損條款結契約時，載有保險標的貨物之船舶或駁船，除擱淺外，對於其他分損，保險人不負責任。因此所生之損失，或為價額減少，或全部或一部分遭受損失，尤其作為保險標的之貨物全部腐爛，到達目的港時失其原有狀態，或由於航海中分損，為防止腐爛而出賣等情形，均可不問。又除擱淺外，所有一切海難如傾覆、沉沒、船體破碎、暴風雨遭難、及船舶或駁船無法修理等均得作為擱淺同樣處理。

發生擱淺或發生與擱淺同樣處理之海難時，保險人對因此等海難所發生之損害，負責超過百分之三部分之分損（第八四五條），對於以外分損不負責任。因發生海難而有某種分損之可能性時，推定其為基於此次海難而發生者。

保險人對於非基於分損之所有損害負其責任。又在任何情形下，已與締結並無此等條款之契約相同，不問是否發生擱淺或與擱淺同樣處理之海難，保險人對於第八三四條第一款第二款第四款所載之分擔額、犧牲額、及費用負其責任。對於第八三四條第三款所載之費用，以支付防止保險人之損害負擔為限，亦負其責任。

非自然發生之火災，或由於消防或炮擊，此等火災所生之分損，不視為保險人得依約款不擔保之分損。

第八五二條 （「不擔保由於擱淺事故以外之破損」約款）用「不擔保由於擱淺事故以外之破損」條款締結契約時，以保險人基於第八五一條之規定，對分擔應負責任為限，在保險人對於破損所負責之保留下，適用第八五一條之規定。

第八五三條 （擱淺之意義）船舶非在通常航海狀態中，因著地面而不再浮起，或由於下列特殊原因而再度浮起時，認為合於第八五一條及第八五二條所稱擱淺意義之存在：

一、除去起錨，逆風張帆，及用其他類似之通常方法外，凡使用帆檣切斷，船貨一部分投海或卸貨，及其他類似之非常方法，或由於發生異常之高潮，致船舶再度浮起時，或

二、由於船舶擱淺，船體遭受重大損害之後，開始再度浮起時。

第五節　損害之範圍

第八五四條 （船舶及貨物之全損）船舶或貨物業經沉，沒或於沉沒後而無法救助，或固有之狀態業被破壞，或已被宣告捕獲，而被保險人不克收回時，均視為船舶或貨物之全損。破難船體之破片，或屬具之破片，縱被救助，不能否定船舶之全損。

第八五五條 （運費之全損）運費全額損失時，視為有運費全損之存在。

第八五六條　（預期利益或手續費之全損）應行到達目的港之貨物，而未到達時，視為有預期利益或手續費全損之存在。

第八五七條　（冒險借貸金及海損費用之全損）供冒險借貸擔保之目的物，或支付海損費用之目的物，因有全損或其他事故，致基於冒險借貸契約，或其他原因，有關擔保冒險借貸金額或海損費用之擔保物權發生無法保留之損害時，視為該項金額或費用有全損之存在。

第八五八條　（全損時之保險金額）全損時保險人應支付保險金額之全部。但不妨礙依八○○條之扣除。

第八五九條　（被救助物之扣除，對保險人權利之移轉）在全損情形下，於支付保險金額前，尚有被救助物存在時，得從保險金額內將被救助物之賣得價金扣除之。如未以保險價額投保者，僅就救助物之比例部分從保險金額內扣除之。

保險金額支付之同時，被保險人對保險標的物之權利，移轉於保險人。

保險金額支付後，全部或一部被救助時，保險人對事後之被救助物有請求權。未以保險價額之全額投保者，僅就被救助物之比例部分，其請求權歸屬於保險人。

第八六○條　（有利賣得價金對於預期利益之計算）關於預期利益之全損（第八五六條），航海中貨物賣出後之淨得金

額超過保險價額，或共同海損時所犧牲，或依第五四一條第六五八條所定，對貨物應行賠償，而其賠償超過保險價額時，以上之超過額，得自預期利益之保險金額中扣除之。

第八六一條　（被保險人之委付）被保險人遇左列情形有將自己對保險標的物之所有權移轉，請求支付全部保險金額之權利。

一、船舶所在不明時。

二、保險標的物無論為船舶或貨物因國家處分而沒收，或為交戰國所拿捕，或由政府以其他方法扣留，或由海盜掠奪，有威脅，拿捕，扣留，或掠奪之危險，依左列區分在七固月或九個月，或十二個月之期間而未能解除者。

　　甲、歐洲各港口或地中海黑海及亞述海之全部或一，部包括歐洲海域在內。

　　乙、好望角及其附近海峽之大西洋海域。

　　丙、此類海峽以外之其他海峽。

　　期間自被保險人將事故通知保險人之日起算。

　　（第八一八條）

第八六二條　（所在不明）已發航之船舶，在所在不明之消息期待期間內未能到達目的港，而該期間內利害關係人亦未接獲船舶消息時，得視為所在不明。

所在不明之消息期待期間依左列規定：

一、發航港及目的港均在歐洲港時，帆船為六個月，輪船為四個月。

二、發航港或目的港之一，在歐洲以外港口者，在好望角或其附近海峽時，帆船及輪船均為九個月，在此類海峽以外之其他海峽時，帆船及輪船均為十二個月。

三、發航港及目的港均在歐洲以外港口時，其平均航海期間不超過二個月，或不超過三個月，或超過三個月者，帆船及輪船均應分別為六個月、九個月、或十二個月。

遇有疑義時,以較長之期間為準。

第八六三條　（所在不明消息期待期間之計算）所在不明消息期待期間，自船舶發航之日計算。但船舶發航後曾接獲消息，於最後消息確知船舶所在地點，自該地發航後，始適用所在不明消息之期待期間時，自最後消息到達之日計算。

第八六四條　（委付表示，委付期間）委付表示應於委付期間內對保險人為之。

有所在不明（第八六一條第一項第一款）情事，而目的港在歐洲內時，及拿捕、扣留、或掠奪（第八六一條第一項第二款）情事發生於歐洲以內之港口，或屬於地中海黑海及工述海之港口，或包括歐洲各海洋之海域者，其委付期間為六個月。在其他地區者，委付期間為九個月。

委付期間自第八六一條第八六二條所示之期間屆滿時開始。

再保險之委付期間，自被保險人向再保險之被保險人

應行表示委付之日終了時開始。

第八六五條　（委付期間之不遵守）委付期間屆滿後，並未實行委付者，不妨礙被保險人依據其他原則請求損害賠償權利之行使。

在船舶所在不明情況下，經過委付期間，被保險人得請求賠償全損。但投保之標的物重被發現，全損已顯不存在時，保險人依第八五九條支付保險金後，歸屬於保險人之權利經被保險人之承諾，得放棄之，而由被保險人返還其保險金額，並對保險人請求賠償一部分之損害。

第八六六條　（委付表示之無條件性與不撤回性）委付表示所生之效力，應無保留，且無條件。因此保險之目的，以在事故發生當時遭受海上危險為限，應作為保險目的之全部處理。但未以全部保險時，被保險人得僅就保險標的物之比例部分委付之。

委付表示不得撤回。

第八六七條　（缺乏根據之委付表示）委付表示所根據之事實，未能證實，或在委付表示之際，尚未存在時，均不生法律上之效。反之，在委付表示前發生之各條件，雖有礙委付權利之成立，其發生在後者，對雙方當事人均有拘束力。

第八六八條　（保險人因被保險人之委付，移轉其一切權利，僅係運費保險時，對保險人之賠償請求權）因委付表示，

被保險人對於委付標的物之一切權利，移轉於保險
人。

被保險人在委付表示之際，在委付標的物上之擔保物
權，應對保險人提供擔保。但其物權依保險契約應由
保險人負擔危險者，不在此限。

在船舶被委付後，該次發生事故之航海中所得純運
費，以委付表示後能取得該項運費為限，歸屬於船舶
保險之保險人。其運費為一部分者，依比例運費之查
定規定計算之。

以運費本身投付保險時，被保險人因上述所生之損
失，應由運費保險之保險人負擔之。

第八六九條　（證明書類之提出，關於保險契約之其他通知）委付
之正當證明書類交付於保險人，並經過合理調查期間
後，得開始請求支付保險金額。因船舶所在不明實行
委付時，其交付之書類中應有船舶發航港發航時日及
所在不明消息期待期中未經到達目的港之可靠證明文
件。

被保險人在委付表示之際，被委付之目的物有無其他
保險？如有，其內容如何？又該目的物上有無冒險借
貸或其他責任負擔？如有，其內容如何？以此等情事
為限，負通知保險人之義務。感於通知者，保險人迄
通知時為止，得拒絕支付保險金額。支付期間有約定
者，其期間追溯自通知時開始。

被保險人對於認為已滅失之目的物，知其再出現時，
應立即通知保險人。因之基於請求，對目的物之取得
與變賣應予以必要之援助。

保險人應賠償因此所需之費用，基於被保險人之請求，並應預付相當數額。

第八七一條 （委付證書）保險人認為委付正當時，被保險人基於保險人之請求，根據第八六八條之規定，因委付表示所發生之權利移轉，應以保險人之費用，交付具有公證力之承認證書（委付證書），並應移轉有關委付目的物之相關證件。

第八七二條 （船舶之分損）船舶之分損時，以保險人負擔之損害部分為限，依第七○九條第七一○條查定應行修繕費用額，定其分損額。

第八七三條 （修繕不能或修繕無價值）船舶之修繕不能，或修繕無價值（第四七九條），依第五三○條所定之方法而決定者，保險人應承認被保險人有交付公賣該船舶或破難物之權利。在該項出賣時，以純收得價金與保險價額之差額為其損害額。
保險人負擔之危險，至該船舶或破難物賣出而終了。保險人對賣得價金之收取仍負責任。
修繕無價之查定，以無損害狀態時之船舶價額為準，其保險價額之有無議價，可以不問，亦無須予以斟酌。

第八七四條 （修繕價值之事後認定）在修繕開始後，始發現重大損害，而被保險人之事前無知，非其過失者，此項修繕開始後行使此項權利時，因其既已消耗修繕費，船

舶於出賣時，由於修繕後增加價值而取得較高之價金者，保險人就此項金額之限度內應特予賠償。

第八七五條　（貨物損害）貨物到達目的港之損害狀態，以目的港有損害狀態之總價額，與在目的港無損害狀態應有之總價額之比例，以決定貨物損失價額之百分比。因之對保險價額之此項百分比，即解釋為損害額。

有損害狀態之貨物，其價額之查定依公賣之結果定之。如保險人同意，亦得以議價定之。無損害狀態貨物之應有價額，依第六五八條第一項定之。

保險人除上述外，應負擔檢查、議價、及賣出之費用。

第八七六條　（貨物因故之賣出）因航海中偶然事故而賣出貨物時，以賣得價金扣除運費、關稅、及賣出費用後之淨得，與該貨物保險價額之差，視為損害額。

保險人負擔之危險，至貨物賣出時終了。對於賣出價金之收取，保險人仍負責任。

第八三四條至第八三八條之規定，不妨礙其適用。

第八七八條　（運費之分損）關於運費之分損，以約定運費之損失部分，無約定者，以慣行運費之損失部分，視為損害。

運費業經議價，並依第七九三條第四項，以議價為保險人賠償損害之基準者，以約定運費或慣行運費所損失之百分率，就議價運費適用同一百分率賠償其損害。

第八七九條 （預期利益或手續費之分損）貨物到達後之預期利益及手續費，以貨物損害狀態，依第八七五條所查定之損害額百分比，就預期利益或手續費之保險價額適用同一百分率，作為應賠償之損害。

貨物之一部未到達目的港時，以未到達目的港部分之貨物價額，對全部價額之百分比，適用於預期利益或手續費，作為應賠償之損害。

在預期利益保險，未到達之部分貨物，如有第八六〇條所定之前提條件存在時，應將第八六〇條所定之超過額從損害額中扣除之。

第八八〇條 （冒險借貸金或海損費用之分損）在冒險借貸金或海損費用，擔保冒險借貸之目的物或為預付或備付海損費用之目的物，因事後事故，致擔保已不充分時，以其短少額視為分損。

第八八一條 （全部保險及一部保險之賠償義務）以保險價額全部投保時，保險人應依第八七二條至八八〇條之計算，賠償其損害全部，但不妨礙第八〇〇條之適用。未以保險價額全部投保者，保險人依第七九二條所定，應僅就損害之比例部分賠償之。

第六節　損害之支付

第八八二條 （依證據以計算損害）被保險人應對保險人提出損害計算書，得請求損害賠償。

被保險人對保險人應同時提出充分證據，證明下列事

項：

一、被保險人之利益。

二、投保目的物海上所遭受之危險。

三、請求權所根據之事由。

四、損害及其內容。

第八八三條　（為他人計算之契約時，被保險人之證明）在為他人計算之保險，除前條外，被保險人應證明委任要保人所訂立之契約，無委任契約時，被保險人應證明為自己利益而投保之事由。

第八八四條　（充分之證據）在通常商行為中，未有異議之證據，尤其難於提出相反之證明者，一般均解釋為充分證據。——尤其：

一、為被保險利益之證據：

在船舶保險普通用所有權狀。

在貨物險用送保貨單及依載貨證券所載內容，

證明被保險人對貨物顯有處分權等類文件，

在運費保險用傭船契約及載貨證券。

二、為貨物裝船之證明，用載貨證券。

三、為事故之證明，用海難報告書及航海日誌。為捕獲事故，則用捕獲法院之判決。為所在不明之船舶，則用發航港出航時日，及所在不明消息期待中未能到達目的港可信為事實之證明文件。

四、為損害及其內容，用適合於損害查定地之法律與習慣，有關檢查－議價－及出賣之證件，以及專家之費用議價證件。此外關於業經修理之費用計

算收據，及其他收據。但對船舶分損（第八七二條第八七三條）因消耗、陳舊、腐朽、或蟲蛀所生損害，以應行扣除為限，在其限度內，常任公職之專家或地方法院或德國領事，無此項機關存在，或不能得其協助者，限於其他機關或特別選任之有關專家，以其所出檢查證書，議價證書，及費用計算證書，均足視為證據。

第八八五條 （被保險人損害舉證之免除）被保險人關於第八八二條所載之事項，或其一部分有免除舉證之合意者，應視為有效。但不妨礙保險人行使反證之權利。

在貨物保險有免除提示載貨證券之合意者，視為裝船舉證之免除。

第八八六條 （為他人計算而保險者，被保險人之權利）為他人計算而保險者，基於保險契約之權利，歸屬於被保險人，但要保人得請求交付保險單。

被保險人以持有保險單為限，不需要保人之同意，得卜分並在裁判上主張自己之權利。

第八八七條 （為他人計算而保險者，要保人之地位）要保人得以自己名義處分基於保險契約歸屬於被保險人之權利。

保險單於填發後，以要保人持有保險單為限，不需被保險人之同意，有支付收領及移轉被保險人之權利。

要保人對保險人以能證明其投保係得被保險人之同意為限，保險人對要保人負支付之義務。

第八八八條　（要保人對被保險人及其債權人之權利）保險目的物已經投保，而要保人對被保險人之請求權未獲滿足時，要保人對被保險人或其債權人，或破產財團，不負交付保險單之義務。在發生損害時，要保人為自己對被保險人之請求權，對保險人發生債權，因此收取保險金額後，在收取金額內優於被保險人或其債權人先受清償。

第八八九條　（保險人對要保人之責任）要保人持有保險單期中，保險人因對被保險人或其債權人或破產財團履行給付，或與彼等間訂立契約，致侵害要保人依第八八八條所載之權利者，保險人對要保人負責。

保險人未收回保險單，或保險單上未有必要記載，對於依保險單得認為權利所有者之第三人根據權利訂立契約，或支付保險金額時，其所負責任如何，依民法之規定。

第八九〇條　（保險人之相抵）保險人對要保人具有之債權，以此項債權係基於為被保險人所承受之保險為限，得以之抵充賠償權。

第八九一條　（賠償請求權之移轉）被保險人基於已發生之事故，得將歸屬於自己之賠償請求權，及將來之賠償請求權，移轉於第三人。保險單依第三六三條第二項為指名式之發行時，得視為他人計算之保險，而作第一次之移轉，由要保人背書即足生效。

第八九二條　（保險人之部分付款）自事故通知經過二個月，非因
　　　　　　被保險人之過失，尚未提出損害計算書（第八八二
　　　　　　條）者，保險人得根據概略查定，先確定至少應行負
　　　　　　擔之金額，然後依自己所估金額，暫行付款，但支付
　　　　　　保險金額之約定期間在屆滿前，無支付必要。支付期
　　　　　　間自損害計算書致送於保險人起開始時，本條之支付
　　　　　　期間，以暫定調查書致送於保險人開始。

第八九三條　（保險人之預支）保險人於左列情事應行預付：
　　　　　　一、在海損事故，為保險目的物之救助、保全、或修
　　　　　　　　繕所需之必要費用，估計事後應行負擔額之三分
　　　　　　　　之二。
　　　　　　二、在船舶或貨物拿捕時，應歸保險人負擔之返還請
　　　　　　　　求手續費，以必要為限，支付全額。

第七節　擔保之解約及保險費之退回

第八九四條　（保險解約，解約手續費）關於保險行為，經被保險
　　　　　　人解除其全部或一部，或被保險物在危險尚未發生
　　　　　　時，解除其全部或一部者，被保險人得請求保險人於
　　　　　　扣除解約賠償額後，退還保險費之全部或比例部分，
　　　　　　或就解約賠償額限度內保留支付（保險解約）。
　　　　　　賠償（保險解約手續費）以別無約定，或保險立約地
　　　　　　別無習慣時，為保險金額或比例額百分之二分一。第
　　　　　　八九五條　（被保險利益不存在或超過保險之保險解
　　　　　　約）因缺乏保險利益之保險（第七七八條），或因超
　　　　　　過保險而無效者（第七八六條），要保人在訂立保險

契約之際，或受被保險人之委任，為他人計算而保險
確屬善意者，得依第八九四條規定，於扣除解約手續
費後，請求返還保險費，或於付還保險費時，保留解
約手續費。

第八九六條　　（保險契約無拘束力時之解約）保險契約因違反告知
義務或其他理由，致對保險人無拘束力時，保險人不
因契約無拘束力而喪失保險費全額請求權，且其無拘
束力理由，對於第八九四條第八九五條規定之適用並
不除外。

第八九七條　　（危險開始後不能解約）危險已對保險人開始在繼續
進行中者，不得行使保險解約。

第八九八條　　（保險人之支付不能）保險人支付不能時，得依被保
險人自己之選擇，或解除契約請求返還保險費全額，
或保留支付，或以保險人之費用，另訂新保險契約。
但保險人在被保險人解除契約或另訂新契約前，為履
行義務提供充分擔保時，被保險人無此權利。

第八九九條　　（被保險物之移轉）被保險物經被保險人移轉時，在
取得者繼續所有期間，基於保險關係所生被保險人之
權利及義務，由取得者代為行使。保險費由移轉人與
取得者連帶負責。
保險人自知有移轉情事之時起，關於因保險關係對保
險人所生之債權，應承認移轉之效力。
民法第四〇六條至第四〇八條之規定準用之。

如不實行移轉，即不可能發生危險，保險人不負責任。

取得者對於該項保險關係，在不逾解約預告期間，有解約告知之權利。項解約告知權經取得一個月內不行使而消滅。取得者不知有保險時，自知有保險之時起，一個月內其解約告知權存續。取得者實行解約告知時，對保險費不負責任。

被保險物強制拍賣時，第一項至第四項之規定準用之。

第九〇〇條　（投保之船舶持有分或船舶之移轉）第八九九條之規定，對船舶持有分之保險適用之。

船舶本體保險時，對於船舶在航海中移轉者，第八九九條亦適用之。航海之開始與終了，依第八二三條之規定。船舶為期間保險或複數航海保險者（第七五七條），在航海中移轉時，其保險繼續至最終之目的港船舶卸貨為止。

第十一章　時　效

第九〇一條　（船舶債權人之債權）第七五四條第一款至第九款所載之債權，其時效為一年。但左列債權之時效期間為二年：

一、在好望角海峽以外海域解雇時，基於雇傭契約及雇入契約之船員債權。

二、基於船舶碰撞或第七三八條所載事故所發生之損害賠償債權及撈救救助費債權。

第九〇二條　（船舶債權人之人的請求權）船舶債權人對船舶所有人或船員之人的請求權，其時效適用第九〇一條之規定。但不妨礙第六一二條之適用。

第九〇三條　（時效之開始）時效依左列開始：

一、在船員之債權，（第七五四條第三款）雇傭契約或雇入契約終了後，經過一年而開始。如在終了前被認為有訴訟可能者，則在發生此一前提後經過一年而開始。但請求預支或支付一部分之權利，在發生時效上不須考慮。

二、基於貨載或旅客手攜物之損傷或遲到之債權（第七五四條第七款第九款），或基於共同海損分損債權（第七五四條第五款），或基於貨物應交付（第六一一條第一項第一款）而未交付之債權，均以應行交付之時開始。

三、基於某一船員之過失，不屬第二款之債權（第七五四條第九款），自利害關係人如有損害經過一年開始。

三甲、在撈救救助費債權，自撈救救助作業終了之日起開始。

四、在其他一切債權，自債權期限屆滿經過一年開始。

第九〇四條　（求償債權）依第七三六條第二項船舶所有人相互間之求償債權，其時效為一年。此項時效自發生債權之款項支付日起，經過一年開始。

又為冒險借貸金及共同海損而在貨物上有擔保權之債

權，並為確保此項借貸金及分擔額而生之人的請求權，其時效為一年。在冒險借貸之時效，以期限屆滿經過一年開始。共同海損分損額之時效，以負有分損義務之貨物交付後，經過一年開始。

為撈救救助費在貨物上有擔保權之債權，並為確保此等費用而生之人的請求權，其時效為二年。此項時效自撈救救助作業終了之日起開始。

第九〇五條　（保險請求權）保險人及被保險人基於保險契約之債權，其時效為五年。

前項時效以投保之航海終了後經過一年開始。如期間保險者，自保險期間終了之日起開始。

如船舶所在不明時，其時效自所在不明消息期待期間終了之日起開始。

附錄十一
英國一九九二年海上貨物運送法

UK Carriage of Goods by Sea Act, 1992

第 一 條

(1)本法適用於下述文件，即：

(a)載貨證券；

(b)海上貨運單；及

(c)船方小提單。

(2)本法所規定之載貨證券：

(a)不包括不得依背書，或在無記名證券之情形，不得僅依交付而不背書方式為轉讓之文件；但

(b)除上述規定外，包括收受待裝船之載貨證券。

(3)本法所規定之海上貨運單，係指非屬載貨證券之下述文件：

(a)包含或證明海上貨物運送契約之貨物收據；並

(b)指定運送人依該運送契約，應對之為貨物交付之人。

(4)本法所規定之船方小提單，係指既非載貨證券亦非海上貨運單，而含有下述承諾之文件：

(a)其承諾係依該運送文件有關貨物或包含該等貨物之

海上貨物運送契約而為；且

(b)係由運送人對該運送文件所特定之人，所為將向其交付該運送文件有關貨物之承諾。

⑸國務大臣得以行政命令，使本法適用於，利用電子通訊系統或其他資訊科技

為下述有關交易行為之情形：

(a)本法所規範運送文件之簽發；

(b)此等運送文件之背書、交付或其他之轉讓；或

(c)其他與此等運送文件有關事項。

⑹前項之行政命名，得：

(a)就本法下述規定，於國務大臣認為與本法適用於前項所定情形有關之適當範圍，加以修正；並

(b)包括補充的、附屬的、結果性的以及過渡性的規定；並且，前項行政命令之訂定，應依行政法規之方式為之，惟任一國會機關，得以決議廢止之。

第 二 條

⑴除本條另有規定外，其為：

(a)載貨證券之合法持有人；

(b)運送人依運送契約，應對之交付海上貨運單有關貨物之人（非運送契約之原當事人）；或

(c)依船方小提單上承諾，應對之交付該小提單有關貨物之人，將（因成為載貨證券持有人，或貨物受領權人）受讓取得所有依運送契約所生之訴訟權利，如同其該為運送契約之當事人。

⑵當成為載貨證券之合法持有者，不能再依載貨證券之占有，（對運送人）取得該證券有關貨物之占有權

利，該持有人不得依前項規定，受讓取得任何權利，除非其係依下述情形成為持有人：

(a)依載貨證券喪失其表彰貨物占有權利前訂立之協議，所為之交易行為；

或

(b)因他造對於其依據任何先前的協議而交付之貨物或文件，加以拒絕者。

(3)在船方小提單之情形，其依第一項規定所取得之權利：

(a)以小提單上之約款為據；及

(b)當小提單上所載貨物，僅係運送契約所載貨物之一部份時，將以與該小提單所載貨物有關部份之權利為限。

(4)於本法所規範運送文件之情形，當：

(a)就運送文件有關貨物享有利益或權利之人，因運送契約之違反，而受有損害；但

(b)依上述第一項有關該運送文件之規定，其因契約違反所生之訴訟權利，係由他人所取得者，該他人有權為受損害之人利益，行使此等訴訟權利，其權利行使範圍與該權利係由受損害人取得而行使者同。

(5)在權利係依第一項有關各該運送文件之規定而移轉時，其依下述情形所生之權利，將因此一移轉，歸於消滅：

(a)在載貨證券之情形，基於運送契約當事人所生者；或

(b)於本法所規範之運送文件情形，其先前基於第一項有關該運送文件之規定所生者；但基於海上貨運單

所含或證明之運送契約當事人地位所取得之權利，不受第一項規定之影響；並且，在船方小提單之情形，其非因先前依第一項有關該小提單之規定所取之權利，亦不受第一項規定之影響。

第 三 條

(1)依本法第二條第一項有關本法所規範各該運送文件之規定，而取得權利之人：

(a)向運送人提領或請求交付，任何與其運送文件有關之貨物者：

(b)就任何與其運送文件有關之貨物，依運送契約對運送人請求損害賠償者；

或

(c)於其未依本法取得權利前，已向運送人提領或請求交付任何有關之貨物者，其將（因提領或請求交付貨物，或在上述(c)款之情形，於其取得權利時）承受該運送契約所生之責任，如同其為該運送契約之當事人。

(2)在船方小提單上所載貨物，僅係運送契約所載貨物之一部份時，其依本條有關船方小提單之規定，所承受之契約責任，不包括非該小提單所載貨物之有關責任。

(3)在本條對於任何人課予契約責任之範圍內，其基於運送契約當事人所應負之責任，並不因此而受有影響。

第 四 條 載貨證券具有下述情形者：

(a)載明貨物已裝船或已收受待裝船；且

(b)已由該船長簽名，或已由經運送人明示、默示授權或具有表見代理權之人簽名者，在載貨證券合法持有人與運送人間，就貨物裝船或收受待裝船之記載，具有不可推翻之證據力。

第 五 條

(1)在本法：「載貨證券」、「海上貨運單」及「船方小提單」之解釋，依上述第一條之規定為之；「運送契約」

(a)在載貨證券或海上貨運單情形，係指載貨證券或海上貨運單所含或證明之運送契約；另

(b)在船方小提單之情形，係指據以簽發該船方小提單上承諾之運送契約；「持有人」，在載貨證券之情形，其解釋依下述第二項規定；「資訊科技」包括得將資訊或其他資料記錄或傳輸，而不須作成書面文件之任何電腦或其他科技；另「電子通訊系統」之意義，與一九八四年電子通訊法之規定者同。

(2)本法所規定之載貨證券持有人，係指下列之人：

(a)載貨證券持有人，為該載貨證券所特定之貨物受貨人；

(b)載貨證券持有人，係因載貨證券之背書及交付，或在無記名式之情形，係依載貨證券之移轉方式，而占有載貨證券者；

(c)載貨證券持有人，其據以取得載貨證券占有之交易，若非於載貨證券之占有已不再享有（對運送人）該載貨證券有關貨物之占有權利後始完成，其將可成為(a)款或(b)款之持有人者；其基於善意而持

有載貨證券者，視為本法所規定之載貨證券合法持有人。

(3)本法規定之運送文件所特定之人，包括在該運送文件簽發後，依其記載及約款所變更特定之人；另第一條第三項(b)款，有關運送文件所特定之人的規定，亦應為相同之解釋。

(4)除上述第二條第二項及第四條有特別規定之情形下，本法於下述情形仍有其適用，即當運送文件有關之貨物：

(a)在運送文件簽發後，已不存在者；或

(b)無法辯識者（不論其係因與其他貨物混合或基於其他原因）；本法關於與運送文件有關貨物之規定，均應為相同之解釋。

(5)本法上述規定之施行，並不影響現行依一九七一年海上貨物運送法第一條有效施行之海牙威斯比規則之適用。

第 六 條

(1)本法於引用時，得稱為一九九二年海上貨物運送法。

(2)一八五五年載貨證券法予以廢止。

(3)本法自通過之日起，於屆滿兩個月時起生效；但本法之規定，不適用於本法生效前所簽發之任何運送文件。

(4)本法適用於北愛爾蘭。

附錄十二
一九九九年美國海上貨物
運送法草案

修正美國海商法的法案
由美國參、眾兩院集會立法

第 一 條　簡稱、條次表

(a)簡稱——本法簡稱「1999 年海商法」

(b)條次表——本法條次如下：

第 1 條　簡稱、條次表

第 2 條　定義

第 3 條　本法之適用

第 4 條　其他法律的權利及責任

第 5 條　運送人之義務及權利

第 6 條　運送人及船舶之責任

第 7 條　運送契約

第 8 條　散裝貨之重量

第 9 條　運送人及船舶之權利及免責

第 10 條　權利之放棄、責任之增加、共同海損

第 11 條　個別貨物之特別協議

第 12 條　毀損滅失的通知

第 13 條　立法限制

第 14 條　對託運人之歧視

第 15 條　1936 年海商法之廢止

第 16 條　內向貨物載貨證券規則之適用

第 17 條　生效日期

第 二 條　定義

(a)通則──在本法中

(1)運送人──運送人指契約運送人(CONTRACTING CAR RIER)、履行運送人(PERFORMING CARRIER)、或海上運送人(OCEAN CARRIER)。

(2)契約運送人(CONTRACTING CARRIER)──指與貨物託運人訂定運送契約之人

(3)履行運送人(PERFORMING CARRIER)

(A)通則──履行運送人指

(i)依據運送契約履行、或有責任履行契約運送人義務的人，但

(ii)僅指以上(i)定義中直接、或間接依契約運送人請求、或在其控制監督下之人。

不管是否為運送契約中的一份子，或是否在運送契約中列名、或按運送契約依法應負責之人。

(B)除此之外──不管以上(A)之規定如何，履行運送人（除契約運送人以外）不含

(i)託運人或受貨人所委聘之人

(ii)託運人或受貨人所委聘之人的職員、受雇人、代理人、定約人、或次契約人

(4)海上運送人──指擁有、營運、或租傭船舶以從事

海上貨物運送之履行運送人。

⑸運送契約──

(A)通則──運送契約指

(i)貨物運送的契約,指由海上、或部份由海上、部份由一個以上的其他運輸方式,包括載貨證券(或類似文件),可轉讓、或不可轉讓、印刷、或電子方式,及

(ii)依據租傭船契約之載貨證券(或類似文件),可轉讓、或不可轉讓,印刷、或電子,自規範介於運送人及載貨證券持有人、或其他契約持有人間的關係開始,被認為係運送契約。

(B)某些除外契約──運送契約不包括

(i)國內貿易運輸的契約,獨指大湖區、內河、或其他內陸水域、或沿岸水域,或

(ii)租傭船契約、長期合約、或其他功能相當的協議

(iii)船舶拖帶契約

(C)電子載貨證券之特殊規定──電子型態的載貨證券、可以依照訂約雙方同意的程序使用。

⑹貨物──包含除活動物外以外的必需品、製成品、商品及他各類似貨品。

⑺船舶──可於海上運送貨物的任何船舶。

⑻貨物運送──涵蓋自運送人收受貨物時起,迄運送人交貨給有權收貨之人為止。

⑼託運人──指

(A)以該人、或以其人名義,或代表該人與契約運送人定契約之人,及

　　　　(B)該人、或以其人名義，或代表該人，依運送契約，
　　　　　將貨物交給運送人的人。
　　⑽服務契約──其定義與 1984 年海運法 3(21)定義相
　　　　同。
　　⑾美國──與美國法典 46 項 2101(44)的定義相同。
　　　　(b)電子通訊的特別規定──本法中之通知、索賠、或
　　　　　其他通訊事項，應以書面為之，可用書面轉換，或
　　　　　經由電子媒介，包括電子資料交換、及其他電腦當
　　　　　媒介轉換。

第 三 條　本法之適用
　　　　(a)通則──本法適用於去、從美國之任何運送契約
　　　　(b)對於某些動力運具運送人及鐵路運送人之適用──本
　　　　　法不適用於對於州際動力運具運送人之索賠，或鐵路
　　　　　運送人的索賠，就僅針對動力運具服務、或鐵路服務
　　　　　之索賠而言，其運送人就索賠的立場，都不算契約運
　　　　　送人。本項之規定不影響契約權利延伸至包括動力運
　　　　　具之運送人、或影響權利無效的相反訂定。
　　　　(c)對於運送人或船舶告訴的適用──本法中有關貨物滅
　　　　　失、毀損，及運送人依本法應盡的義務，運送人或船
　　　　　舶免責抗辯、責任限制、或與契約貨物有關的訴訟，
　　　　　不管以下因素如何，均可適用。
　　　　　⑴訴訟的形式或學理。
　　　　　⑵訴訟在那個法院或審理所提起。
　　　　(d)救濟──運送人對於貨物毀損滅失之責任，或貨物於
　　　　　運送契約中所獲得之責任保障，本法之救濟為完全及
　　　　　唯一之救濟。

(e)海事司法管轄──本法提供海事司法管轄一個獨立的基準。

第 四 條　其他法律之權利及責任

本法不影響運送人在以下法規中之權利及義務──

(1)美國修正法條之 4281 至 4289 條（46 U.S.C. App 181 et seq.）

(2) 1916 年海運法（46 U.S.C. App 801 et. seq）

(3) 1984 年海運法（46 U.S.C. App 1701 et. seq）

(4)美國其他有關海船所有人責任限制的法律

第 五 條　運送人的義務及權利

(a)通則──運送人在運送契約中對於收貨、裝貨、操作、堆裝、運送、保管、照顧、卸貨、交貨之責任及義務、權利及免責、應依據本法之規定。

(b)契約運送人──運送契約期間內、契約運送人之責任、義務、權利、免責，應依據本法。

(c)履行運送人──履行運送人對於以下責任、義務、權利、免責，應依據本法

(1)自收貨、接管，迄依運送契約放棄接管時為止。

(2)其他為履行運送契約所參與之相關活動。

第 六 條　運送人及船舶之責任

(a)通則──契約運送人及海上人開航前及開航時應盡該盡之注意。

(1)使船舶具有適航性。

(2)適當提供人員、設備及船舶之供應。

⑶使貨艙、冷凍設備、冷藏室及其他船舶載運貨物的
部份適於接收、運送、保存貨物。

(b)收貨、操作、交貨——運送人（如 2(a)1)款之定義）
應適當地、小心地收貨、裝貨、操作貨物、堆裝、運
送、保管、注意、卸貨及交貨。

第 七 條　運送契約

(a)簽發——運送人接管貨物之後，契約運送人應在託運
人要求下，以下列形式簽發運送契約。

⑴可轉讓之載貨證券。

⑵如託運人同意，不可轉讓之載貨證券。

(b)契約表明適用本法——依據以上(a)項簽發之運送契
約，涵蓋自美國港口之船運，應述明該契約適用本法
之規定。

(c)內容——

⑴通則——依據以上(a)之運送契約，應

(A)說明運送人自託運人處接受貨物時的表面情狀
（裝後之運送契約應描述貨物裝船時或裝其他運
送器具時的情況。）

(B)表達必要辨識貨物的主要標誌，該標誌在運送人
收貨前由託運人以書面提供，以打印或其他清楚
的表達方式表示

(i)在未包裝貨物上。

(ii)在箱子或包裝外皮上。

表達程度應迄航程終了仍足以辨識。

(c)表達由託運人以書面提供之件數、或數量、或重
量。

(2)限制——契約運送人不必陳述或表達任何標誌、件數、數量、重量之資訊，如運送人有合理的理由，懷疑以上資訊不足以正確表示實際收貨的狀況，或運送人沒有其他合理的檢查方法時。

(d)陳述作為表見證據——除以下(e)(f)(g)之規定外，運送人簽發或代表運送人簽發的運送契約，是運送人收受貨物，述明於運送契約之表見證據。

(e)非貨櫃貨之合格陳述

　(1)通則——如果——

　　(A)契約運送人簽發非貨櫃貨的運送契約，表明託運人、或其代理人提供之任何標誌、件數、數量、重量之資料，及

　　(B)在運送契約的簽發前，運送人能證明在運送契約簽發前，沒有運送人能有合理的方式，查明資料的正確性。

　　則運送人可以將貨物標誌、件數、或重量的資料用書面，以沒有運送人可以查對其正確性的方式來表達，像「據告含」或「託運人自行稱重、裝貨、及計算」，或其他定義方式表示，以有效的指出有關標誌、件數、數量、重量陳述的正確性無人可以辨識。

　(2)合格陳述，但非表見證據——依據以上(1)之合格陳述

　　(A)運送人自託運人處，收到如運送契約敘述的貨物情狀，非表見證據，及

　　(B)不排除運送人可舉證，自託運人處收貨非如運送契約的敘述。

(3)除外——以上(1)不適用，如果

(A)運送人無權作以上(1)之陳述。

(B)依據陳述而買受之人，舉證運送人當簽發運送契約時，不具誠信。

(f)貨櫃貨標誌、件數、數量之合格陳述。

(1)通則——如果——

(A)契約運送人對於託運人或其代理人封櫃之裝船貨櫃貨。依據託運人或其代理人書面通知資料，包括貨物標誌、件數、或數量，簽發運送契約。

(B)運送人能證明在運送契約簽發前，沒有運送人查證貨櫃之內容。

則運送人可以用書面，以沒有運送人能查證其正確性的方式敘述，像「據告含」或「託運人自行稱重、堆裝、及計算」，或其他定義方式表示，以有效的指出有關標誌、件數、或數量陳述的正確性。

(2)合格之陳述，但非表見證據——如果運送人交貨櫃時，貨櫃及封條密封且未損壞時，則以上依(1)，運送契約中對於貨物標誌、件數、數量之陳述為

(A)非運送人自託運人處依運送契約收貨的表見證據。

(B)不排除運送人有權舉證，運送人沒有自託運人處，收到如運送契約記載之貨物。

(3)除外——以上(2)不適用，如果，

(A)運送人無權作以上(1)之陳述

(B)依賴以上陳述買受之人，證明運送人在簽發運送契約時不具誠信。

(g)貨櫃貨重量的合格陳述——

⑴通則——如果——

(A)契約運送人對於託運人或其他代理人裝貨及加封之貨櫃，簽發運送契約，述明貨櫃貨物的重量，或貨櫃加貨物之重量，

(B)運送人能證明，運送人在運送契約發簽前，沒有稱重。

則運送人應於契約上明文註明，貨櫃並未稱重。

⑵合格之陳述，但非表見證據——如果運送人交貨時，貨櫃及封條均完整無損，則依據以上⑴，運送契約中重量之陳述

(A)非運送人自託運人處收貨如運送契約敘述的表見證據。

(B)不排除運送人可以舉證，運送人沒有收到如運送契約敘述的貨物。

⑶除外——以上⑵不適用，如有以下情形——

(A)契約運送人與託運人在收貨前有書面協議，運送人應稱重貨櫃。

(B)運送人依據以上⑴無權作陳述。

(C)依賴陳述買受人之人舉證，運送人簽發運送契約時不具誠信。

(h)責任之免除條款——

⑴通則——運送契約上的規定，以解除運送人或船舶因疏忽、過失、未盡應盡義務，及減輕其依本法對於貨物毀損滅失的責任，因違反公共政策而無效。

⑵保險——對於運送人有利的利得保險條款，或類似之條款，為以上⑴之需要，應視為解除運送人責任

之條款。

(i)外國法院的規定——

⑴適用——本款適用於——

(A)本法立法後訂定之運送契約或其他協議，其理賠
為本法規範的理賠。

(B)本法立法前訂定之運送契約或其他協議，其索賠
為本法規範的理賠，理賠發生於本法立法之後。

⑵通則——本法適用之運送契約或協議中，如有在外
國司法審判或仲裁之規定，如果符合以下情形之
一，契約或協議的一方可以在美國選擇適當的裁判
提起訴訟或仲裁。

(A)裝貨或卸貨港在美國境內，或預定裝、卸貨地點
在美國境內。

(B)收貨或交貨地點在美國境內，或預定收貨、交貨
地點在美國境內。

(C)被告之營業地點，或被告習慣性居住地點在美國
境內。

(D)契約在美國訂定。

(E)運送契約中之司法管轄地點為美國。

⑶雙方事後之協議——本款不排除依據運送契約，或
其他協議中，有爭執之雙方，於理賠發生之後協
議，以司法或仲裁方式在外國裁判所解決爭端。

(j)不適用於服務契約——不論本條之(h)或(i)項，均
不適用服務契約有關該契約雙方的權利、責任事
項。

(k)裝後運送契約

⑴應要求簽發——貨物在裝船或裝上其他運具後，契

約運送人在託運人要求下，應簽發已裝船或已裝其他運具的運送契約。

⑵之前契約的交還或加註——如果託運人在裝船前，或裝其他運具前已獲簽發運送契約，則——

(A)託運人應將該契約交還，以交換已裝船，或已裝其他運具的運送契約。

(B)契約運送人可選擇在該契約上加註

(i)契約運送人之裝船船舶名稱或其他運具之名稱，及

(ii)裝船日期或裝其他運具之日期。

依據以上(B)目加註的運送契約，視為已裝船或已裝其他運具的運送契約。

第 八 條　散裝貨之重量

如依貿易習慣，契約中的散裝貨重量，係經託運人、運送人之外第三者之確認或接受，按該確認或接受的事實記入，則

⑴運送契約不得對抗運送人，作為收到貨物重量的表見證據。

⑵裝船時重量的正確性，不被視為已由託運人保證。

第 九 條　運送人及船舶的權利及免責

(a)因無適航能力造成的毀損及滅失——運送人及船舶均不負責因船舶無適航能力所致貨物的毀損滅失，除非毀損滅失係因運送人未依 6(a)項，盡應盡之注意義務。

(b)舉證責任——如經訴訟判決，毀損滅失係因船舶無適

航能力，則舉證運送人已盡應盡義務的責任在運送人，或由其他依據本條(a)款，證明並無過失之人舉證。

(c)特殊免責事項

⑴通則——運送人及船舶均不負責以下原因所致之毀損滅失。

(A)海上或航路上之危險、損害及意外。

(B)天災。

(C)戰爭。

(D)公共敵人的行為。

(E)任何政權下之捕獲、扣留或其他依法之扣押。

(F)檢疫限制。

(G)託運人或貨主、其代理人或代表之行為、疏忽。

(H)任何原因之罷工、封鎖、停工或勞工禁制，除運送人本身行為造成的以外。

(I)暴動或民變。

(J)救助或意圖救助海上的人命或財產

(K)由於潛在瑕疵、性質或貨物缺陷造成的散裝貨之耗損、重量之耗損或其他毀損滅失。

(L)包裝不足。

(M)標誌不足或不正確。

(N)經注意仍無法發現的潛在瑕疵。

(O)非運送人之過失或本身原因，及其代理人、受僱人的過失、疏忽在內之任何其他原因。

⑵船上火災——海上運送人或船舶，均不負責船上火災所致之毀損、滅失。

除非火災係因運送人的過失或本身原因。契約運送

人不負責船上火災。

除非火災係因契約運送人的重大過失，或本身原因所致。

(d)某些訴訟中的舉證責任

(1)非特殊之免責──在毀損滅失之訴訟中，依據(c)項之(I)(O)目，主張無責任時，舉證責任為運送人，證明非其本身過失，或本身原因所致，或其代理人或受僱人之過失或疏忽所致毀損滅失。

(2)航行或管理的疏忽──在毀損滅失的訴訟中，如一方主張，船長、海員、引水人或海上運送人之受僱人航行管理船舶有疏忽，該方應舉證航行管理船舶有疏忽。

(e)損害之分配

(1)通則──如毀損滅失之造成原因，部份因運送人違反其責任，包括運送人的過失或疏忽，部份由於以上(c)款的一個以上風險所致時，則運送人或船舶應：

(A)負責因其違反、過失、疏忽所致之毀損滅失。

(B)不負責因以上一個或一個以上原因所致之毀損滅失。

(2)不足之證據──在毀損滅失訴訟的事實審，毀損滅失原因法院無法歸因以上(1)之原因，但運送人與船舶應基於未決部份對毀損滅失負責時，其所有運送人與船舶應負的總額責任，是毀損滅失責任的一半。

(f)託運人責任──

(1)通則──如果沒有託運人、代理人或其受僱人的行

為，過失、疏忽因素在內，託運人不負責運送人或
船舶任何原因所致之毀損滅失。

(2)託運人正確性之保證——託運人於裝船時有關貨物
標誌、件數、數量、重量之通知，應視為已向運送
人保證，因此應補償運送人因通知不正確
所致之滅失、毀損及費用，依本款運送人受補償的
權利不影響運送人對於託運人以外，他人的義務或
責任。

(g)偏航

(1)通則——運送人及船舶均不負責以下原因所致之毀
損、滅失。

(A)救助或意圖救助海上人命財產之偏航，或

(B)合理的偏航。

(2)不合理的偏航——為本法之目的——

(A)裝及卸——為裝、卸貨物或上、下旅客之偏航，
以表見證據言之，非合理之偏航。

(B)不合理偏航之結果——不合理之偏航，構成本法
中運送人義務之違反，違反之補救，唯可依據本
法補救之。

(h)責任限制

(1)通則——除以上(3)款之規定，所有運送人及船舶，
依運送契約於貨物毀損、滅失的總責任額不得高於

(A)每件六六六‧六七特別提款權（依國際貨幣基金
之定義），或

(B)毀損、滅失貨物毛重之每公斤二單位特別提款權
（依國際貨幣基金之定義）。

(2)併裝貨的特別規定——如貨櫃、墊板或類似之運具

用以集併貨物時，運送契約上的包裝件數，視為以上(1)(A)之件數，除以上之規定外，這類運具本身為本款之目的亦為一件。

(3)除外

(A)宣布價值——貨物之性質及價值已由託運人在裝船前宣布，列於運送契約上，(1)款不適用，但宣布只是貨物性質及價值的表見證據。

(B)較高責任限制之協議——契約運送人與託運人協議一個較高金額作為運送人及船舶對於貨物毀損滅失的最高責任，(1)款亦不適用，協議只對訂定協議書的雙方有效。

(C)服務契約——不管(1)款規定如何，服務契約的雙方可以協定一個較高或較低的金額，作為毀損滅失的最高責任。

(D)某些運送人重大的行為或疏失——如果毀損滅失因以下原因所致，(1)款不適用——

(i)運送人的行為疏失、運送人本身的原因，或明知故意造成毀損滅失、明知卻不注意毀損滅失可能發生、或，

(ii)不合理的偏航，運送人瞭解或應瞭解、偏航可能造成毀損滅失時。

(4)最高責任——運送人或船舶，均不負責超過實際招致毀損滅失的金額。

(5)託運人之錯誤記載——如果貨物的性質或價值、託運人明知，卻欺瞞地不實提供記載於運送契約，運送人及船舶均不負責該貨物的毀損、滅失或其他費用。

(6)責任限制的利益分別判定——依據(3)(D)，運送人喪失責任限制的利益，不影響對其他運送人責任限制的適用。

(i)易燃品、爆炸品或危險貨物。

　(1)瞭解並同意運送，——如果——

　　(A)運送人同意運送易燃品、爆炸品或危險性質貨物之本質特性，及

　　(B)貨物變為對船、貨有危險

　　　則運送人可在任何地點，置放陸地銷毀，或使其無害，除共同海損外，無須負任何責任。

　(2)不瞭解不同意的運送——如果——

　　(A)運送人同意運送易燃品、爆炸品、或危險性貨物，但並不瞭解其本質及特性，及

　　(B)貨物對於船舶或貨物變為有危險性時。

　　　則運送人可在任何地點將貨物置於陸上銷毀，或使其無害，無須賠償託運人之損失或損害，託運人應負責因載運這批貨物所致直接、間接的損害及費用。

第 十 條　權利之拋棄、責任之增加、共同海損

　　(a)通則——依本法，運送人在契約中可以全部或部份地拋棄其權利及免責權，或增加其義務及責任，契約僅對訂定該契約之雙方有效。

　　(b)共同海損之規定——運送契約可涵括共同海損的合法規定。

第十一條　個別貨物的特別協議

(a)通則——契約運送人及託運人可就個別貨物訂定協議。

(1)運送人對貨物的責任及義務。

(2)運送人對貨物的權利及免責權。

(3)運送人對適航能力的義務（有關適航能力的規定只要不違公共政策）。

(4)其受僱人、代理人對於收貨、裝貨、操作、堆裝、運送、保管、注意、卸貨及交貨之照顧及努力，如果——

(b)限制——(a)項

(1)適用於交運財產的特質、情況之船運，或履行運送所依據之環境、條款、條件，因而構成以上(a)項之特別協議；以及如果——

(A)未簽發載貨證券。

(B)協議條件列於一張收據，為不可轉讓的文件，並如此註明。

但是

(2)不適用於一般貿易過程的商業船運。

第十二條　滅失毀損之通知

(a)通則——除非毀損滅失及毀損滅失一般性質之通知，以書面告知契約運送人，其代理人、履行運送人或其代理人。

(1)依運送契約有權收貨之人在交貨前或交貨時，

(2)交貨時毀損滅失不明顯，交貨後三天內。

則作為運送人如運送契約交貨的表見證據。

(b)背書的通知——在貨物收據上以背書方式作毀損滅失

的通知，構成以上

(a)項的書面通知。

(c)書面通知要求的放棄——在交貨時作過共同檢驗或檢
查的毀損滅失，不須交付書面通知。

(d)合理的途徑——運送人及收貨人應相互提供合理方
法，檢查毀損滅失情形，包括共同檢驗。

第十三條　責任限制的法律

(a)訴訟——除非交貨日期起，或應交貨日期起一年內提
起訴訟，運送人或船舶，均可免除其對貨物毀損、滅
失的責任。未交付毀損滅失的書面通知，不論毀損、
滅失情形明顯或隱匿，並不影響或妨害一年內提起訴
訟的權利。

(b)仲裁——運送契約有仲裁之規定，除非自交貨或應交
貨時起一年內進行仲裁或提起訴訟，運送人或船舶免
除其對貨物毀損滅失之責任。

(c)分攤或補償的訴訟——不管以上(a)(b)款之規定為何，
運送人要求分攤或補償的訴訟，應於運送人經判決應
負責任的裁判確定後三個月內，或運送人已結算賠償
之三個月內提起。

第十四條　對託運人的歧視

議會明文決議，本法不容許水域公共運送人於下列狀況
下，對託運人歧視。

⑴依本法規定，要求及收受載貨證券的權利。

⑵當簽發運送契約時

　(A)拋棄運送人的權利及免責權事項，或

(B)增加運送人的責任及義務事項。

依本法第 10 條，或

(3)依 1916 年海運法禁止使用的方法，或 1984 年海運法禁止使用之方法。

第十五條　1936 年海商法的廢止

海商法（46 U.S.C.APP. 1300 et. seq.）已廢止

第十六條　載貨證券規則對於內陸貨物的適用

(a)通則——美國法典 49 項 801 章適用於依本法訂定之運送契約。

(b)內向貨物的適用——不管美國法典 49 項 80102 條之規定如何，該節 801 章（除 80116 條以外）適用於任何自外國地點到美國的船運，方式與該章有自美國赴外國運輸之載貨證券規定相同。

(c)49 項 801 章之適用——本法適用之規定與美國法典 49 項 801 章有衝突時，應適用本法。

第十七條　生效日期

本法在立法後 90 天生效，適用於生效日起的所有船運。

附錄十三
臺灣最高法院海商法保險法判例、判決與決議

壹、海商法判例

1.受領貨物權利之時效

按海商法第一百條（現行法第五十六條）第二項規定：「受領權利人之損害賠償請求權，自貨物受領之日或自應受領之日起一年內，不行使而消滅。」既未限制於貨物毀損或一部滅失時，始有其適用，故於貨物全部滅失之情形，亦在適用之列。本院五十八年台上字第三八一二號判例與此意旨不符部分，應不再援用。（八十八年台上字第七五一號）

2.保險人賠償代位權之範圍

保險法第五十三條第一項規定之保險人代位權，其行使之對象，不以侵權行為之第三人為限，苟被保險因保險人應負保險責任之損失發生，而對於第三人有損失賠償請求權者，保險人即得於給付賠償金額後，代位行使被保險人對於第三人之請求權。（七十六年台上字第一四九三號）

3.契約約定免除運送人法定基本義務，無效。

海商法第一百零七條（現行法第六十三條）規定「運送人對於承運貨物之裝卸、搬移、堆存、保管、運送及看守，應為必要之注意及處置」，乃運送人之基本注意義務「運送契約或載貨證券記載條款、條件或約定，以免除運送人或船舶所有人對於因過失或本章

規定應履行之義務而不履行，致有貨物毀損滅失之責任者，其條款，條件約定不生效力」，同法第一百零五條（現行法第六十一條）亦有明文規定。是運送人或船長如將貨物裝載於甲板上，致生毀損或滅失時，依同法第一百十七條（現行法第七十三條）前段規定，固應負賠償責任，即有該條但書規定經託運人之同意或航運種類或商業習慣所許之情形，而將貨物裝載於甲板，對於前開第一百零七條（現行法第六十三條）所定基本注意義務，運送人仍應遵守，不得免除，如以契約約定，運送人對甲板裝載之貨物，不盡此項法定基本注意義務，仍不負賠償責任，依前開第一百零五條（現行法第六十一條）規定，應屬無效，法理甚明。（七十一年台上字第二九○號）

4.運送人或船舶所有人違反海商法第六十二條、第六十三條之注意措置義務所致之失火，不得主張免責。

　　海商法第一百零六條（現行法第六十二條）第一項各款及第一百零七條（現行法第六十三條），既對於運送人或船舶所有人課以各種必要之注意、措置及處置義務，同法第一百十三條（現行法第六十九條）第十七款亦明定，非由於運送人或船舶所有人之故意或重大過失，或其代理人、受僱人之過失所發生之毀損或滅失，運送人或船舶所有人，始不負賠償責任。則同條第三款所謂失火，自難謂包括因運送人等違反上述注意、措置及處置義務所致之失火在內。（六十八年台上字第八五三號）

5.海商法第六十九條第一項第三款失火為運送人之免責事由，係指非由運送人或其履行輔助人之過失所引起之火災而言。

　　海商法第一百十三條（現行法第六十九條）第三款以失火為運送人之免責事由，係指非由於運送人或其履行輔助人之過失所引起之火災而言，海牙規則（公元一九二四年載貨證券國際統一公約）就此明定為不可歸責於運送人事由所引起之火災，復明文排斥運送

人知情或有實際過失所引起火災之適用，且不僅於火災之引起更及於火災之防止。我國海商法雖未具體規定，然參酌第一百十三條（現行法第六十九條）第十七款就運送人對自己或其履行輔助人之過失行為，不包括在免責事由之內，亦即運送人對此仍負其責任，相互比照，自可明瞭。是運送人未盡同法第一百零六條（現行法第六十二條）及第一百零七條（現行法第六十三條）之注意義務而引起之火災，尚難依失火之免責條款而主張免其責任。（六十七年台上字第一九六號）

6. 保險契約所生之保險給付請求權與侵權行為所生之損害賠償請求權，並非生於同一原因，不生損益相抵問題。

　　按保險制度，旨在保護被保險人，非為減輕損害事故加害人之責任。保險給付請求權之發生，係以定有支付保險費之保險契約為基礎，與因侵權行為所生之損害賠償請求權，並非出於同一原因。後者之損害賠償請求權，殊不因受領前者之保險給付而喪失，兩者除有保險法第五十三條關於代位行使之關係外，並不生損益相抵問題。（六十八年台上字第四十二號）

7. 保險人代位請求權之範圍

　　害賠償祇應填補被害人實際損害，保險人代位被害人請求損害賠償時，依保險法第五十三條第一項規定，如其損害額超過等於保險人已給付之賠償金額，固得就其賠償之範圍，代位請求賠償，如其損害額小於保險人已給付之賠償金額，則保險人所得代位請求者，應祇以該損害額為限。（六十五年台上字第二九〇八號）

8. 載貨證券係由運送人或船長簽名，難謂係當事人雙方簽訂之商務仲裁契約，自無依該證券之記載而主張適用商務仲裁條例之餘地。

　　商務仲裁條例第三條雖明定：「仲裁契約如一造不遵守而另行提起訴訟時，他造得據以請求法院駁回原告之訴」，惟必須先以書

面依商務仲裁條例訂立仲裁契約由當事人簽名，始為相當，否則不生效力。載貨證券係由運送人或船長簽名之證券，難謂係當事人雙方簽訂書面之商務仲裁契約，自無依該證券之記載而主張適用商務仲裁條例第三條之餘地。（六十四年台抗字第二三九號）

9.運送物損害賠償額之計算標準

民法第六百三十八條第一項規定：「運送物有喪失、毀損或遲到者，其損害賠償額，應依其應交付時目的地方價值計算之」，此與民法第二百十三條第一項所謂法律另有規定相當，上訴人託運之漁鹽既經滅失，自得請求以金錢為賠償。又海商法第一百條（現行法第五十六條）第二項規定之損害賠償請求權，僅對於運送物之毀損或一部滅失有其適用，對於全部滅失不適用之，此觀同條第一項第一、二款規定而自明。原審以上訴人不得請求被上訴人以金錢賠償，並以上訴人未於一年內行使權利，認為依海商法第一百條（現行法第五十六條）第二項規定已罹消滅時效，不無誤解。（五十八年台上字第三八一二號）（依據最高法院八八年度台上字第七五一號判例，本判例與其意旨不符部分，不再援用。）

貳、海商法判決

一、訴訟時效（海商法第五十六條第二項）

託運人損害賠償請求權之時效

修正前海商法第一百條（現行法第五十六條）第二項固規定：「受領權利人之損害賠償請求權，自貨物受領之日或自應受領之日起一年內，不行使而消滅。」，惟原審既認定上訴人為系爭貨物之託運人兼載貨證券持有人，則上訴人即兼具託運人及受領權利人之身分。其於起訴時，並以託運人之身分依運送契約之債務不履行關係為請求。果爾，上訴人本於託運人之地位所得主張之損害賠償請

求權，是否有上開一年時效規定之適用？非無探討之餘地。（九十二年台上字第一二〇五號）

二、貨損通知（海商法第五十六條第二項）

1.貨損書面通知為任意規定，無一定之方式。

海商法第一百條（現行法第五十六條）第一項各款所定之書面通知，為任意規定，並無一定之形式，公證公司於檢驗後將損害報告交與聯利輪大副簽收，則上訴人已因而知悉所運貨物有水濕受損之情事，已有保全證據之機會，原審認定已發生通知上訴人之實質意義，亦難認為如何違背法令之處。（七十一年台上字第二六二號）

2.以書面通知運送人貨損狀況之形式應如何？

海商法第一百條（現行法第五十六條）規定之「以書面通知運送人」其書面之形式如何，在所不問，祇須實質上具有此通知之意義即為以足；受通知人雖以運送人為主體，然此非為必須向運送人本人為通知；苟依裝卸貨物之常規，由運送人之代理人或受僱人受通知，其效果應歸屬於運送人本人者，仍不失為已向運送人為通知，併予指明。（六十七年台上字第三三〇二號）

三、認賠書（海商法第五十五條）

1.受貨人出具擔保賠償書之效力

海商法第一百零四條（現行法第六十條）固規定民法第六百二十九條關於提單之規定準用於載貨證券。準此，受貨人於請求交付運送物時，應交還載貨證券，亦即運送人於受貨人不交還載貨證券時，雖得拒絕為運送物之交付，然如於運送人不拒絕交付，而由託運人出具「電報放貨切結書及由受貨人出具「擔保賠償書」，以電報放貨切結方式為運送物之交付時，如未進而約定託運人或受貨人

應再交還載貨證券，或約定於請求貨損賠償時應交還載貨證券者，託運人似僅同意由該切結書所載之受貨人提取貨物，並免除託運人可能誤交之損害賠償責任，及受貨人表明如其非真正之受貨人，願負損害賠償責任而已，似均未表明放棄其對運送物毀損之賠償請求權，則能否認運送人於受貨人請求賠償因運送物毀損所受之損害時，尚得逕據上揭規定以未交還載貨證券對抗之，已非無疑。再由海商法第一百零四條（現行法第六十條）準用民法第六百三十條規定觀之，載貨證券之交付，就物品所有權移轉之關係與物品之交付有同一之效力，此一效力，亦僅於將載貨證券交付於「有受領物品權利之人」時始行發生。如將載貨證券交付於「非有受領物品權利之人」時，例如將載貨證券交付押匯銀行辦理押匯或將載貨證券設定質權，而交付於各該押匯銀行或質權人時，因各該押匯銀行或質權人均非「有受領物物品權利之人」，自不發生物品所有權移轉之效力，此亦可由海商法第一百零二條（現行法第五十八條）、第一百零三條（現行法第五十九條）所定載貨證券發行數份之情形獲得佐證。是海商法第一百零四條（現行法第六十條）準用民法第六百三十條所定之物權效力，僅於持有載貨證券之人為「有受領物品權利之人」始發生。而由反面言之，如受貨人確為「有受領物品權利之人」，並已提領運送物，對此，運送人、託運人及載貨證券上記名之受貨人均無異言時，運送人能否仍得據上開規定拒絕為貨損之賠償，自滋疑義。（八十七年台上字第九二六號）

2.免責函之效力

　　被上訴人提出之常青公司（Rimbunan Hijau SDN. BHD.）所簽具之免責函，為上訴人否認其真正（見重上字卷三四、三六頁）。上訴人更主張本件無任由第三人置喙，甚至越代庖，免除運送人責任之餘地云云（見重上字第三六頁）。按免責函，除託運人與運送人間為有效外，對第三人（包括受貨人）是否有效，非無疑問。乃

原審援引常青有限公司所簽具之免責函，謂：有六一七根以受貨人之風險裝載於甲板上；其裝載於甲板上，為傭船人之意思，被上訴人主張為船長允許裝載，自屬可信云云，尚難謂當。（八十一年台上字第二一一四號）

四、偏航（海商法第七十一條）

變更航程之效力

載貨證券其背面第六款固載有：「一切海上運送事項應適用一九三六年四月十六日生效之美國海上貨物運送條例」，但此項附記之文句，乃運送人單方所表示之意思，不能認係雙方當事人之約定，而有涉外民事法律適用法第六條第一項規定之適用。茲運送人海皇公司與託運人即證券持有人聯華公司其國籍不同，發要約通知地在高雄，則依同法第六條第二項之規定，自應以中華民國之法律為其準據法。（八十年台上字第一八三〇號）

五、甲板貨物裝載（海商法第七十三條）

1.違法之甲板運送不得主張單位責任限制

㈠按修正前海商法第一百十七條（現行法第七十三條）前段規定：「運送人或船長如將貨物裝載於甲板上，致生毀損或滅失時，應負賠償責任」，此所謂「應負責任」，係指絕對的賠償責任，即對於因不可抗力而生之損害，亦應負責。蓋此之「應負賠償責任」如係指普通之「過失責任」，則修正前海商法第一百十七條（現行法第七十三條）原即有規定運送人注意責任，在一般之運送，運送人違反其注意責任，即應負賠償責任，其於無權裝載於甲板之情形，如致貨物生損害時，當然更應負賠償責任，自毋須另於修正前海商法第一百十七條（現行法第七十三條）前段加以規定之必要。本件既如上所述，屬違法之甲板運送。上訴人自不得再主張單位責

任限制，以免除其應負之絕對責任。

㈡上訴人辯稱，本件大同公司與日方東○公司係採 CIF 貿易條件，無論依照國際商會之「國貿條規」或「美國對外貿易定義」均規定，關於危險負擔，於貨物越過船桅時，移轉於買受人。從而，本件系爭貨物縱於海運中發生任何損害，其損失均應由買受人（東○公司）承擔，對出賣人大同公司及其貨款請求權，毫不生影響。是被上訴人稱大同公司因本件系爭貨物受損害而遭受損失，有權請求保險金云云，實無所據等語，為其重要之攻擊防禦方法，且攸關被上訴人之請求是否允當，原審恝置未論，已屬可議。（九十一年台上字第八九一號）

2.運送人法定基本義務，不得因同意裝載甲板而免除。

按海商法第一百零七條（現行法第六十三條）規定「運送人對於承運貨物之裝卸、搬移、堆存、保管、運送及看守，應為必要之注意及處置」，乃運送人之基本注意義務。此項義務並不得以運送契約或載貨證券記載條款予以免除〔參照海商法第一百零五條（現行法第六十一條）〕。又運送人或船長如將貨物裝載於甲板上，致生毀損或滅失時，依同法第一百十七條（現行法第七十三條）前段規定應負賠償責任，雖該條但書規定經託運人之同意或航運種類或商業習慣所許之情形，而將貨物裝載於甲板，其所致生毀損或滅失之損害（如貨物被雨水或海水打濕之情形），運送人不必負損害賠償之責，但運送人仍應依同法第一百零七條（現行法第六十三條）之規定，對於承運貨物之裝卸、搬移、堆存、保管、運送及看守，為必要之注意及處置。如其因未盡此項義務（如未將貨物捆繫牢固），致生貨物有毀損或滅失時，仍應負損害賠償之責，非謂有上開之同意或習慣，運送人即可不負該第一百零七條（現行法第六十三條）所規定之一般注意及處置義務而免責。（八十三年台上字第五八六號）

3. 對甲板貨載之照管義務

按貨櫃運送，運送人縱令依航運習慣，有權將承運之貨櫃裝載於船舶甲板上，但對於該承運貨櫃之裝卸、搬移、堆存、保管、運送及看守，仍應為必要之注意及處置，否則對於貨櫃內貨物之毀損、滅失，仍應負損害賠償責任。（八十二年台上字第一○七六號）

4. 甲板運送之責任——運送人責任免除之限制

原審雖稱：傭船契約載明：「貨物任何部分需裝載於甲板上時，應得船長之許可，船舶對因此所致之任何損失，不負責任。」依此約定，被上訴人亦無責任可言等語。惟依海商法第一百零五條規定：「運送契約或載貨證券記載條款、條件或約定，以免除運送人或船舶所有人，對於因過失或本章規定應履行之義務而不履行，致有貨物毀損滅失之責任者，其條款、條件、約定，不生效力」，上述傭船契約之記載是否有效？原審未注意審酌，遽為上訴人不利之判斷，亦難謂無違誤。（八十年台上字第一一二六號）

5. 甲板裝載應提出船長同意之證明

依原判決認定系爭部分原木既係裝載於甲板上，並由「聖富」輪由馬來西亞發航運回台灣；參照海商法第四十條（現行法已刪除）第一項規定船舶之指揮，僅由船長負其責任之旨趣及一般經驗法則，能否以上訴人未提出船長同意甲板裝載之證明，遽行認定本件貨物之甲板裝載未經船長之同意，尚待推敲。（七十九年台上字第一九六七號）

6. 契約約定運送人對甲板裝載之貨物不盡法定義務，不負賠償責任，無效。

海商法第一百零七條（現行法第六十三條）規定「運送人對於承運貨物之裝卸、搬移、堆存、保管、運送及看守，應為必要之注意及處置」，乃運送人之基本注意義務「運送契約所載證券記載條

款、條件或約定，以免除運送人或船舶所有人對於因過失或本章規定應履行之義務而不履行，致有貨物毀損滅失之責任者，其條款，條件約定不生效力」，同法第一百零五條（現行法第六十一條）亦明文規定，是運送人或船長如將貨物裝載於甲板上，致生毀損或滅失時，依同法第一百十七條（現行法第七十三條）前段規定，固應負賠償責任，即有該條但書規定經託運人之同意或航運種類或商業習慣所許之情形，而將貨物裝載於甲板，對於前開第一百零七條（現行法第六十三條）所定基本注意義務，運送人仍應遵守，不得免除，如以契約約定，運送人對甲板裝載之貨物，不盡此項法定基本注意義務，仍不負賠償責任，依前開第一百零五條（現行法第六十一條）規定，應屬無效，法理甚明。（七十一年台上字第二九〇號）

7.甲板貨載之危險由誰負擔

〔經託運人同意置於甲板之貨載，其運輸危險由託運人負擔〕

查本件提單載明，裝於甲板上之貨物，其運輸危險全部由託運人或貨主負責。又載，二百八十一根裝載於甲板上，運送危險由託運人或貨主負責。運送合約書亦載，貨物任何部分需載於甲板上時，應得船長之許可，且船方對因此所致之損失不負責任。託運人既與被上訴人訂立該運送合約書，並由被上訴人收受載明上開意旨之提單後，將其交付受貨人，自屬同意按該特別約定運送，殊無疑義。……（本件短少之八根原木）既經託運人同意而裝載於甲板上致滅失，依海商法第一百十七條（現行法第七十三條）但書之規定，被上訴自可不負損害賠償責任。（六十六年台上字第二〇五三號）

8.運送人違約將貨物裝載甲板上，有何效果？

〔運送人未經同意，擅將貨物載於甲板，對於貨損應負責任〕

按關於貨物之運送，除經託運人之同意或航運種類或商業習慣

所許者外，運送人或船長如將貨物裝載於甲板上致生毀損或滅失，應負賠償責任。上訴人既未經被上訴人之同意，擅將上開化學物品當作危險物品，裝載於甲板上，致有一部分毀損，依海商法第一百十七條（現行法第七十三條）前段之規定，自應負賠償責任。（六十年台上字第三四〇七號）

六、運送人或船舶所有人之約定免責
（海商法第六十一條）

1. 甲板運送──運送人責任免除之限制

　　原審雖稱：傭船契約載明：「貨物任何部分需裝載於甲板上時，應得船長之許可，船舶對因此所致之任何損失，不負責任。」依此約定，被上訴人亦無責任可言等語。惟依海商法第一百零五條（現行法第六十一條）規定：「運送契約或載貨證券記載條款、條件或約定，以免除運送人或船舶所有人，對於因過失或本章規定應履行之義務而不履行，致有貨物毀損滅失之責任者，其條款、條件、約定，不生效力」，上述傭船契約之記載是否有效？原審未注意審酌，遽為上訴人不利之判斷，亦難謂無違誤。（八十年台上字第一一二六號）

2. 運送契約或載貨證券免責約定無效。

　　㈠運送人對於承攬貨物之裝卸、搬移、堆存、保管、運送及看守，應為必要之注意及處置，為海商法第一百零七條（現行法第六十三條）所明定。縱運送契約或載貨證券訛此為運送人免責之約定，依同法第一百零五條（現行法第六十一條）規定，亦不生效力。

　　㈡保險法第五十三條第一項前段規定：「被保險人因保險人應負保險責任之損失賠償請求權者，保險人得於給付賠償金額後代位行使被保險人對於第三人之請求權。」此項法定代位權之行使，有

債權移轉之效果，故於保險人給付賠償金額後，被保險人對於第三人之請求權即移轉於保險人。（六十九年台上字第九二三號）

3.**載貨證券記載「運送人對於任何裝有液體之包裝，因破漏所生短少不負責任」，其法律效力如何？**

本件載貨證券背面所記「運送人對於任何裝有液體之包裝，因破漏所生之短少，不負責任」字樣，顯與海商法第一百零五條（現行法第六十一條）之強制規定有違，其附註即不生效力，尤無海商法第一百條（現行法第五十六條）第一項第二款之適用。（六十八年台上字第二九九號）

4.**運送人可否於不違反海商法第六十一條規定下，另定免責事由？**

海上運送之運送人免責事由，除海商法有規定外，非不得在不違反海商法第一零五條（現行法第六十一條）規定之原則下，由運送契約之當事人以特約定之。（五十八年台上字第三○九二號）

七、單位責任限制（第七十條第二項、第三項、第四項）

1.貨櫃運送之單位責任限制

按海人縱已明瞭貨物之性質、種類、重量及數量等，仍無法計算貨物之價值。系爭二紙載貨證券，第一紙只記載貨物之總面積及總重量，無任何單位面積之標示；第二紙雖標示九六乘七二，但未列載單位。系爭貨物係以CY/CY（整裝／整拆）方式運送，即由託運人自裝自計自行封櫃，被上訴人無從由系爭二紙載貨證券之記載，得知貨櫃內所裝物品之數量，自應以貨櫃數為件數之計算標準。（九十一年台上字第二一九九號）

2.系爭十五只貨櫃於運送中因落海而滅失或因翻落而毀損，依海商法第五條及民法第六百三十四條第一項規定，上訴人請求被上訴人賠償因此所受損害，自屬有據。系爭載貨證券上，並未特別註

明上開貨櫃之價值，且每只貨櫃之價值各不相同，依修正前海商法第一百十四條第二項規定，被上訴人之賠償責任應以每只貨櫃新台幣九千元計算，系爭十五只貨櫃之賠償額共為新台幣十三萬五千元。上訴人請求之金額，於上開範圍內，為有理由，應予准許，逾此範圍，為無理由，不應准許。（九十年台上字第二一〇三號）

3. 按單位責任限制規定之立法意旨，乃在保障運送人於非可歸責於己之意外事故致貨物滅失，而無法查證其價值時，得藉以杜絕雙方之紛爭，並減輕運送人所承受海上變故之風險，故載貨證券上如已載明貨物之品名、重量、體積、體量等，而依各該記載之內容已得據以計算出其客觀價值時，當不復有單位責任限制規定之適用。（八十八年台上字第二一四六號）

4. **貨物客觀上可計算其價值，承運人不得主張責任限制。**

上訴人運送系爭貨物，未提供具備堪航能力之船舶，而以不具備堪航能力之海衛輪運送，致系爭貨物於運送途中毀損，即係對於承運貨物未依海商法第一百零七條（現行法第六十三條）規定盡其必要及處置義務，上訴人復無海商法第一百十三條（現行法第六十九條）第二款及第四款之免責事由，自應對託運人或載貨證券持有人負債務不履行之損害賠償責任。按交付載貨證券於有受領貨物權利之人時，其交付與貨物所有權之移轉有相同之效力，為海商法第一百零四條（現行法第六十條）準用民法第六百二十九條明定。倘貨物已滅失而不能回復其占有者，則載貨證券持有人將載貨證券移轉他人，雖不發生貨物所有權移轉之效力，但原載貨證券持有人之損害賠償請求權因而讓與現持有人。和寶公司及源生公司受讓系爭載貨證券，則原載貨證券持有人對上訴人之債務不履行損害賠償請求權已隨同載貨證券之移轉而讓與和寶公司及源生公司。系爭貨物既因上訴人之過失而滅失，自得請求上訴人以金錢賠償其損害。至損害賠償金額之計算，本件載貨證券上並未載明貨物之性質及價

值，但已載明貨物為陶石及長石礦，以及其重量各為五十萬公斤（即五百公噸），於客觀上已得計算其價值。上訴人即不得主張單位限制責任。（八十六年度台上字第一三〇五號）

5. 貨櫃運送單位責任限制之計算

貨物如係以裝填貨櫃方式而為運送時，海商法第一百十四條（現行法第七十條）第二項所規定之運送人單位責任限制之件數，除託運人與運送人或船舶所有人另有約定者外，應以載貨證券內所記載裝填於貨櫃內之件數作為計算之基準。（八十四年台上字第一八五四號）

6. 單位限制之適用

查除貨物之性質、價值於裝載前已經託運人聲明並註明於載貨證券者外，運送人或船舶所有人對於貨物之毀損滅失，其賠償責任，以每件不超過三千元為限，海商法第一百十四條（現行法第七十條）第二項定有明文。原審對於本件託運人就貨物之性質、價值於裝載前是否已有聲明，並記載於載貨證券？未予查明，徒以被上訴人並非按海商法第一百十四條（現行法第七十條）第二項所定運送人之單位限制責任賠償訴外人立歐公司及瑞士商艾平那保險有限公司，即認上訴人在本件不得為此單位限制責任抗辯，尚有未合。（八十三年台上字第八十一號）

7. 上訴人於原審曾主張：本件被上訴人所託運之貨物是「一個貨櫃」，因是 CY-CY 運送，上訴人不知貨櫃內容。且運費亦係以一貨櫃為單位計算，提單上亦無記載貨物價值，依海商法第一百十四條（現行法第七十條）第二項規定，縱使上訴人應負賠償責任，亦應以新台幣九千元為限。何況載貨證券上亦約定運送人之賠償責任以每一貨櫃五百美金為限云云（見原審上更㈡字卷五三頁反面）。自係一種重要之防禦方法，原審恝置不問，亦有判決不備理由之違法。上訴論旨執以指摘原判決不當，聲明廢棄，難謂無理

由。（七十五年台上字第二六九八號）

八、貨櫃運送

1.海上貨櫃運送之保管責任

　　海上之貨櫃運送，於貨物尚未完成交付，而在運送人保管期間，無論為自己保管或由第三人保管，倘有發生毀損或滅失之情事，運送人之責任仍非無海商法之適用。原審既認中國航運公司就本件運送物尚未完成交付，其仍負保管責任，而又謂其無海商法第一百條（現行法第五十六條）第二項之適用，已有可議。（七十二年台上字第一一八八號）

2.貨櫃運送短期時效之適用

　　㈠由於貨櫃運送之形態特殊，貨櫃運抵目的地時，似須在貨櫃集散站等待驗關交貨。在此等待驗關交貨期間，貨櫃由貨櫃集散站營業人保管，當為海上運送人與託運人或受貨人所共同了解。易言之，亦即「由貨櫃集散站保管貨櫃以等待驗關交貨」，已成為附合於海上運送契約之一種約定。因之，貨櫃如在貨櫃集散站毀損或滅失，即不能認為仍係單純海上運送契約本身之履行問題，而謂有海商法第一百條（現行法第五十六條）第二項所定一年短期消滅時效之適用。

　　㈡中航公司將系爭貨物裝入貨櫃，運抵目的地（基隆）後，交由曾煥培經營之倉庫保管，如屬履行前開「由貨櫃集散站保管貨櫃，以待驗關交貨」之約定；則依民法第五百三十八條第二規定之同一法理，中航公司僅須就曾煥培之選任及其對於曾煥培所為之指示，負其責任。否則，中航公司應依同條第一項規定之同一法理，與曾煥培負同一責任。亦即中航公司與曾煥培之關係，並非當然為民法第二百二十四條債務人與代理人或使用人之關係。（六十九年台上字第八三五號）

3. 貨櫃運送民法第六百三十四條但書之適用

本件貨櫃運送之裝貨港，被上訴人得視船舶停靠之港口，權宜決定，茲被上訴人因預定裝載之韓國統帥輪僅停靠高雄港，將上開貨櫃運至高雄碼頭待運，即無違約可言。

詎賽洛瑪颱風以怪異路徑回轉，於同月二十五日上午九時，侵襲高雄，馴致高雄港碼頭之巨型起重機亦被吹塌，亦有報導該颱風消息之剪報及高雄港務局六八高港業企字第一七四三四號函可資證明。是本件貨櫃之遭受損毀，純屬因不可抗力所致，依民法第六百三十四條但書，海商法第一百十三條（現行法第六十九條）第四款規定，運送人自不負損害賠償責任。（六十九年台上字第四二一號）

九、喜馬拉雅條款（海商法第七十六條）

載貨證券喜馬拉雅條款之效力

載貨證券背面條款第一條規定：「本公司包括船東、代理人、並依情形之船舶、傭船或任何予以代替之運送人，……」，其目的不過指出所有載貨證券條款，於提及「公司」時，其中已被包括之關係人均得援引之，非謂「公司」即當然指船東、代理人、船舶、傭船人、代運人而言，此就載貨證券正面明載運送人為「拓南株式會社」對照觀之自明。茲上訴人公司（拓南株式會社之代理人）於本件載貨證券根本未嘗涉及，簽發人之拓南會社如何包括上訴人在內，殊難索解云云。原審未予研求，遽認上訴人與拓南會社為一體，尚有未合。（六十六年台上字第四五八號）

十、仲裁條款（海商法第七十八條第二項、第三項）

載貨證券載明適用其標準傭船契約之仲裁條款，其法律效力如何？

原審以：仲裁契約，應由當事人以書面為之，為商務仲裁條例第一條第二項所明定，故仲裁契約須由當事人簽名，始為當相，本件載貨證券第十條雖載有適用生曲來康傭船租約之仲裁條款字樣，但既僅有船長簽名，依上說明，尚難謂係雙方當事人簽訂之仲裁契約。上訴人以被上訴人未經仲裁逕行提起本訴為不合，顯係誤會。（六十七年台上字第二九二六號）

十一、管轄條款（海商法第七十八條第一項）

載貨證券背面載明管轄法院之效果

系爭載貨證券背面雖載明有關載貨證券之爭議，應訴請鹿特丹法院解決，並適用荷蘭法。惟該載貨證券為渣華公司所簽發之文書，乃單方所表示之意思，不能認係雙方當事人之約定，尚無涉外民事法律適用法第六條第一項規定之適用。經核本件載貨證券係在本國內所簽發，有載貨證券可稽。是發生債之關係之行為地為中華民國，自應適用中華民國之法律。其約定之收貨地點在高雄市，故應由臺灣高雄地方法院為第一審管轄法院。

按載貨證券具有換取或繳還證券之性質，運送貨物，經發給載貨證券者，貨物之給付，憑載貨證券為之，即使實際之受貨人，苟不將載貨證券提出及交還，依海商法第一百零四條（現行法第六十條）準用民法第六百三十條規定，仍不得請求交付運送物。（八十五年台上字第九〇四號）

十二、準據法條款（海商法第七十七條）

1.載貨證券背頁附記適用外國法及公約及時效之效力？

次查系爭載貨證券背面第二條及第二十四條，有關附記適用上開條例或公約，及消滅時效為一年之文句，乃被上訴人單方所表示之意思，原審未詳加審究，遽認係兩造之約定，進而以前揭理由為

不利於上訴人之判決，亦有可議。（九十一年台上字第五八五號）

2.準據法之適用

本件運送契約之運送人及簽發載貨證券之人均為外國法人，應屬涉外民事訴訟事件，原審未依涉外民事法律適用法之規定確定其準據法，逕行適用我國法律而為上訴人敗訴之判決，自有疏略。（八十七年台上字第一二○三號）

3.載貨證券背面準據法約定之效力

本件載貨證券背面條款第二十四條記載，運送契約應適用日本法，乃一定型化條款，係單方所為之意思表示，不能認係雙方當事人之約定，無涉外民事法律適用法第六條第一項之適用。原判決謂本件應適用日本法云云，已有可議。（八十年台上字竺三六二號）

4.海上保險契約記載準據法之效力

當事人均為中國國民，在中國境內締結契約，約定關於該契約之事項適用外國法，如其約定不違反我國強制或禁止之規定，亦無背於公共秩序或善良風俗者，不得一概認為無效。（七十九年台上字第二八號）

十三、虛報貨物之性質與價值
（海商法第七十條第一項）

海商法第一百十四條（現行法第七十條）第一項規定：「託運人於託運時，故意虛報貨物之性質或價值，運送人或船舶所有人對於其貨物之毀損或滅失，不負賠償責任」，此項立法係仿照一九二四年海牙規則及一九三六年美國海上貨物運送條例第四條第五項第四款之規定，其立法旨趣通說認為在於防免託運人高報貨物之價值圖得較高之不當損害賠償，藉以詐財而設。故託運人虛報貨物之價值。必須低價報高價之情形，始有其適用，而在虛報貨物之性質時，亦以性質之虛報與貨物之價值有關，而可能造成獲得較高之不

當損害賠償時，始有其適用。法就海商法第九十八條（現行法第五十四條）第一項第三款及第九十九條（現行法第五十五條）第一項規定之旨趣以觀，可見貨物一般虛報性或價值之情形，對於因此所生之毀損、滅失，運送人不負賠償之責。（七十五年台上字第二四一號）

十四、適航性（海商法第六十二條第一項）

1.適航性與公證書

　　船舶是否具有安全航行之能力，應依該船舶是否具備適於航行之結構強度、船舶穩定、推進機器或工具及設備，有無經驗查合格等情形決之，此觀船舶法第二十三條第一項之規定自明。查被上訴人中台公司提出之中華人民共和國廈門港務監督局核發之船舶執照、船舶證書及「陵海○二號」輪船長製作之水上交通事故報告書既未依台灣地區與大陸地區人民關係條例第七條規定經海基會或其他政府授權之機關、民間團體驗證，不得推定為真正，且其內容僅記載該船舶之噸位、船籍港、船舶種類與構造等項及船長報告事故發生之經過而已，而中華人民共和國遼寧省大連市公證處就律師朱清檢具汕尾港務監督局出具「陵海○二號」與「宏運六號」碰撞事故證明書所為聲明予以公證，該（一九九八）大證字第二三六一二號公證書雖經海基會驗證，謂係該公證處所核發無誤，然依台灣地區與大陸地區人民關係條例第七條及同條例施行細則第八條之立法精神以觀，各主管機關對於經海基會驗證之大陸地區公證書，仍應確實審查其實質內容之真實性與適法性，足見上開公證書雖經海基會驗證，亦不得認係公文書逕予採信。則上開文件能否作為陵海○二號輪具備堪航能力之憑據？即非無疑。（九十二年台上字第一六九八號）

2.船舶有無安全航行能力乃事實問題

海商法第一百五十五條（現行法第一百十五條）規定「因船舶或貨物固有瑕疵，或因利害關人之過失所致之損害及費用，其他關係人仍應分擔之。但對於固有瑕疵或過失之負責人得請求償還」。該項條文係編列於共同海損章內，依上開規定，船舶或貨物如因固有瑕疵，或因利害關係人之過失所致之損損害及費用，均屬共同海損，其他關係人仍應按共同海損之相關規定分擔之。祇是對於固有瑕疵或有過失之負責人得請求償還而已。是同法第一百五十條（現行法第一百十條）規定「稱共同海損者，謂在海難中船長為避免船舶及貨載之共同危險所為處分，而直接發生之損害及費用」，其所稱之「海難」，自非僅指船舶航行中因自然力所發生之災難，尚且包括因船舶或貨物固有瑕疵及人為過失所致之災難在內。原審謂海難，係指因海上自然力發生之變故而無人為因素參入其間者而言，如颱風、海嘯等是，其法律見解不無可議。船舶有無安全航行能力乃事實問題，不得因船舶曾依法定期檢查，經船級檢驗合格，即謂船舶具有堪航能力，船舶所有人仍應於發航前及發航時注意及維護其船舶之堪航能力，此觀之海商法第一百零六（現行法第六十二條）條之規定自明。（八十四年台上字第二七六一號）

3.船舶適航性與海難

海商法第一百五十條（現行法第一百十條）規定，共同海損之成立，須以海難為原因，致船長為一定之處分，以保船舶及貨載之共同利益者始足當之。如損害之發生並非由於海難所致，而係運送契約範圍內之每為，自不成立共同海損。所謂「海難」，指危險之發生係運送人或其履行輔助人思慮所不及，不可預料，熟練之船員已盡善良管理人之注意尚無從防止者而言。如一般風浪即導致船舶不堪航行，乃屬船舶適行性之問題，而不成立共同海損。所謂堪航能力，乃指船舶於發航時，須有堅固之構造，足以對抗準上通常可能預見之危險，完成航行之目的者而言。本件傭船契約之目的既在

自巴西載運礦砂返回高雄港，在此漫長之航路上偶而可能遇八、九級陣風，應為普通謹慎之運送人所可能預見。而本件嘉泰輪為五萬噸級之大貨輪於一九八七年四月二十三日自巴西發航後僅同年月二十四日十一時遇南南西九級，同日十二時遇南南七八級短暫之強風外，迄同年五月八日均為七級以下之風浪，而竟於五月八日發現該輪船板起凹凸、甲板或橫樑彎曲、破裂、腐蝕傾塌、進水，不得已乃進港修理，為原審合法確定之事實。該輪自無發航後遇運送人所不能逆料之危險而突失航行能力之情事。（八十二年台上字第一二四一號）

4.外國船舶：送驗船舶檢查或檢驗合格證明文件

依船舶法第三十五條規定之反面解釋，外國船舶自中華民國國際港口裝載客貨發航者，其送驗之船舶檢查或檢驗合格證明文件，在有效期間內，即無需於發航時，接受適航性之檢查。事實上航行於國際間之船舶，航期每甚緊迫，不可能逐次於發航時從事檢驗。上訴人既未證明諾瑪達輪於發航時，有何不適航情事，被上訴人依一開證書之記載證明諾瑪達輪於開航當日有安全航行能力並配置相當海員及設備，自非無理由。（七十八年台上字第二〇五七號）

5.所謂「發航時」係指船舶某特定航次啟航時而言

原審僅以諾瑪達輪於七十三年四月間已進行週年定期檢查，取得結構、配備安全及具有國際通訊載重能力之證明文件，既認定運送人於「發航前」就船舶之安全航行能力，已為必要之注意及措置，至於運送人於本航次「發航時」，是否亦已為必要之注意及措置，使船舶有安全航行之能力，則未命被上訴人為完足之舉證〔海商法第一百零六條（現行法第六十二條）第三項參照〕自有未合。苟運送人「發航時」對於船舶之通航能力未為必要之注意及措置，因而發生引擎室爆炸事作，致所運送之上訴人貨物毀損或滅失，運送人及被上訴人即難依同法條第二項規定，主張不負損害賠償責

任。（七十六年台上字第二四五一號）

6.定期檢查不能作為適航性之絕對證明

所謂安全航行能力，係指船舶之安全設備及人員配備，足以抗拒預定航程上所可能發生之危險，使貨物得安全到達目的港之能力而言。船舶安全航行能力，非僅以船舶本身狀況而定，尚與其供應、配備、貨載堆載狀況及預定航程上之海上危險有密切關係。船舶有無安全航行能力乃事實問題，不得因船舶曾經依法為定期檢查，即謂船舶之適航性絕無問題；而船舶於發航前向主管機關呈驗有關船文書，只是行政管理上之最低形式要求，既未做實際檢查，自亦不得因主管機關之旅行，即謂具有安全航行能力。（七十六年台上字第一八五八號）

7.船舶之適航性與定期檢查

依海商法第一百零六條（現行法第六十二條）第一項第一款規定，運送人或船舶所有人於發航前及發航時，應為必要之注意及措置，使船舶有安全航行之能力。船舶無安全航行之能力，為事實問題，自不得因船舶曾經依船舶法第二十七條之規定為定期檢查，即得謂船舶之適航性絕無問題，惟船舶既經航政主管機關施行檢查，其檢查結果，當事人仍非不得以之為證據方法而主張之。（六十九年台上字第三二九二號）

8.運送人可否僅憑適航證書而主張免責？

〔運送人不得僅憑適航證書而主張免責〕

豐泰輪於航行途中，所遇海上風力最強為七級風，此種風浪對於總噸數三千九百餘噸之豐泰輪，應不致發生油管受損情事，詎豐泰輪於航行中，其第二艙舷油管竟告破裂，污及系爭乾紙漿，自係上訴人對於船舶航行未為必要之注意及措置，對於乾紙漿之堆存保管，亦未盡必要之注意。上訴人所為豐泰輪於一九七五年經日本海事檢驗結果確定有適航力一節，縱屬實在，亦不能因此否定其賠償

損害之責任。（六十七年台上字第三五二五號）

十五、適載性

1. 船舶貨艙蓋有損害，致海水滲入貨艙造成濕損，運送人應否負責？

進利輪運送黃豆之水濕腐壞部分，係因海水自損壞艙蓋滲入貨艙而造成，此有歐亞公證股份有限公司函在卷可證，該進利輪之貨艙蓋既有損壞，運送人於發航前即應檢查修復，運送人疏於注意，且對防水措施亦不予設置，任令海水滲入造成損害，依海商法第一百零六條（現行法第六十二條）第三款及第一百零七條（現行法第六十三條）之規定，益利輪船公司自應負損害賠償責任。（六十九年台上字第三四九號）

2. 船艙通風及排水設備不良，是否屬貨物保管有過失而為運送人需負責事項？

〔運送人對於船艙通風及排水設備不良致貨載受損，應負責任〕

上開玉米所以因潮濕水漬及汗漬而發芽腐爛，既係由於船內通風及排水設備不良所致，上訴人對於損害之發生與有過失，而無不可抗力之情形，即屬無可置疑。（六十年台上字第一八五號）

十六、貨物照管義務（海商法第六十三條）

1. 海上運送人貨櫃運送對貨物堆存之注意責任

原審以系爭貨物係用所謂平板櫃裝載，而平板櫃並非一般貨櫃，其上方及四周左右並無障壁可供保護，是其必然被推放於所有貨櫃之最上層，不可能在下層或中間，以免被其他貨櫃擠壓，被上訴人將裝載系爭貨物之平板櫃置放於甲板最上層，並無不當，難認被上訴人有何未盡裝載貨物之注意義務。被上訴人於發航時既已就

貨物之裝載及堆存盡必要之注意義務，且立昇輪之船長於整個航程中，不論是否已遭遇瑞伯颱風，皆依規定指示船員檢查、綑綁、固定貨物，自難認被上訴人有何未盡貨物之保管、運送之義務，應認被上訴人已對貨物為必要之注意及處置。惟查本件上訴人主張，系爭貨物係裝載於平板櫃上，其四周及上方並無櫃壁加以保護，恆較一般裝載於普通貨櫃內之貨物易於受損，因此應將裝載系爭貨物之貨櫃，堆存於船艙內所有貨櫃之最上一層，始為妥適。而被上訴人卻將其堆存於甲板上所有貨櫃之最上一層，致使系爭貨物受損，被上訴人此種堆存貨物之方式有過失，應負賠償責任云云，乃屬重要攻擊方法，原審就系爭貨物何以不堆存於船艙內最上層，而堆存於甲板上，該堆存方式有無過失，恝置不論，遽為不利於上訴人之判決，自有判決不備理由之違法。（九十一年台上字第一八七〇號）

2.海上運送人對於承運貨物應注意之堆存義務

本件原確定判決依據前訴訟程序第二審判決所確定之事實，認運送人對於承運貨物之裝卸、搬移、堆存、保管、運送及看守，應為必要之注意及處置，海商法第一百零七條（現行法第六十三條）定有明文。系爭貨櫃再審原告運送中，因相鄰之自燃貨櫃內貨物自燃失火，致損及鄰近之系爭貨櫃內之布匹，固屬實情，惟該貨櫃內載有清潔劑、化學品及不詳物品，不僅有公證報告可按，且為再審原告簽發之載貨證券所載明。則再審原告於裝船前自應就貨物之性質加以研究，託運人如無法按貨物之性質所需「堆存」方式予以堆存或通風時，再審原告應加以拒運並通知託運人，尚不能以該貨櫃係託運人自裝、自封而免除運送人依海商法第一百零七條（現行法第六十三條）所規定之注意義務。倘該貨櫃內有危險品而託運人未據實陳報，依海商法第九十九條（現行法第五十五條）第二項規定，再審原告對該託運人雖有賠償請求權，惟不得用以限制其依載貨證券所負之責任，並持以對抗該託運人以外之第三人。（八十七

年台再字第四六號）

3. 貨物照管之義務

本件貨物由昶順報關行僱用整樹公司卡車運至上開目的地後，究應由何人負責卸貨……既無特別約定，而整樹公司僅收運費新台幣二千元，當整樹公司將貨物運至上開目的地由受貨人春安公司簽收後，又係由春安公司自行僱用吊車卸載，由此亦足認定自卡車上卸貨，應由春安公司自行負責，在此期間發生之貨損，自與被上訴人無關。（七十九年台上字第一七七二號）

4. 運送人免責與貨物照管義務之認定

本件失火，雖經基隆港務局海事評議委員會評定結果，未能確定失火原因。然既已失火，上訴人及其履行輔助人未能及時發現搶救，控制火勢，以避免造成損害，則有應注意能注意而不注意之過失。棉花為易燃危險品，於卸載時依當時有效之台灣省港區危險品裝卸管理辦法第十六條規定，應留有高級船員及各部門輪值人員晝夜值守，加強戒備。而「開明輪」於卸載棉花時，該輪大副未為必要之防範，致生火災。無論其失火原因如何，自難辭疏於督導防範之責。故上訴人之履行輔助人有未盡規定之注意及處置義務，上訴人應負賠償責任。（七十四年台上字第四五八號）

5. 裝載貨物不當，致船舶沈沒貨物滅失，運送人可否主張免責？

〔運送人不得以裝載貨物不當致船舶沉沒貨載滅失為由主張免責〕

海商法第一百一十三條（現行法第六十九條）第一款之規定，因係指船長海員引水人或運送人之受僱人因航行或管理船舶之行為有過失所發生之毀損或滅失，運送人或船舶所有人不負責任，與本件船舶沉沒貨物滅失肇因船長大副之裝載貨物不當，非由於航行或管理船舶之行為有過失所致之情形不同，自無該條免責規定之適用，況依海商法第一百零七條（現行法第六十三條）規定，運送人

對於承運貨物之裝卸搬移堆存保管運送及看守，應為必要之注意及處置，上訴人為運送人，對於承運上開漁鹽之裝載，正應負其應盡之責任，何能反據貨物裝載不當之過失主張免除其應負責任。

再查海商法第一百條（現行法第五十六條）第二項所謂受領權利人之損害賠償請求權，依同條第一項規定之文義觀之，係指已交受領提貨而發現有毀損滅失情形之損害賠償請求權而言，本件上開漁鹽，既因載運船舶中途沉沒而無交付及受領提貨，即無該條短期時效規定之適用，而仍應依民法關於時效之規定，則被上訴人於未逾民法規定之時效期間內提起本訴，上訴人依海商法第一百條（現行法第五十六條）第二項指摘被上訴人賠償請求權業已罹於時效而消滅，亦非足取。（六十一年台上字第八二〇號）

十七、交貨

海上運送人對承運貨物有適當「交貨」之責任

海上運送人對承運之貨物，除應負承載運送貨件之義務外，尚負有適當交貨之責任。是海上運送人於貨物自裝載以迄卸載港區間，在交付有受領權人前，仍應為必要之注意及處置，諸如保管，寄存貨物等。其所應負之前揭義務，除另有約定外，非僅侷限於船舷與船舷間之單一海上運送航程。又修正前海商法第一百條第二項（現行法第五十六條第二項，但內容已加以修正）規定：「受領權利人之損害賠償請求權，自貨物受領之日或自應受領之日起一年內，不行使而消滅。」既未限制於貨物毀損或一部滅失時，始有其適用，故於貨物全部滅失之情形，亦在適用之列（參見本院八十八年台上字第七五一號判例）。查被上訴人為系爭貨物之託運人兼載貨證券持有人，為原審所認定，倘系爭貨物果因上訴人不憑載貨證券而交與無受領權人領收者，則被上訴人對上訴人因貨物全部滅失而生之損害賠償請求權，依上說明，自應適用海商法第一百條（現

行法第五十六條）第二項一年消滅時效之規定。前經本院發回意旨予以指明，乃原審仍未詳加研求，徒以上開理由遽認被上訴人之損害賠償請求權無一年消滅時效規定之適用，已難謂合。（九十一年台上字第七一一號）

十八、突失航行能力（海商法第六十二條第二項）

船舶於發航後突失航行能力，可不負賠償責任。

海商法第一百零六條（現行法第六十二條）第一項所規定之堪航能力應包括第一款船舶有安全航行之能力，第二款船舶之運航能力（配置相當海員、設備及船舶之供應）及第三款船舶之堪載能力（使貨艙、冷藏室及其他供應載運部分適合於受載、運送與保存）。如船舶於發航後因突失上開堪航能力，包括突失冷藏、保存運載貨物之能力，所發生之貨損，運送人依同條第二項規定非不得主張不負賠償責任。（七十七年台上字第一〇九八號）

十九、海商法第六十九條免責事由

第一款

1.按船長因航行或管理船舶之行為而有過失者，運送人或船舶所有人不負賠償責任，八十八年七月十四日修正前海商法第一百十三條第一款定有明文。此項規定乃係為配合海上運送行為之特殊性所為之特別規定，應排除民法第二百二十四條之適用。從而立耀輪之船長未顧及席斯颱風來襲，猶貿然出海前往基隆港，其關於航行之決策固有疏失，惟船長此項航行之過失所致貨載之毀損、滅失，依前揭法條規定，被上訴人雖為立耀輪之所有人，既不負賠償責任，則上訴人主張代位行使訴外人華隆公司等就系爭載貨證券及運送契約中託運人之權利及損害賠償請求權，請求被上訴人賠償損害

均非有據，不應准許云云，為原審心證所由得，復說明上訴人其他抗辯之取捨意見及其他攻擊方法不再審酌之理由，爰維持第一審所為上訴人敗訴之判決，駁回其上訴，經核於法洵無違誤。（九十年台上字第三八八號）

　　2.運送人或船舶所有人若能證明有海商法第一百十三條（現行法第六十九條）第一款規定之免責事由存在，及發生之損害係由此事由而引起者，其舉證責任即屬已盡。此時，被害人無論係依債務不履行或侵權行為之法律關係請求損害賠償，運送人或船舶所有人應均得援用上開法定免責之事由而主張免責，並不因民法第一百八十八條第一項另設有僱用人賠償責任之規定而受影響。（八十五年台上字第一四〇七號）

第二款

1. 海商法第一百十三條（現行法第六十九條）第二款所謂「海上或航路上之危險或意外事故」，係指因不可預料之海上自然力所發生之變故而言，如其事故之發生，係可預料，為航行上必然或可能發生者，即無適用該條款之餘地。（七十三年台上字第四四一號）

2. 海水淹沒甲板，經由艙口流入艙內致貨物發生濕損，運送人是否需負責任？

　　〔運送人對於意外災害所致之濕損不負責任〕

　　又濕損部分，乃因「毅利輪」在航行途中遭遇意外之惡劣天候所致，業經中華海事檢定社依據航海日誌及海事報告檢定屬實，並經該社會同有關單位登輪檢查艙口及甲板口，發現情形良好，由於海水淹沒甲板，因此海水經過艙口，流入第六號艙，損及艙口部分貨物，有卷附該社檢定報告書可稽。「毅利輪」之安全構造及安全設備均屬合格，附有卷內貨船安全構造證書及貨船安全設備證書足

憑。該輪之艙口及甲板口等設施既良好，則濕損係由於意外災害所致，要堪認定。依海商法第一百十三條（現行法第六十九條）第二款規定，此項濕損部分亦不能令被上訴人負賠償責任云云。（六十八年台上字第一七一二號）

第十四款　自然耗損

1.樹薯粒運送自然耗損率鑑定為 0.5～2％

本件貨物為散裝之樹薯粒，含有一定之水份，於運送及裝卸過程中，可能因環境乾溼度、裝卸飛灰、抓斗漏失及其他原因之影響，而減輕其重量，亦即在通常情形，自然耗損實無法避免，該自然耗損所減少之重量，自不能責令運送人負責，方與公平原則相符。

另案台灣高等法院台中分院八十三年度海商上更字第二號曾囑託華聲公司鑑定結果，認系爭樹薯粒於本件預定航程依通常情形，其自然耗損率以百分之一即九十七公噸為合理，該公司係蒐集各方資料，市調訪查國內學術機構、飼料工廠及貿易公司，分析結果一般樹薯粒運送之自然耗損率平均在百分之〇‧五至百分之二之間，依合理評估推定為百分之一，有該公司鑑定報告書可考。斟酌本件船期延誤致實際發生耗損比率，認上開鑑定結果尚屬相當，應為可採。系爭貨物耗損於百分之一範圍，為本件預定航程通常所無法避免發生之自然耗損，應予扣除。（九十一年台上字第五七二號）

第十六款

1.船舶之隱有瑕疵

原審斟酌全辯論意旨及調查證據之結果，以運送物發生毀損或滅失，係因船舶雖經注意，仍有不能發現之隱有瑕疵所致者，運送人或船舶所有人不負賠償責任，海商法第一百十三條（現行法第六

十九條）第十六款定有明文。本件被上訴人所屬之月明輪，依中國驗船中心貨船安全構造證明書記載，為西曆一九八〇年新建船舶，於此航次既有適航、適載能力，且被上訴人受託運載前開之儀器零件所以發生毀損，經巨洋海事保險公證人有限公司鑑定，係由於月明輪錨鍊沖洗之海水水管凡爾破裂，海水浸濕之故，而凡爾之破裂，又係因管路設計不良有隱存之瑕疵所致，並此項瑕疵係存在於水管接頭處非被上訴人所能發現，依前開說明，被上訴人自不負賠償責任，上訴人茲為損害賠償之請求，非屬正當。爰將第一審就此部分所為被上訴人不利之判決予以廢棄，改判駁回上訴人此部分在第一審之上訴，已於判決理由項下敘明所得之心證理由，經核於法並無違誤。（七十七年台上字第一九一二號）

第十七款

1. 貨物如係以裝填貨櫃方式而為運送時，海商法第一百十四條（現行法第七十條）第二項所規定之運送人單位責任限制之件數，除託運人與運送人或船舶所有人另有約定者外，應以載貨證券內所記載裝填於貨櫃內之件數作為計算之基準。（八十四年台上字第一八五四號）

    2.〔整裝貨櫃由發貨人自行點裝，運送人對櫃內貨物短少，不應負責〕本件貨物係按 CY 貨櫃條款裝運來台，因裝櫃時係甲發貨人將貨物自行點裝於貨櫃內，卸貨時由收貨人自行開櫃清點，貨物之確實數量，運送人無從知悉，而上訴人又不能證明被上訴人於運送時有何足以造成貨物短欠之故意或重大過失，請求被上訴人賠償短欠部分之損失，即非法之所許。（六十四年台上字第一八五六號）

二十、運送物損害賠償額之計算

1.運送物損害賠償額之計算

運送物喪失，應依其應交付時目的地之價值，計算其損害賠償額，此觀民法第六百三十八條第一項規定即明。查系爭載貨證券所載之貨物已交予未持有該載貨證券之訴外人陳○文提領，既為原審確定之事實，上訴人即喪失該批貨物，則被上訴人因而得請求賠償之損害額，依上說明，自應依此批貨物應交付時目的地之價值計算之。又本件損害賠償額究為若干，依民事訴訟法第二百七十七條前段規定，應由請求賠償之被上訴人舉證證明之，是上開所謂運送物之應交付時目的地價值，被上訴人自有舉證之責。（九十二年台上字第二三一○號）

2.運送物喪失、毀損或遲到損害賠償額之計算標準

運送物有喪失、毀損或遲到者，其損害賠償額，應依其「應交付時」「目的地」之價值計算之。民法第六百三十八條第一項定有明文。此項價值應以運送物應交付時目的地之實際價值為準，與所謂貨物出口價格或離岸價格並不相同。在國際貿易商品輸出價格，通常固較輸入國目的地之價值為高，然國際貿易貨物之市價，瞬息萬變，亦常有輸出價格較目的地之價值為高之情形，不一而足。查依卷附被證（二）貨物之到達通知（Arrival notice）明載貨物係於八十四年七月一日運抵洛杉磯，交貨目的地為工業市（City of Industry to door），又關於系爭機器依約究應於何時交付？被上訴人迄未陳明，乃原審未予調查審認，即僅依被上訴人提出商業發票所載系爭機器於八十四年六月二十日離岸價格美金六萬七千七百四十元以運抵洛杉磯時之匯率換算為新台幣所得之金額一百七十四萬四千九百八十二元為其損害賠償價額，已嫌速斷。又率以八十四年六月三十日之匯率為換算之基礎，亦有可議。是系爭機器之「應交付時」

「目的地」之價值既尚不明,上訴人應賠償之金額究為若干?自屬無從判斷。(八十八年台上字第二七一〇號)

3.運送物損害賠償額之計算

運送物有喪失、毀損或遲到者,其損害賠償額,應依其應交付時目的地之價值計算之,民法第六百三十八條第一項定有明文。(八十七年台上字第二五九七號)

4.運送物損害賠償額之計算標準

查運送物有喪失、毀損或遲到者,其損害賠償額,應依其應交付時目的地之價值計算之,此觀海商法第五條(現行法第五條)及民法第六百三十八條第一項規定自明。原審未調查本件喪失之貨物應交付時目的地之價值為若干?遽依其離岸價格,作為計算損害賠償額之標準,於法顯有未合。(八十一年台上字第三五三號)

5.民法第六百三十八條係民法第二百一十三條第一項之特別規定。

侵權行為與債務不履行之請求權競合時,債權人固非不得擇一行使之,惟關於債務人應負之損害賠償責任,若於債務不履行有特別規定,則債權人於依侵權行為之規定請求賠償時,除別有約定外,仍應受該特別規定之限制。本件被上訴人既主張依運送契約及侵權行為之規定,請求上訴人賠償運送物所受損害,第依民法第六百三十八條第一項及第二項規定「運送物有喪失、毀損或遲到者,其損害賠償額,應依其應交付時,目的地之價值計算之。」「運費及其他費用,因運送物之喪失、毀損,無須支付者,應由前項賠償額中扣除之。此與民法第二百十三條第一項所謂法律另有規定相當。(七十三年台上字第二〇九號)

二十一、海上保險

1.海上貨物保險要保人通知保險人之義務

查上訴人與燁興公司簽訂系爭保險契約時,已在保險單之左上

方將修正前海商法第一百七十四條「貨物保險時未確定裝運之船舶者，要保人或被保險人於知其已裝載於船舶時，應將該船舶之名稱及國籍，即通知保險人，不為通知者，保險契約失其效力」之規定，予以註記，上訴人又未舉證證明與燁興公司已合意排除修正前海商法第一百七十四條之適用，則原審認定系爭保險契約已失效，上訴人賠償燁興公司並非基於「保險人應負保險責任之損失」，而係自願給付，不得本於保險法第五十三條保險代位之法律關係請求被上訴人賠償損害，要無不當。（九十二年台上字第一四九三號）

2. 被保險人於受領保險金後，與第三人和解或拋棄不影響保險人代位權。

保險事故發生，被保險人對第三人有損害賠償請求權者，於保險人履行其保險賠償義務後，其請求權即當然移轉於保險人，被保險人於受領保險給付之範圍內，對第三人之債權既已喪失，則其與第三人縱有和解或拋棄情事，亦不影響保險人因保險給付而取得之代位權。（八十六年台上字第九八五號）

3. 保險人代位請求之金額以不逾賠償金額為限。

保險法第五十三條第一項固規定被保險人因保險人應負保險責任之損失發生，而對於第三人有損失賠償請求權者，保險人得於給付賠償金額後，代位行使被保險人對於第三人之請求權。惟依同條項但書規定，「其所請求之數額，以不逾賠償金額為限」。本件被上訴人理賠各該被保險人奎茂公司等保險金額，既按美金當時之匯率，折算新台幣計付，則被上訴人之賠償金額係以新台幣計算。此與賠償金額以美金計付者，當有不同。茲被上訴人請求上訴人按美金計算賠償金額而依給付時、給付地美金匯率，計付新台幣，如逾其所付新台幣賠償金額，即與保險法第五十三條第一項但書規定相違。

民法第一百八十四條第一項前段規定，侵權行為以因故意或過

失不法侵害他人之權利為構成要件,除依同條第二項有推定過失之規定外,其主張行為人應負同條第一項前段之侵權行為責任者,應就「故意或過失」之要件,負舉證責任。末查華沙公約第四號蒙特婁修定議定書將華沙公約第五條第一項修訂為「在貨物運送,應交付空運提單。」第六條修訂為:「空運提單應由託運人製作原本三份。第一份應註明『給運送人』,由託運人簽名,第二份應註明『給受貨人』,由託運人及運送人簽名。第三份應由運送人簽名,於運送人接受貨物後交與託運人」。「運送人如應託運人之請而製作空運提單者,除有反證外,視為為託運人而作」。準此以觀,空運提單果由託運人製作,則與民法第六百二十五條規定提單係由運送人填發者,當屬有異。(八十年台上字第一四六二號)

4.保險人之責任與運送人之責任不同

保險人之責任,與運送人之責任有別。保險人依保險契約,負其責任。本件運送人依運送契約,縱對自然之耗損,可不負責,然此自然之耗損,倘在保險責任範圍以內,保險人即不能因運送人不負責,而免除其保險人之責任。再者被保險人或受益人僅須證明保險事故之損害業已發生即可。保險人如主張其有免責事由,應由保險人負舉證之責。(七十四年台上字第八四八號)

二十二、運送物索賠之舉證責任

1.運送人之故意或重大過失之舉證責任

按運送物之喪失、毀損或遲到,係因運送人之故意或重大過失所致者,如有其他損害,託運人並得請求賠償,民法第六百三十八條第三項亦定有明文。本件系爭立扇被竊,致被上訴人不能依約交貨而須賠償森儷公司系爭立扇總價六十八萬七千五百七十元之三成,計二十萬二千二百七十一元,為原審所認定。然依上開規定,被上訴人如就此項損害請求上訴人賠償,即應就運送物之喪失、毀

損或遲到，係因上訴人之故意或重大過失所致，負舉證責任，於法始屬無違。（八十年台上字第一三五四號）

2. 有關運送物之索賠，其舉證責任之分配如何？

關於運送人之責任只須運送物有喪失毀損或遲到情事，經託運人或受貨人證明屬實，而運送人未能證明運送物之喪失、毀損或遲到係因不可抗力或因運送物之性質或因託運人或受貨人之過失所致者，則不問其喪失、毀損或遲到之原因是否為可歸責於運送人之事由，運送人均應負法律上或契約之責任。（四十九年台上字第七一三號）

二十三、海上運送與陸上運送責任之不同

海商法第一百十三條（現行法第六十九條）第十七款規定海上運送人之責任係採推定過失責任主義；第一百十四條（現行法第七十條）第二項規定，除貨物之性質，價值於裝載前已經託運人聲明，並註明於載貨證券者外，運送人或船舶所有人對於貨物之毀損、滅失，其賠償責任，以每件不超過（銀元）三千元為限，即所謂『單位責任限制』，係因海上運送之投資甚鉅而危險性大，風險不可預測，但海上運送為發展國際貿易所不可欠缺，為鼓勵投資，發展海運，始經立法，特別規定減輕海上運送人之責任。惟貨櫃運送至目的港卸船後，必須另以拖車拖運至貨櫃集散站堆存，等待驗關及交貨，此陸上拖運過程，為海上運送人及託運人所共識，並為眾所週知之事實，駕駛員在陸上駕駛拖車拖運貨櫃，與以船舶運送貨櫃之風險，截然不同，此段陸上運送責任，如仍適用海商法規定採推定過失責任主義及賠償單位責任限制，減輕運送人之責任，實欠公平，應非立法之本意。海商法第九十三條（第三項規定，卸載之貨物離船時，運送人或船長解除其運送責任，可知上開減輕海上運送人責任之規定，應僅適用於船舶海運及卸載過程中所發生之事

故，不及於陸上發生者。貨櫃用拖車由碼頭卸船，拖運至貨櫃集散站之過程，應屬另一陸上運送之約定，附合成為海上運送契約之一部分，在此陸上運送過程發生毀損，不能認為係單純海上運送契約本身之履行間，而應適用民法有關陸上運送之規定，與海上運送無涉，亦無優先適用海商法問題。（七十九年台上字第一六○三號）

二十四、託運人運送契約之請求權與載貨證券持有人行使之權

查載貨證券簽發後，運送人對於載貨證券持有人應依載貨證券之記載負其責任（海商法第一百零四條（現行法第六十條），民法第六百二十七條、第六百二十九條參照），是故在載貨證券持有人得行使權利期間，託運人對運送人依運送契約所得行使與之有關之權利，殆處於休止狀態而不能再予行使，旨在防止運送人受雙重請求之危險，但託運人並非完全脫離運送契約所定之法律關係。嗣後載貨證券如輾轉復為託運人取得時，上述休止狀態即行回復，託運人自得本於運送契約向運送人主張權利。（七十六年台上字第六六○號）

參、保險法判決

1.保險給付請求權與侵權行為所生之損害賠償請求權不同，不生損益相抵問題。

保險制度，旨在保護被保險人，非為減輕損害事故加害人之責任。保險給付請求權之發生，係以定有支付保險費之保險契約為基礎，與因侵權行為所生之損害賠償請求權，並非出於同一原因。後者之損害賠償請求權，殊不因受領前者之保險給付而喪失，兩者除有保險法第五十三條開於代位行使之關係外，並不生損益相抵問題。（八十六年台上字第三五二二號）

2.被保險人受領保險給付後，與第三人和解或拋棄，不影響保險人之代位權。

保險事故發生，被保險人對第三人有損害賠償請求權者，於保險人履行其保險賠償義務後，其請求權即當然移轉於保險人，被保險人於受領保險給付之範圍內，對第三人之債權既已喪失，則其與第三人縱有和解或拋棄情事，亦不影響保險人因保險給付而取得之代位權。（八十六年台上字第九八五號）

3.保險為最大善意及最大誠信之射倖契約。

保險為最大善意及最大誠信之射倖性契約，保險契約之當事人皆應本諸善意與誠信之原則締結保險契約，始能免流於純粹賭博性，並避免肇致道德危險，是在財產保險之要保人如心存詐欺，妄圖不當利益，故意提高保險標的之價額，與保險人訂定保險契約，即可能故使保險事故發生，以獲得高額之賠償，顯達保險契約為誠信契約之本旨，故各國有關保險法規殆皆規定各種保險契約之超額保險契約無效。我國保險法關於超額保險，原規定於損失保險章，並適用於一切損失保險，迨民國五十二年修正保險法時，就保險事故重新區分，雖將超額保險之規定移列於現行法第七十六條火災保險章中，惟海上保險之射倖性與道德危險，高於其他一切財產保險，參照保險法第一百條規定之立法精神，現行保險法第七十六條關於超額保險之規定，應該亦應準用於海上保險。（八十五年台上字第一六八五號）

4.保險人代位請求賠償之範圍。

按損害賠償祇應填補被害人實際損害，保險人代位被害請求損害賠償時，依保險法第五十三條第一項規定，如其損害額超過或等於保險人已給付之賠償金額，固得就其賠償之範圍，代位請求賠償，如其損害額小於保險人已給付之賠償金額，則保險人所得代位請求者，應祇以該損害額為限。（八十三年台上字第八〇六號）

5. 保險人之代位權，係法定代位，當然取，無待被保險人移轉行為且非以侵權行為之第三人為限。

　　保險法第五十三條第一項所定保險人之代位權，係本於法律規定而成立，於保險人已對被保險履行全部賠償義務後，無待被保險人之移轉行為，即當然取得。且代位權行使之對象，非以侵權行為之第三人為限，苟被保險因保險人應負保險責任之損失發生，而對於第三人有損失賠償請求權者，保險人即得於給付賠償金額後，代位行使被保險人對於第三人之請求權。（七十七年台上字第二二六九號）

　　保險法第五十三條第一項所定之保險人代位權，係本於法律規定之債權移轉，若保險人於給付被保險人賠償金額後，自無待平被保險人另為移轉之行為，即當然取得代位行使對於第三人之請求權。又民法第二百九十七條第一項固規定債權讓與非經讓與人或受讓人通知債務人，對於債務人不生效力，惟該項所稱之「對於債務人不生效力」者，係指相對之效力而言，亦即讓與人與受讓間就債權之讓與，如未通知債務人，僅對債務人不生效力而已，其於讓與人與受讓間所為之債權讓與初不因之受影響而失其效力。

　　民法為保險法之補充法，保險法無規定者，自應適用民法有關之規定。故保險人依保險法第五十三條第一項之規定行使法定代位權，固應依民法第二百九十七條第一項之規定，於通知第三人後，始對該第三人發生效力。但在未對第三人為保險代位之通知前，第三人對被保險人所為之清償（賠償損失），亦難謂為無效而不生損害賠償義務消滅之效力（民法第三百十條第一項第二款規定）。（八十七年台上字第二八〇號）

6. 船舶於發航後突失航行能力所生之貨損，運送人得主張免責。

　　海商法第一百零六條（現行法第六十二條）第一項所規定之堪航能力應包括第一款船舶有安全航行之能力，第二款船舶之運航能

力（配置相當海員、設備及船舶之供應）及第三款船舶之堪載能力（使貨艙、冷藏室及其他供應載運部分適合於受載、運送與保存）。如船舶於發航後因突失上開堪航能力，包括突失冷藏、保存運載貨物之能力，所發生之貨損，運送人依同條第二項規定非不得主張不負賠償責任。（七十七年台上字第一○九八號）

7. 船舶安全航行能力之含意。

所謂安全航行能力，係指船舶之安全設備及人員配備，足以抗拒預定航程上所可能發生之危險，使貨物得安全到達目的港之能力而言。船舶安全航行能力，非僅以船舶本身狀況而定，尚與其供應、配備、貨載塔載狀況及預定航程上之海上危險有密切關係。船舶有無安全航行能力乃事實問題，不得因船舶曾經依法為定期檢查，即謂船舶之適航性絕無問題；而船舶於發航前向主管機關呈驗有關船舶文書，只是行政管理上之最低形式要求，既未做實際檢查，自亦不得因主管機關之放行，即謂具有安全航行能力。（七十六年台上字第一八五八號）

8. 保險人係代位「被保險人」對第三人之請求權。

保險法十三條第一項規定：「被保險人因保險人應負保險責任之損失發生，而對於第三人有損害賠償請求權者，保險人得於給付賠償金代位行使被保險人對於第三人之請求權」，保險人依此規定所得代位行使者，乃被保險人對於第三人之請求權，因此，損害賠償請求權人如非被保險人，則無許保險人行使此項代位權之餘地。（七十二年台上字第一一七二號）

肆、民事決議

一、散裝貨運送短少之損害賠償問題

【民國六十七年四月二十五日　六十七年度第四次民事庭庭推

總會議決議(二)】

(一)涉外事件問題：載貨證券係在外國簽發，行為地在外國，應屬涉外事件。

(二)準據法問題：載貨證券附記「就貨運糾紛應適用美國法」之文句，乃單方所表示之意思，不能認係雙方當事人之約定，尚無涉外民事法律適用法第六條第一項之適用。又依該條第二項「當事人意思不明時，同國籍者依其本國法」之規定，保險公司化位受貨人憑載貨證券向運送人行使權利，受貨人與運送人雙方均為中國人，自應適用中國法。託運人在本件訴訟標的之法律關係中並非當事人，其準據法之確定，要不受託運人不同國籍之影響。

(三)仲裁條款問題：載貨證券係由運送人或船長單方簽名之證券，其有關仲裁條款之記載，尚不能認係仲裁契約，故亦無商務仲裁條例第三條之適用。

(四)適用習慣問題：我民法及海商法有關運送人責任之規定，即未將散裝貨之運送除外，尚難謂無明文規定，應無將美國海上貨物運送條例第二章第十一節所定作為商事習慣，依民法第一條規定適用習慣之餘地。

(五)自然耗損及磅差問題：散裝貨之運送，運送人或船長於其發給之載貨證券，就貨物重量為「據告稱」或「據告重」之記載者，雖不能因此即謂其非為依（舊）海商法第九十八條（現行法第五十四條）第一項第三款所為之記載，惟在此情況下，自然耗損及磅差（包括載貨磅差及卸貨磅差）等足以導致重量不符之原因，既無法避免其發生。則卸載之重量，較之載貨證券記載之重量如有短少，而衡之一般情理，在某種範圍內之短少可認為非因運送人或其代理人、受僱人對於承運貨物之裝卸、搬移、堆存、保管、運送及看守，依（舊）海商法第一百零七條（現行法第六十三條）應為之注意及處置，有所欠缺所致者，運送人就該範圍內短少之重量，應不

負賠償責任。

　㈥載貨證券在貨物重量上附註「據告稱」或「據告重」等字樣之所憑資料，能否視作（舊）海商法第九十八條（現行法第五十四條）第一項第三款所指之託運人書面通知，以及卸載時由目的港公證公司會同雙方過磅稱量之各種紀錄及報告，能否視作（舊）同法第一百條（現行法第五十六條）第一、二兩款之受領權利人書面通知，均屬事實之認定問題，惟於認定時，不可拘泥於文書形式，而忽視其內容及行為之實質意義。

　△補充決議【九十二年四月十五日　九十二年度第七次民事庭會議決議】

　載貨證券係由運送人或船長單方簽名之證據，其有關仲裁條款之記載，除足認有仲裁之合意外，尚不能認係仲裁契約。

二、海上貨物運送損害賠償請求權之時效

　㈠【五十八年台上字第三八一二號判例要旨】

　民法第六百三十八條第一項規定：「運送物有喪失、毀損或遲到者，其損害賠償額，應依其應交付時目的地之價值計算之」，此與民法第二百十三條第一項所謂法律另有規定相當，上訴人託運之漁鹽既經滅失，自得請求以金錢為賠償。又海商法第一百條（現行法第五十六條）第二項規定之損害賠償請求權，僅對於運送物之毀損一部滅失有其適用，對於全部滅失不適用之，此觀同條第一項第一、二款規定而自明。原審以上訴人不得請求被上訴人以金錢賠償，並以上訴人未於一年內行使權利，認為依海商法第一百條（現行法第五十六條）第二項規定已罹消滅時效，不無誤解。

　㈡【八十八年四月十三日　八十八年度第三次民庭會議決議㈢】

　海商法第一百條（現行法第五十六條）第二項規定：「受領權

利人之損害賠償請求權，自貨物受領之日或自應受領之日起一年內，不行使即消滅。」既未限制於貨物毀損或一部滅失時，始有其適用，故於貨物全部滅失之情形，亦在適用之內。本院五十八年台上字第三八一二號判例與此意旨不符部分，應不再援用。

三、公證費用請求之決議

㈠【六十六年八月十六日　六十六年度第六次民庭庭推總會決議】

海上貨物運送，貨物有所毀損短缺，受貨人為檢驗貨損情形，委請公證公司檢驗所支出之公證費用，保險公司於給付被保險人（即受貨人）此項賠償金額後，能否代位請求運送人賠償？有下列二說：

甲說：保險公司基於保險契約有對被保險人（即受貨人）負賠償責任，受貨人為檢驗貨損情形而委託公證公司為檢驗，其所支出之公證費用，顯與運送人之侵權行為有因果關係，亦為保險法第三十三條所謂為避免或減輕損害之必要行為所生之費用，自可代位向運送人求償。

乙說：公證費用之支出，既不因貨物之有無損害而有所不同，況係因提供證據而支出，則與運送人之未完全履行運送契約或侵權行為，並無相當因果關係，參酌本院六十六年六月十一日總會：「當事人因傷害所支出診斷書費用不得請求賠償。」之決議，自不得請求賠償。

以上二說，究以何說為是？提請公決

決議：海上貨物運送，貨物有所毀損短缺，受貨人為檢驗貨損情形，委請公證公司檢驗所支出之公證費用，既不因貨物之有無損害而有所不同，況係因提供證據而支出，與運送人之未完全履行運送契約或侵權行為，並無相當因果關係，參酌本院六十六年六月十

一日第五次民庭庭總會亦決議㈡：「當事人因傷害所支出診斷書費用不得請求賠償。」之決議，保險公司於給付被保險人（即受貨人）此項賠償金額後，自不得代位請求運送人賠償此項公證費用。（同乙說）

　　㈡【九十一年五月七日　九十一年度第三次民事庭會議決議㈠】

　　診斷書及公證費用，如係被害人為證明損害發生及其範圍所必要之費用，應納為損害之一部分，均得請求加害人賠償，【六十六年八月十六日、六十六年度第六次民庭庭推總會決議】不再供參考。

附錄十四
新舊保險單

一、海上貨物運輸保險的種類及條款

　　現行的貨物運輸保險所承保的危險（RISKS），大致可分為 MARINE、WAR 及 STRIKES；在 MARINE RISKS 中，保險實務上，隨海、陸、空運送方式之不同而訂有各種基本條款，就海運而言，常見的有 ALL RISKS、W.A.(W.P.A.)及 F.P.A.。兵險方面有 WAR CLAUSES，罷工險方面則有 S.R.C.C. CLAUSES 等之應用。

　　由於上述條款語意艱深，承保內容不易看懂，加上航運發展快速，部份內容已不敷現制，因此，在一九八二年一月一日，倫敦保險市場陸續推出有關貨物保險之新式保單及條款，各國業已相繼採用，然而，國際市場上目前仍尚有沿用一九六三年一月一日之舊保險單格式及條款者，茲特將貨物運輸保險條款新舊格式對應之關係簡列如下：

舊保單適用之舊條款	新保單適用之新條款	
1. 協會海上貨物運輸條款（全險） (INSTITUTE CARGO CLAUSES (ALL RISKS))	協會海上貨物運輸條款(A) (INSTITUTE CARGO CLAUSES(A))	
2. 協會海上貨物運輸條款（水漬險） (INSTITUTE CARGO CLAUSES (WA))	協會海上貨物運輸條款(B) (INSTITUTE CARGO CLAUSES (B))	MARINE RISKS
3. 協會海上貨物運輸條款（平安險） (INSTITUTE CARGO CLAUSES (F.P.A.))	協會海上貨物運輸條款(C) (INSTITUTE CARGO CLAUSES (C))	
4. 協會兵險條款（海上貨物） INSTITUTE WAR CLAUSES (CARGO)	協會兵險條款（海上貨物） INSTITUTE WAR CLAUSES (CARGO)	WAR RISKS
5. 協會罷工、暴動、及民眾騷擾條款 INSTITUTE STRIKES, RIOTS, CIVIL COMMOTIONS CLAUSES.	協會罷工險條款（海上貨物） INSTITUTE STRIKES CLAUSES (CARGO)	STRIKE RISKS

I.C.C. 1963 與 I.C.C. 1982 承保範圍比較表

危險(RISKS)	1963			1982
	AR	WA	FPA	A B C
1.惡劣氣候 HEAVY WEATHER	√	√	√	√ × ×
2.承載船舶擱淺、觸礁、沈沒、翻覆 STRANDING, GROUNDING, SINKING, OR CAPSIZING	√	√	√	√ √ √
3.陸上運輸工具翻覆或出軌 OVERTURNING OR DERAILMENT OF AND 中 CONVEYANCE	√	×	×	√ √ √
4.在避難港之卸貨行為 DISCHARGE OF CARGO AT A PORT OF DISTRESS	√	√	√	√ √ √
5.碰撞 COLLISION	√	√	√	√ √ √
6.地震、火山爆發或閃電 EARTHQUAKE VOLCANIC ERUPION OR LIGHTNING	√	×	×	√ √ ×
7.火災或爆炸 FIRE OR EXPLOSION	√	√	√	√ √ √
8.暴力偷竊 ASSAILING THIEVES	√	√	√	√ × ×
9.竊盜 THEFT OR PILFERAGE	√	×	×	√ × ×
10.共同海損犧牲（因承保原因所引起者） GENERAL AVERAGE SACRIFICE ONLY WHEN ARISING FROM AN INSURED RISKS	√	√	√	√ √ √
11.投棄 JETTISON	√	√	√	√ √ √
12.甲板上的貨物被波浪捲入海中 WASHING OVERBOARD (DECK CARGO)	√	√	√	√ √ ×
13.海上捕獲（戰爭危險除外） TAKING AT SEA (OTHER THAN WAR RISKS)	√	√	√	√ × ×
14.海水侵入船舶、駁船、船艙、運輸工具、貨櫃或儲存處 SEAWATER ENTERING SHIP, CRAFT, HOLD, CONVEYANCE, CONTAINER, LIFTVAN OR PLACE OF STORAGE	√	√	√	√ √ ×
15.河水或湖水侵入船舶、駁船、船艙、運輸工具、貨櫃或儲存處 RIVER OR LAKE WATER, ENTERNING SHIP ETC. AS ABOVE	√	×	×	√ √ ×
16.裝卸時貨物整件掉落船外 LOSS OVERBOARD DUNING LOADING ／ DISHCARGE (TOTAL LOSS OF ENTIRE PACKAGE)	√	√	√	√ √ ×

　　※一九八二年一月一日之新條款中，(A)條款將 PIRACY（海上劫掠）從兵險除外不保範圍中刪除，列為 MARINE RISK 予以承保，但在(B)及(C)條款中 PIRACY（海上劫掠），因為未明列於承保範圍內，故而仍屬除外不保。

　　※在一九八二年一月一日之新條款中，(B)及(C)條款另將「任何人的不法彿動引起被保險標的物之全部或部份蓄意性的損害或毀壞」列為除外不保，但是可以附加「惡意損害條款」予以承保。

　　※除外不保條款中之第 6、7 條仍可以協會兵險，罷工險條款附加承保之。

● 名詞解釋

1. ICC(1963)－ Institute Cargo Clauses (1963)1963 年所訂之協會條款，主要包括：

① ICC(AR)－ Institute Cargo Clauses (All Risks)協會全險條款（承保範圍最廣）

② ICC(WA)－ Institute Cargo Clauses (With Average)協會水漬險條款（基本海上承保危險）

③ ICC(FPA)－ Institute Cargo Clauses (Free From Particular Average)協會平安險條款（承保範圍最小）

2. ICC(1982)－ Institute Cargo Clauses (1982)一九八二年所訂之協會貨物條款，係就 1963 AR/WA/FPA 之缺失作全面性之修訂或改寫，主要條款包扦：

ICC (A)－協會貨物Ａ條款（承保範圍最廣）

ICC (B)－協會貨物Ｂ條款（新修訂之基本海上承保危險）

ICC (C)－協會貨物Ｃ條款（承保範圍最小）

3. G.A.－ General Average 共同海損。在海難中，船長為避免船舶及貨載之共同危險所為處分，而直接發生之損害及費用，稱為共同海損。

4. T.P.N.D. — Theft, Pilferage & Non-Delivery 偷竊及不能送達。

5. J.W.O.B. — Jettison & Washing Overboard 投棄及波浪捲入海中。

6. I.O.P. — Irrespective of Percentage 屬承保危險事故所致之損失，賠付金額不受自負額之限制。

7. R.F.W.D. — Rain & Fresh Water Damage 淡水所造成之損害。

8. R.O.D. — Rust, Oxidation and Discoiouration 貨物的生鏽，氧化和變色。

9. S.R.C.C. — Strikes Riots and Civil Commotions 罷工，暴動及民眾騷擾。

10. B.O.W. — Breach of Warranty 違反特約條款。

二、貨物運輸保險條款

　　貨物運輸保險所承保的危險（RISKS），大致可分為 MARINE、WAR 及 STRIKES；在 MARINE RISKS 中，保險實務上，隨海、陸、空運送方式之不同而訂有各種基本條款，就海運而言，常見的有 ALL RISKS、W.A.(W.P.A.)及 F.P.A.。兵險方面有 WAR CLAUSES，罷工險方面則有 S.R.C.C. CLAUSES 等之應用。

　　由於上述條款語意含糊，加上航運發展快速，致保單內容不合時宜，因此，倫敦保險市場在一九八二年一月一日推出有關貨物保險之新式保單及條款，如A條款、B條款、C條款、兵險條款(WAR CLAUSES)、罷工險條款(STRIKES CLAUSES)，各國業已相繼採用。然而，在出口方面，仍有少數之信用狀約定使用舊條款者，茲特將貨物運輸保險條款新舊格式對應之關係簡列如下：

舊保單適用之舊條款	新保單適用之新條款	
1. 協會貨物運輸條款（全險） (INSTITUTE CARGO CLAUSES (ALL RISKS))	協會貨物運輸條款(A) (INSTITUTE CARGO CLAUSES(A))	
2. 協會貨物運輸條款（水漬險） (INSTITUTE CARGO CLAUSES (WA))	協會貨物運輸條款(B) (INSTITUTE CARGO CLAUSES (B))	MARINE RISKS
3. 協會貨物運輸條款（平安險） (INSTITUTE CARGO CLAUSES (F.P.A.))	協會貨物運輸條款(C) (INSTITUTE CARGO CLAUSES (C))	
4. 協會兵險條款（海上貨物） INSTITUTE WAR CLAUSES (CARGO)	協會兵險條款（貨物） INSTITUTE WAR CLAUSES (CARGO)	WAR RISKS
5. 協會罷工、暴動、及民眾騷擾條款 INSTITUTE STRIKES, RIOTS, CIVIL COMMOTIONS CLAUSES.	協會罷工險條款（貨物） INSTITUTE STRIKES CLAUSES (CARGO)	STRIKE RISKS

三、除外不保事項

　　貨物運輸保險，自然也有除外不保的危險，在一九六三年一月一日之舊條款中，對於此類危險，並沒有很明白的列載，但在一九八二年一月一日之新條款，則以條列方式，將此類危險做一明確的規範，下列為(A)條款中所敘明的除外不保範圍。

條款號碼	毀損滅失或費用之除外範圍	評註
4.1	諉因於被保險人之故意惡行所致	新增列
4.2	習慣性滲漏、失重 正常性自然耗損	新增列 新增列
4.3	包裝或配置不良或不當所致	新增列
4.4	保險標的物之固有瑕疵或質性	All Risks Clauses(5)
4.5	主因為延滯所致	All Risks Clauses(5)
4.6	因船舶所有人、經理人、租用人之破產或財務糾紛所致	新增列
4.7	因使用原子或核子武器所致	新增列
5.1	裝貨時，船舶或駁船之不適航為被保險人所知情者其船舶、駁船、貨車等運送工具之不適用為被保險人所知情者	新增列 新增列
5.2	若違反適航與適法性之默示保證而為被保險人所知情者	在舊條款中未作區分
6.1	因戰爭、內戰及敵對行為等所致	表達方式改變，FC&S 條款消失，Piracy 歸屬於海上保險
6.2	因 Capture 與 Seizure 等所致（Piracy 除外）＊	肯定舊條款之立場
6.3	因遺棄之魚雷水雷等所致	
7.1	因罷工等危險所致	為表更為清晰，原條款中 "Warranty" 一字消失了。
7.3	因政治動機之任何人所致	新增列

　　※一九八二年一月一日之新條款中，(A)條款將 PIRACY（海上劫掠）從兵險除外不保範圍中刪除，列為 MARINE RISK 予以承保，但在(B)及(C)條款中 PIRACY（海上劫掠），因為未明列於承保範圍內，故而仍屬除外不保。

　　※在一九八二年一月一日之新條款中，(B)及(C)條款另將「任何人的不法彿動引起被保險標的物之全部或部份蓄意性的損害或毀

壞」列為除外不保，但是可以附加「惡意損害條款」予以承保。

　　※除外不保條款中之第 6、7 條仍可以協會兵險，罷工險條款附加承保之。

四、保險責任的開始與終止

　　一般而言，貨物運輸保險單均以「倉庫到倉庫」即（WAREHOUSE TO WAREHOUSE）方式承保，也就是說保險自貨物離開保險單載明的起運地倉庫或儲存處所開始運送時生效，以迄運交保險單所載明的目的地受貨人或其他最終倉庫或儲存處所時為止，為能更明白的表示，特以圖片說明如下：

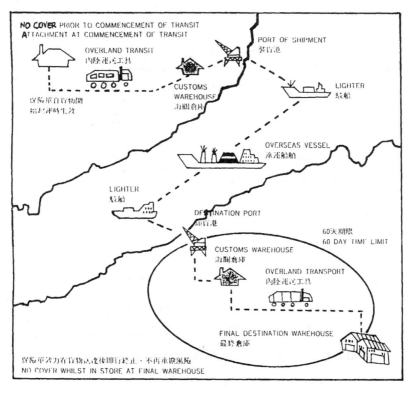

再者，保險單效力於下列三種情況下終止：

①貨物送達保險單載明的目的地，受貨人或其他最終倉庫或儲存處所時。

②貨物送達保險單所載明的目的地或中途地點，任何其他倉庫或儲存處所，為被保險人用作正常運輸過程外之儲存或分配、分送。③貨物在最終卸貨港完成卸載後起算屆滿 60 天。

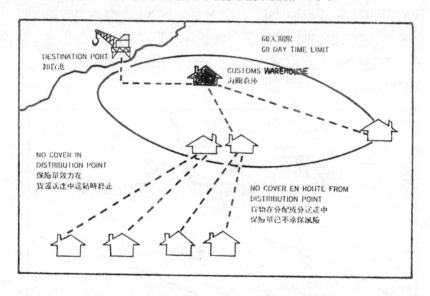

以上三種情形，任何一種先發生，則保險單效力，即行終止

※注意事項

一般「運送條款」中所指之倉庫，應為保險單載明的起、訖地之倉庫，而不一定是買賣雙方之倉庫。若保險航程之起訖地為裝貨與卸貨港，則指兩港行政範圍內之倉庫而已。但實務上，目前國際貿易中貨物運輸多涉及買賣雙方兩地之內陸運輸，因此，如果賣方之出貨倉庫或買方之收貨倉庫非屬裝、卸港的行政範圍內，則原始出發地及最終收貨地之陸上運輸不在承保範圍。

例如：

賣方出貨倉庫在台中，裝貨港在基隆，而買方收貨倉庫在巴黎，但卸貨港在馬賽，則保險單之起訖地應載明自台中起而至巴黎止。

五、保險責任的開始與終止

一般而言，貨物運輸保險單均以「倉庫到倉庫」即（WAREHOUSE TO WAREHOUSE）方式承保，也就是說保險自貨物離開保險單載明的起運地倉庫或儲存處所開始運送時生效，以迄運交保險單所載明的目的地受貨人或其他最終倉庫或儲存處所時為止，為能更明白的表示，特以圖片說明如下：

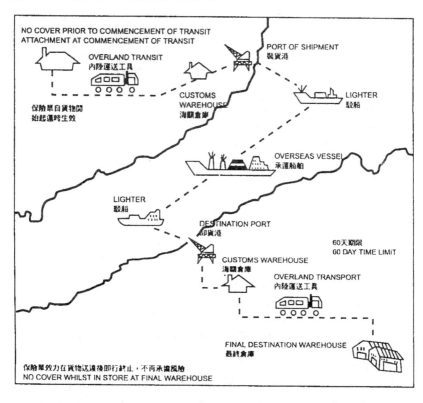

再者，保險單效力的終止，除在①貨物送達保險單載明的目的地，受貨人或其他最終倉庫或儲存處所時終止外，或在②貨物送達保險單所載明的目的地或中途地點，任何其他倉庫或儲存處所，為被保險人用作正常運輸過程外之儲存或分配、分送。

③貨物在最終卸貨港完成卸載後起算屆滿 60 天。

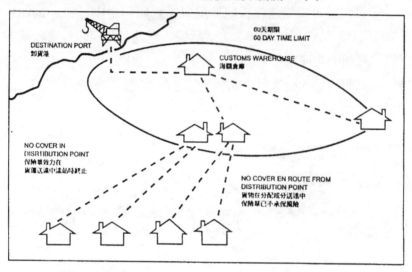

以上三種情形，任何一種先發生，則保險單效力，即行終止

※注意事項

一般「倉庫至倉庫條款」中所指之倉庫，應為保險單載明的起、訖地之倉庫，而不一定是買賣雙方之倉庫。若保險航程之起訖地為裝貨與卸貨港，則指兩港行政範圍內之倉庫而已。但實務上，目前國際貿易中貨物運輸多涉及買賣雙方兩地之內陸運輸，因此，如果賣方之出貨倉庫或買方之收貨倉庫非屬裝、卸港的行政範圍內，則原始出發地及最終收貨地之陸上運輸不在承保範圍。

例如：

賣方出貨倉庫在台中，裝貨港在基隆，而買方收貨倉庫在巴黎，但卸貨港在馬賽，則保險單之起訖地應載明自台中起而至巴黎

止。

六、新舊協會貨物條款承保範圍的比較

新舊條款的名稱雖不相同，承保範圍則大同小異，比較如下：

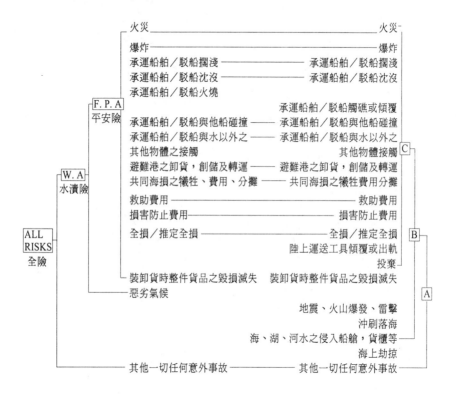